前島佳孝著

西魏・北周政権史の研究

汲古叢書110

汲古書院

西魏・北周政権史の研究　目　次

第三部　人物研究

凡例

◇漢字は原則として常用漢字を用いた。
◇漢文史料の引用は訓読文を挙げるにとどめ、原文を参照するための引用元ページを附した。
◇訓読文では新仮名遣いを用いた。
◇史料の使用版本は巻末に一覧を掲出した。なお、句読点の置き方については適宜変更している。

西魏・北周政権史の研究

序

本書は西魏・北周政権史の基礎的研究を行い、爾後の隋唐時代に至るまでを視野に入れた広汎な研究の基盤を築くことを目的とする。

西魏・北周と続く一連の政権は、北魏の分裂から生じ、隋唐帝国へと連なっていく政権である。西暦五二〇年代、華北を統一していた鮮卑拓跋部の北魏は、北辺から湧き起こった反乱によって大きく動揺し、五三四年にいたって遂に東西に分裂する。分裂して生じた二つの政権のうち、北魏の領域や人的資源の主要部分を引き継いで、河北の鄴に都を置いたのが東魏であり、西方の長安を中心として存立したのが西魏である。そして西魏を受け継ぎ、隋への橋渡しを務めたのが北周である。

西晋末の永嘉の乱以来、二八〇年にも及ばんとする、北方・西方の諸民族を巻き込んでの分裂・混乱の時代は、隋による統一によって一応の終止符を打たれた。しかし、西晋と隋の統一もまた長い歴史の中では二、三〇年というごく短いものであって、一回り大きな視点で捉えて、漢と唐という歴代中国王朝を代表する二つの王朝の間を分裂期とし、西晋と隋の統一をそれぞれ分裂期と統一期への過渡期と見做してもよいかもしれない。それでは、唐朝成立への起点はどこに置くことができるであろうか。唯一の正解がある問いではないが、後漢の崩壊の時点に置くわけにはいかないだろう。筆者自身が隋・北周・西魏へと遡るかたちで時代を見てきた印象に基づいて、西魏から唐へというこの一連の流れが産み落とされた起点として政治史上の大事件を挙げるならば、北魏の分裂を挙げることができ、さらに萌芽を求めるならば、それに先立ついわゆる六鎮の乱を挙げることもできる。この両者には差違というべきほどのものはない。

華北を統一していた北魏は、永熙三年（五三四）、重臣（大丞相高歓）の控制下にあった洛陽の朝廷から、皇帝（孝武帝＝出帝）が逃げ出して関中の地方軍閥（宇文泰）に投じ、逃げられた側もまた、新たな皇帝（孝静帝）を擁立することで東西に分裂した。同じ「魏」という国号を称する二つの政権は、その正統性のぶつかり合いから、互いを決して認めあうことのできない、敵国としなければならなかった。こうして、東西の二つの魏に南朝の梁とをあわせて三国が鼎立する時代が形成された。この鼎立状態は西魏の後を承けた北周が建徳六年（五七七）に、やはり東魏の後を承けた北斉を滅ぼして華北を統一するまで続き、やがて北周の後を承けた隋による統一を見るのである。すなわち、西魏・北周の拡大の果てにあるのは、隋によるひとまずの統一であり、続く「大唐帝国」の繁栄の時代である。あらためていうまでもなく、唐代は歴代中国王朝の中でも最も内外に精彩を放った時代の一つである。この偉大なる帝国は如何にして成立していったのか、ということが一つの大きなテーマとしてあるわけである。

西魏は二〇余年の命脈を保った末に、五五七年に北周に取って代わられ、その北周も五八一年に至って隋に取って代わられる。ともに存立時期は決して長くはなく、分裂期の諸王朝の類ともいえる政権ではある。しかしながら、政権中枢の人員、特に武人・将帥たちの中に、後の隋唐の帝室の父祖が含まれていたり、府兵制と称される軍事制度など、政治的・軍事制度的に緊密な連続性があることは周知の通りであり、ここから、分裂時期に中華世界の西北隅に短期間存立した政権ではあるものの、いわゆる隋唐世界帝国の直接の淵源として注目されてきた。

その先駆的にして概括的な成果として挙げるべきは、いうまでもなく陳寅恪の『唐代政治史述論稿』及び『隋唐制度淵源略論稿』(1)である。西魏・北周史の専論ではないが、隋唐の淵源を検討する中で西魏・北周両政権がしばしば取り上げられ、隋唐と西魏・北周との密接な繋がりを政治・制度の面から幅広く例証した。昨今、その説に対して見直しが進められてはいるものの、ここで提示された「関隴集団」「関中本位政策」といった概念が、その後、西魏・北周の政権像を把握する際に果たした役割は極めて大きい。しかしながら、陳氏が両書で述べたのは、ある程度の変化を含みつつも西魏・北周等から隋唐に継承されたものについてである。継承されたものとされなかったもの、この両面から見ることで、より隋唐帝国の性格を見極められるのではなかろうか。そのためにも、西魏・北周政権に焦点を当てた、より詳細な検討が必要となるであろう。

西魏・北周政権の政治・制度から社会経済・文化に至るまでの全体像をまとめた先行研究としては、S. Pearce 氏(3)、雷依群氏(4)による総合的な成果が既に提出されている。これらは従来の研究をまとめたものであったり、概説的に事実を羅列したものという範疇を出るものではなく、史学上、特に新しい概念・視点・方法論、そして見解が提示されているわけではないが、一つの指針として尊重されるべきものである。

これら Pearce・雷両氏の成果を承けて、両政権の総合的な再検討を行うだけの準備は筆者にはまだない。それは、両政権を考える上で踏まえておくべき基礎的な事項について、従来研究が手薄であった点が少なからず残されていると考えるからである。本書はそれら基礎的な事項についてより精密な検討を施し、今後の研究の際に踏まえておくべき見解を提示することを目的とする。以下に全体構成に沿って、各論点を示そう。

第一部では政治制度、特に官制に関わる点について考察する。

西魏・北周史研究での主な論点として、両政権がどのような人々によって構成され、隋唐時代へと繋がっていったのかという、人・集団の動向が挙げられる。西魏から唐に至るまでが一連の政権として考えられるのは、これらを貫く人々の大きな流れが認められるからである。個々の先行研究は第一章に示したのでここでは省くが、呂春盛氏(5)、吉岡真氏(6)の研究が現時点でのその到達点である。しかしながら、これらの先行研究や概説などが前提としてきた各種の認識・把握には、基本的な検討を経ていない、或いは不充分な点が少なくない。特に西魏時期の官制構造については、従来研究が無いといっても過言ではない。中央政府・政権中枢の構造を把握することは、一王朝の政治史・制度史の根幹であり、政権に参画した人物が政権内でどのような位置にあったかを知るための基本的な目安となる。そして、西魏のそれが後の北周・隋・唐へ直接的な影響を及ぼしていることはいうまでもない。しかしながら、例えば宇文泰の官歴と丞相府・大行台の位置付けや、同一名称でも途中で位置付けが大きく変わった重要官職があることなどが、従来の研究では全く踏まえられていないのである。

第一章では、西魏宇文泰政権の官制的構造を検討する。具体的には、論者ごとに相違点・問題点がありながらも結論が出ていないままであった宇文泰の官歴を整理・再構成する。丞相府・大行台・都督中外府などが重要と目されてきた機構であるが、それらにはそれぞれ性質の違いや、場面ごとでの軽重の差が認められる。重視すべき機構がそのいずれであるのかを確定することは、政権構成員の立ち位置を確認するためにも必須の作業である。

第二章では、行台制度を検討する。北朝の行台研究には相応の蓄積があるものの、北魏から東魏・北斉への系統が研究の主流であった。一方の西魏の行台については発展することなくやがて廃止へと至ったことから注目されず、従って専論も無い。北魏末年にあらわれた「数州を跨ぐ広域地方統治機構」という行台の形態は、東魏・北斉へと受け継がれたが、西魏での様相は異なっていた。その設置の様態を検討することにより、西魏の領域統治や対東魏戦略の一端を浮かび上がらせ、併せて従来の行台制度に対する認識を少なからず改めることになるであろう。また、第一章とも深く関連する宇文泰の大行台の詳細についても、ここで論じる。

第三章では、西魏・北周史では必ず言及される、いわゆる「八柱国」について検討する。当時の最高級将軍号である柱国大将軍と大将軍は、将帥の出世の階梯を示す物差しとして従来の研究で無批判に活用されてきたが、その基本史料である、『周書』巻一六・史臣曰条には編纂背景から生じた記述様態上の問題がある。そこで、制度史的視点からは、従来見落とされていた西魏大統年間後期になされた最高級官職の位置付けの変容を確認し、また文献学的視点からは、唐代初めに勅を奉じて編纂されたことを背景とする、特徴的な記述のなされかたを指摘する。これらをあわせることによって、「八柱国」の実相に迫りたい。

第四章では、西魏・北周時代に創始、或いは制度上に定着し、隋唐以後はもとより明代にまで残った、柱国と国公という二つの称号・位階を切り口に、統治集団の動きと、政治の状況とを検討する。後の武散官・勲官へと繋がる武職の散官制度と封爵制度の変容を整理・確認し、政権構成員の階層化について従来の説に補遺・修正を加える。あわせて隋唐時代への人の流れについても言及する。

第二部では、分裂時に存立した政権の最大の課題である、対外関係・戦争について考察する。西魏・北周から隋にかけては、この間の二度の王朝交代に際して決して何事もなく政権移譲が行われたわけではないものの、支配階級の上層部の構成に大きな変動は見られなかった。従って、これらを一連の勢力として扱うことには問題はなかろう。西魏から隋にいたる拡大の流れは、三〇〇年にもわたる中国の分裂時代を収束させた、大きな統一事業であった。この間を対外関係の視点から区分すると、おおよそ左記のようにⅠ～Ⅴに分けることができる。

五三四　西魏政権成立（孝武帝の西遷と文帝の擁立）

Ⅰ　東魏との抗争期

五四九　梁岳陽王蕭詧の附庸

Ⅱ　南進期

五五五　梁元帝を江陵に討ち、蕭詧を即位させる

Ⅲ　国力充実期(7)

（北周建国・宇文護執政期）

五七二　武帝親政

Ⅳ　北斉との抗争期

五七七　北斉を滅ぼす

Ⅴ　南進準備期

（隋建国）

五八九　陳を滅ぼし、統一成る

西魏政権にとって最重要の政治課題が、対東魏戦争であったことはいうまでもない。しかながら、西魏時代の対東魏戦争では大きな国力差を跳ね返すまでにはいたらず、結局は得るものはなく、状況に大きな変化は生じなかった。[8]すなわち東西両魏間の個々の戦役は、例えば大統三年（五三七）の沙苑の役、大統九年（五四三）の邙山の役など、節目となる戦役はあるものの、これらを取り上げて検証しても、大きな流れの中でとらえると史学研究上の意義は必ずしも大きくはないといわざるをえない。

当時の国際関係の基軸となった華北東西の対立のパワーバランスに変化をもたらしたできごとは、東西対立関係の中にはなかった。後掲の東魏・西魏・梁、北斉・北周・陳の二つの鼎立図（図1a・b）の間にある差は何か。西北の一角のみを占めていた西魏が、北周になって西南・四川の地を領していることである。[9]北周時代になって、北斉を征服することを可能にした国力の増強には、府兵制と称される国軍制度の整備や廃仏による経済力・労働力の確保など、様々な要素が挙げられるが、西魏末年の四川の獲得によるところも少なくない。この二枚の地図の前後約三〇年間における領土境界線の大幅な移動は、西魏・梁の末年のⅡ南進期に集中している。では、東魏・北斉によって、河南地域からも締めだされつつあった西魏が、いかにして「南進」して四川という大きな地域を獲得し得たのか。西魏

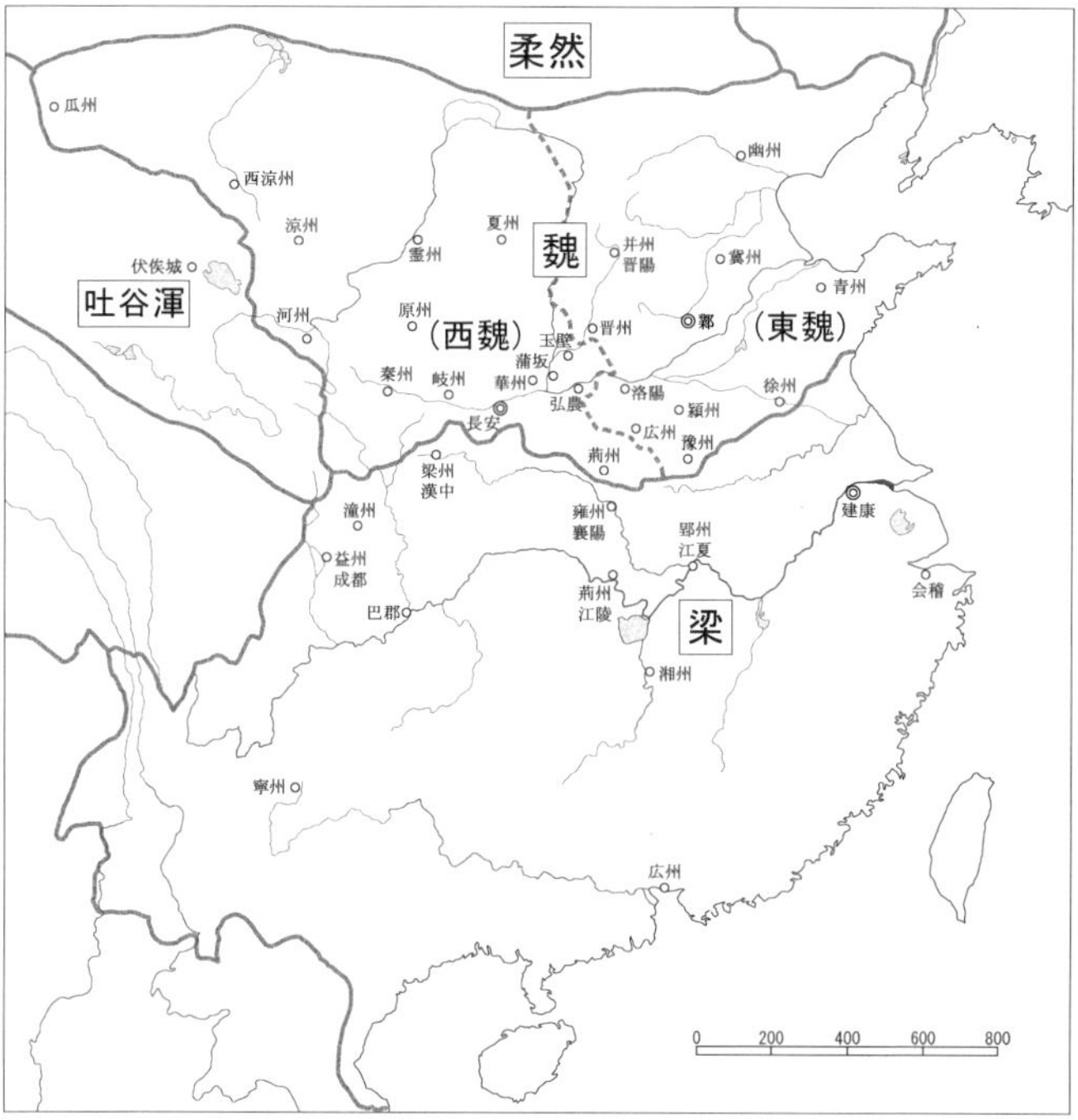

図1a：西魏・東魏・梁時期形勢図
（譚其驤主編『中国歴史地図集』第4冊（香港：三聯書店・一九九一年）を元に作図）

の後半にいたるまで「西魏と梁との間は甚だ疎遠であった[10]」というのが従来の一般的な認識であり、さらに進めて、東魏・梁間の親密な通交関係を強調した上で、この時期には東魏を中心として梁・柔然・吐谷渾までも含めた強固な西魏包囲網が布かれ、「西魏は対南朝外交になすすべがなかった[11]」と断ずる見解も示されているが、これらの状況把握ははたして妥当であるのか。これを確認するためには、当然ながら西魏の対梁関係を検討しなければならない。そこで、第二部では、西魏・梁の関係の展開を検討し、西魏がどのような姿勢で梁と対峙し、どのような国際状況の下で南進を成功させたのかについて述べることとする。無論、西魏・梁の二国間関係だけでは不足であり、全体としては北斉、北方の柔然・突厥、西方の吐谷渾まで視野に入れた国際関係の展開上に位置付ける必要があるだろう。

第一・二章では、西魏前期の対梁関係について検討する。西魏・梁関係は西魏成立初年に起きた漢中をめぐる抗争が起点となり、この戦役をどう収束さ

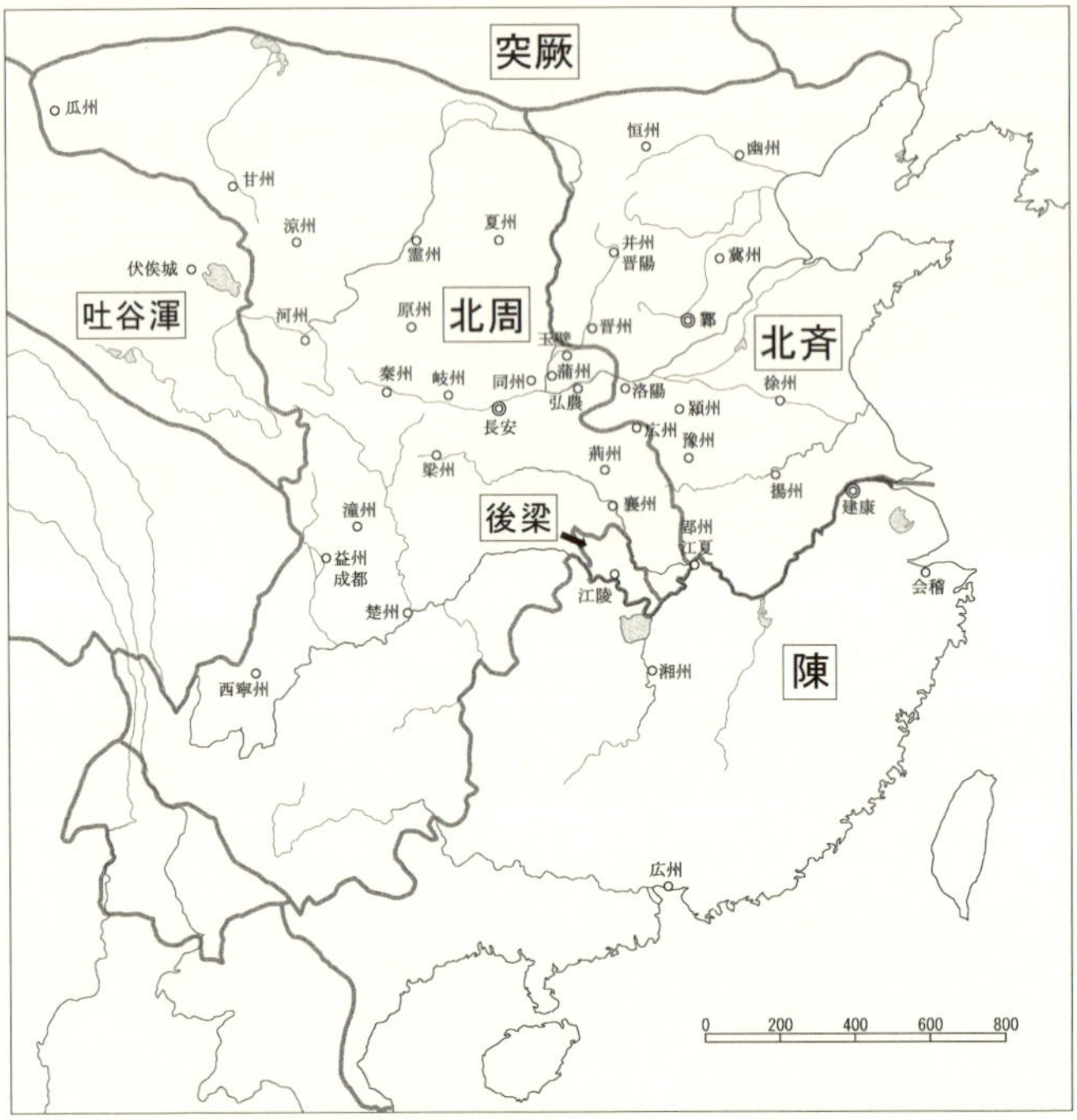

図1b：北周・北斉・陳時期形勢図
（譚其驤主編『中国歴史地図集』第4冊（香港：三聯書店・一九九一年）を元に作図）

せたかが、以後の両国関係を考える上での基礎となる。

第三～六章では、南進期の状況を述べる。特に、漢川（第四章）・四川（第五章）への進出について詳述する。

第七章では、西魏・北周政権における四川の重要性を裏付けるために、四川がいかにして経営されたかを総管の人事を軸に検討する。

第三部には、人物に関する研究を載せた。特に隋唐時代への流れを重視する視点を保ちつつ、その影響が一個人に止まらない重要人物・一族から、従来の認識のされ方に問題がある事例を取り上げた。本書での検討の結果、新しい見解を提示し、従来の認識に問題点を生じさせた諸要因についても言及する。これらの諸要因は、文献・石刻にかかわらず、当時の史料を検討する上で常に考慮しておかねばならない事項であると考える。

第一章では、唐王朝の皇祖李虎を取り上げる。文献史料としては諸正史上では記述に乏しいものの、『冊府元亀』にまとまった記述があるので、主にこれに対して史料批判を試みる。本章は第一部第三章とも密接に関連する。また近年提出された李虎に関連する研究を検討し、盛んに用いられるようになった墓誌史料の利用法の問題点についても言及する。

第二章では、徒何綸・李椿の兄弟について、主に墓誌銘を用いて検討する。彼らは、いわゆる八柱国に列し、宇文泰と宗室元氏以外の群臣たちのなかで筆頭格に昇りつめた李弼の子供たちである。その墓誌銘には各人の事跡についてはもとより、特に先世記事に従来の李弼一族の出自についての認識を覆す重要な記述が残されている。李弼は最高級の重臣であり、その子孫も広く活躍しただけに、政権全体への影響も小さくないだろう。また、文献史料と突き合わせることで、石刻・文献それぞれの史料的特徴、記述の表現の違いなどについても考える。

第三章では、補論として前章の李弼一族の子孫である李密について述べる。李密は隋末の反乱で有力な群雄の一人となったが、抗争のさなか、東都洛陽の隋朝勢力から官職を受けて投降した。その政治的背景について検討する。舞台が隋末唐初なので、時代は本書の主部からは若干下るが、当時にあっても、西魏・北周以来の制度や統治集団での人間関係が様々な面で反映されていた。従って本書での検討を踏まえることで、様々な側面が浮かび上がってくるので、本書に加えることとした。併せて閲読していただければ幸いである。

注

（1）陳寅恪『唐代政治史述論稿』（重慶：商務印書館・一九四三年初版）、同『隋唐制度淵源略論稿』（重慶：商務印書館・一九四四年初版）。

（2）まとまった再検討をしているものとして、宋徳熹『陳寅恪中古史学探研——以《隋唐制度淵源略論稿》為例』（台北：稲郷出版社・一九九九年）が挙げられる。

（3）Scott Anthony Pearce, *The Yu-Wen Regiume in Sixth-Century China*, Ph. D. diss., Princeton Univ, 1987.

（4）雷依群『北周史稿』（西安：陝西人民出版社・一九九九年）。

（5）呂春盛『関隴集団的権力結構演変——西魏北周政治史研究』（台北：稲郷出版社・二〇〇二年）。

（6）吉岡真「北朝・隋唐支配層の推移」（『岩波講座世界歴史9　中華の分裂と再生』（岩波書店・一九九九年））。

（7）この時期も、対北斉・陳の戦役は少なくはないが、前後の南進期、武帝親政期と比べると、外征に対する積極性にはっきりと温度差が感じられる。宇文護は対北斉戦略に和戦両面で柔軟に臨んでおり、この間の対北斉出兵は突厥に付き合わされた側面が強い。

（8）前近代の政権の国力というものを単純に数値化することはできないが、ここではわかりやすい例として、東西両魏の戸数を挙げる。本書第二部第七章に掲げた表25（『隋書』地理志による）に基づけば、南進以前の西魏領域の戸数は約一五〇万戸であるのに対して、東魏領域は約五三〇万戸に達し、西魏の戸数は東魏の三分の一にも満たない。さらに軍事動員力についても挙げておこう。西魏が外征に動員した兵力で史料上に現れる最大の数値は、梁の元帝を江陵を討った際に于謹が率いた五万である（本書第二部第三・六章）。ただし、これ以外に二度ほど「大軍」が組織されたことがあり、大統九年（五四三）に邙山の役で大敗した際には六万の兵を失ったことがある（『北斉書』巻二・神武帝紀・武定元年三月戊辰条・二二頁）。一方の東魏は、大統三年（五三七）の沙苑の役に際して、史料上二三万を動員している（『資治通鑑』巻一五七・大同三年一〇月閏九月条・四八八三頁）。また、大統一五年（五四九）、西魏の王思政が潁川に籠城した際には、侯景の叛乱によって河南の兵一〇万を失った直後に、その後さらに二一万の兵力を投入している（『周書』巻一八・王思政伝・二九六頁）。

（9）本書で用いる「四川」の語は、現在の四川省全体を指すものではなく、基本的に西部の山岳地域を除いた、いわゆる四川盆地を指す。ただし、行論の都合上、雲南・貴州方面に若干の広がりをもって用いることもある。

（10）竹田龍児「侯景の乱についての一考察」（三田史学会『史学』二九—三（一九五六年））。

（11）呂春盛『北斉政治史研究——北斉衰亡原因之考察』（台北：国立台湾大学出版委員会・文史叢刊七五・一九八七年）、七五～八〇頁。但し、これら周辺勢力が協力して西魏に対応した形跡は見出せない。

第一部　官制より見た政権構造

第一章　西魏宇文泰政権の官制構造について

緒言

北魏末の混乱から生じた西魏政権の中枢には、続く北周・隋・唐の各政権の帝室と統治階層が既に参画していた。このことから、西魏政権を隋唐までの直接の淵源とみなすことは、昨今その細部についての見直し作業が進んではいるものの、既に定説となって久しく[1]、従って、西魏政権の性格を分析することは、隋唐までの政権を把握するためにも必須の作業であろう。

政権の性格を検証するにあたっては、その構成員を出自背景等で分類し、その構成比率などから立ち現れる傾向を読み取るという古典的な手法がある。その際、各構成員が位置した立場や官位にはそれぞれ重要性に差があるため、それを捨象したままでは分析結果に問題を残す[2]。従って、入力するデータ（母集団）を背景等で分類することと、データを出力するための受け皿（政権における位置・立場）を規定することの双方の作業が必要となる。

西魏（及び北周）政権の研究においても、このような手法を導入した例は少なからずある。直江直子氏は政権参加者から北鎮出身者を抽出し、彼等が郷里社会において、政権から与えられた地位によってではなく、その個人的資質によって民衆を結集したと評価した[3]。北族・漢族といった単純な民族的区分から進んで、北鎮出身という出自背景を規定された意義は大きい。

一方、立場を分類するかたちで検証を試みたのが藤堂光順氏で、軍事的位階（将軍号）を等級化の物差しとし、将帥たちが昇進などの待遇で階層化（グループ化）されている様を明らかにされた[4]。その成果は軍事部門に限られるが、西魏が軍事的性格の極めて強い政権であることは周知の通りで、一つの分析段階として有効であると思われる。

また谷川道雄氏は、西魏政権の中枢を占めた宇文泰軍閥の母体となった、賀抜岳の関西軍閥における、大行台・都督府・軍関係（実働部隊）という人事構造を再現した上で、ことに軍関係で武川鎮出身者が多数を占めていたことを明らかにされた[5]。

分析対象を西魏政権全体にひろげて、構成員を出自背景と政権への参加形態とでさらに細かく分類したのが呂春盛氏である。ここでは北鎮出身者や宇文泰にちかしい者たちが勢力を伸長させていく様子が示されている[6]。ただし、大分類に「北鎮勢力」「土著勢力」等の出自背景を用い、小分類に「宇文泰元従」「賀抜岳余部」等の政権への参加形態を用いながら、大分類の一つに「追随魏帝者及関東人士」という出自と参加形態を同時に含んだ分類基準を用いる点には問題がある。

そして吉岡真氏は呂氏の成果を承け、これに出自階層等の要素を附与した上で、政権における非漢族出身者の割合を析出し、北魏と比して特に下層階級出身者の伸長が著しいという傾向を明らかにされた[7]。ただ、立場として「政権中枢部」とみなされるのが所謂「八柱国・十二大将軍」やそれに次ぐ階層の将帥たちであるので、その分析結果も必然的に軍事偏重とならざるをえない。

以上のように、様々な分析がなされてきた結果、政権参加者の属性（出自背景や参加形態など）の細分化はほぼ行き着いた感がある一方で、これらの人物が、とある場面でいかなる位置に分布するかを分析するための受け皿の設定が立ち遅れている印象を受ける。ことに、政権の機能面からの分析はいまだ手つかずといえるのではなかろうか。

戦乱の続く分裂時代に軍事の重要性がとりわけ高まることは間違いないが、政権が軍事指揮官のみによって運営されるわけでないことも明らかである。また、戦場では将帥として活躍した者たちも、少なからず文官、或いは衙門の属僚としての立場を有し、日常の政務に参画した。そこで、いかなる官職・衙門が、いかなる機能をもって政権内で枢要の位置を占めていたかを明らかにする必要が浮上してくる。これを経ることによって、位が高くとも重要性の低い職、あるいはその逆のケースがあることが浮き彫りにできるであろうし、ある人物たちが同じ軍事的位階に属していたからといって、政権内で全く同等の重要性を有していたとするには足りないことも示せるだろう。こうして得られた政権の箱に構成員を放り込めば、政権の分析をさらに進めることができるのではないかと考えられるのである。また、府兵制に代表される制度史研究の面から見た場合にも、その制度運用の実態を把握するためには、中央政府の構造を明らかにしておくことは必須であるし、政治史研究においても人物研究においても同様である。

関中地域で軍閥を構成していた宇文泰のもとに、大丞相高歓と対立した孝武帝が洛陽から逃れてきて、さらにその孝武帝もその年の内に死んで新皇帝（文帝）が宇文泰によって立てられたという背景から、西魏の実権が皇帝にはなく、宇文泰及び彼の率いた軍閥に帰しており、その権力基盤が軍事力掌握に基づいていたことは自明のこととしてよかろう。(8) しかし、小なりといえども政権として存立する以上、その指令は基本的に官制に則って執行されるものであるので、西魏政権において宇文泰が占めた官職を確認する必要がある。つまり、宇文泰が某職に就いたのでこれだけの権限を持ち得た、ということではなく、宇文泰は某政務を執行するについては某職を権力発動機構として用いた、ということである。それには宇文泰の官歴をまとめるのが近道であると考えられる。

ところで、中央政府の構造を把握することは、一王朝の政治史・制度史の根幹ともいえる。それにもかかわらず、なぜ今更このようなことを確認せねばならないのかといえば、それは先行研究がこの点を明確にしてこなかったからにほかならない。その理由として、北魏極末の混乱期以来、軍事力を背景とした実権者の存在があり、これが官制の存在を軽いものとしていることが挙げられる。権力が制度の枠を越えて実権者個人に集中したため、官職・官制よりも特別な個人を把握することで、政権の大枠を説明できるのである。西魏政権でいえば、例えば実権者＝宇文泰、軍事指揮官＝六名の柱国大将軍たち、ブレーン＝蘇綽といった大雑把な把握は非常に容易であり、これはこれで一理あることは認められる。しかし、このような概要は、様々な方面にわたる研究の根幹・中心軸に据えるには余りにも貧弱であろう。

あわせて、北魏―東魏―北斉の系統が官制的には継続したものであったのに対して、北魏―西魏―北周の系統は、西魏の前半から古典である『周礼』への傾倒が一気に顕在化し(9)、西魏末期には『周礼』に基づく異質な官制に全面的に移行したことも大きいと考えられる(10)。北魏―北周間の差違が大きいために、一連の流れとして把握できず、官制史研究ではまったく別個に取り扱わざるをえないのである。それでいながら、『周礼』という官制のテキストがあり、王仲犖氏の『北周六典(11)』という成果もあるためか、さらなる掘り下げはあまりなされていないように見受けられる。

ここまで述べたように、様々な面で過渡期にあった西魏時期における官制面から見た政権構造については、研究の蓄積が無く、従って定説と見做しうるものが存在していない。その中で、後述するように、谷川道雄氏は都督中外諸軍事と関西大行台が重要であるとされ、氣賀澤保規氏は録尚書事＝丞相と大行台こそが重要であるとされた。このような相違を生ぜしめた理由として、史料の不備と制度の誤解があると思われる。まず検討の中心となる『周書』（及び『北史』）文帝紀の記事に問題があるのであり、その問題点を乗り越えるために採られた解釈によって、相違が生じているのである。

以上のような問題意識の上に立って、本章では基礎的作業の一環として、西魏の実権者宇文泰の官歴記事とその解釈における問題を整理し、宇文泰を中心とする西魏政権の官制構造の大枠を提示する。

第一節　前提と史料

以下に『周書』巻一、二・文帝紀より、宇文泰が関中で軍閥を率いるようになって以後、没するまでの官歴関連記事を引くにあたり、先にこれらの記事を見ていく上で、留意しておくべき前提を挙げておこう。

◎西魏が当初施行していた官制は、『魏書』官氏志に記載される北魏太和末年（二三年（四九九））改革官制（太和後令、宣武帝初に施行）であること。

◎前記官制は、本来皇帝親政のもとで官僚組織を機能させるべく定められたものであったが、現実には爾朱栄—孝荘帝政権以来、軍事力を背景とした軍閥の長が中央政権を掣肘する体制であったこと。

◎西魏はその末年に『周礼』に基づく官制に移行するが、最上級官職においては大統一四年（五四八）から漸次改革が進められていたこと。(12)

史料①　太祖を侍中・驃騎大将軍・開府儀同三司・関西大都督・略陽県公に進め、封拝を承制せしめ、使持節は故の如し。（一〇頁）

史料②　太祖に進めて兼尚書僕射・関西大行台を授け、余の官封は故の如し。（一〇頁）

史料③　（永熙三年（五三四）七月）（孝武帝が宇文泰と合流）仍りて加えて大将軍・雍州刺史・兼尚書令を授け、封を略陽郡公に進め、別に二尚書を置き、機に随い処分せしめ、尚書僕射を解き、余は故の如し。太祖、固譲するも、詔して敦諭し、乃ち受く。（一三頁）

史料④　（永熙三年八月）位を丞相に進む。（一三頁）

史料⑤　（大統元年（五三五）正月）（文帝が即位）太祖を（都）督中外諸軍事(13)・録尚書事・大行台に進め、安定郡王に

改封す。太祖、王及び録尚書事を固譲するや、魏帝、之を許し、乃ち安定郡公に改封す。（二一頁）

史料⑥（大統三年（五三七）六月）太祖、行台を罷めんことを請うも、帝、復た前命を申ね、太祖、録尚書事を受くるも、余は固譲し、乃ち止む。（二二頁）

史料⑦（大統三年一〇月）太祖を柱国大将軍に進め、増邑し、前と并せ五千戸なり。（二四頁）

史料⑧（大統一四年（五四八））夏五月、太祖に進めて太師を授く。（三一頁）

史料⑨（大統一七年（五五一）三月）魏文帝崩じ、皇太子、位を嗣ぐ。太祖、冢宰を以て百揆を総ぶ。（三三頁）

史料⑩（廃帝二年（五五三）春）魏帝、太祖に詔し丞相・大行台を去らしめ、都督中外諸軍事と為す。（三三頁）

史料⑪（恭帝三年（五五六）正月）初めて周礼を行い、六官を建つ。太祖を以て太師・大冢宰と為す。（三六頁）

これら宇文泰の官歴記事に、他者の列伝をはじめとする周辺諸史料を適宜加えて、検討することとなる。

第二節　先行研究とその問題点

前掲の官歴記事を一瞥すれば、丞相[14]、大行台、都督中外諸軍事、大冢宰といった官・衙門が重要であろうと察することは難しくない。しかしながら、あらためてこれらを検討した先行研究は少ないのである[15]。まず宇文泰の官歴について踏み込んだ二つの先行研究を挙げて、これらの記事がいかに消化されてきたかを検討し、それぞれ問題点を指摘していくこととする。

谷川道雄氏は西魏政権における府兵制の位置づけを試みた際に、宇文泰の政権基盤を以下に引用するごとく把握された[16]。ただし、史料に基づく官歴の検証はなされていない。

◎かれ（宇文泰）は孝武帝を関中に迎えて以後、丞相、関西大行台などの職位に任じられているけれども、その勢

力を最も実質的に表明するものは、大統元年（五三五）以来の都督中外諸軍事の権限であろう。（四一〇～四一一頁）
◎宇文泰の都督中外諸軍事の職権の重点が二十四軍の統轄にあったことは言をまたないであろう。（四一二頁）
◎宇文泰の丞相府は、この二十四軍を統轄する機関であった。かれはまた関西大行台の地位にあったが註⑨、これは尚書系統の行政機構であって、西魏の行政権の実質はここにあった。（四一二頁）
◎註⑨ただし時には大行台を罷めたこともあったが、録尚書事、冢宰など、尚書系統の実権は一貫して把握していたようにおもわれる。（四二七頁）

これらを要すれば、軍事面で都督中外諸軍事、行政面で関西大行台という「職位」が宇文泰の権力発動機構として機能していた、となるだろう[17]。

この所説に対して、若干の疑問点を挙げる。ここでいう二十四軍とは六人の柱国大将軍によって率いられる中軍とされるが、前記の引用では、二十四軍を統轄するのが都督中外諸軍事なのか丞相（府）なのかが定かでない。ちなみに、丞相は三公である司徒に代替する側面を持つ職であるので[18]、釣り合いの上では官品は（正）第一品となる。一方、都督中外諸軍事は従第一品である。ここから、中軍である二十四軍を丞相が統轄していたとして、外軍をも含めて都督中外諸軍事が統轄するとなると、官品の上で統属の傘のかかり方に逆転が生じることとなり、不自然な印象を拭えない。あるいは丞相が中軍の軍政を、都督中外諸軍事が中外軍の軍令を管轄したという見方は可能かもしれない。しかし、「統轄」という一つの語を用いて論じられていることから、軍政・軍令の区別は特に考慮されていないようである。

都督中外諸軍事については、大統元年以来（史料⑤）その職にあった場合、史料⑩で再び「都督中外諸軍事と為す」と記述されるのが若干のすわりの悪さを感じさせる[19]。

註⑨にみられる大行台に関する記述の不確かさは、史料⑥の記述を消化できていないために生じたものと考えられる。また、『周礼』の六官制の職である冢宰を尚書系統と括るには、何らかの説明を求めたい[20]。

続いて氣賀澤保規氏は、敦煌出土「西魏大統十三年計帳様文書」（スタイン六一三）を分析し、文書中に見える「台資」がいかなる負担であったかを考察する際に、西魏政権の構造を示そうとされ、宇文泰の官歴記事を左記のⅠ～Ⅸのように逐一検証された[21]。いささか繁雑になるが、いとわず見ていこう（図2参照）。

Ⅰ　宇文泰が関西大行台の「責任者の地位」に就任した段階（史料①・②に該当）を検証の起点として、「兼尚書僕射・関西大行台〔・驃騎大将軍・開府儀同三司・略陽県公〕」を提示する。

Ⅱ　『周書』巻二・文帝紀下から史料⑤～⑩を挙げる。

Ⅲ　史料⑤では、宇文泰は王号と録尚書事を固辞した結果、「都督中外諸軍事・大行台・安定郡公」となる。

Ⅳ　史料⑥では、宇文泰が行台を罷めたいと願ったところ、西魏文帝は前命（大統元年の任官＝史料⑤）を申しわたした。そこで宇文泰は録尚書事のみをうけ、都督中外諸軍事・大行台から離任した。

Ⅴ　すると、史料⑩の「丞相・大行台を去って都督中外諸軍事と為す」と繋がらない。（以上、一二四～一二五頁）

以上の如く史料を読まれた氣賀澤氏は、(ⅰ)⑩で初出した丞相の地位はいかなるものか、(ⅱ)⑥でやめた大行台にいつ再就任したのか、(ⅲ)⑥で就任した録尚書事からいつの間に離任したのか、の三つの問題点を挙げた上で（一二五頁一四～五行）、史料批判に進む。

Ⅵ　α『周書』列伝などの周辺諸史料を検索することによって、西魏の大統年間に機能していたと考えられる衙門として丞相府と大行台があり（多数の官属が確認できる）、ともに大統初年より存続していることが認められること。β廃帝二年に大行台の廃止と都督中外府の設置が同時になされた、という史料⑩の記事は、『周書』巻三三・王悦伝によって承認でき、よって都督中外諸軍事は廃帝二年まで置かれていなかった、ということ。以上の二点

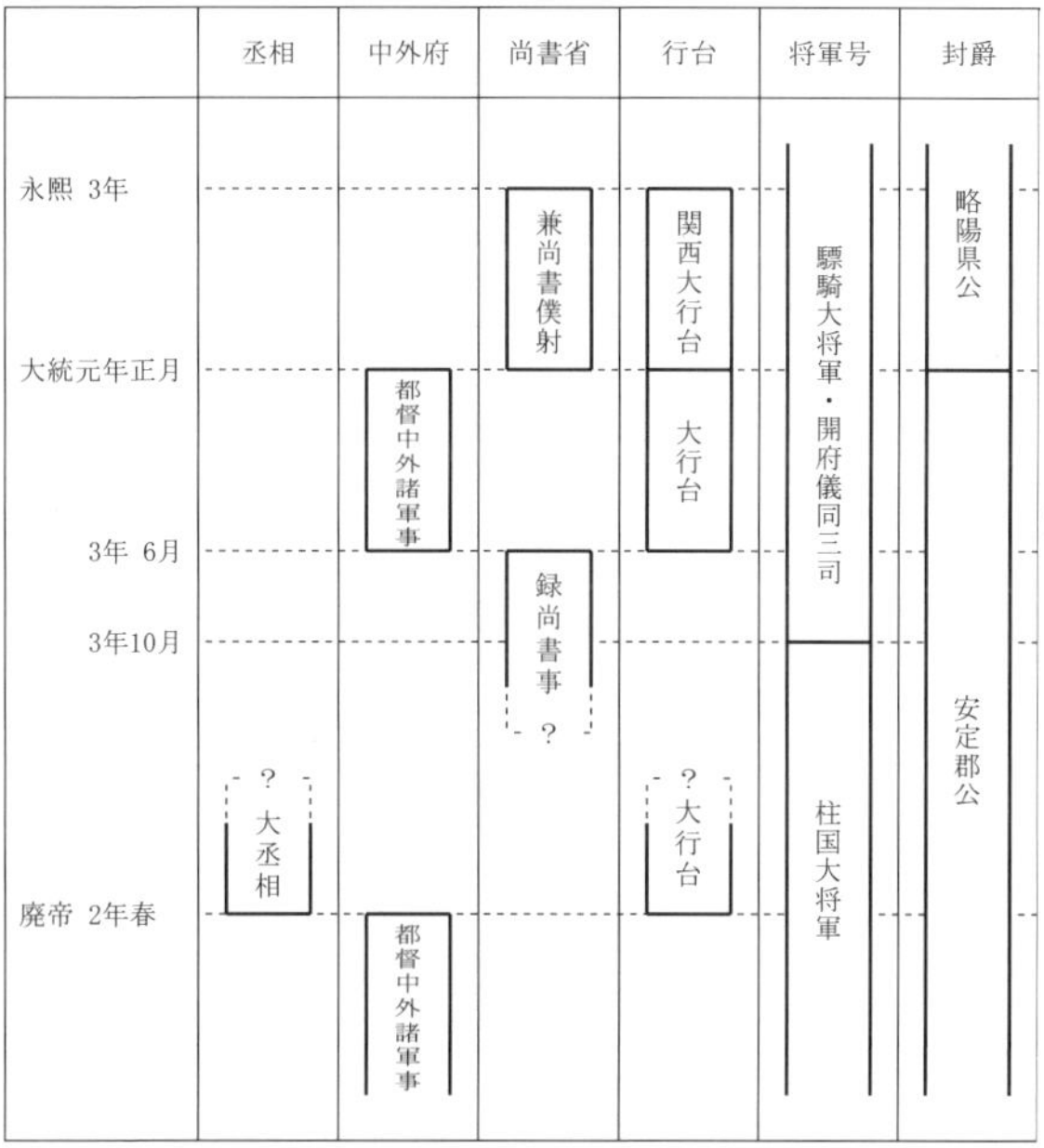

図2―1：氣賀澤氏による検証（第1段階）

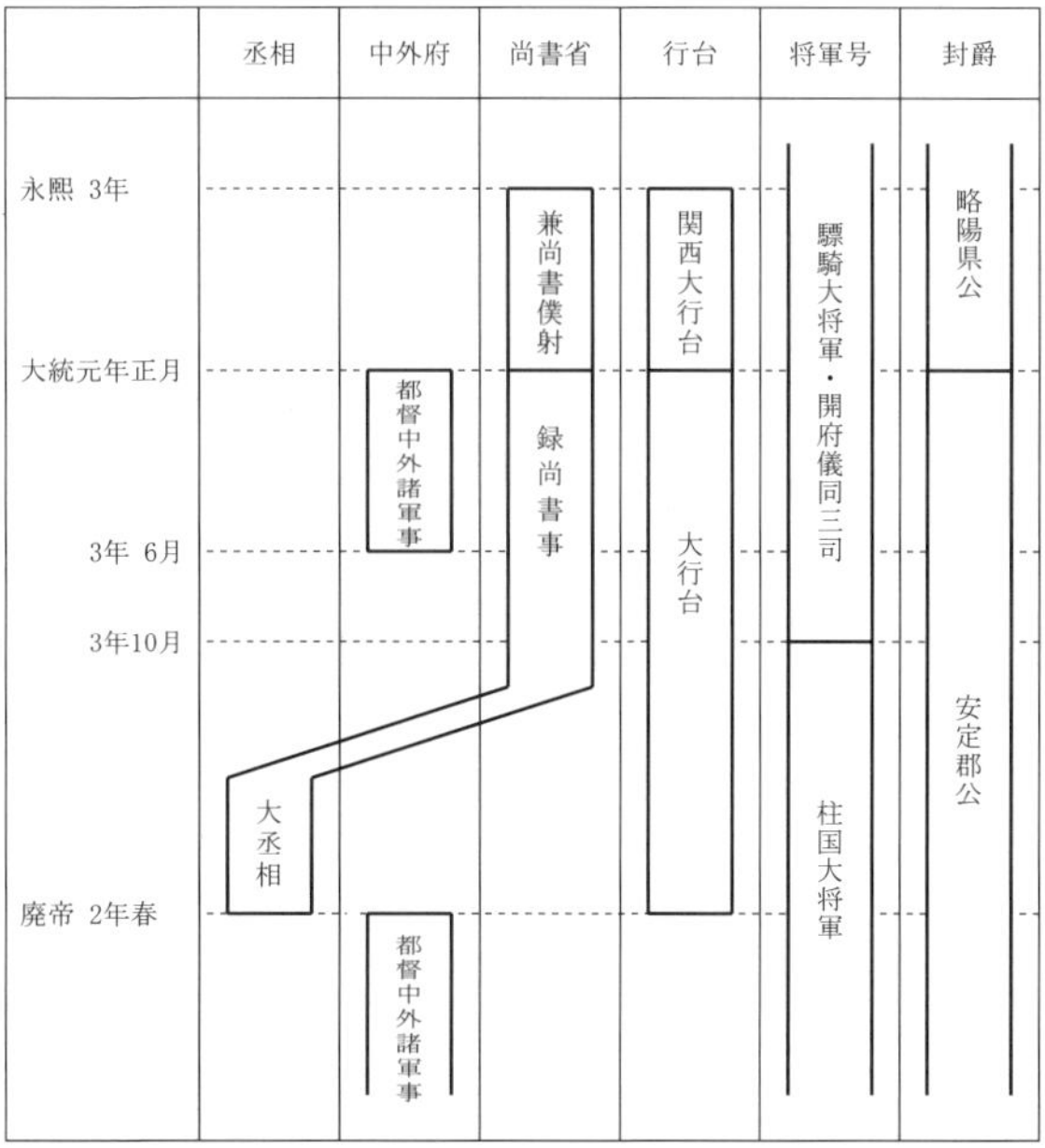

図2―2：氣賀澤氏による検証（第2段階）

を確認し、史料操作を施しつつ、状況の再構築へと進む。

Ⅶ　(i)「丞相の地位」とその就任時について、

行政面の最高責任者の資格を明示し、しかも当初よりかれが携わったものとして擬せられるのは、録尚書事のポストをおいてほかにない。彼が録尚書事として政務全般を総括する立場から開いた幕府が丞相府とされ、のちにそれが正式の官名、機関名として定着していた、とならないであろうか。(一二七頁二〜四行)

と、録尚書事＝丞相とみなすことで、その移行時期こそ確定しないものの、(iii)「録尚書事からの離任の時点」と同一の問題とし、あわせて解決する。

Ⅷ　史料⑤では、宇文泰が辞退した「王及び録尚書事」を「王」のみとし(操作1)、これによって、大統元年初の任官で宇文泰の肩書は「都督中外諸軍事・録尚書事・大行台・安定郡公」とする。

Ⅸ　史料⑥では、宇文泰が罷めると願い出た「大行台」は「都督中外諸軍事」の誤りとする(操作2)。その結果残された肩書は「録尚書事・大行台・〔安定郡公?〕」となる。これによって、(ii)「大行台への再就任時」も大行台からの離任は無かったと解決する。(以上、一二五〜一二七頁)

氣賀澤氏によれば録尚書事＝丞相であるので、以上の検証と操作により、丞相・大行台が廃帝二年まで存続し、なおかつ都督中外諸軍事が廃帝二年まで存在しないこととなり、事実関係と史料の齟齬とが「整合的に説明できる」(一二七頁)とされた。

手法的な点を確認すると、氣賀澤氏は、

Ⅵ—α　丞相府・大行台が大統初年より存在し続けている。

Ⅵ—β　大統年間の大半の時期、都督中外諸軍事は置かれていない(機能していない)。

という、周辺史料から得られた二点を尊重して、それに摺り合わせるために本紀の記事を書き換えられたわけである。

これらを要すると、廃帝二年までは丞相府と大行台とが宇文泰の権力発動機構として機能していたこととなる。加えて、都督中外諸軍事は廃帝二年まで存在しなかったとしている点では、谷川氏の所説と対立する。また谷川氏の「時には大行台を罷めたこともあった」との言とも対立する。

しかしながら、氣賀澤氏の検証にも疑問点はある。なにより史料抽出の点で明瞭な問題として挙げられるのは、検証時期を大統年間（五三五～五五一）以後に限定したためなのか、[22]史料④（進位丞相）を挙げていないことである。氣賀澤氏が史料上の問題とされた①宇文泰の丞相就任は、永熙三年（五三四）八月のこととして史料④に明記されているのであり、そうすると、丞相＝録尚書事といった措定をするまでもなく、検証のⅧ（史料⑤）・Ⅸ（史料⑥）の前提であるⅦが崩れることになるのである。

また、仮に史料④を挙げないことに合理的な根拠があり、Ⅷまでの検証が正しいとしても、Ⅸに問題がある。Ⅳでは史料⑥を、宇文泰が大行台を罷めること願い出た結果、録尚書事を受け、都督中外諸軍事と大行台の双方から離れた、と読まれている。この理解をⅨに適用すれば、罷めると願い出たのを大行台から都督中外諸軍事に替えたとしても、離任したのを都督中外諸軍事に限定する必然性は生じないのではなかろうか。Ⅳでの読みとⅨでの操作2と解釈は「整合的」とはいえないのである。従って、この説もまた採りがたい。

最後に呂春盛氏の研究に触れておこう。呂氏は西魏・宇文泰政権の主要衙門として、氣賀澤氏と同様に、丞相府と大行台を取り上げ、後述するように廃帝二年以前については都督中外諸軍事を重視することを否定しているのだが、その根拠として谷川氏の先の研究を挙げている。[23]谷川氏が西魏時期を通じて都督中外諸軍事を重視し、それに比べて丞相府にさほど力点を置いていないのは先述のとおりであり、呂氏の把握とは齟齬がある。

以上、先行するものとして主に二つの説の検証を行った。原史料に問題があることは明らかであり、これらの話に筋を通そうとするには何らかの史料操作が必要であり、また、それだけに完全な論証に至ることが困難であろうことは予想されるが、より妥当な見解に近づくために、ここまでに挙がった重要官職、都督中外諸軍事・録尚書事・大行台を逐一見直していくことにする。

第三節　都督中外諸軍事について

まずは、谷川氏が軍事面で重視された都督中外諸軍事について検討する。

都督中外諸軍事は曹魏以来置かれた官で、中外両軍を統率する最高司令官、と職名の字面から判断できるのだが、「中外」が意味するのが何かという点からして差違が認められる例もあって、その職掌（統率する軍の範囲）は通時的に一様ではなかった。北魏時代に関していえば、おおよそ高位の者に与えられる実職のない虚官・名誉職であったとされ、北魏極末期以降、東魏にかけての爾朱栄や高歓等の場合にしても、既に軍事力を背景に実権を収めた権臣が、簒奪を前にして自己の声望・栄誉をより高めるために皇帝に与えさせたものとされる。[24]ただ、その職が機能していたかは与えられた状況と直接に関連するわけではなく、先述したように、都督中外諸軍事に就任したのでこれだけの職権を手にした、という場合でなくとも、都督中外諸軍事職を通じて命令を発していればその職は機能していたといえるのであり、政権・官制構造を把握する際には無視することはできない。例えば、高歓が実権を握って以後の北魏・東魏政権では、中外府の属僚となって活動している人物がある程度見出せることから、都督中外府は当時期において は重要な地位を占めていたといいうるのである。

では、西魏・宇文泰政権においてはどうだっただろうか。宇文泰がいつ都督中外諸軍事職に就任したかについては、史料の⑤と⑩、大統元年（五三五）と廃帝二年（五五三）に就任記事があるのをいかに解釈するかによって諸説ある。この問題については、呂春盛氏が先行諸説を整理した上で新説を提示されたので、[25]ひとまずこれを活用させていただ

くと、従来、

A　廃帝二年に初めて就任した[26]。

B　大統元年に就任、同三年に離任、廃帝二年に再任した[27]。

C　大統元年に就任して以来、ずっとその職にあった[28]。

という三つの解釈があった。

A説は重ねての任官を不自然として、史料⑤に誤りがあると見做す。その根拠は大統元年～廃帝二年の時期に都督中外府の属僚が見出せないことである[29]。B説は氣賀澤氏のもので、既に述べたとおりである。これらに対してC説は、重ねての任官記事に目をつぶる姿勢である。

以上のように整理した上で、呂氏は次のように新説を展開する。

Ⅰ　「強独楽文帝廟造像碑[30]」の、

故に武帝、拝して都督中外諸軍事・大丞相と為し、威は八極に振い、六合は来賓す（三a）。

という記事を挙げ、宇文泰の都督中外諸軍事就任を永熙三年（五三四）秋の孝武帝奉迎後とする。

Ⅱ　永熙三年の段階で就任していれば、その後大統元年の任官（史料⑤）は皇帝の代替わりによるものと見做せ、重ねての任官記事も不自然ではないとする。

Ⅲ　廃帝二年以前の中外府関連記事と見做しうるものとして、『周書』巻一六・史臣曰条や、同巻一九・宇文貴伝、同巻三六・劉志伝、同巻四二・劉璠伝を挙げて、自説を補強する。

Ⅳ　大統年間に中外府の属僚が見出せない理由として、祝総斌氏の説[31]に拠り、大統年間の大部分は実のない名誉職であったが、いわゆる府兵制の整備とともに少しずつ機能を有するようになっていき、廃帝二年に本格的に政権の中枢衙門として位置するようになったとする。

先行の諸説との関係からすると、当人が述べるようにC説を発展させたもので、手元にある史料をなるべく活かそうとする姿勢だといえるだろう。

先行諸説がそれぞれの論考の中で主題として扱われていない中、呂氏の説は唯一の専論であるだけに傾聴に値する点が少なくない。ただ、筆者としてはまだ若干の疑問点が残されていると考えるので、幾つか挙げておこう。

◎北周初年に建てられた「強独楽造像碑」の記事は、孝武帝奉迎に至るまでは詳しいものの、当該記事を境にして、その後は四方の勢力との関係や国内の安定とを簡潔・抽象的に謳い上げて後、ただちに宇文泰の死亡が記される。従って、宇文泰政権が本格的に稼働していた大統年間以降に関しては具体的な記事が一切無く、より高位で立碑時に近い時期に就任した太師や柱国大将軍、『周礼』に基づく大冢宰といった官も記されていない。[32]筆者としては、この記事を永熙三年の正確な任官記事として用いることに躊躇する。

◎永熙三年に都督中外諸軍事に就任していたとして、大統元年の異動記事（史料⑤）は「進む」とあり、確かに尚書令が録尚書事に進むことにはなるものの、職名の最初に書かれている都督号に関してはなんら変化が無い点に違和感がある。また、大統三年の異動記事（史料⑥）では前命を繰り返している。ということは、ここでも都督中外諸軍事への任官が含まれていると考えられまいか。既に受け入れられていた分に関しては除く、といった解釈を無条件に行うことは許されるのだろうか。

◎説の補強に用いられた『周書』巻一六・史臣曰条で、文中の「督中外軍」を都督中外諸軍事という職名が略されていると見做されているが、これは文脈からして官職名ではなく、「中外の軍を督す」と読むべきである。[33]

◎『周書』の劉志伝・劉璠伝の記事は、従来の諸説（A・B）が、時期を廃帝二年以前と限定できないと確認した上で検討の俎上から外したものであり、これらを論拠とするには、あらためて廃帝二年以前のことであると判断した根拠を求めたい。

以上のような疑問点を挙げた上で、筆者としてはA説を見直すこととしたい。

史料⑤の記述に従えば、宇文泰はこの時点で都督中外諸軍事に就任していたことになる。これに対して疑問を呈したのが濱口重國氏であり、その根拠は廃帝二年の二度目の任官記事の存在と、大統年間以来、廃帝二年に至るまでの短からざる間、都督中外府の官属が一人・一件しか確認できないことであった。[34]そこで濱口氏は、宇文泰が固譲した王号と録尚書事に、都督中外諸軍事を加えるという史料操作を行い、これによって、大統元年と廃帝二年の二重の任官を回避できるとされた。[35]

濱口氏の論稿では、録尚書事と大行台とがそれぞれ別個のものと見做されていることから、その記載内容をそのまま採ることはできないのではあるが（次章参照）、この史料操作によって史料解読を助ける効果がさらに二点あることを筆者は新たに指摘できる。一つは、この操作によって、史料⑤での宇文泰の肩書の変更点が略陽郡公から安定郡公への移封のみとなり、「魏帝、之を許し、乃ち封を安定郡公に改む」という文面が、当時の任官の結末をより正確に伝えることになること。もう一つは、史料⑥の、文帝が前命を繰り返したことについてである。呂氏の説に対する疑問としても挙げたように、繰り返すということは前回の任官命令がまったく実行されなかったからこそではないのかと考えられるが、史料⑤の段階で都督中外諸軍事を受けていた場合、前命をそのまま繰り返すと、重ねて「都督中外諸軍事に就任せよ」という命令が含まれることになる。「すでに受けていた分は除く」という解釈・操作も可能かもしれないが、史料⑤の段階で都督中外諸軍事を辞退していた場合には、ここで繰り返された任官命令を「都督中外諸軍事を除く」という条件を付けずに受容できるのである。

呂説は史料の増補と解釈で勝負しているが、それぞれにやや難を感じる。A説は話に筋を通すために史料の書き換えを必要としている。筆者としては、現段階でA説に傾いてはいるものの、いまだ定見を持ち得るまでには至っていない。しかしながら、A説であれば都督中外諸軍事職は廃帝二年まで存在せず、呂説であっても大統年間から廃帝二年に至るまで、殆ど実職として機能していないことになる。従って、いずれの場合であっても、西魏政権において廃帝二年までは都督中外府が主要衙門として機能していたとはいえず、西魏時代を通じて都督中外諸軍事を重要視する谷川氏の所説は採ることはできない、となるだろう。

第四節　録尚書事と（大）行台について

続いて、録尚書事と（大）行台について併せて検討する。

北朝政権における行政を総覧する職としては、尚書省の長官が挙げられる。すなわち尚書令であり、その上位者として録尚書事が置かれればこれに当たる(36)。氣賀澤氏が丞相と同一視し、谷川氏もまた宇文泰が大行台を罷めても録尚書事を確保して行政権を握っていた、とされた職である。

周知の通り、録尚書事は本来常設の官ではなく、漢代以来、太尉以下の三公や太傅等の師傅、あるいは大司馬・大将軍など、尚書省外の最高級の文武官が、尚書の業務を総覧する際に便宜的に加えられた肩書である。従って官制上に規定されることは稀で、官品なども定められていなかった。これが北魏末期になると、戦乱で勲功をあげる者が多くなり、これらに応えるために最高級官職がより多く必要となったため、録尚書事も別の本官を有する者への臨時の加号という形をとらずに、事実上常設されるようになっていた(37)。

それではこの時期、録尚書事が行政を総覧する宰相として独占的に行政権を振るっていたかといえば、必ずしもそうとはいえないのである。表1に、爾朱栄専権以後の録尚書事就任者を挙げた。爾朱栄・高歓・宇文泰といった軍事力を背景に実権を握った人物以外では、一瞥して宗室元氏からの就任者がとても多いことが看取される。しかしながら、これらをもって、彼ら元氏からの就任者が宰相として権力を振るったという説を唱える向きはあるまい。さらに、

表１：北魏末以来録尚書事就任者表

姓　名	時　　期	皇　帝	実権者	就任時に兼ねた主要官職	出　典
爾朱栄	建義元(528).7～	孝荘帝	爾朱栄	都督中外諸軍事・大将軍・北道大行台・柱国大将軍他	魏10・孝荘帝紀、魏74
元天穆	永安元(528)～	孝荘帝	爾朱栄	太尉・開府・世襲幷州刺史	魏14
元彧	不明：孝荘帝時期	孝荘帝	爾朱栄	大司馬	魏18
長孫稚	永安末(529～530頃)在任	孝荘帝	爾朱栄	太傅	魏18・元孚伝
元徽	永安３(530.10)～	孝荘帝		太保・大司馬・宗師	魏19下
李延寔	永安末(529～530頃)在任	孝荘帝		侍中・太傅・東道大行台・青州刺史	北100・序伝
元粛	建明元(530).10～	東海王曄	爾朱兆	太師・都督青斉光膠南青五州諸軍事・東南道大行台・青州刺史	魏19下、元粛墓誌
爾朱兆	普泰元(531).2	前廃帝	爾朱兆	都督中外諸軍事・柱国大将軍他	魏75
長孫稚	普泰元(531).3固辞	前廃帝	爾朱兆	太尉	魏11・前廃帝紀、魏25
高歓	中興元(531).10～	後廃帝	高歓	大行台	魏11・後廃帝紀
爾朱彦伯	532以前？			※生前の在任は疑問	爾朱敞墓誌
長孫稚	太昌元(532).5在任	孝武帝	高歓	太傅	魏11・出帝紀、魏25
元諶	永熙2(533).7～	孝武帝	高歓	太師	魏21上
長孫稚	永熙３(534).5在任	孝武帝	高歓	太傅	魏11・出帝紀
元悰	天平３(536).4在任	㊮孝静帝	高歓	太尉・侍中	魏12・孝静帝紀、19上、元悰墓誌
元暹	天平４(537).4～	㊮孝静帝	高歓		魏12・孝静帝紀
元坦	天平４(537).10～	㊮孝静帝	高歓		魏12・孝静帝紀
高歓	元象元(538).7～	㊮孝静帝	高歓	相国(固辞)・大行台	魏12・孝静帝紀
高歓	興和元(539).7固辞	㊮孝静帝	高歓	相国(固辞)・大行台	斉２・神武帝紀下
元韶	興和４(542).4～	㊮孝静帝	高歓	太尉	魏12・孝静帝紀
高歓	武定元(543).8固辞	㊮孝静帝	高歓	相国・大行台(固辞)	斉２・神武帝紀下
元弼	武定２(544).3～	㊮孝静帝	高歓	中書監	魏12・孝静帝紀
孫騰	武定３(545).12～	㊮孝静帝	高歓	太保	魏12・孝静帝紀
高隆之	武定５(547).5～	㊮孝静帝	高澄		魏12・孝静帝紀
高澄	武定５(547).7～	㊮孝静帝	高澄	大丞相・都督中外諸軍事・大行台	魏12・孝静帝紀、斉３・文襄帝紀
高洋	武定８(550).1～	㊮孝静帝	高洋	丞相・都督中外諸軍事・大行台	魏12・孝静帝紀、斉３・文宣帝紀
元暉業	不明：孝静帝時期	㊮孝静帝		領中書監？	魏19上
長孫稚	永熙３(534).8頃在任	孝武帝	宇文泰		周43・李延孫伝
賀抜勝	永熙３(534).8頃～	孝武帝	宇文泰	荊州刺史・南道大行台・太保他	周14
宇文泰	大統３(537).6～	㊬文帝	宇文泰	大丞相・大行台他	周２・文帝紀下
念賢	大統４(538)頃～	㊬文帝	宇文泰	大将軍	周14
長孫紹遠	恭帝２(555)～	㊬恭帝	宇文泰		北22

※本表作成にあたって、北魏時期については、長部悦弘「北魏尚書省小考――録尚書事・尚書令・尚書左右僕射に関して――」(『日本東洋文化論集（琉球大学法文学部紀要)』13・2007）を参照している。

※出典注記：魏＝魏書、周＝周書、斉＝北斉書、隋＝隋書、北＝北史。正史で巻数のみのものは本伝。元粛墓誌：趙超『漢魏南北朝墓誌彙編』（天津：天津古籍出版社・1992）・pp.303～304。爾朱敞墓誌：趙万里『漢魏南北朝墓誌集釈』（北京：科学出版社・1956）・383。元悰墓誌：『漢魏南北朝墓誌彙編』・pp.352～354。

宇文泰の指揮下で活躍した武将の念賢までが表に列していることをみても、この時期、録尚書事だから宰相である、とは一概にはいえないことは明らかであろう。

次に行台について。

そもそも行台とは、本来中央の尚書省に附託すべき事務を現地で適宜執行させることを目的として設置された、小型の尚書省（台省・台閣）である。曹魏時期に親征等の大規模な出兵の際に軍に随行する形で臨時に置かれたのが始まりで、北魏末には数州を跨いで管轄する、地方最高の広域行政機構となっていた。東魏・北斉では地方行政機構として一般化していったのに対し、西魏では軍事出動に伴って設置されてその行動が終われば廃されたものや、対東魏前線地域の在地勢力に附与した例が初期に見られるものを含めて、不安定な地域に置かれたものが多く、基本的に常置されなかった(38)。

南北朝時期には、数州を管轄する軍事機構として都督某州諸軍事がひろく設置されていたが、行台はそれと並行する形で設置され、都督府と行台は兼領されることが多かった。尚書省に五兵・兵部の曹があったように、行台は管轄地域内の軍政にも関与したが、尚書省という性格上、また都督府と並存していたことからも、軍令の範疇にまでは職権が及んでいたとは考えにくい。従って、安易に「行台は軍事を統轄した」と表現すると、その職権や地方統治体制を見誤ることになるので注意を要する(39)。

小型の尚書省と表現したとおり、その機構は尚書省を縮小した形が採られた。官員名称も尚書省のそれと同一で、長官は規模に応じて上は録尚書事から下は尚書左丞までが確認される。また、「大」が付くか否か、長官として置かれるのが録尚書事なのか、尚書令なのか、或いは僕射以下であるのかは、長官となる人物のそれまでの官位や、具体的に附与される権限によって決定されたとされる(40)。

つまり、行台と尚書省の官名とは不可分の関係にある。史料上では「為行台（行台と為す）」と表記されることはしばしばあるが、行台とは本来官職名ではなく、そして「行台」の前後に僕射や尚書令などが表記された場合、これは行台での役職なのである。従って、宇文泰の官歴に出てくる兼尚書僕射・尚書令・録尚書事はすべて大行台での役職であって、中央政府の尚書省のそれではないと見做すべきであろう。

ここで、表1を再確認すれば、爾朱栄・高歓・宇文泰といった実権者たちが録尚書事を帯びながらも、それが大行台のものであることに気がつく。実権者たちは王都から離れた地に覇府（丞相府や大行台）を置き、そこで軍を統率しつつ政策を決定し、重要政務をこなした(41)。一方、王都の尚書省は、実権者の意向に従ってただ日常の業務をこなす存在に留まっていたと考えられよう。

第五節　宇文泰の官歴記事の再検討

氣賀澤氏と谷川氏はともに録尚書事と大行台を別個のものとして把握していたのだが、前章のように録尚書事を大行台における職名と把握した上で史料①〜⑪を読み直せばどうなるか。改めて関西軍閥を率いることを北魏朝廷から認められるようになって以降の宇文泰の官歴を整理していこう。適宜、図3を参照されたい。

Ⅰ　史料①の任官を受けた段階で、宇文泰は「使持節・侍中・驃騎大将軍・開府儀同三司・関西大都督・略陽県公」となり、これが起点となる。図3では『資治通鑑』巻一五六（四八四四頁）に従い、四月に繋ける。

Ⅱ　史料②ではさらに兼尚書僕射・関西大行台を授けられ、また従来の官職封爵はそのまま維持される。その結果、「使持節・侍中・驃騎大将軍・開府儀同三司・関西大都督・兼尚書僕射・関西大行台・略陽県公」となる。注意すべきは、僕射が大行台長官であることである。図3での繋年については史料①と同様『資治通鑑』に従う。ま

図3：宇文泰の官歴（本章での検証）

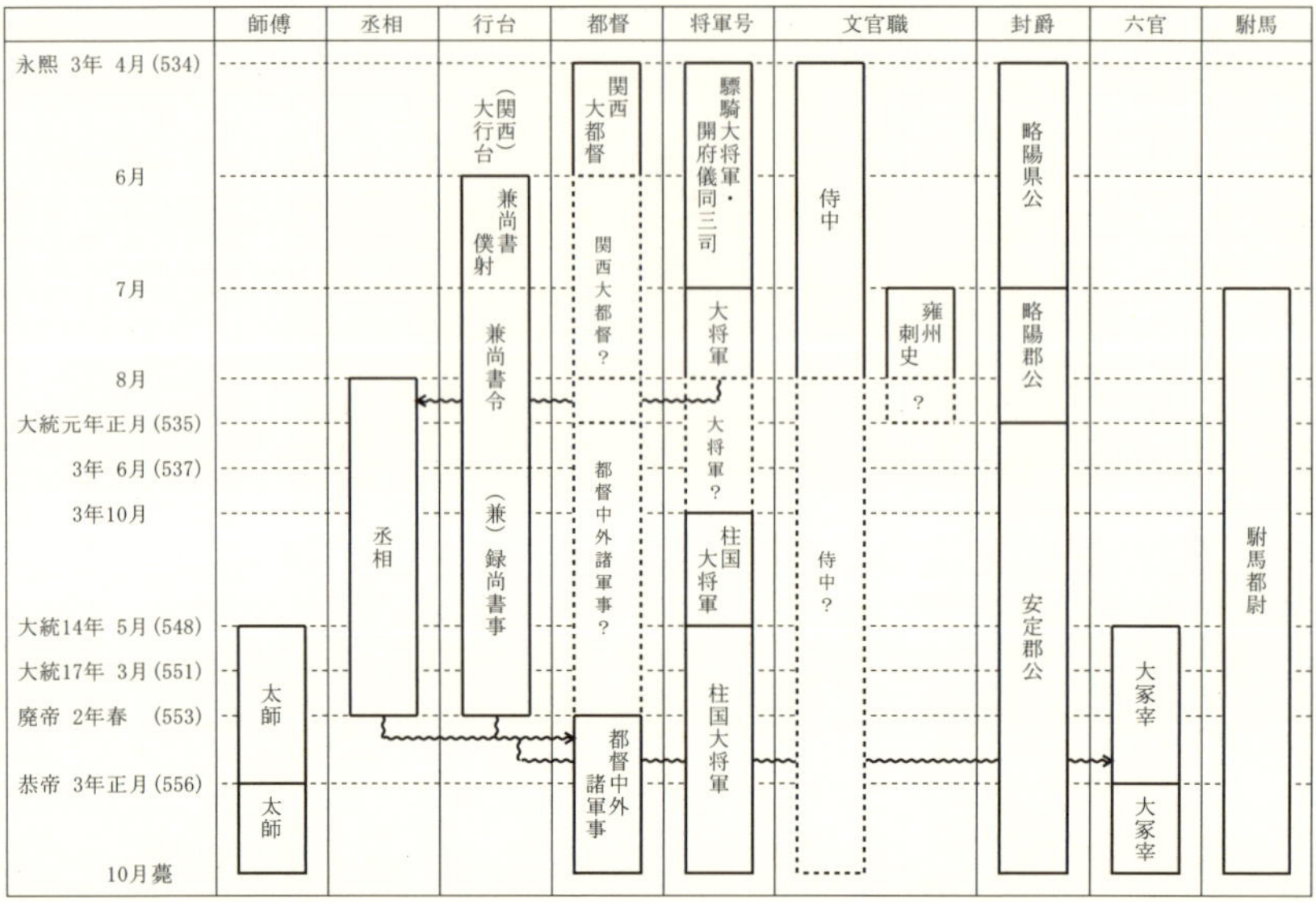

た、使持節は都督の権限を現すもので、これより上がることがないため、以下の検証を省略する。

Ⅲ　史料③ではこれに大将軍・雍州刺史・兼尚書令が加えられ、封爵は略陽郡公に昇格する。別置された二尚書とは関西大行台の属官である。また兼尚書令を加えられているため、兼尚書僕射が解かれるのは道理であるが、より厳密な記述を求めるのであれば、兼尚書令は「加」に含まずに、別に「進」で表記されるべきである。ともあれ、行台長官としての肩書が僕射から令に上がったことを確認しておく。その他の侍中・驃騎大将軍・開府儀同三司・関西大都督は維持されたとあるが、この中で驃騎大将軍・開府儀同三司は大将軍を加えられた時点で外されているはずである。というのは、例えば禁軍を統べる領軍将軍の如き職務のある将軍号であれば大将軍と兼領する意味も認められようが、特定の職務の無い驃騎大将軍はより上位の大将軍と併せて帯びる必然性がないからであり、また、大将軍（二大）は官制の序列的に三公（かつての三司）よりも上位に位置し、既に三公と同程度の府が設けられているため、改めて開府にかかわる肩書きを必要としないからである。従って、この段階での宇文泰の肩書は「侍中・大将軍・雍州刺史・関西大都督・兼尚書令・関西大行台・略陽郡公」としておく。なお、この時期、中央政府の尚書省の尚書令として斛斯椿が存在しており[42]、宇文泰の兼尚書令が大行台のそれであることを裏付ける。また宇文泰は、これらの異動の後に、馮翊長公主（孝武帝の妹）を娶って駙馬都尉を拝しているが、異動の対象にはならない官なので、以下の検討を省略する[43]。

Ⅳ　史料④で位を丞相に進める。丞相は官制的には三公はもちろん、二大とも同じ枠組みにあると見做せるため[44]、この段階で大将軍が外れている可能性がある。また雍州牧も外れている可能性が高い[45]。侍中は定数が事実上不定のため[46]、維持されていると考えられる。以下、侍中については検討を省略する。ここまで結果、宇文泰の肩書は「丞相（・大将軍・雍州刺史）・関西大都督・兼尚書令・関西大行台・略陽郡公」となる。

Ⅴ　史料⑤では任官指令とその結果を分けて整理する。まず、宇文泰に示されたのは都督中外諸軍事・録尚書事・大行台への昇進と、安定郡王への改・進封である。都督中外諸軍事は関西大都督からの都督号の上での昇進であり、録尚書事は尚書令からの昇進である。大行台は録尚書事・尚書令の所属を示すものであるから、特に昇進ということはないが、「関西」の号が外されている可能性が高いので[47]、以下「関西」の語を省く。封爵は略陽郡公から安定郡王への移封と昇進の両方である。

　これに対して宇文泰は王号と録尚書事を固譲し、西魏文帝もこれを許し、そして安定郡公に改封された。ということは、録尚書事への昇格がないので尚書令のままであり、郡王への昇格がないので郡公のままであり、安定への移封のみがなされたのである。従って、この記事を普通に読めば、この結果、宇文泰は「丞相・都督中外諸軍事・兼尚書令・大行台・安定郡公」となったのである。ただし都督中外諸軍事については先に見たとおり王号・録尚書とともに固譲した可能性もあるので（A説）、その場合は関西大都督が維持されたとも考えられる。

Ⅵ　問題の史料⑥である。これも任官指令と結果とを分けて整理する。宇文泰が大行台の廃止を願い出たところ、かえって文帝は前命を再度示した。前命とはすなわち大統元年の任官「（都督中外諸軍事・）録尚書事・大行台への昇進と、安定郡王への改封」である。従って、この願いが出された段階では大行台は廃止されていない。
　ここで宇文泰は大行台長官としての録尚書事への昇進のみを受けて、あとは固譲する。これをそのまま読めば、その結果は「丞相・都督中外諸軍事（呂説）或いは関西大都督（A説）・録尚書事・大行台・安定郡公」となる。ただし、都督中外諸軍事であったとしても関西大都督であったとしても、その府・衙門が大統年間では機能している形跡が見られないことから、以下検証を省略する。(48)

Ⅶ　史料⑦で、宇文泰は柱国大将軍に進む。先に史料④で宇文泰が丞相に就任した時点で大将軍から外れた可能性があると記したが、もう一つの可能性として、この柱国大将軍就任までは大将軍職にあったとも考えられる。(49)ともあれ、宇文泰の肩書は「丞相・柱国大将軍・録尚書事・大行台・安定郡公」となった。

Ⅷ　史料⑧で、宇文泰は太師に就任した。この大統一四年五月に『周礼』官制が部分的に実施され、従来の二大（大司馬・大将軍）・三公（太尉・司徒・司空）が六卿（大冢宰・大司徒・大宗伯・大司馬・大司寇・大司空）に再編され、宇文泰は大冢宰を拝してもいると考えられる。(50)太師は太和官制で最高位に位置する三師上公の筆頭であったが、この時に三師上公の呼称が三公と改められている。以上から、宇文泰の肩書は「太師・大冢宰・丞相・柱国大将軍・録尚書事・大行台・安定郡公」となる。

Ⅸ　史料⑨、西魏の文帝が崩御し、皇太子（＝廃帝元欽）が嗣いだ際、宇文泰は冢宰の肩書によって百官を統べた。当時、大冢宰が本来属する天官府はまだ設置されておらず、従って大冢宰の属官も置かれていなかった。ここでは、大冢宰職の百官を率いる権限が機能していることを確認しておく。

Ⅹ　史料⑩で、宇文泰は丞相・大行台を廃して、都督中外諸軍事に就任した。これによって、百官の長としての大冢宰と、軍最高司令官としての都督中外諸軍事とを中心とする体制に転換した。肩書も「太師・大冢宰・都督中外諸軍事・柱国大将軍・安定郡公」と若干整理された。ただし、この丞相と大行台を罷めて都督中外諸軍事になったという記述から、丞相府と大行台の全機能が都督中外府に移されたという解釈は採りがたい。本来的に純軍事機構である都督中外府によって、全国の行政を機能させようとするかが甚だ疑問だからである。また、大冢宰の府である天官府はまだ行政機構として機能を始めてはいない点も注意を要する。この場合、衙門としては軍事面は都督中外府が担当し、行政面は中央の尚書省が担当して、宇文泰は大冢宰の肩書で百官を率い、尚書省もその控制下にあった、とみるのが妥当であろう。

Ⅺ　史料⑪の太師・大冢宰就任はともに再度の任官であるが、「初めて周礼を行い、六官を建つ」とあるように、官制が全面的に改定された際のことなので、受容されよう。

以上のように『周書』文帝紀の記事を読んだ結果、なお保留せざるを得ない点も多々あるものの、西魏初年より継続的に存在した中心的衙門が丞相府と（関西）大行台の二つであり、この二つの衙門とその職権が廃帝二年に大冢宰職と都督中外府によって引き継がれた、となるであろう。

これをあらためて他の周辺諸史料と突き合わせてみる。丞相府の属僚を抽出したものが本章末に掲載した表2である。この表と本書第一部第二章末に掲載した大行台の属僚をまとめた表から、丞相府と大行台とが永熙三年以降、廃帝二年に至るまで廃されることなく継続的に存在していたこと、さらに具体的内容については節を改めて見ていくが、確認される属僚たちの員数やその事跡によって両衙門が政権

図４：主要衙門変遷概念図

永熙三年		廃帝二年～		恭帝三年～（六官制施行）
丞相府 大行台	→	都督中外府：軍事 大冢宰：総百揆・行政総覧	→	都督中外府：軍事 大冢宰：天官府長官

の中枢として機能していたことが裏付けられよう。

以上から、谷川・氣賀澤両氏の説でともに問題となっている、史料⑥の「太祖、行台を罷めんことを請うも、帝、復た前命を申ね、太祖、録尚書事を受くるも、余は固譲し、乃ち止む」という記事は、大行台の機構を把握していれば文章通りに読めば良いのであり、史料的に問題があるのは、主に都督中外諸軍事に関してだったことがわかるのである。

第六節　丞相府と大行台

以上の検証によって、西魏政権の大部分を占める大統～廃帝年間（五三五～五五三）に、その中枢機関として存立していた衙門が宇文泰の丞相府と大行台であったことについて、相応の史料的・制度的根拠を与えることには成功したと考える。それでは、この二つの衙門はそれぞれいかなる機能を有し、役割を分担していたのであろうか。実のところ、この問題に関する先行研究は、宇文泰の大行台について若干の検討をした拙稿(51)を除いて管見の限り存在しない。丞相府と大行台が重要であるという前提で進められた研究として、呂春盛氏やS. Pearce氏のものを挙げることはできるが、いずれもその史料的・制度的根拠や両衙門の機能面にまでは踏み込んでいなかった。本章でも前節最後の模式図（図4）で最上段の丞相府と大行台のところに「軍事」「行政」といった機能を示す語を記していないのには実に消極的な理由があり、つまり現段階では史料的限界から明瞭にしえないのである。とはいえ、従来まったく曖昧なままに積み残されてきた論題であり、今後の研究の基礎を形づくるためにも、現存史料で述べうる範囲で、その政治的・制度的背景などを通じて、両衙門の存在形態や併置された要因などを確認しておきたい。

丞相府は、限定的にいえば、最高級官僚の一人である丞相がその職務を助ける幕僚たちをかかえ込み、彼等に公的なポストを与えるための衙門であるが(52)、府主である丞相が百官を統べ国政を総覧する宰相として群臣の中でも抜きん出た存在であった時、最高行政府・政権の意思決定機構として機能する。それでは、宇文泰の丞相府ではどうであったろうか。宇文泰の丞相府に属した記録のある人物をまとめた表2に拠って、その状況を瞥見していこう。相当数の人員が丞相府に属したことが確認され、長史・司馬以下の官職もある程度判明する。しかしながら、彼ら属僚が丞相府内のポストでどのような仕事を務めたかとなると、その人数に比して必ずしも史料は多くない。

丞相府属僚たちの事跡にみえる、「対掌機密（従事中郎盧柔）」、「参掌朝政（司録李植）」といった活動は、政権を仕切った宰相の幕僚としてごく一般的な記述であろう。これが「軍国政事（長史宇文測）」、「軍国機務（司馬李遠）」となると、さらに重要性が上がると思われ、実際、長史・司馬といった高級幕僚の事跡にあらわれる。「軍国」と並ぶと、軍事にまで及ぶこととなるが、この「軍」とは丞相府が管轄した中央二十四軍に限定される表現ではなく、政権全体の軍事戦略という一般的な用法であると考えるべきであろう。「新制を修撰し、朝廷の政典を為る（参軍柳敏）」といった文言は国制の制定にあたり、まさに丞相府が最高政策決定機構であることを示しているといえる。また、「四方の賓客有る毎に、恒に之を接がしめ、吉凶礼儀に及ぶに爰いても、亦た監綜せしむ。（参軍柳敏）」ともあり、非常に幅広い場面で、丞相府属僚が活躍していることが確認できる。

その一方で、谷川氏が「二十四軍を統轄する機関であった」と述べられたのは、『周書』巻一一・宇文護伝の、

太祖の丞相と為りてより、左右十二軍を立て、相府に総属せしむ。（一六八頁）

という記述に基づくものである。ここに見える「総属」が軍令・軍政それぞれのどこまでを含むかは明らかではないものの、この記事から中央二十四軍を（曖昧な表現ではあるが）統轄することもまた、宇文泰の丞相府が有した機能・権限の重要な柱の一つであったことは疑いない。都督中外府のような軍事専門の衙門が機能していなかったことと合わせれば、宇文泰の丞相府は本来的には宰相府であるものの、これに軍府としての性格をも持ち合わせていたとする

のが妥当であろう。ただし、軍事面については府兵制を中心とした研究の蓄積もあり、より詳細な検討が求められると思われるので、これ以上は踏み込まずにおく。

一方の宇文泰の大行台について、本書第一部第二章に基づいて大統・廃帝年間での存在形態の概要を示すと以下のようになる。

宇文泰の大行台は、永熙末年に関西大行台という地方行政府としてはじまった。孝武帝の西遷にともなう混乱期には臨時の中央行政府としても機能し、大統年間に入ってその役目を終えたが、以後も宇文泰の幕僚を収容するための機構として機能し続けた。その属僚は平時には丞相府の属僚とともに政策・制度の策定に参画する存在であり(53)、また、宇文泰の出征時にあっては、現地での行政執行に携わり、併せて丞相府とともに行軍組織の軍政にも関わっていた(54)。

宇文泰の大行台についてはしばしば「実質的な政府」といった表現が用いられてきており(55)、それは一面としては首肯される。しかしながら、当時の中央政府の尚書省は政策決定への関与は稀薄になりながらも、完全に形骸化することなく中央行政執行機構としてはある程度機能しており(56)、加えて行台が基本的に管轄地域を限定した上で設置された衙門である以上、宇文泰の大行台の名によって全国に対して、つまり地域的な制限無しに、行政命令が下されることはなかったものと推定される。従って、一般的には丞相府より指令が発せられ、中央の尚書省がそれらの業務を全国に対して執行するという役割分担が成立していたと考えられ、政権全体に対する権力発動機構だったのは丞相府だったということになる。蘇綽に代表される大行台の属僚たちの活動もまた、状況に応じて多岐にわたったが、令文等に規定された恒常的な職務はなかったのである。そのような立場は、かえって融通が利き、使い勝手の良さにも繋がっていたともいえるだろう。宇文泰は、増え続ける子飼いの幕僚たちを側近に置きつつ公的な官位を与えるために、丞相府とともに大行台を有効に利用したのである。

結　語

本章では西魏政権の官制構造を明らかにするための一段階として、実権者宇文泰がその権力発動機構として用いた官職・衙門を検討した。政権の中央官制を把握することは、政治制度史の根幹ともいえる基礎的な作業であるのだが、西魏史研究では諸説あって未解決のままであったからである。

一地方軍閥に皇帝が逃れてきたという背景から、西魏政権の実権が元氏皇帝にではなく、軍閥の長であった宇文泰に帰していたことは自明である。ゆえに、宇文泰の官歴を再構成することが、重視すべき官職・衙門を明らかにするための第一歩となるのだが、従来の研究はこのごく基本的な事項について、諸説あって未解決のまま、正確に把握していなかった。それは官歴関連史料の不備もさることながら、焦点となる丞相・都督中外諸軍事・録尚書事・関西大行台の実状を正確に把握していなかったことによる。

①都督中外諸軍事は西魏末期まで機能していないこと、②大行台は官名ではなく衙門名称であり、録尚書事は大行台の長官としての地位であること、以上の二点をおさえることにより、本章では以下の結論を得た。すなわち、宇文泰が政権を樹立して以来、長らくその権力発動機構として用いた官職・衙門は政治・軍事の両面においてまず丞相（府）である。政策決定に際してはこれに大行台の属僚たちも参加していたが、大行台は西魏政権の支配地域全体に対して指令を発したり、行政を執行する存在ではなかった。この丞相府と大行台の二つが廃帝二年（五五三）に至って都督中外諸軍事と大冢宰とに権能が再編され、さらに恭帝三年（五五六）の『周礼』官制施行へと進んだのである。

周辺諸史料から再構成すれば、氣賀澤氏や呂春盛氏のように「重要なのは丞相府と大行台」という結論に至ることは必然ともいえたが、両氏の説にも史料解釈の過程と制度の理解との両面に不足があった。本章での検証によって、それらの問題に対してひとまずの解決を与えることができたものと考える。さらに、属僚たちのキャリアパターンや、個々の立ち位置、宇文泰との距離などを見ていくことで、西魏から北周・隋唐へと繋がっていく諸政権の構造とその変遷等の分析をより総合的なものにするための基礎も構築しえたと考える。

注

（1）趙翼の「周隋唐皆出自武川」（『二十二史劄記』巻一五）は、北周～唐の帝系の起源を武川鎮に求めた論として代表的なものである。

（2）菊池英夫氏は「一九六七年の歴史学界――回顧と展望――　隋・唐」（『史学雑誌』七七―五・一九六八年）において、「従来の統治集団の研究方法において個々の人物の出自が手掛かりとされることが多いが、その限界も明確にしておかねばならぬ。権力集団の人的構成と権力の階級的性格は別であること、政策分析こそが中心たるべきこと、といった問題と共に、貫籍記載と個人経歴の無関係化、地域集団論の成立し難きこと……」（二一五頁）と述べている。

（3）直江直子「北朝後期政権為政者グループの出身について」（『名古屋大学東洋史研究報告』五・一九七八年）。

（4）藤堂光順「西魏北周期における「等夷」関係について」（『名古屋大学東洋史研究報告』八・一九八二年）。なお藤堂氏は「等夷」の語を「集団内における同格の者たち」として解釈されているが、筆者は「個人的に対等の関係を結んでいる状態」で、集団内における地位の上下とは直接に関連しないものと考える。

（5）谷川道雄『増補隋唐帝国形成史論』（筑摩書房・一九九八年）・補編第一章「武川鎮軍閥の形成」（一九八二年初出）。

（6）呂春盛『関隴集団的権力結構演変――西魏北周政治史研究』（台北：稲郷出版社・二〇〇二年）・第二章「西魏政権的成立及其結構」（一九九四年初出）、同第三章「府兵将领看西魏中期的権力結構」（一九九四、五年初出）。

（7）吉岡真「北朝・隋唐支配層の推移」（『岩波講座世界歴史9　中華の分裂と再生』（岩波書店・一九九九年））。同論文中の表2「西魏政権の人的構成表」（二七〇～二七一頁）は各種要素が盛り込まれ、極めて複雑な様相を呈してはいるが、基本データとして有用である。ただし、構成員個々人の漢・非漢の峻別に関しては、少なからず異論が出るものと思われる。また、呂氏のところで触れた、分類基準の不整合性という点については、吉岡氏の検証でも改められていない。

（8）宇文泰が群臣の中で別格の存在であったことを示す史料として二点挙げておく。『周書』巻二三・蘇綽伝所載の「大誥」の冒頭には、

惟れ中興十有一年、仲夏、庶邦百辟、咸な王庭に会す。柱国泰洎び群公列将、来朝せざるなし。（三九一頁）

とあり、柱国以下は、群公・太宰・太尉・司徒・司空／列将／庶邦列辟／卿士・庶尹・凡百御事と区別される。また「薬王山辛延智造像碑」（李改・張光溥『薬王山北朝碑石研究』（西安：陝西旅游出版社・一九九九年）、八一〜八五頁）には、

大魏大統十有四年四月二十一日、（中略）上は皇帝陛下・大丞相・群遼（僚）・百師・僧父・父母・因縁眷属の為……。

とあり、宇文泰が群臣から区別されている。

（9）少数の鮮卑系軍士と多数の漢族豪右とによる連合政権をまとめるにあたって、一定の普遍性を有する古典に依拠する政策を採り、併せて、改革者としての宇文泰の立場を強化し、魏周革命への布石を打ったとされる。大川富士夫「西魏における宇文泰の漢化政策について」（『立正大学文学部論叢』七・一九五六年）、前掲注（5）谷川著書、第三編第三章「五胡十六国・北周における天王の称号」（一九六六年初出）参照。ただし、国制への『周礼』受容は北魏孝文帝の頃から目立ちはじめる。川本芳昭『魏晋南北朝時代の民族問題』（汲古書院・一九九八年）第三篇・第二章「五胡十六国・北朝史における周礼の受容をめぐって」（一九九一年初出）参照。

（10）例えば清・謝啓昆『西魏書』巻九、一〇・百官考は、西魏末期になって施行された『周礼』官制のみを記している。

（11）王仲犖『北周六典』（北京：中華書局・一九七九年）。

（12）本書第一部第三章参照。

（13）『周書』諸本は「都」字を欠く。文脈から官職名であることは明らかであるので、『北史』巻九・周本紀上の同内容記事（三二九頁）により補う。

（14）丞相と大丞相とで何らかの差違があった可能性はあるが、その差違にしても官制機構を検討する上で決定的なものである

とは考えられないので、宇文泰のそれについては本章では特に区別することはせず、基本的に丞相・丞相府と表記する。

(15)　本章で個別に検討するもの以外では、前掲注（6）呂春盛著書、Scott Anthony Pearce, *The Yu-Wen Regiume in Sixth-Century China*, Ph. D. diss., Princeton Univ., 1987、陶賢都『魏晋南北朝霸府与霸府政治研究』（長沙：湖南人民出版社・二〇〇七年）などの包括的な論著で、丞相府・大行台・都督中外諸軍事（府）が重要であるとされる。これらが重要であることについては異論はないが、具体的な検証や史料的根拠、各衙門の位置付け等は示されておらず、また時期による状況の変化についても特に言及されていないなど、状況認識として不足している点が多い。ただし、呂氏には都督中外諸軍事に絞っての専論があり、第三章で検討する。

(16)　前掲注（5）谷川著書、補編第三章「府兵制国家と府兵制」（一九八六年初出）参照。

(17)　谷川氏は「拓跋国家の展開と貴族制の再編」（『岩波講座世界歴史　五　古代五　東アジア世界の形成Ⅱ』（岩波書店・一九七〇年））でも「（宇文）泰は都督中外諸軍事兼大行台として軍事・行政の大権を掌握し」（二三七頁）と述べられている。

(18)　丞相は太和末年改革官制には規定されていないが、『魏書』巻一一三・官氏志に、

　　旧制、大将軍有れば、太尉を置かず、丞相有れば、司徒を置かず。正光より已後、天下多事にして、勲賢並軌すれば、乃ち倶に之を置く。（三〇〇四～三〇〇五頁）

とあるように、三公である司徒に代替する側面を持つ職である。官制改革以後では高陽王元雍が正光元年（五二〇）に丞相となったのが最初で（『魏書』巻九・孝明帝紀・二三一頁）、孝昌元年（五二五）三月に丞相府が置かれるとともに、司徒が廃されている（同巻二一・高陽王雍伝・五五六～五五七頁）。

(19)　太師についても大統一四年と恭帝三年の二度の記事があるが、恭帝三年のそれは官制の全面改定に伴うものであるため、認めることができよう。

(20)　天官以下の六官が置かれた段階で尚書省は廃されているため、大冢宰と尚書を直接に結び付けることはできないが、『通典』巻二五・職官七・総論諸卿の注に「加えて六尚書、周の六卿に似たり」（六九一頁）とあるように、六官・六卿と尚書六部との親和性が高いことは確かに認められる。しかしながら、「尚書系統」というものを考えたとき、他にどのような系統が存在

しているか。前後の時代の制度から、政治中枢に関わる主要なものとして中書系統や門下系統などが想起されるだろうが、北周時期に侍中の職に該当するのは御伯（納言）中大夫（属天官）であり、中書令の職に該当するのは内史中大夫（属春官）である。つまり、大冢宰を百官の長として戴く六官は、尚書系統のみならず、中書系統や門下系統をも包含しているのである。したがって、大冢宰を単に尚書系統と規定することはできない。

（21）氣賀澤保規『府兵制の研究』（同朋舎・一九九八年）・第二章「丁兵制の性格とその展開――西魏大統十三年文書の負担体系の再検討――」（一九八七年初出）参照。

（22）現在の感覚でいえば、永熙は北魏の年号であり、大統は西魏の年号である。北魏と呼ばれる王朝があり、西魏と呼ばれる王朝があるわけだが、当事者たちにとっては一連の「大魏」であったことは疑いなく、従って二つの別々の王朝と見做してはならない。ところが氣賀澤氏は、「そのさい関西大行台から関西の字がとられたのは、独立の王朝を標榜するに至った以上当然の成り行きであった。」（一二五頁）とも述べられている。この一句は、史料上、大統年間以降は大行台とのみ表記され、関西の字が取り去られている理由を説明しようとされたものであるが、なぜ「独立の王朝を標榜」しなければならないのか、どこから「独立」したのか、意を解しかねる。とはいえ、大統年間以後の記事で「関西」が付いたものが見あたらないことは、管見の限りでも是である。宇文泰の大行台については本書第一部第二章で検討する。

（23）前掲注（6）呂著書、一〇九頁。

（24）祝総斌「都督中外諸軍事及其性質、作用」（北京大学中国中古史研究中心編『紀念陳寅恪先生誕辰百年学術論文集』（北京：北京大学出版社・一九八九年））参照。

（25）前掲注（6）呂著書、附篇三「宇文泰任都督中外諸軍事年代考」参照。

（26）濱口重國『秦漢隋唐史の研究』（東京大学出版会・一九六六年）・第一部第四「西魏の二十四軍と儀同府」（一九二八・九年初出）、唐長孺「魏周府兵制度辨疑」（『魏晋南北朝史論叢』（北京：三聯書店・一九五五年））参照。

（27）前掲注（21）氣賀澤論文参照。

（28）谷霽光『府兵制度考釋』（上海：上海人民出版社・一九六二年）、前掲注（16）谷川論文。

(29) 実際には大統一六年の事例となるものが一件あるのだが（『周書』巻一九・宇文貴伝、「(大統) 十六年、中外府左長史に遷り、位を大将軍に進む。」(三一三頁))、これを孤証として斥ける。

(30) 『八瓊室金石補正』巻二三・一a〜八a等所収。正しくは「文王廟」である。

(31) 前掲注(24)祝論文参照。

(32) 拙稿「「周文王之碑」の試釈と基礎的考察」(中央大学人文科学研究所編『档案の世界』(中央大学出版部・二〇〇九年))参照。

(33) 『周書』巻一六では「太祖位総百揆、督中外軍」(二七二頁)に作る。『北史』巻六〇では「周文帝位総百揆、都督中外軍事」(二一五三頁)と加筆されているが、やはり「都督中外諸軍事」という職名ではない。

(34) 前掲注(29)参照。

(35) 前掲注(26)濱口論文、註四〇参照。

(36) 祝総斌『両漢魏晋南北朝宰相制度研究』(北京：中国社会科学出版社・一九九〇年)・第七章第二節「北朝的三公・尚書」、陳琳国『魏晋南北朝政治制度研究』(台北：文津出版社・一九九四年)・第三章第二節・三「尚書省的特点」参照。

(37) 『隋書』巻二七・百官中・後斉・尚書省条には「また録尚書一人有り、位、令の上にあり」(七五二頁)とあって、定数まで言及される。これは北魏末の混乱以来の録尚書事常置の流れが、さらに制度化へと進んでいたことを示すものと推測される。ただし、官品が規定されるまでには至っていない。

(38) 長期にわたって存在が確認できるのは、宇文泰の(関西)大行台と、荊州に置かれた東南道行台のみである。東南道行台については本書第二部第二章参照。

(39) 本書第一部第二章参照。

(40) 行台に関する論稿としては、古賀昭岑「北朝の行台について」(一)〜(三)(『九州大学東洋史論集』三・一九七四年、五・一九七七年、七・一九七九年)、蔡学海「北朝行台制度」(『国立台湾師範大学歴史学報』五・一九七七年)、牟発松「北朝行台地方官化考略」(『文史』三三・一九九〇年)等が代表的なものであった。しかしながら、行台の職権に関して検討する際、ある人物が行台と都督府等とを兼領した場合に、各論稿とも一様にすべての権限を行台の職権と見做している点に問題があった。本書第一部第二章でも、いまだ行台と都督との職権の線引きを完全には明瞭にしえていないが、行台と都督府が並行関係であることを踏まえて、行台という機構について整理しなおす必要がある。

(41)　前掲注（5）谷川著書、補編第二章「両魏斉周時代の覇府と王都」（一九八八年初出）参照。

(42)　『北史』巻四九・斛斯椿伝（一七八七頁）。

(43)　『通典』巻二九・三都尉条に、

後魏駙馬都尉、亦た公主を尚《めと》るの官たり。位、卿尹より高きと雖も、此の職は去らず。（八一二頁）

とある。

(44)　前掲注（18）引用史料。三公と二大とを合わせたかたちでの職務分担があったことが看取される。

(45)　永熙三年（五三四）八月の孝武帝入関後、梁禦が雍州に鎮し（『周書』巻一七・梁禦伝・二八〇頁）、大統初年には李弼が雍州刺史を拝している（『周書』巻一五・李弼伝・二四〇頁）。

(46)　北魏の侍中は定数六人（『通典』巻二一・職官三・門下省・侍中条・五四八頁）であったが、これに加えて「加侍中」という実体のない加官を附与されたものが多数あった。北魏孝明帝期には皇帝に近侍して外朝たる尚書に対抗し、輔政の任に当たる者が多く、小宰相とも呼ばれる存在であった。窪添慶文『魏晋南北朝官僚制研究』（汲古書院・二〇〇三年）・第二章「北魏門下省初稿」（一九九〇年初出）参照。爾朱栄専権以後は、皇帝権力の大幅な後退により侍中の地位も低下した。

(47)　本書第一部第二章参照。

(48)　関西大都督府の属僚としては、その設置（永熙三年四月）と共に呂思礼が長史となった一例を挙げるにとどまる（『周書』巻三八・呂思礼伝・六八二頁）。

(49)　この大統三年に念賢が大将軍を拝するまで、大将軍の任官記事がないことから、前掲注（26）唐論文がこの立場を採る。なお、宇文泰の大将軍府の属僚としては、その設置（永熙三年七月）と共に周恵達が司馬となった一例を挙げるにとどまる（『周書』巻二二・周恵達伝・三六三頁）。

(50) 『北史』巻五・魏文帝紀・大統十四年五月条に、
　　安定公宇文泰を以て太師と為し、広陵王欣を太傅と為し、太尉李弼を大宗伯と為し、前太尉趙貴を大司寇と為し、司空于謹を以て大司空と為す。(一八〇頁)
とあって、周制の六卿たる大宗伯・大司寇・大司空が設けられていることから、大冢宰も同時に設置されていると見做すのが妥当であり、その就任者たりうるのは宇文泰以外には存在しない。次の史料⑨で宇文泰が冢宰として活動していることもそれを裏付けるだろう。二大・三公から六卿体制への転換及び大統一四年の官制改革については本書第一部第三章参照。
(51) 本書第一部第二章参照。
(52) 漢代、三公の一つであった丞相の配下に設けられた司直は、監察を職掌とし、単に丞相の属僚という枠組みに収まるものではなかったが、このような官界全体を職務對象とする官は魏晋以降の丞相府には見られない。
(53) 最も顕著な例として、大行台左丞蘇綽が「文案の程式を制し、朱出墨入は計帳戸籍の法に及」んでいる(『周書』巻二三・蘇綽伝・三八二頁)。
(54) 例えば大行台尚書蘇亮が、丞相府属僚の左長史長孫倹・右長史鄭孝穆・司馬楊寛等とともに行軍組織の衆務を分掌している(『周書』巻三五・鄭孝穆伝・六一〇頁)。
(55) 「実際上の政治はここで運営されるようになる」(前掲注(39)古賀論文(二)、一〇六頁)、「西魏の行政権の実質はここにあった」(前掲注(5)谷川著書、補編第三章「府兵制国家と府兵制」、四一二頁)参照。
(56) 『周書』巻三七・李彦伝によれば、大統一二年に尚書省の機構が再編されている。他に『周書』巻二二・周恵達伝、同三二・唐瑾伝等参照。これは尚書省をより合理的に機能させるための施策であったろうし、また、石冬梅「論尚書省的改革」(『許昌学院学報』二〇〇八―一)は、六官制施行への布石であろうと指摘している。

表2：丞相府属僚表
2—1：長史

	就任／離任時期	異動元↓○↓異動先	事跡	兼・加官	出典
宇文測（右長史）	永熙三・八／～大統四	↓○↓通直散騎常侍・黄門侍郎	軍国政事、多委任之。又令測詳定宗室昭穆遠近、附於属籍。		周二七
趙貴（領左長史）	大統一／大統初	車騎大将軍・兼右衛将軍↓○↓隴右行台		岐州刺史（本官）・加散騎常侍	周一六
崔騰	／大統四頃	↓○↓賜死			周三八呂思礼伝
于謹	大統四・八～／大統七・三	↓○↓恒幷燕肆雲五州諸軍事恒州刺史		大行台尚書	周一五
辛慶之（右長史）	大統九／	行河東郡事↓○↓度支尚書		給事黄門侍郎	周三九
于謹	大統一三・三～／大統一四頃	尚書左僕射・領司農卿↓○↓司空		大行台尚書、後加華州刺史	周一五
鄭孝穆（右長史）	大統一六／廃帝一	車騎大将軍・散騎常侍↓○↓梁州刺史	軍次潼関、命孝穆与左長史長孫倹・司馬楊寛・尚書蘇亮・諮議劉孟良等分掌衆務。仍令孝穆引接関東帰附人士、幷品藻才行而任用之。孝穆撫納銓叙、咸得其宜。		周三五
長孫倹（左長史）	大統一六／大統一六	東南道行台僕射・都督十五州諸軍事・行荊州事↓○↓都督南道三十六州諸軍事	大丞相総十六軍、剋清河洛。公又中分麾下、参謀帷幄。高選派僚、公為長史。		周三五鄭孝穆伝・長孫倹神道碑

2―2：司馬

	就任／離任時期	異動元→○→異動先	事跡	兼・加官	出典
韓褒	大統三or四／～大統九	鎮南将軍・丞相府従事中郎→○→北雍州刺史・衛大将軍			周三七
李遠	大統四・八～／	車騎大将軍・従独孤信入洛陽→○→河東郡守	軍国機務、遠皆参之、畏避権勢、若不在己。		周二五
長孫倹	大統一二／大統一四	荊州刺史・東南道行台僕射→○→尚書右僕射・侍中		大行台尚書（本官）	周二六・長孫倹神道碑
楊寛	大統一六／大統一七	河州刺史→○→従達奚武討漢川	軍次潼関、命孝穆与左長史長孫倹・司馬楊寛・尚書蘇亮・諮議劉孟良等分掌衆務。（周三五鄭孝穆伝）	河州刺史（本官）	周二二

2—3：従事中郎

	就任／離任時期	異動元→○→異動先	事跡	兼・加官	出典
盧柔	大統二～／大統三・一〇～	行台郎中・平東将軍→○→中書舎人	与蘇綽対掌機密。時沙苑之後、大軍屢捷、汝・潁之間、多挙義来附。書翰往反、日百余牒。柔随機報答、皆合事宜。		周三二
韓褒	大統二／	丞相府属・中軍将軍→○→丞相府司馬	出鎮淅酈。	鎮南将軍	周三七
薛善	大統三・一〇～／大統三or四	司農少卿・領同州夏陽県二十屯監→○→黄門侍郎			周三五
叱羅協	大統三・一〇～／大統九	丞相府属→○→直閤将軍・恒州大中正		車騎将軍・左光禄大夫	周一一
張軌	大統八or九／大統一三	河北郡守→○→宇文導府長史		行武功郡事	周三七
伊婁穆	大統九・三～／～廃帝二	丞相府掾→○→給事黄門侍郎			周二九
達奚寔	大統一三～／～廃帝二	大行台郎中・丞相府掾→○→大都督・通直散騎常侍			周二九
張羨		銀青光禄大夫→○→司職大夫			隋四六張煚伝

2—4：司録

	就任／離任時期	異動元→○→異動先	事跡	兼・加官	出典
李植			（参）掌朝政		周二五・北六（一七頁）
李長宗	～大統一六頃／				隋三八鄭譯伝

2—5：丞相府主簿

	就任／異動先	異動元→○→異動先	事跡	兼・加官	出典
宇文深	大統一／／～大統三	→○→尚書直事郎中		朱衣直閤	周二七
梁昕	大統三・一〇／／～大統一二	丞相府戸曹参軍→○→洛安郡守		車騎将軍	周三九
皇甫璠	／大統四	→○→丞相府行参軍			周三九
叱羅協	大統三・一〇～／／～大統九	丞相府録事参軍→○→大行台郎中		通直散騎常侍	周一一

2—6：丞相府属

	就任／離任時期	異動元→○→異動先	事跡	兼・加官	出典
蘇譲	永熙三・八／	鎮遠将軍・金紫光禄大夫→○→衛将軍・南汾州刺史			周三八
韓褒	大統初～／大統二	行台左丞→○→鎮南将軍・丞相府従事中郎		中軍将軍	周三七
叱羅協	大統三・一〇～／～大統九	大行台郎中→○→丞相府従事中郎			周一一

2—7：丞相府掾

	就任／離任時期	異動元→○→異動先	事跡	兼・加官	出典
伊婁穆	大統九・三～／～廃帝二	車騎大将軍→○→丞相府従事中郎			周二九
達奚寔	大統一三／～廃帝二	車騎将軍・左光禄大夫→○→丞相府従事中郎		大行台郎中	周二九

2—8：丞相府参軍

姓名	就任／離任時期	異動元→〇→異動先	事跡	兼・加官	出典
韓褒	永熙三・八／大統初	→〇→行台左丞	〔録事〕		周三七
達奚武	永熙三・八／大統初	直寝→〇→東秦州刺史	〔中兵〕		北六五
裴侠	永熙三・八／大統三・一〇	建威将軍・左中郎将→〇→行台郎中	〔士曹〕		周三五
王悦	大統一／大統六	石安令→〇→大行台右丞	〔刑獄〕四年、東魏将侯景攻囲洛陽、太祖赴援。悦又率郷里千余人、従軍至洛陽。将戦之夕、悦罄其行資、市牛饗戦士。及戦、悦所部尽力、斬獲居多。		周三三
楊敷	大統一～／～恭帝二	祠部郎中→〇→帥都督・平東将軍・太中大夫	〔墨曹〕		周三四
梁昕	大統初／大統三・一〇	右府長流参軍・鎮南将軍→〇→車騎将軍・丞相府主簿	〔戸曹〕		周三九
冀儁	大統初／大統三・一〇～	宇文泰府記室参軍→〇→華州中正	〔城局〕		周四七
唐瑾	～大統三・一〇／大統四・八～	→〇→尚書右丞	〔記室〕軍書羽檄、瑾多掌之。	尚書員外郎	北六七
薛端	～大統三・一〇在任	→〇→丞相府東閤祭酒	〔戸曹〕	冠軍将軍・中散大夫	周三五
柳慶	大統三・一〇／大統八	→〇→大行台郎中・領北華州長史	〔領記室→戸曹〕	大丞相府東閤祭酒（本官）	周二二

叱羅協	大統三・一〇～／	丞相府東閤祭酒→〇→丞相府主簿	〔録事〕		周一一
柳敏	大統三・一〇?／大統九～	河東郡丞→〇→礼部郎中	〔参軍事→戸曹〕毎有四方賓客、恒令接之、爰及吉凶礼儀、亦令監綜。又与蘇綽等修撰新制、為朝廷政典。	兼記室	北六七・周四五楽遜伝
劉志	大統三／大統一六～恭帝三	→〇→中外府属	〔墨曹〕	大都督・撫軍将軍	周三六
趙佺	大統三～／～大統一六	陳郡王主簿→〇→輔国将軍・中散大夫	〔参軍事→墨曹〕		趙佺墓誌
皇甫璠	大統四／	主簿（丞相府?）→〇→東閤祭酒	〔行参軍→田曹〕		周三九
裴漢	大統五／～大統一一	員外散騎侍郎→〇→李遠府司馬	〔士曹行→墨曹〕漢善尺牘、尤便簿領、理識明贍、決断如流。相府為語曰、「日下粲爛有裴漢。」		周三四
薛慎	～大統五・一／大統五＋数年	（起家）→〇→宜都公（元顔子?）侍読	〔墨曹〕太祖於行台省置学、取丞郎及府佐徳行明敏者充生。悉令旦理公務、晩就講習、先六経、後子史。又於諸生中簡徳行淳懿者、侍太祖読書。		周三五
柳虯	大統六～／大統一四	独孤信府司馬→〇→秘書丞	〔記室〕虯以史官密書善悪、未足懲勧。乃上疏曰、（略）事遂施行。		周三八

盧光	大統六／〜大統一〇	遥授晋州刺史・安西将軍→○→行台郎中	〔記室〕		周四五
梁暄	大統六／		〔功曹〕	儀同・安西将軍・銀青光禄大夫	梁暄墓誌
楊倹	大統七在任	侍中・行東秦州事・当州大都督（?）→○→都督東雍華二州諸軍事・華州刺史	〔領諮議〕		周二二
趙煚	〜大統九・三?／	→○→中書侍郎	〔参軍事〕		隋四六
伊婁穆	大統九・三／	奉朝請→○→帥都督・平東将軍・中散大夫	〔参軍事→外兵〕		周二九
薛慎	大統五＋数年／〜廃帝二	宜都公侍読→○→太子舎人	〔記室〕		周三五
趙文深	〜大統一〇／〜廃帝二		〔法曹〕文深雅有鍾・王之則、筆勢可観。当時碑牓、唯文深及冀儁而已。		周四七
裴文挙	大統一〇〜／〜廃帝二	奉朝請→○→威烈将軍・著作郎	〔墨曹〕時太祖諸子年幼、盛簡賓友。文挙以選与諸公子遊、雅相欽敬、未嘗戯狎。		周三七
王子直	大統一二／〜大統一五	独孤信府司馬→○→尚書兵部郎中	〔記室〕	大行台郎中（本官）	周三九
辛昂	大統一三／廃帝二	侯景行台郎中→○→従尉遅迥伐蜀	〔行参軍→田曹〕		周三九
陸逞	大統一四／〜廃帝二	内親信→○→	〔参軍事→兼記室〕		北六九

劉孟良	～大統一六／		〔諮議〕軍次潼関、命孝穆与左長史長孫倹・司馬楊寛・尚書蘇亮・諮議劉孟良等分掌衆務。		周三五鄭孝穆伝
蔡沢	／～廃帝二	↓○↓従尉遅迥伐蜀	〔記室〕	広平王参軍（本官）・加宣威将軍・給事中	周二七
趙昊	／～廃帝二	員外侍郎↓○↓膳部大夫	〔外兵曹〕		隋四六
李昶		都官郎中?↓○↓大行台郎中・中書侍郎	〔記室〕修国史。	著作郎	周三八
元暉	（弱冠）／尋	↓○↓武伯下大夫	〔中兵〕		隋四六
趙芬		↓○↓熊州刺史	〔鎧曹↓記室〕		隋四六
薛裕			〔参軍事〕		周三五
趙慎		新豊県令↓○↓金州長史	〔城局〕	敷州別駕	趙慎墓誌
寇鄅			〔田曹〕		寇鄅墓誌
楊偉			〔参軍事〕		楊偉墓誌
趙仲威			〔記室〕		趙保隆墓誌

2—9：丞相府東閤祭酒

	就任／離任時期	異動元→○→異動先	事跡	兼・加官	出典
叱羅協	大統三・一〇／	東魏治書侍御史→○→丞相府録事参軍		撫軍将軍・銀青光禄大夫	周一一
柳慶	大統三・一一～／	→○→丞相府戸曹参軍		領記室	周二二
薛端	大統三・一〇～／	丞相府戸曹参軍→○→兵部郎中		本州大中正	周三五
李昶		都官郎中・相州大中正→○→中軍将軍・銀青光禄大夫			周三八
皇甫璠	大統四～／	丞相府田曹参軍→○→太常少卿・都水使者		散騎侍郎	周三九
栄権	～大統一五／		使襄陽蕭詧。	散騎常侍？	周四八蕭詧伝

2—10：丞相府典籤

	就任／離任時期	異動元→○→異動先	事跡	兼・加官	出典
趙昶	大統三・一〇～／～大統一五	陝州長史・中軍都督→○→安夷郡守			周三三

2—11：丞相府帳内都督

	就任時期	異動元→○→異動先	事跡	兼・加官	出典
王勇	永熙三・八／大統三・一〇	別将→○→鎮南将軍・帥都督	〔直盪〕	後将軍・太中大夫	周二九
尉遅迥	～大統三／				周二一
趙剛	～大統二・三／大統二～	給事黄門侍郎、使三荊・在所便宜従事→○→潁川郡守・加通直散騎常侍・衛大将軍	使魏興。		周三三

2—12：丞相府親信

	就任／離任時期	異動元→○→異動先	事跡	兼・加官	出典
李基（領）	大統一〇～／～大統一七	撫軍将軍・銀青光禄大夫→○→大都督		通直散騎常侍	周二五
伊婁穆	／～大統九・三	→○→奉朝請	以機弁見知。		周二九
陸逞	／～大統一四	起家→○→丞相府参軍事		羽林監	北六九

2—13：その他

	就任／離任時期	異動元→○→異動先	事跡	兼・加官	出典
裴伯鳳	／～大統九年		〔丞相府左〕		周三五裴俠伝
裴世彦	／～大統九年		〔丞相府左〕		周三五裴俠伝

備考

※本表作成にあたっては、注（6）呂春盛氏著書、一一二～一一三頁所掲の表を参照している。
※就任／離任時期欄の期日の前後に附した「～」は、それぞれ「以前」・「以後」を示す。
※帳内都督と親信については、丞相府と附されない事例が多数見られる。
※出典注記：周＝周書、隋＝隋書、北＝北史。正史で巻数のみのものは本伝。その他の史料については左記参照。
長孫倹神道碑：『庾子山集』巻一三。趙佺墓誌：『隴右金石録』巻一。梁暄墓誌：周暁薇等編『隋代墓誌銘彙考』（北京：線装書局・二〇〇六）第一冊・〇〇一等。趙慎墓誌：同前第一冊・〇九一。寇鄀墓誌：同前第二冊・一〇四等。楊偉墓誌：同前第二冊・二七四。趙保隆墓誌：毛漢光編『唐代墓誌銘彙編附考』（台北：中央研究院歴史語言研究所・一九九七年）第一六冊・一五二六等。北六：王仲犖『北周六典』（北京：中華書局・一九七九年）。

第二章　西魏行台考

緒　言

行台は魏晋から五胡北朝を経て隋、唐初に至るまでの諸政権において、管轄地域内における尚書省の権限を委ねられ、領域統治に大きな役割を果たした機構とされる。なかでも行台制度が最も発展した北朝時期に関しては充実した先行研究があり、古賀昭岑氏、蔡学海氏の包括的な論稿によって制度の起源と変容、人員の構成、機能・権限などの大要が明らかにされ(1)、また厳耕望氏、牟発松氏によって、北魏末から東魏・北斉にかけて、行台が軍・民両方を統べる広域地方統治機構として多数常設されるようになった状況が明らかにされている(2)。牟氏が示された、行台が東魏・北斉の系統では地方の最高統治機構として常置されるにいたり、一方の西魏(3)の系統では衰退し消滅にいたったという理解は、行台の設置件数の多寡や(4)、行台制度が西魏から北周へと受け継がれなかったことから、首肯しうる点を含んではいる。そして、このように理解されてきたために、西魏における行台制度の動態、西魏史の展開との具体的関連については、充分な検討がなされてこなかった。

しかしながら、西魏政権下の行台はその存在を無視しうるほどに数が少ないわけではなく、また、その存在形態を東魏・北斉のそれと同様のものと見做してしまうと、様々な政治的・制度的な事象の理解に誤りをきたすこととなる。

というのも、後述するように西魏における行台の有り様は、東魏・北斉で見られた数州を跨ぐ地方統治機構として常設化されたものとは異なり、国政に直接参与したものから管轄地域が一郡にも満たない小規模なものまでが同時に確認されるからである。

とりわけ宇文泰の大行台については、その制度的位置付けや中央衙門との関係などに不明確な点が多い。北魏の永熙三年（五三四）八月、長安で軍閥を率いていた宇文泰のもとに、大丞相高歓と隙を生じた孝武帝が洛陽から脱出し逃げ込んできた。これにより武川鎮出身者を中心とする軍閥と拓跋元氏皇帝が結びついた西魏政権が形成され、後の北周・隋・唐諸王朝へと繋がっていくことになったのであり、まさしく一大転機であった。軍閥のもとに皇帝が逃げ込んだという形成過程から、西魏政権の実権が、軍閥指導者宇文泰のもとに帰していたと見做すことに、大きな不都合はないだろう。かかる状況下において、この大行台は、西魏の政権中枢に位置し、「実際上の政治はここで運営されるようになる」(5)、「西魏の行政権の実質はここにあった」(6)と把握されてきた。本書第一部第一章での宇文泰の官歴についての検証や、大行台の属僚となった者たちの動向をまとめた後掲の表4・図6からも看取されるように、この大行台が永熙末年から大統年間を通じて継続的に存在し、その機構・人員が政権運営上、極めて重要な役割を果たしていたことは間違いない。しかしながら、これまで用いられてきた「実際上」・「実質」といった語を導くための論証は従来なされておらず、またもう一方の最重要機構である丞相府や、中央政府の最高行政機構である尚書省との関係や権限の分配についても全く考察されていないのである(7)。実権者宇文泰を見ることで政権全体を大雑把に把握することが容易な一方で、意志決定や行政執行の手続きについての史料や行政文書が残されていないため、内実に踏み込めないでいるのが現状である。

中央政府・政権中枢の構造を把握することは、一王朝の政治史・制度史の根幹であり、西魏のそれは後の北周・隋・唐への影響も大きいことはいうまでもない。本章でも史料的制約に変化はないが、政治的・制度的な背景や属僚各人の列伝など断片的な記述に基づいて、宇文泰の大行台についていま一歩踏み込んで検討すれば、今後の西魏宇文泰政権の基本構造を考える材料を整えることができるであろう。

このように、西魏において行台が多様な形態で存在したことは、その行台の役割・位置付けに東魏・北斉のそれとは異なっていた点があったことを意味し、その背景にあった政治状況や地方統治策にも注意すべき点が含まれることを示唆するであろう。その一方で、これらが行台という共通の制度のもとで運用されたことに鑑み、そこに横たわる共通項と差違とを読み取ることによって、北朝史全体での行台制度への理解に還元される点も浮かび上がってくるであろう。また第一節で述べるように、従来の行台の理解のうち、特に軍事機構である都督府との関係について、筆者としては若干の疑問を抱いている。この点についても、様々な形態を示した西魏の各事例を詳細に検討することを通じて、なにがしかの見解が得られるのではないかと期待される。

以上の問題意識のもと、本章ではまず先行研究による制度史的成果を踏まえて、従来充分な検討がなされてこなかった西魏の行台事例を検討し、その設置形態や地域性を確認する。ついで、西魏の政権中枢機構の一つとして把握されながらも、具体的な検討がなされてこなかった宇文泰の大行台について、特にその名称や位置付け等について行台制度という視点を踏まえて検討を加え、西魏宇文泰政権の官制構造の大枠を考える基礎の一角を構築する。これらを併せることで、改めて西魏における行台制度の全体像を通観し、そこから従来の北朝行台制度研究で欠けていた点を補い、並行して、西魏の地方統治策や対外戦略等についても適宜言及することとする。

第一節　先行研究に基づく行台制度の概要とその疑問点

本章では次章以後の検討の前提として、前掲の諸先行研究の成果に基き、行台制度の沿革、機構、権限等の概要をまとめておく。

沿革・設置形態の諸相

そもそも行台とは、行幸や親征によって皇帝が王都から移動する際に、これに随行する形で臨時に置かれた小型の尚書省（台省・台閣）で、曹魏末年頃に出現した。その後、皇帝の移動に限らず、外征や外寇の撃退、反乱の討伐など大規模な軍事行動に際して当地の軍事・行政を委ねるために設けられた事例が、西晋から五胡政権に散見する。北魏時代には、地方に巡察官を派遣して人事や賑恤を行わしめる際に設けられた事例も見られる。設置事例が大きく増加するのは北魏末年のことで、各地方に一般的に置かれていた都督某州諸軍事よりも一段高い権能を有する、軍民両方を統べる地方最高の軍政機構となっていた。管轄内での権限が大きいだけに、行台が管轄した地域単位での軍閥化を助長する傾向も見られた。東魏・北斉では引き続き数州を束ねる形で広く常置された。

機構・人員の構成

本来、州郡では取り扱わずに政権における最高行政機構である中央の尚書省に附託すべき、より高次の行政事務を現地で適宜執行させることを目的として設置されたことから、その機構は尚書省を縮小した形が採られた。官員名称も尚書省のそれと同一で、長官は規模に応じて上は録尚書事から下は尚書左丞までが確認される。史料上で「行台」の前後に（兼）僕射や（兼）尚書令などと表記された場合、これは行台での役職である。「為行台（行台と為す）」と表記されて、「行台」の語に「行台の長官」の意味を含ませている事例も数多あり、本章もその慣例を踏襲するが、厳密には行台とは職名ではない。また、「大」が付くか否か、長官として録尚書事・令・僕射・尚書・丞のいずれが置かれるかは、長官就任者のそれまでの官位や管轄地域の大小によって決定された。

権　限

具体的には、守宰の黜陟、軍の節度・監察、軍人の考課、徴兵、催軍、賑恤・慰撫が確認されている[8]。ただし、これらの権限がまんべんなく行使されていたわけではなく、管轄地域の大小、当地の政治状況、特に戦争状態であるか否かによって大きな差があった。行台が軍事出動にともなって設置されるケースが多いことから、軍事指揮権を重要視する向きも少なくないが[9]、古賀氏が指摘するように、行台として重視すべきは守宰の黜陟をはじめとした人事権であり[10]、都督某州諸軍事などとの大きな差はここにある。管内の守令以下に対しては既決権（先決後聞権）を、州鎮重職に対しては表聞権を有した。

現在の研究段階では、行台は以上のように理解されており、多くの点で首肯されるのではあるが、沿革の項目の「都督某州諸軍事よりも一段高い権能を有する、軍民両方を統べる地方最高の軍政機構となっていた」という点について若干の疑問がある[11]。一つは行台と都督の関係についてで、先行諸研究では「権力上兼有刺史及都督二者之長」[12]、「行台高於都督的職官地位」[13]とあるように、行台を都督府の上位機構とみなしているのだが、行台とは行尚書省、すなわち行政機構であり、都督府はいうまでもなく軍事に由来する機構である。この両者を単純に上下関係で把握して良いのであろうか。これと関連して、従来の研究では、行台・都督兼務者がある命令を発したとき、おしなべてそれが行台の権限に基づくものと見做しているようにも見受けられる。しかしながら、北魏末前後の事例の多くは行台と都督の両方を兼ねている[14]。ということは、行台長官を拝することで都督の権限全体がカバーされるわけではない。ここから両者は単純な上下関係ではなく、それぞれに権限があると考えられる。すると必然的に、権限の項目については見直す必要が生じる。

また、「軍政機構」という表現についても違和感がある。「軍政」という語は、ごく漠然と軍事と政治を並称する場合にも用いられるが、それでは曖昧に過ぎて「機構」という語に冠しても具体性を欠き、用いることはできない。専門性を備えた語としては、軍令と対置される軍事行政の略語か、軍部が行政権・行政機構を掌握している所謂軍事政権の略語として用いられる。しかしながら、古賀論文（特に（三））や牟論文に頻出する「軍政」の語はそのいずれであるのかが不明瞭である。行台は管轄地域が限定されるとはいえ、軍事のみならず行政全般に関わる尚書省であるので前者ではありえない。後者だとしても、軍事的色彩が強く、個人が文武の官位を兼任することがあたりまえの分裂時期の政権にあって、尚書省・行台のみを殊更に軍政機構と規定する合理性も認められないので、やはり用語として相応しくない。以下本章では「軍政」は前者、すなわち「軍事行政」の意味でのみ用いる。前近代においては、必ずしも軍令と軍政とが峻別され、それぞれを司る機構が別個に立てられていたわけではなかろうが、分析の視角としては有効であろう。

これらの疑問点・異議があることも踏まえた上で、次節では西魏の行台を個別に検討していくこととする。

第二節　事例の検出と分類

蔡論文は、行台の設置事例を北朝を通じてまとめた大部な表が附された労作である。しかしながら事例の抽出に不備が散見し、個々の事例の把握にも、例えば東魏の事例が西魏のものとされていたり、宇文泰の大行台の属僚が別の行台の長官とされているなど、問題点が少なくない。西魏に関しては大統元年（五三五）以降で事例をとり、行台は一九例、大行台は宇文泰のそれ一例のみを挙げる。

一方、設置形態に基づく行台の分類という視点からは、古賀論文（一）が北朝を通じての表を作成されてはいるが、年ごとの件数が示されるのみで、個々の事例がいかなる分類に含まれるかは明らかではない[15]。なお古賀論文（一）所掲「北朝行台設置状況と設置理由」表では、西魏については永熙三年（五三四）八月を起点として二四例を検出し、また古賀論文（三）所掲「行台長官の尚書官及び兼任職官」表では二六例と増加している。史料の再検索の成果と思われるが、個々の史料・事例として挙げていないため、何によって増加したのかは明らかでない。

そこで本章では、西魏における行台設置事例を筆者の把握によって改めて分類し、個々の分類ごとに検討する。検出範囲は、孝武帝が西遷入関して宇文泰の奉迎を受けた永熙三年（五三四）八月から恭帝三年（五五六）までの間で、長安に存立した西魏政権によって新たに設置されたもの、既存の行台のうち西魏政権の控制下に入っていたもの、西魏政権によって人員の異動などで更新・再編されたものを検出し[16]、二六例を得た。これらを分類する項目は、

1出鎮……西魏の統治下にある地域に設置され、長官が中央政府から派遣された事例

2出征……周辺諸勢力への出征や国内の反乱の討伐など、統治体制が成立していない地域への軍事行動に際して設置された事例

3在地……当該地域の豪族などの在地勢力に授与された事例

4その他・不明

とした。在地勢力が西魏に従っている場合、その地域は西魏の統治下にあるのだから、「出鎮」の範疇に含めうるが、地域と行台長官との間に公私にわたる密接な関係がながらく成立している場合と、政権中央から官員が派遣される場合との状況の差違を重視して区別した。また、ある事例が一つの分類のみに完全に収まるとは限らず、例えば「出征」してその後も現地を統治し続ければ、「出鎮」の要素が濃くなる。そのような場合には、設置当初の目的を重視して分類を決定した。表3はこれらを史料に現れる年代順に並べたものである。従って、必ずしも設置された順に並んでいるとは限らず、史料に現れた時点で既存のものであった事例も少なくない。また行台が設置された地点を地図上に

表3：西魏行台設置表

	長官	名称（地域）	長官	設置(更新)時期	形態	備考	出典
①	宇文泰	関西大(治長安→華州(同州))	令→録	永熙3.8→大統3.6～廃帝2	出鎮→その他	永熙3.6頃に既設 尚書僕射から昇進	周1・2他
②	賀抜勝	南道大(荊州)	録	永熙3.9 同月敗、奔梁	出鎮	永熙2.1頃に既設 尚書令から昇進	周14・通鑑156
③	郭琰	(潼関)	尚書	永熙3.10頃	出鎮	大統3には恒農に出鎮を確認	北85
❶	趙善	北道(霊州)		永熙3.11	出征	霊州刺史曹泥作乱 行軍大都督は趙貴	周34
❷	独孤信	東南道(荊州)	右僕射	永熙3.閏12	出征	対東魏	周16・通鑑156
Ⓐ	李延孫	京南(伊川)		永熙末・大統初頃～4(被害)	在地勢力		周43
Ⓑ	泉企	(洛州上洛郡)	右僕射	大統初～3(被執)	在地勢力		周44
❸	董紹	(梁州漢中)		大統1	出征	対梁漢中戦役	周33趙剛伝
❹	趙貴	隴西(河右)		大統1	出征	対宕昌羌の反乱	周16・周49宕昌伝
Ⓒ	楊琚	河南(洛陽周辺)		大統初～4在任	在地勢力		周43韓雄伝・同魏玄伝
④	郭琰	(恒農)		大統3初在任	出鎮	潼関から移鎮？竇泰に敗れ洛州に奔る	北85
Ⓓ	宮景寿	(陝州)		大統3.10在任	在地勢力	洛陽に進攻	魏12孝静帝紀
❺	元季海	大(洛陽)	左僕射	大統3.10	出征	対東魏	周2文帝紀・魏12孝静帝紀
ⓐ	楊白駒	(潼関周辺)		大統3.12在任	その他(不明)	蓼塢で東魏と交戦	通鑑157
⑤	長孫子彦	(洛陽)	令	大統4.8	出鎮	間もなく撤退	北22
⑥	王思政	東道(恒農→玉壁)		大統4.8～	出鎮	同月、玉壁に移鎮	通鑑158
❻	李虎	隴西(河州枹罕)	左僕射	大統4？	出征	河州刺史梁仚定作乱	冊府1帝系
⑦	長孫倹	東南道(荊州)	僕射	大統6～12	出鎮		周26・神道碑
Ⓔ	宮延和	(陝州)		～大統6.5	在地勢力	東魏に降る	魏12孝静帝紀
❼	李遠	(東魏北予州(成皐)方面)	尚書	大統9.2	出征	迎高仲密	周25
⑦	王思政	東南道(荊州)	左僕射	大統12～	出鎮	既設。長孫倹の後任	北62
ⓑ	侯景	河南大(河南六州)	令	大統13.2	その他(来降)	東魏の河南大行台	周2文帝紀・周18王思政伝
❽	王思政	東道大(潁川)	左僕射	大統15在任	出征	対東魏。⑦の延長	魏12孝静帝紀
⑦	長孫倹	東南道(荊州)	僕射	大統15	出鎮	既設。王思政の後任	周26・神道碑
❾	侯莫陳崇	(軹関)		大統16.9	出征	対北斉	斉15潘楽伝
❿	楊寛	(漢中)		大統17	出征	対梁。行軍大都督は達奚武	元和志22鳳州

※表3出典注記　周：周書、北：北史、斉：北斉書、隋：隋書（左記正史は特記以外は本伝）。通鑑：資治通鑑。
冊：冊府元亀。元和志：元和郡県図志。長孫倹神道碑：『庾子山集』巻一三。

図5：西魏行台設置図
譚其驤『中国歴史地図集』第4冊（香港：三聯書店・1991年）をもとに作成。

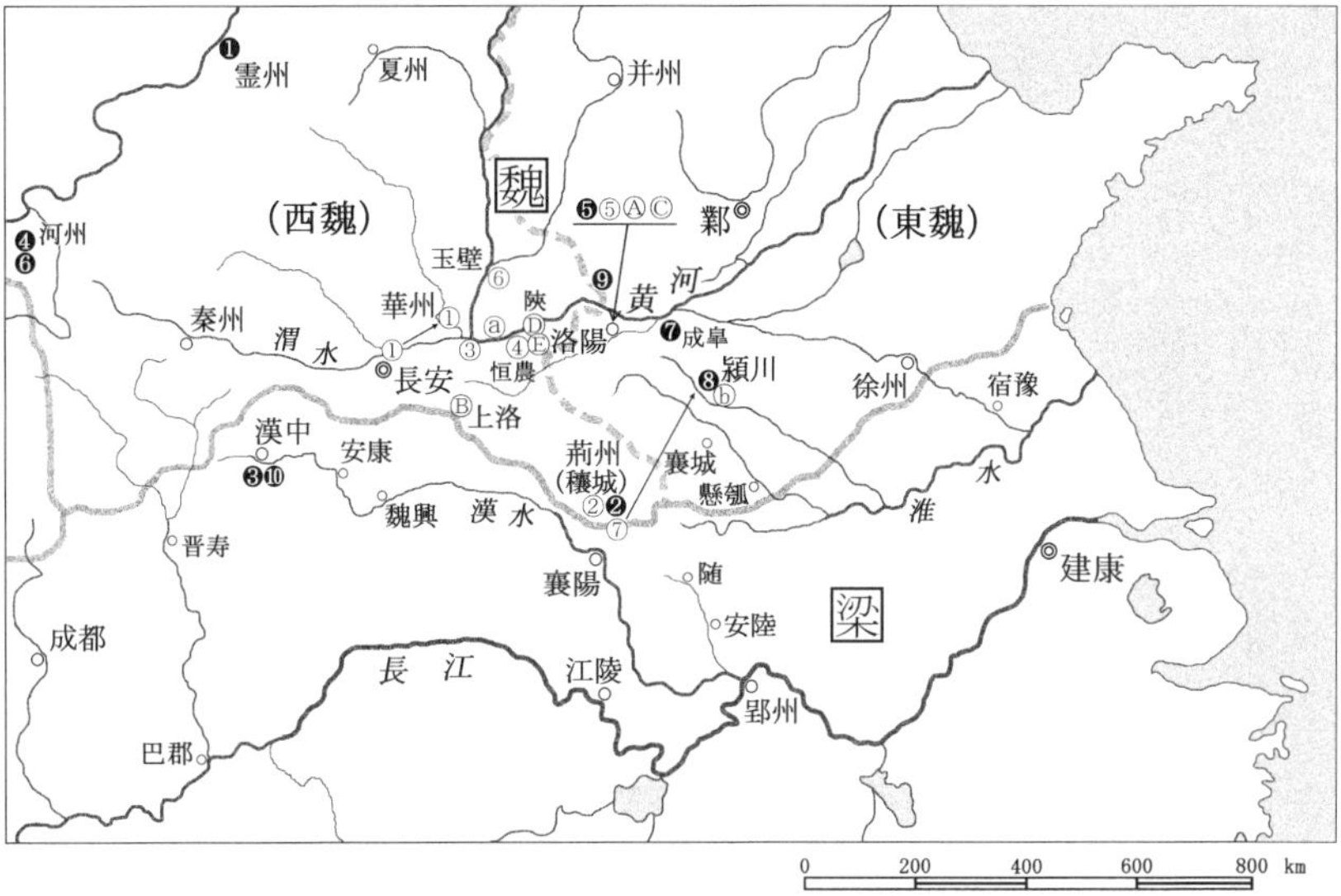

あらわしたものが図5である。行台の設置地域と当時の政治・外交・戦争の状況とには深い関連性が認められるので、適宜参照されたい（各項冒頭の記号は表・地図に対応する）。

1　出鎮の事例

東魏・北斉で常設されていった広域地方統治機構としての行台は、この分類に属する。西魏での事例としては表3及び図5の①〜⑦がこれに該当する。このうち①宇文泰の関西大行台は、設置状況が複雑に変化するため後章にて述べる。

②賀抜勝の南道大行台

正確な設置時期は明らかでないが、『資治通鑑』では孝武帝の西遷入関以前の巻一五六・中大通五年（＝永熙二年（五三三））正月条の中で賀抜勝の荊州出鎮に触れている（四八三二頁）。孝武帝は丞相高歓に対抗するべく地方の確保を狙い、当時関西地域で軍閥を形成していた賀抜岳と結び、さらにその兄の賀抜勝を都督三荊二郢南襄南雍七州諸軍事、南道大行台尚書左僕射等に任じ、南方に出鎮させた。その後、賀抜勝は梁の雍州（治襄陽）に進攻し、一応の軍事的成果を上げたことによって、行台長官としての地位を尚書令に昇せられていた。

孝武帝が西遷すると、賀抜勝は詔を承けて関中に入ろうとし、淅陽まで進んだところで太保・録尚書事（これも行台長官）に昇せられた。表3で採り上げたのは、この録尚書事への昇進記事で、繫年は『資治通鑑』（四八五四頁）に拠る。北魏末年に地方に多数設置された行台で、長安に遷った孝武帝・西魏政権の控制下にあった、もしくはこれに加わろうとする動きが確認できるのは、賀抜岳→宇文泰の関西大行台と、この賀抜勝の南道大行台のみである。この直後、賀抜勝は荊州に戻ったところで高歓が派遣した侯景に敗れて梁に奔ることとなり、南道大行台も機能を停止する。行台の属官として、左丞崔謙・右丞陽休之・郎中盧柔が確認できる。(17)

③郭琰の行台（潼関）

『北史』巻八五・節義・郭琰伝には、

孝武の西入するや、封を馮翊郡公に改められ、行台尚書・潼関大都督を授かる。（二八四九頁）

とあって、孝武帝西遷に際して行台尚書等を授けられたように記されているが、孝武帝西遷直後には潼関をめぐる攻防があったので、この行台の設置時期をただちに永熙三年（五三四）八月とすることはできない。『資治通鑑』巻一五六・中大通六年に拠ると、この時の潼関をめぐる攻防は、八月に宇文泰が孝武帝入関を奉迎、九月己酉に高歓が潼関大都督毛鴻賓の守る潼関を陥とすも、一〇月には宇文泰が奪回となる（四八五〇～四八五五頁）。(18)したがって、郭琰が行台を帯びて潼関に駐屯したのは一〇月以後のことと考えられ、すなわちこの行台は当時の対東魏の最前線に設置されたのである。行台の管轄範囲は不明であるが、併せて授けられた「潼関大都督」から、潼関とその周辺のさほど広くない地域と考えて大過なかろう。その後の展開については次項参照。

④郭琰の行台（恒農）

設置された時期は不明。『北史』巻八五・節義・郭琰伝には、

大統中、斉神武、大都督竇泰を遣わして恒農を襲わしむ。時に琰、行台たるも、衆少く戦敗し、乃ち洛州に奔る。（二八四九頁）

とあり、東魏の竇泰が恒農に攻め寄せた大統二年（五三六）末の段階で、前項の郭琰が行台を帯びて恒農を守備している。郭琰が潼関から移ったのか、或いはこれが前項と同じ行台で、恒農が潼関行台の管内であったのか、それは明らかでない。対東魏の最前線が東に移ったのにともない、郭琰も東進したと考えられようか。郭琰は竇泰に敗れて洛州（上洛郡）に逃れるが、そこをまた東魏の高敖曹に攻められて捕らえられ、并州に送られて殺された。恒農を管轄した行台が機能を停止させたのは、竇泰に敗れて恒農が失陥した時点となるだろう。

⑤長孫子彦の行台（洛陽）

大統三年（五三七）一〇月の沙苑の戦いの後、同月中に馮翊王元季海と独孤信が洛陽を回復した（出征❺）のを承けて設置された。『北史』巻二二・長孫子彦伝には、

東して旧京を復するに及び、子彦を以て兼尚書令・行司州牧とし、留めて洛陽に鎮せしむ。後、利あらざるを以て班師す。（八一五頁）

とあり、独孤信が洛陽金墉城に拠って以後、どのようなタイミングで設置されたのか、詳細は定かではない。しかし、『資治通鑑』巻一五八・大同四年（＝大統四年）八月条には、戦況が悪化して西魏軍の各部隊が撤退を始めたところで、宇文泰は長孫子彦を洛陽に留め守らせたものの、同月中には長孫子彦も高歓の攻撃を受けて城を棄てて撤退したとある（四八九六～四八九八頁）。これらを併せて考えれば、本行台はほとんど機能する間もなかったとみてよかろう。軍事的にかなり切迫した状況であり、当該地の行政を管轄することを主たる目的とする出鎮の事例とは様相を異にする点も少なからず認められる。

⑥王思政の東道行台（恒農→玉壁）

大統四年（五三八）八月、東魏軍の反攻を受けて戦況が悪化し、洛陽からの撤退を余儀なくされたさなかに恒農に設置された。前項に挙げた洛陽失陥により、恒農が対東魏の最前線となった。同年中に王思政は玉壁（山西省稷山の汾水南岸）に移鎮して城を築くことになり、行台の治所も玉壁に移った[19]。恒農は洛陽方面への、玉壁は東魏軍の根拠地である并州晋陽方面への、それぞれ交通路上にあるので、この行台は東魏に対して正面からぶつかる地域に設置されたといえる。その後、大統一二年に韋孝寛が後任として玉壁に入るまで、王思政が玉壁・恒農に鎮しているが、韋孝寛時期も含めて行台に関する記事が見出せないため、本行台の廃止時期については不明である。属僚の動向としては、大統七～九年頃に趙粛が行台左丞を兼ねて管内を慰労したことが確認される[20]。

⑦長孫倹→王思政→長孫倹の東南道行台（荊州）

大統六年（五四〇）に長孫倹が荊州に鎮した折に設置された[21]。大統一二年に玉壁・恒農にいた王思政が替わるも、翌年、侯景の来降を承けて王思政が潁川に進出すると（出征❽）、大統一五年に再び長孫倹が赴任した[22]。同年に楊忠が梁に攻め込んだ際には都督荊州等諸軍事・荊州刺史を帯び、長孫倹は行台と行荊州事であったから、セットでの人事と考えられる。東に東魏・侯景の河南大行台、南に梁の重鎮、雍州襄陽が接する、三国が交錯する地域に設置された行台であり、宇文泰の大行台を除いて、長期にわたって存続したことが確認される唯一の行台でもある[23]。大統一六年秋に宇文泰が北斉に対して大軍を動員して出征した際には、長孫倹も大丞相府左長史としてこれに参加しているが、すぐに荊州に戻って対梁戦略で重要な位置を占めており、その後、行台がいつ廃止されたのかは不明である。属官として、左丞元偉が大統一一年以後に確認される[24]。

以上、「出鎮」に該当する事例を見わたせば、潼関・恒農・玉壁・洛陽・荊州と対東魏の最前線に設置されたことが共通点として挙げられる。最前線の指揮官に、より広汎な裁量権を委ねることが目的であったことが容易に推測される。長期にわたって存在が確認できるのは荊州に設置された長孫倹・王思政の東南道行台（⑦）で、恒農・玉壁に設置された（東道）行台（⑥）もこれに準ずる存在であった可能性がある。[25] 長孫倹は軍事指揮官としてよりは行政官・外交官としての側面が強い人物である。[26] ここから、東魏が河南・潁川に侯景を出鎮させて前線に大軍を置き、機を見ては西魏に対して進攻を企てるという、積極的な戦略を採っていたのとは様相を異にしていることが看取される。

2　出征の事例

表3の❶〜❿が該当する。この分類は史料上でも軍事行動に際して置かれたことが明記されるので、分類する際の判断はもとより、置廃の時期や状況の推定も概ね容易である。

❶趙善の北道行台（霊州）

霊州にあって西魏政権に対抗し高歓と結ぶ動きを見せた曹泥を討伐するために、永熙三年（五三四）一一月に趙善が行台を帯びて出征した。討伐軍の編成では、趙貴（趙善の従祖弟）が行軍の大都督に充てられている。年が明けて霊州が平定されると、趙善は中央の尚書右僕射に遷っているので、行台はただちに廃止されたと考えられる。

❷独孤信の東南道行台（荊州）

賀抜勝が東魏の侯景に敗れたことにより失陥していた荊州を奪回するために、永熙三年の末[27]に独孤信が行台を帯びて出征した。独孤信は賀抜勝配下としてつい先頃まで荊州で活動しており、土地勘があったことによる人選であった。しかし、独孤信もまた侯景に敗れて梁に奔ったことにより、行台は機能を停止した。

❸董紹の行台（漢中）

大統元年（五三五）秋に梁将蘭欽によって失陥した漢中地域を奪回すべく、かつて梁州刺史・山南行台を務めたこともある董紹が、行台を帯びて同年冬に出征した。明年春に大敗を喫して長安に帰還。董紹は庶人に落とされ、行台も廃止されたと考えられる[28]。

❹趙貴の隴西行台（河右）

大統元年、宕昌羌の梁仚定が河右へ入寇したのを討つために、趙貴が行台を帯び、侯莫陳順が大都督となって出征した。鎮定後に関する記事はなく、ただちに帰還し、行台も廃止されたと考えられる。

❺元季海の（大）行台（洛陽）

大統三年（五三七）一〇月、沙苑の戦いでの勝利を承け、西魏軍は攻勢に転じた。まず関東の陝州付近で行台を帯びていた宮景寿（在地Ⓓ）に洛陽を攻めさせ、これを追うかたちで関西からも馮翊王元季海が（大）行台を帯び[29]、独孤信等を率いて洛陽に向けて出征した。宮景寿は敗死したが、後続の元季海軍は洛陽を制圧し、金墉城に拠った。翌年八月の撤退までの一〇ヶ月は洛陽にあって行台として機能し、長孫子彦の行台（出鎮⑤）に引き継がれたと考えられる。行台の属官として郎中柳蚪が確認できる[30]。

❻李虎の隴右行台（河州）？

『冊府元亀』巻一・帝王部・帝系・唐太祖景皇帝虎条に、

賊帥梁企《ママ》定、河州に拠り乱を作す有り。太祖、本官を以て尚書左僕射を兼ね、隴右行台と為り、兵を総べ以て之を撃つ。（二七ａ）

とあり、河州（枹罕郡）で起きた梁仚定の反乱を鎮圧するために李虎が行台を帯びて出征したという。ただし、管見の限りこれに該当する戦役を『周書』をはじめとする他の史料から見出すことはできない[31]。また、梁仚定も大統四年に南洮州（後の岷州・臨洮郡）刺史に任ぜられていて、河州からは離れているなど、出征時期も含めて事実関係の確定にはなお問題が残る。『冊府元亀』の文章の後段では、河州の反乱を鎮圧した李虎は、帰還する途中で南岐州（固道

郡）の反乱をも鎮圧したというが、これも他史料に該当する事例を見出せない。(32)

❼李遠の行台（北予州・成皐）

東魏の武定元年（＝西魏大統九年（五四三））二月、東魏の北予州刺史高慎（字仲密）が、東魏政権内での立場に危機感を抱き、西魏に州を挙げての降伏を請うた。当時、洛陽周辺は東魏の統治下にあり、高歓が大軍を擁して附近に駐屯していたこともあり、西魏は洛陽の東に位置する北予州の併呑は無理と判断したが、高慎の身だけは確保すべく、李遠に行台を帯びさせ前駆として派遣し、宇文泰も主力を率いて後に続いた。李遠は高慎の身柄を確保することには成功したが、翌三月、宇文泰の主力軍は邙山で敗れ、西魏国軍の再編を余儀なくされる損害を受けた。李遠の行台は、高慎を確保して宇文泰と合流した時点で廃止されたと考えられる。軍事出動に付随したものではあるが、当該地での戦闘や地域支配を主たる目的としていない点で、出征の分類の中では若干異質である。

❽王思政の東道大行台（潁川）

『魏書』巻一二・孝静帝紀・武定七年（五四九）六月丙申条に、

潁州に克ち、宝炬の大将軍・尚書左僕射・東道大行台・太原郡開国公王思政、潁州刺史皇甫僧顕等、及び戦士一万余人、男女数万口を擒う。（三一一頁）

と見える。本事例は出鎮⑦と一連のものであり、侯景の来降を承けて王思政が荊州から潁川に出征したところで、名称が東南道から東道に改められたのか、或いは史料の上で「南」の字が落ちてしまったのではないかと考えられる。この東道大行台は王思政の本伝には見えず、加えて王思政が潁川に入った際、西魏政権から侯景に授けられていた河南大行台・太傅・大将軍を回授されるのを一度は断り、都督河南諸軍事だけを受けたことを想起すると、その存在に疑問が湧くかもしれない。(33)しかしながら、一度は固辞した大将軍を、結局は大統一四年（五四八）に受けており、(34)また東魏に敗れた王思政が、捕らえられて鄴で生き長らえたことを考えると、『魏書』の記述の信憑性もさほど低くはないと思われる。大行台への昇格は、おそらく大将軍拝受と同時であろう。行台の機能停止は引用史料にある如く、武定七年（大統一五年）六月丙申である。

❾侯莫陳崇の行台（軹関）

『北斉書』巻一五・潘楽伝に、

周文、東して崤・陜に至り、其の行台侯莫陳崇を遣わし斉子嶺より軹関に趣かしめ、儀同楊𢯱をして鼓鐘道より建州に出、孤公戍を陥れしむ。（二〇一頁）

と見える。大統一六年（五五〇）秋、東魏から北斉への禅譲がなされたことを承けて、宇文泰は大軍を率いて東伐を敢行した。その一支隊として斉子嶺から軹関に進んだ侯莫陳崇が行台を帯びている。ただし、『周書』・『北史』の侯莫陳崇伝には、この戦役に関わる記事はなく、また、儀同と記される楊𢯱は当時既に開府に昇っている（宇文泰の大行台の尚書を務めてもいる）(35)。さらに、本戦役で西魏側最大と目される別働隊を率いた李弼についても「別道元帥」とあるのみで(36)、他の従軍者も含めて行台を帯びている例は確認できない。従って、現在の史料状況では本行台の実在についてはいささか不自然さが漂うことは否めない。実在した場合でも、ほどなく全軍撤退となったのにあわせて廃止されたと考えられる。

❿楊寛の行台（漢中）

大統一七年（五五一）冬、対侯景の戦闘を助ける見返りとして、梁の湘東王（後の元帝）政権から漢中地域が西魏に割譲されることとなった。梁の梁州刺史蕭循はこれを拒んだが、西魏からは漢中地域を受け取るべく達奚武が漢中南鄭へ、王雄が魏興へ派遣された(37)。その際、達奚武軍に付随して行台が設置され、長官には楊寛が充てられた(38)。翌廃帝元年夏、達奚武が漢中を陥れ、蕭循を執えて帰還すると、行台も廃止されたと考えられる。行台の属官として、左丞柳帯韋が確認される(39)。

「出征」に該当する事例では、敗戦等で機能停止を余儀なくされたもの以外でも、任務を遂行した出征軍及び行台が当地に残って統治を続ける例は見られない。ここから、軍事行動を終えれば、すぐに帰還して行台も廃止されるという流れが見てとれる。司令官が現地にそのまま滞在して統治する事例がないことを、西魏の行台の特徴の一つとして挙げてもよいかもしれない。

出征の内容としては、東魏（❷❺❼❽❾）・梁（❸❿）に対する外征や、統治域内の州刺史や異民族の反乱への対応（❶❹❻）があり、とくに偏りは見られない。軍の進行方向も、東（❷❺❼❽❾）・西（❹❻）・南（❸❿）・北（❶）の各方位が確認され、地域的な特徴も見出しがたい。また、設置時期は西魏初年から廃帝年間にまで及ぶ。西魏末年の対梁進攻時、大統一七年（五五一）から翌廃帝元年にかけて漢川に進攻した達奚武軍に行台が設置されながら、廃帝二年（五五三）に尉遅迥が四川へ進攻した際には設置されていない。出征に際して行台を設置するか否かの判断基準などについては、まだ考察の余地があるだろう(40)。また、事例❶❹❿で、行台長官と行軍司令官（都督）にそれぞれ別人を充てられていることに注目される。行台と都督の権限の区別を示唆するであろう。この点については後節で改めて検討する。

3　在地勢力への授与の事例

表3のⒶ〜Ⓔがこれに該当する。

Ⓐ李延孫の京南行台（伊川）

李延孫は洛陽のすぐ南の伊川の土豪で、父長寿の代から蛮酋や群盗を招集して勢力を広げていた。孝武帝西遷直後には、広陵王元欣や録尚書長孫稚といった重要人物たちが李延孫を頼り、護衛されて入関しており、このような活躍によって、京南行台・節度河南諸軍事・広州刺史を授けられ、「毎に伊・洛を剋清するを以て己が任と為[41]」した。従って、行台の設置時期は永熙三年後半から大統初め頃と推定される。李延孫は大統四年にその長史楊伯蘭に殺され、子弟等が行台を引き継いだ記録は見出せない。

Ⓑ泉企の行台（洛州・上洛郡）

泉企は上洛豊陽の巴夷である。代々商洛に勢力を張って、祖父・父と本県令を世襲し、泉企もこれを襲ぎ、洛州刺史に至った。『周書』巻四四・泉企伝には、

大統初、開府儀同三司・兼尚書右僕射を加え、爵を上洛郡公に進め、邑を増して通前千戸なり。（七八七頁）

とあって、「行台」の語はないが、前後を通じて洛州にいることと、尚書右僕射に附された「兼」の語から行台が設置されたと判断される[42]。大統三年（五三七）に東魏の高敖曹の攻撃を受けて洛州が陥落したことにより、行台は機能を停止した。その後、東魏によって杜窋が刺史として立てられたが、泉企の子たちは在地の豪右の助けを得て杜窋を討ち、これを嘉した西魏政権から世襲洛州刺史を許されたが、行台については記事が見られず、改めて置かれることはなかったようである。その理由として、荊州地域が西魏の統治下に入り、洛州地域が対東魏の前線ではなくなったこと、泉氏が東魏に寝返る可能性が低いと判断されたことなどが考えられる。

Ⓒ楊琚の河南行台（洛陽周辺）

楊琚については、『周書』巻四三・韓雄伝（『北史』巻六八ほぼ同文）と同魏玄伝に河南行台という肩書とともに名が現れるのみで、素性や官歴は明らかではない。事跡としては、大統初年に洛西で挙兵した韓雄が、楊琚と協力して東魏と対抗したこと、大統三年の出征で元季海が洛陽に入った際に、楊琚が馬渚で東魏軍を防いだことが知られるのみで、具体的な行台置廃時期も不明である。ただし、『魏書』巻七四・爾朱栄伝の、

属たま馬渚の諸楊、小船数艘有ると云い、郷導と為らんと求む。（一六五二頁）

という記事や、『周書』巻三四・楊𢷋伝の、

元顥の入洛するや、孝荘、晋陽に往き爾朱栄に就かんと欲し、𢷋に詔して其の宗人を率い、船を馬渚に収めしむ。（五九〇頁）

という記事からは、馬渚周辺で勢力を持っていた楊氏の存在が窺える。(44) 洛陽が東魏の統治下にあった状況でも、東魏に対抗する立場をとっていたことから、河南行台とはいうものの、実質的な管轄地域は洛陽という都市には及ばず、馬渚を中心としたごく狭い地域であったと考えられる。

ⒹⒺ宮景寿と宮延和の行台（陝州周辺？）

史料は『魏書』巻一二・孝静帝紀・天平四年十月己酉条（『北史』巻五ほぼ同文）の、

宝炬の行台宮景寿・都督楊白駒、洛州に寇し、大都督韓延、大いに之を破る。（三〇一頁）

と、同興和二年五月己酉条の、

西魏行台宮延和・陝州刺史宮元慶、戸を率いて内属し、之を河北に置く。（三〇四頁）

の二つである。前者は大統三年（五三七）のことで、出征❺でも触れた、沙苑の戦いの後に攻勢に出た西魏の洛陽（東魏の洛州）進攻軍の第一陣であるが、宮景寿はここで敗れている。後者は大統六年のことで、この時点で西魏から離れたことになる。宮氏という珍しい姓が狭い地域でまとめて登場することから、古賀氏が指摘されたように、陝州刺史宮元慶も含めて陝州陝県周辺に勢力を持っていた豪族であったと考えられる。(45) 恐らく、宮景寿が敗れたのを承けて、宮延和が後を継いでいたのであろう。

行台を授けられた在地勢力の分布は、対東魏の前線地域に集中する。授与する対象が豪族レベルであるから、それまでの官歴にもよるだろうが、その管轄地域は泉企の事例のように一州程度あれば広い方で、宮氏や楊琚の行台は一

郡程度か、もしくはさらに狭かったと考えられる。とはいえ、狭い地域でも郡守県令級の人事権が認められるので、一族を守令に就けることによって、ちょっとした独立王国のようなものを形成することができた。守令等の地方行政長官は本貫地を回避するという人事上の原則は崩壊して久しく、特に西魏の前線地域や辺境地域でも本貫地任用が目立っていたことが夙に指摘されているが[46]、行台を授けて守令の人事権まで委譲することは、この状況をさらに一歩進めるものであった。在地勢力を取り込むための手段として、やむを得ず地域の支配権を認めたのであろう。「時に河南の城邑、一は彼、一は此[47]」という、城邑単位で敵味方が混在していた河南を中心とする対東魏の最前線には、史料上確認し得ないものも含めて同様の事例が他にも見られたものと推測される[48]。その中で、泉企・李延孫等の事例は成功例であり、東魏に降った宮氏の事例は失敗例といえるだろう。大統六年（五四〇）頃以降は、このような在地勢力への授与事例は見られない。河南・荊州地域における東西両政権の前線がひとまず定まった大統四年末以降[49]、新規には授与されなくなっていたのであり、当該地域における西魏政権による統制が進んだと見ることもできよう。

4　その他・不明の事例

ⓐ楊白駒の行台（潼関周辺か?）

楊白駒に関しては列伝などが存在せず、管見の限り彼に関わる史料は都督という肩書きであらわれる『魏書』巻一二・孝静帝紀・天平四年十月己酉条（前項で引用済み）と、『資治通鑑』巻一五七・大同三年十二月条の、

　十二月、魏行台楊白駒、東魏陽州刺史段粲と蓼塢に戦い、魏師、敗績す。（四八九〇頁）

の二つで、ともに西魏大統三年（五三七）のことである。『魏書』では都督、二ヶ月後の『資治通鑑』では行台と記されることから、この間に行台が設置された可能性もあるが、断定は控えたい。蓼塢は『資治通鑑』同条胡註所引の『漢書音義』によれば、潼関の北十余里の襄山にあり、また『読史方輿紀要』巻四八・河南府陜州閿郷県蓼塢条では

「県の西北に在り」とする（二二八一頁）。行台が置かれた具体的な地域は詳らかではないが、おおよそ潼関とこれに隣接する地域を管轄していたと見て大過あるまい。ただし、楊白駒本人の出自・経歴や行台設置の経緯も不明であるため、分類は保留しておく。東魏に敗れて以後のことも不明である。

ⓑ侯景の河南大行台（潁川）

東魏の功臣であった侯景は、高歓の死後、後を継いだ高澄に叛して西魏と梁の双方に降ることを請うた。西魏は侯景の東魏時代の官職・権限水準を保証する形で、太傅・大将軍・兼尚書令・河南大行台・河南諸軍事を授けた。侯景は「河南を専制すること十四年」(50)であったとはいえ、東魏によって当地に「出鎮」させられて来たのであるから、「在地」には含めがたい。敢えて独立した項目を立てるならば、「来降」ということになろう。ほどなく侯景は梁に奔り、河南潁川地域では王思政（出征❽）が東魏と戦うことになる。

第三節　宇文泰の大行台

緒言でも触れたように、宇文泰の大行台（出鎮①）は実態については不明確な点が多いものの、西魏の政権中枢にあった機構の一つであると認識されている。行台と称しながらもその存在は他の一般行台とは一線を画しており、前記の分類に収まるものではないことは明らかであるが、行台制度全体を俯瞰する上で、これを全く別個のものとして検討対象から外すことはできない。そこで節を改めて検討することとする。

具体的検討に入る前に、ひとまず『周書』文帝紀から大行台の置廃・更新に関わる記事を引き、これらに周辺の事情を肉付けして、既知の範囲で沿革をまとめると以下のようになる。

史料A　巻一・文帝紀上・永熙三年、四月～七月の間

進めて太祖に兼尚書僕射・関西大行台を授け、余の官封は故の如し。（一〇頁）

史料Ｂ　巻一・文帝紀上・永熙三年七月丁未条

仍お加えて大将軍・雍州刺史・兼尚書令を授け、封を略陽郡公に進め、別に二尚書を置き、機に随い処分せしめ、尚書僕射を解き、余は故の如し。（一三頁）

史料Ｃ　巻二・文帝紀下・大統元年正月己酉条

太祖を督中外諸軍事・録尚書事・大行台に進め、改めて安定郡王に封ず。太祖、王及び録尚書事を固譲するに、魏帝、これを許し、乃ち改めて安定郡公に封ず。（二一頁）

史料Ｄ　巻二・文帝紀下・大統三年六月条

太祖、行台を罷めんことを請うも、帝、復た前命を申ぬ。太祖、録尚書事を受くるも、余は固譲し、乃ち止む。（二二頁）

史料Ｅ　巻二・文帝紀下・廃帝二年春（正月）条

魏帝、太祖に詔して丞相大行台を去り、都督中外諸軍事と為す。（三三頁）

宇文泰を長官とする行台が設置されたのは、孝武帝西遷以前の永熙三年（五三四）六月頃のことである。遡って述べていくと、同年初頭の段階では、関中（西）大行台を拝して軍閥を率いていたのは武川鎮出身の賀抜岳である。その配下に同郷の者が多く参加していたために、史学上、武川鎮軍閥と称され、後の西魏・北周・隋・唐へと連なる諸政権の淵源として重視される。(51) その賀抜岳が、高歓の差し金によってかつての同僚で隴右を統べていた侯莫陳悦に殺害され、関西軍閥が崩壊の危機に瀕したのが同年二月のことである。この時、賀抜岳の大行台左丞から夏州刺史に転じていた宇文泰を軍閥の後継者に据えんとする意見が通り、宇文泰は軍閥を率いることとなった。四月に主将の仇である侯莫陳悦を滅ぼして関隴地域の官軍の混乱が一応収まった頃、五月に雍州刺史・西道大行台として賈顕度が関西に派遣されて来る。[52]ここで賈顕度が洛陽の孝武帝よりも晋陽の高歓を重んじる動きを示したため、宇文泰は軍を派遣してこれを屈伏させた。その結果、宇文泰は洛陽朝廷から関西大都督に任ぜられ、さらに兼尚書僕射・関西大行台に任じられた（史料Ａ・Ｂ）。[53]前節での分類で出鎮に含めたのは、この段階での状況に拠る。八月、洛陽を脱出して入関してきた孝武帝を奉迎すると、[54]宇文泰は行台長官としての職位を兼尚書令に昇せられ、[55]あわせて行台内に二尚書が置かれた（史料Ｂ）。

大統元年（五三五）正月には大行台関係を含めていくつかの職位で昇進が命じられたが、宇文泰はその一部を固譲し、文帝に容れられた（史料Ｃ）。大統三年六月に宇文泰が大行台廃止を願い出るも西魏文帝に容れられず、かえって行台長官としての職位を録尚書事に昇せられるといった一幕もあった（史料Ｄ）。その後この大行台は、永熙三年八月に置かれた丞相府と並んで、廃帝二年（五五三）正月に廃止されるまで（史料Ｅ）西魏宇文泰政権の中枢機構の一翼を担ったのであった。

ここまで示した中で、検討すべき問題があるのが、孝武帝奉迎以後の様相についてである。いくつかの論点がある中で、なにより解明すべきは大行台という機構が有した権限であろうが、論点はそれぞれ独立したものではなく、また論点ごとに明確な結論を示すことは難しい。そこでひとまず、名称と実態とは密接に関連しているであろうことから、名称について考えることから始めていこう。

1　「関西」大行台？

永熙三年（五三四）六月頃に関西大行台[56]としてはじまった宇文泰の大行台ではあるが、大統年間以後にあっては、宇文泰本人の本紀の上でも属僚たちの事跡においても、宇文泰の大行台に「関西」を冠した記述は管見の限り見出せない。筆者のいくつかの旧稿も含めて大方の研究は、大統年間以後についても「関西大行台」と表記しており、これは特に「関西」と冠せずとも、「大行台」とあればそれは宇文泰の関西大行台のことであり、「関西」は省略されているのだと判断してきたものと思われる。(57)

そのような中で、「関西」と表記されなくなったことについて言及されているのが氣賀澤氏であり、大統元年（五三五）正月の宇文泰の昇進記事について分析されたところで、「そのさい関西大行台から関西の字がとられたのは、独立の王朝を標榜するに至った以上当然の成り行きであった。(58)」と述べている。従来等閑視されてきた問題に対し、一歩踏み込んだ見解として貴重ではあることは認めつつも、これに対して筆者としては、なぜ「独立の王朝を標榜」しなければならないのか、どこから「独立」したのか、意を解しかねる。

現在の感覚で言えば、永熙は北魏の年号であり、大統は西魏の年号である。北魏と呼ばれる王朝があり、西魏と呼ばれる王朝があるわけだが、これらに附されているのは、後世から見た際に、北魏分裂以後の東西両勢力の区別を付けるために便宜上付された方位記号に過ぎないのであって、当事者たちにとっては一連の「大魏（大代）」であったことは疑いない。(59)従って北魏と西魏を二つの別の王朝と見做してはならないのであるから、ここに「独立」という語が出てくる意図をはかりかねるのである。皇帝（孝武帝）と丞相（高歓）がたもとを分かって後、皇帝の側がその独立性を標榜するというのも、形式的に本末転倒しているのではなかろうか。氣賀澤氏の説明には意を尽くされていない点があると思われる。

それでは、宇文泰の大行台は廃帝元年（五五二）の廃止に至るまで「関西大行台」であったのか、或いはある時点で「関西」がとれたのか、引き続き検討することとしよう。

2　二つの尚書省

史料の上で、「関西」が付かなくなる前後での状況の変化といえば、孝武帝が関中に入り、宇文泰がこれを奉迎し、王都が長安に遷ったことに尽きるだろう。王都の移動が行台の名称に影響を与えることはある。例えば荊州方面を対象に置かれていた行台で見ると、北魏分裂以前の永熙年間に賀抜勝が構えていたのは「南道」大行台（出鎮②）であったが、分裂以後の永熙三年（五三四）末に独孤信が帯びたのは「東南道」行台（出征❷）である。この変化は起点が洛陽から長安に替わったことによっている。また、やはり永熙三年末に霊州を討伐した趙善の行台（出征❶）が「北道」行台であったのも長安を起点としており、王都が洛陽にあった時代には、「北道」は幷州や幽州方面を指すことが多かった(60)。

しかし、「関西」は地域名称であり、「東道」・「北道」というように王都からの位置関係で付けられた名称ではない。従って、この観点からは「関西」という名称が改められる必然性はない。さらに、西魏における大行台が宇文泰のそれ一つだけに許された特別な存在ではなく(61)、それぞれを区別する必要もあることから、正式には管轄地域名称を冠した「関西大行台」であり続けたと考えることもできるだろう。

しかしながら、孝武帝の入関に伴って王都が長安に移ったことにより、中央政府のものと宇文泰の大行台のものの二つの尚書省が一所に並存する体制が形成された。では、その結果として、皇帝のお膝元一帯を含めた広い地域が中央行政府による直接の控制下に加わらず、引き続き関西大行台という強力な地方行政機構によって管轄される状況が生じ、そのまま廃帝元年の大行台廃止まで至ったのだとするならば、そこに不自然さを感じずにはいられない。行台の設置が中央の尚書省に附託すべき事務を現地で適宜執行させることを目的としたことを踏まえれば、行台が設置されるのは現地が王都から離れていて状況の把握が困難であったり、戦乱等によってめまぐるしく状況が変化するような場合である。王都とその周辺地域であれば、よほどの混乱によって尚書省が機能不全に陥っていない限りは、尚書省が状況を把握し、それに応じて事務を執行すればいいのであり、行台という一機構を挟み続ける必然性がないのである。「王都長安周辺は除く」という限定をかけたとしても、「関西」と冠して、そこに関西地域の中心都市である長安を含めないということは、いささか想定しがたいのではなかろうか。

また、「関西」と冠して大行台の管轄地域を限定した場合、例えば宇文泰が洛陽方面に出征した際には「関西」地域から出ることとなり、そのままでは現地で尚書省の業務を代行することができなくなるという問題が発生する。ともに「魏」という国号を掲げて存立する東西二つの勢力は、互いに不倶戴天の存在である。西魏・長安政権側の建前からすれば、かつての支配領域から失われた旧王都洛陽を含めた東方を回復するという命題は、王朝として第一に掲げざるをえないものであり、従って宇文泰が最高司令官として軍を率いて向かう先は、関西地域ではないのである。宇文泰が人事権等の大きな権限を振るう際に行台という制度を用いるならば、「関西」を冠しているのは、却って制限が加えられることになるまいか。

以上のように、「関西」が冠され続けたとするには不自然な点が多く見られることから、大統年間以降については、「関西」は省かれた可能性は考慮すべきといえるだろう。

3　華州の地域性

大統三年（五三七）六月に大行台の廃止を願い出たものの、文帝に存続を命じられた宇文泰は、翌大統四年頃までに、王都長安を離れて華州（後に同州と改名。現在の陝西省大茘県）に移った。これにより、長安は王都・朝廷の所在地、華州は宇文泰軍閥勢力の根拠地となり、二重権力体制であることが皇帝と実権者の所在からも明らかになる。華州が対東魏戦争の前線基地として適地であること、帝室元氏の伝統的な権威から距離をおくことなどが、宇文泰の華州出鎮の理由として挙げられている。(62)これに加えて、王都から出ることは、結果として行台を帯びる合理性をも確保することにもなったと考えられる。

大統三年六月に、宇文泰が一度は大行台の廃止を願い出た理由の一つとして、王都長安に平時から尚書省と大行台が並存することの不合理さを解消する狙いがあったと見るのは、無理な指摘では無かろう。その際は西魏文帝より大行台の存続を命じられ、結局は大丞相府とともに併置し続けることとなった。そこには、ひっきりなしの出征のたびに行軍組織や現地での行政を取り仕切る（大）行台を組織しなおすことの煩雑さを避けるためという、現実的な理由もあったであろうし、また、辞任願いと慰留とによって実権掌握している権力者（実権者）と権威者（君主）の信頼を相互に確認し、外に顕示する目的もあっただろう。

このように軍事力を背景とした実権者が、皇帝のいる王都から離れたところに自らの本拠地を構えて遥かに朝廷を控制するという体制は、後漢末に曹操が献帝を置いた許昌を離れて鄴に本拠を置いた例をはじめとして、何度となくあらわれてきた。北魏末年でも、爾朱栄と高歓の例が挙げられる。爾朱栄は孝荘帝を擁立して洛陽に入り、人事を定めて爾朱氏による朝廷支配体制を整えて後、本拠地晋陽に帰還するにあたって北道大行台を授けられ(63)、同時に王都洛陽には一族や腹心の部下を置いて朝廷を厳しく監視して、「身は外に居すといえども、恒に遥かに朝廷を制し、広く親戚を布き、列して左右となし、動静を伺察し、小大必ず知る(64)」という体制を整えた。高歓も爾朱氏を討って後にはその本拠地晋陽に乗り込んで丞相府を構え、さらに北魏分裂直後には同地に并州大行台を置いて長子高澄を行台尚書令に据え、王都鄴には京畿大都督を置いて朝廷を厳重に監視させた(65)。宇文泰もまた華州に出鎮する際には、周恵達を長安に留まらせて尚書省の行政を取り仕切らせた（後述）。つまり、爾朱栄・高歓と同様の体制を採ったわけである。しかしながら、相違点も看取される。

晋陽と洛陽は三〇〇km以上離れ、間には中条山脈・太行山脈が存在している。晋陽と鄴でも二〇〇km以上離れており、間には太行山脈が横たわっている。このように軍閥の本拠地と王都が距離も離れ、地域的に一体性が認められず独立していると見做せるような場合には、行台という強力な地方行政機構を帯びて中央政府からの独立性を確保することは、軍閥勢力の維持・発展のために合理的な方策であったと考えられる。爾朱栄・高歓の両者は、先に王都とは

離れた地に本拠地を定め、そこに行台という地域行政を専らにしうる官制上の御墨付きをあたえさせたのである。(66)

これに対して宇文泰が本拠とした華州は、軍閥の独立性よりも対東魏の前線基地という軍事戦略上の必要性が先にある。加えて華州と長安との距離は一〇〇㎞ほどで東西に隣接し、ともにいわゆる関中地域・渭水盆地の中にあって、それぞれに地域的な独立性を見出すことは難しい。華州という城市が宇文泰率いる軍団の根拠地となったことは事実であるが、長安の朝廷から強い独立性を持った華州を中心とした一地域というものを想定し、その地域を指して「関西」と称することはないだろう。従って、宇文泰の大行台が、宇文泰の在所としての華州を中心としたごく狭い地域の行政権を管轄したことがあったとしても、大行台がそれを目的として設置されていたと見做すことも、やはり難しいのである。

4　尚書省の状況

それでも、中央の行政機構が全くの形骸と化していて、国政の全権が宇文泰の大行台に委ねられていたというのであれば、大きな混乱は生じないかもしれない。大行台が本来的に尚書省の出先機関である以上、大行台の権限もまた尚書省のそれと重なるものである。それでは、仮に宇文泰の大行台が「実質的な政府」であり、「行政権の実質」を保持していたならば、中央の尚書省はどのように存在していたのであろうか。そこで、当時における中央の尚書省の様子を確認してみよう。

『周書』巻二二・周恵達伝に以下のような記事がある。

太祖の華州に出鎮するや、恵達を留めて後事を知せしむ。時に既に喪乱を承け、庶事多く闕す。恵達、戎仗を営造し、食糧を儲積し、士馬を簡閲し、以て軍国の務を済し、時甚だ焉に頼る。（中略）四年、尚書右僕射を兼ぬ。（三六三頁）

永熙三年より大行台尚書を務めていた周恵達は、宇文泰が華州に出鎮するにあたり、長安での後事を委ねられている。史料上では様々な業務をこなして「時甚頼焉」とされた結果、兼尚書右僕射となったように読めるが、その前の「時に」とは宇文泰出鎮のまさにその時のみを指すのではなく、より前後に幅のある「当時」のことと読むべきで、周恵達は長安に残って尚書右僕射として行政を取り仕切ることになったのである。その業務内容は武器の製造、食糧の備蓄、軍備の点検から、さらに引用はしていないが礼楽の整備までと多岐にわたっており、中央の尚書省が行政府としてそれなりに機能していることを伝える。

次に、『周書』巻一六・独孤信伝には、東魏との戦闘に敗れ、南朝梁に亡命していた独孤信が、長安に帰参した際の記事として、

大統三年秋、長安に至る。自ら国威を虧損するを以て、上書して謝罪す。魏文帝、尚書に付して之を議さしめ、七兵尚書・陳郡王玄等議し、以為らく（以下略）。（二一六五頁）

とある。ここでは敗北によって国威を損ねたことを謝罪した独孤信をいかように処遇するかが問題になっており、西魏文帝は尚書（省、或いは列曹尚書）で議論をさせている。

また、『周書』巻三七・李彦伝には、尚書列曹・各部の郎中から左右丞までを歴任した李彦の働きについて、

彦、尚書に在ること十有五載、軍国草創に属い、庶務殷繁なれば、心を留めて省閲し、未だ嘗て懈怠せず。断決、流るるが如く、略《およ》そ疑滞無し。台閣、其の公勤を歎じ、其の明察に服さざる莫し。（六六五〜六頁）

とあり、尚書省の職務が久しく繁忙であった様を記している。

さらに、『周書』巻三二・唐瑾伝には、

吏部尚書に転ず。銓綜衡流、雅《まこと》に人倫の鑒たる有り。（中略）時に六尚書、皆一時の秀なれば、周文（宇文泰）、自ら人を得たりと謂い、号して六俊と為す。然して瑾、尤も器重せらる。（五六四頁）

とあり、唐瑾が吏部尚書であったおり、六人の尚書が揃って俊才であったことが記されている。時期については元勲の一人である于謹が万紐于氏を賜って後、江陵征伐がなされるまでの間ということしか列伝からは読みとれず、確定することはできないものの、尚書列曹が行政能力に優れた者たちの活躍する場ではあったことは確かなようである。加えて、大統一二年（五四六）に尚書三十六曹が十二部に改組されている。(67)尚書省が全くの形骸と化していたのであれば、わざわざ組織を改革する必然性は無く、放置されていたであろう。

以上の事例のうち、尚書省内で活躍した人物の列伝に拠るものには多少の誇張はあるかもしれないが、中央行政府たる尚書省はまがりなりにも機能していたことが確認される。少なくとも、その業務が宇文泰の大行台に丸投げされ、全くの形骸と化していたのではないことは明らかである。そうなると、宇文泰の大行台の位置付けを想定するには、中央の尚書省との役割分担についても考える必要があるだろう。

5　大行台の属僚たち

最後に、宇文泰の大行台に配属されていた属僚たちの姿からも見てみよう。表4は属僚たちの動向・事跡をポスト毎にまとめたもので、これをもとに属僚たちを簡単な年表上に落としたものが図6である。これらの表からも、この大行台に関わる人事異動が断続的に行われたことが読みとれ、この大行台が永熙末年から大統年間を通じて廃止や再設置されることなく継続的に存在したことは認められよう。そして属僚たちの事跡から、その機構・人員が政権運営上、極めて重要な役割を果たしていたことも確かだといえるが、属僚たちの行動から大行台固有の機能を読みとれる記事は、実のところ極めて零細である。

第一節で既に述べたように、当時の行台は、高度な裁量権を現場の判断で迅速に行使せしめるために置かれた地方行政府であり、孝武帝奉迎以前の宇文泰の関西大行台もまた、この範疇に収まるものであったとみなすよりほかはない。しかしながら、孝武帝を奉迎して以後に関しては様相が異なる。

そこで改めて表4の大行台属僚たちの事跡を見てゆくと、分掌機事、参典機密、専掌書記といった幕府・衙門として一般的なものとともに、「文案の程式を制し、朱出墨入は計帳戸籍の法に及ぶ（左丞蘇綽）」といった記事が挙げられる。これらは国制の策定にあたり、地方行政府の業務とは見做し難い。「四方書檄（郎中申徽）」といった文言も地方行政府には似つかわしくなく、蘇綽の例と併せて、政権の中枢にあるものの姿であろう。また、戦役に従軍し、丞相府の属僚の左長史長孫倹・右長史鄭孝穆・司馬楊寛等とともに宇文泰率いる行軍組織の衆務を分掌している事例も見られる（尚書蘇亮）。

ここからただちに、宇文泰の大行台に地方行政府としての実態がなかったと断じるのは拙速であろうが、より明確なのは、地方行政府官員としての姿よりも、丞相府の属僚と同様(68)、宰相・最高軍司令官の幕僚としての姿であるといえよう。

実際、丞相府と大行台との垣根は低かったようで、両機構間を異動する者は多数見られるし、次のように兼任している例も見られる。

于謹（大統四年）：大丞相府長史・兼大行台尚書
長孫倹（大統一二年）：大行台尚書・兼相府司馬
王子直（大統一二年頃）：大行台郎中・兼丞相府記室参軍

于謹は丞相府長史を本官としており、また長孫倹は大行台尚書を本官としている所から見ても、どちらの機構の属官が本官として尊ばれたということは無いようである。これらに王子直の例を合わせれば、両機構の属官のおおよその釣り合いから、史料上不明確な行台属官の（視）官品も推し量れるだろう。

6　想定される宇文泰の大行台の存在形態

ここまでの各論点毎で、それぞれ必ずしも明確な回答が出せたわけではないが、現段階での落とし所を探るかたちで改めて宇文泰の大行台の存在形態をまとめなおすならば、以下のようになるだろう。

永熙三年（五三四）八月の孝武帝奉迎以後しばらくは、政治的・軍事的混乱が収束しなかった。地方行政機構としてつい先だって設置された関西大行台が二尚書が置かれるなど機構を増強して継続されたのは、混乱した状況下で中央尚書省の体制が整わず機能しなかったため、関西大行台に暫定的に行政全般を取り仕切らせるための処置であった（史料B）。ここで行台としての位置付けが大きく変わったのである。

翌大統元年正月の西魏文帝の即位とそれに伴う人事異動によって、尚書省などの中央行政機構体制が整えられると、関西大行台は臨時の中央行政府としての役目を終え、併せて王都長安を含む関西地域を統治するために関西大行台という強力な地方行政機構を介在させる必然性も薄れたが、機構自体は存続され、「関西」の号が外されて（史料C）、廃帝二年（五五三）正月の大行台廃止にまで至る（史料E）。

大統年間以後の機能・権限の面については、宇文泰の大行台は常に宇文泰の幕僚収容機構として機能しており、平時には丞相府とともに政策・制度を策定する存在であり、中央の尚書省は、それらの業務を全国に対して執行するという役割分担が成立していたと考えられる。諸氏の言う「実質的な政府」といった表現はこの点に関わるが、大行台の名によって全国に対して行政命令が下されることはなかったものと考えられる。また、宇文泰の出征時にあっては、現地での行政を執行する存在であり、併せて丞相府とともに行軍組織の軍政にも関わっていたのであろう。蘇綽に代表される大行台の属僚たちの活動は、状況に応じて多岐にわたったが、令文等に規定された恒常的な職務はなかった。宇文泰は、増え続ける子飼いの幕僚たちを側近に置きつつ公的な官位を与えるために、大行台を有効に利用したのである。

地域名称等を明示しないため、行台としての管轄地域は不明確であるが、もとより地方行政機構としての意味合いは稀薄で、ここから逆に、宇文泰は地理的な管轄地域を制限されずに、本人の所在地において、その地における本来尚書省に附託すべき業務を適宜代行しうる、ゆえに管轄地域名は冠されていない、と措定できるのではなかろうか。本人の所在地というところがポイントで、西魏領域内におけるあらゆる行政権が、宇文泰の大行台に帰していたのではないということである。

第四節　行台制度の再検討

西魏の行台の全体像を俯瞰した上で、改めて第一節で示した筆者の疑問点、すなわち行台と都督の関係について検討し、通時的な行台制度の理解に還元される点を示すこととする。

第二・三節で示したように、行台は様々な状況・規模で設けられたわけだが、それらは行台という単一の制度に基づいて設置されたものであり、その本質は尚書省という行政機構である。従って、尚書省における行政と軍事との関係が問題となり、最終的に行台・都督それぞれの隣接する権限を明確に規定できれば最善である。しかしながら、行台・都督兼務者がある命令を発したとき、それが行台の権限なのか、都督の権限なのかを判断することは、実はそう容易なことではない。従来の研究はこの点を考慮することなく、兼務者の発した命令を一様に行台の権限に拠るものとしている点に大きな問題がある。ただし、この問題を論じるには、尚書省制度と都督制度という二つの重要な制度の両面から再検討する必要があり、別に一稿をもうける必要があろう。そこで、本節ではひとまず両者の機能は区別して考えるべきものであることを示すこととしたい。その鍵となる材料は、出鎮・出征の事例に見られた、行台長官と都督にそれぞれ別人があてがわれている事例である。

まず❶趙善の事例を見てみよう。霊州で西魏政権に対抗し高歓と結ぶ動きを見せた曹泥に対して、西魏政権は永熙三年（五三四）一一月に趙貴を大都督とする討伐軍を派遣した。その際、行軍に付随する形で行台が置かれ、長官となったのは趙善である。この両者は親類であり、趙善が趙貴の従祖兄に当たる。『周書』巻三四・趙善伝から趙善の事跡・官歴を拾い出せば、州主簿、行台左丞、都官尚書、尚書左右僕射、監著作など、文官・幕僚としての活躍が主であり、陣頭に立って軍を指揮した記述は見られない。(69) 一方の趙貴は、文官職を兼ねたこともあるが、周知の通り後にいわゆる「八柱国」に列した有数の軍事指揮官である。ここから趙善＝行政官、趙貴＝軍事指揮官、という両者の専門の違い、役割分担が明瞭に看取され、行台と都督の性質をそのままあらわしているといってよいだろう。出鎮の形態である⑦における長孫倹（行台）と楊忠（都督・刺史）の役割分担もまた同様である。

次に、❿楊寛の事例を見てみよう。大統一七年（五五一）冬、対侯景の戦闘を助ける見返りとして、梁の湘東王（後の元帝）政権から漢中地域が西魏に割譲されることとなった。梁の梁州刺史蕭循はこれを拒んだが、西魏からは漢中地域を受け取るべく達奚武を主将とする軍が漢中南鄭へと派遣された。その軍に付随して行台が設置され、達奚武の麾下に配されていた楊寛が長官に充てられた。『周書』巻二二・楊寛伝によれば、楊寛は太府卿、侍中、吏部尚書、大丞相府司馬などを歴任する一方で、軍事指揮官としての活動も少なからずあり、その活躍は文武両面にわたっている。従って❶の事例のように、単純に個人の経歴・適性から都督と行台の役割分担を測ることはできない。しかしながら、楊寛と達奚武との上下関係をみれば、当時、楊寛は驃騎大将軍であり、達奚武は大将軍であった。この時の出征でも楊寛伝には「達奚武に従い」とあり、楊寛が達奚武の指揮下にあったことは動かし難い。指揮系統から見れば、明らかに行軍司令官である都督が行台長官の上位にいるわけである。従って、先行研究のように、一概に行台が上、都督が下という上下の関係で把握することはできないとしてよいだろう。

この二つの事例は、行台は行政機構、都督は軍事機構という前提に立ち帰る必要があることを示している。それでは、どのような関係、役割分担が成立していたのか、今一歩、踏み込んで検討してみよう。

管轄地域内における地方行政一般が、もとより管轄地域を限定された尚書省であるところの行台に帰していたことは、行台と都督それぞれの由来から明らかであろう。それでは軍事に関してはどうであろうか。第一章でも触れたとおり、軍事の運用は軍令と軍政の二系統に大別される。このうち、軍令＝軍事指揮系統の面においては行台は無関係と判断して差し支えない。尚書令の職権が軍令に及ばないことは、改めて確認するまでもないことであろう。具体的な例から見ると、『魏書』巻三六・李順附曄伝に、

正光二年、南荊州刺史桓叔興、城民を駆掠し、叛きて蕭衍に入る。衍、資するに兵糧を以てし、谷陂城を築き以て洛州を立て、土山戍に逼らしむ。曄に詔して持節・兼尚書左丞もて行台と為し、諸軍を督し叔興を討たしめ、大いに之を破る。（八四七頁）

とあり、李曄は持節と行台長官としての尚書左丞を帯びて諸軍を督したわけであるが、軍令、すなわち軍隊を指揮することの権原は行台尚書左丞の職ではなく、持節にあるのである。その上で、もう一方の軍政＝軍事行政系統に関してが問題となる。

都督府の長史、司馬、諸曹の参軍等の組織は軍令のみならず、軍政をも併せて司る機構であることは、その官名からも容易に推測される。そこで管轄地域内の軍政権もまた都督に帰し、非軍事の行政を司る行台と軍事を司る都督という明快な役割分担が立ち現れるかというと、そうはならない。政権中央の尚書省に五兵・兵部といった全国の軍政を担当する曹があるように、行台も管轄地域内の軍政に関わることは当然あったと考えられるからである。むしろ、出征・行軍に際して行台が設置された場合には、現地での判断で幅広い権限を執行しうる体制を整えて、軍事行動を円滑ならしめる目的があったであろうから、行台の軍事への関わりは軽視できない。そこで例えば、徴兵、軍糧・資

材の徴発といった、軍団と当地の行政組織の双方が関わるような行政事務や、監察等、本来中央の尚書省が関わってくるような事項に関しては行台が受け持ったのではないかと推測される。

以上の検討をまとめると、行台と都督（都督某州諸軍事及び行軍都督）との関係は、都督の上位機構としての行台という関係ではなく、おおよそ行政一般を管轄する行台と軍事を管轄する都督という役割分担の関係で把握すべきである。ただし、行台が軍事に一切関わっていないということではなく、政権中央の尚書省に五兵・兵部の曹があるように、行台も管轄地域内の軍政に関わることは当然あり、行台が設置された政治的・戦略的背景に鑑みれば、行台の軍事への関わりを軽視してはならない。しかしながら、それは行台が有した行政全般の権限の一角に過ぎないこともまた銘記すべきである。

改めてこのような見方を具体的に❶趙善の事例に適用してみれば、以下のようになる。すなわち、大都督趙貴は李弼・李虎等の武将を従えて戦場で軍を指揮（軍令）し、趙善の行台は同地における行政及び戦後処理として現地の人事等の統治体制を確立・再建し、また行軍組織の監察等を担当するという役割分担があり、行軍組織の軍政については不明瞭ではあるものの双方の組織が関わったものと措定できるであろう。❿楊寛の事例でも、行軍司令官達奚武と行台長官楊寛との役割分担は同様であったとみて大過ないと思われる。

軍政分野での両者の役割分担は現段階では不明確であり、本節で結論を下すだけの準備はない。この点については、今後の課題として改めて尚書省・行台と都督の機能・職権を精査した上で検討を加える必要がある。しかしながら、行台の権限が軍令に及んでいないことは認められよう。軍閥化を助長するような強大な権限とは、軍事権と行政権を一者が握ることによって構成されるのであり、行台単体に軍事関連の全ての権限までが委ねられていたのではないのである(70)。本章冒頭から繰り返したが、行台が本来的に尚書省であり、行政機構であることを改めて強調しておきたい。

結　語

北魏末年以降、数州を跨ぐ広域地方行政機構へと変化し、東魏・北斉へと受け継がれて常設されるようになったとされる行台であるが、西魏におけるその存在形態は直接国政に関与した宇文泰の大行台から、管轄地域が一郡にも満たない小規模なものまで多様なものであった。対東魏前線地域の在地勢力に便宜的に附与された例や、軍事出動に伴って設置された例のように、政治的に不安定で政権に対する帰属意識の低い地域に置かれたものが多く、在地勢力への授与事例は早いうちに姿を消し、出征の事例もやはり前半期に偏在する。出鎮の事例は大統末年まで確認できるものの、地域的にはかなり限定的である。このような設置状況から見れば、西魏において行台制度が衰退するという見解は首肯される点を含んではいるが、大統の末年にも新規に設置されている点からすれば、必ずしも行台制度を廃止しようという意志が働いていたのではないといえる。

出征の諸事例で軍事行動の終了とともに行台が廃止されたことに端的に見られるように、西魏では長期的に存在した行台はごく限られ、基本的に常置されなかった。北魏末に常設機構と化していた行台から、臨時機構という行台の本来的な設置形態に回帰したと見ることができよう。本章では趙粛が東道を慰労するために行台左丞を帯びた事例を、ひとまず王思政の東道行台（⑥）の属僚としたが、もしこれが新規の設置であった場合には、これも広域地方行政機構に収斂する以前の諸形態の一つが復活したものと見ることができる。

また、出鎮とした諸事例でも、東魏・北斉のような数州を跨ぎ大軍を擁する広域統治機構としての事例（例えば東魏の侯景の事例）は見出せない。これは、東魏・北斉に比して国力で劣る西魏が、その少ない兵力を政権中央の意志のもとで集中的に運用するための体制を採った結果でもあろう。

逆に在地勢力への行台授与は、行台制度の新しい展開であった。地方行政長官は本貫地を回避するという人事上の原則は、魏晋以降の分裂時代にあっては空文と化していた。在地勢力に郡守県令の任免権までをも与えることは、かかる状況をさらに進めるものであったが、前線地域の勢力を取り込むために、西魏はより強い権限を付与することを餌としたのである。とはいえ、これが便宜的な措置であったことは、在地勢力への行台授与政策が長続きしなかったことからも明らかである。

多様な存在形態の中でもとりわけ特殊な存在が、実権者宇文泰の幕僚収容機構として政権中枢に関わった宇文泰の大行台であった。西魏政権においては丞相府と大行台の両機構が重要であるという前提で進められた Pearce 氏や呂春盛氏等の総合的研究は、両機構の機能面にまでは踏み込んではこなかった。(71) 一政権の官制構造は、当該政権史の全体を規定する最重要項目でありながら、西魏史においてはこれまで曖昧なまま積み残されてきた論題だったのである。そこで本章では、今後の様々な研究の基礎を形成するためにも、現存史料で述べうる範囲で、まず一つ宇文泰の大行台について、その政治的・制度的背景などを通じて、存在形態を考察せんと試みた。その結果、国制の制定や政策の決定に深く関与しながらも、令文等に規定された恒常的な職務のない、宇文泰の幕僚収容機構としての姿が浮かび上がった。本来的に地方行政府の官員であった大行台属僚が、丞相府属僚とともに国制の制定や政策決定に関与していることを見れば、増え続ける子飼いの幕僚たちを側近に置きつつ公的な官位を与えるために、宇文泰が大行台という組織を有効に利用したことは明らかである。似たような事例として、隋末に李淵が太原で起兵した時には、周知のように大将軍府を立てているが、長安への進軍途中に太尉府を増置している。(72) もちろん大将軍も太尉も当時の隋の官制に基づいたものですらない自称に過ぎないのではあるが、幕僚たちが願い出たように、その目的は幕僚のポストを増やすことにあった。宇文泰の大行台が、戦時出征の際でなくとも、また地方行政機構としてでなくとも常置されたのにも、これと同様の側面があったと考えられるのである。

西魏では行台という一つの制度が、管轄地域と権限の大小や長官職の高低を連動させることで、柔軟に活用されたのである。

時の経過とともに行台の設置が減少していくのは、統治領域内各地域の安定の度合いとも関連しているだろう。すなわち、北魏末に各所で見られた容易に鎮圧しえないほどの大反乱や、中央からの独立性を強めた軍閥勢力の存在が、西魏の統治領域内には見られなくなっていったということである。行台設置の消長は、西魏政権の統治力強化とも表裏をなしていると考えられるのである。そして、西魏において最終的に行台制度という選択肢が消滅するのは、『周礼』に基づく官制への移行により、尚書制度自体が廃止されたことによるが、その後の北周で敷かれた総管制度とは間接的に繋がりが認められるであろう。

また、行台制度全体に関わる問題として、行台と都督の関係は上下ではなく、並列でとらえるべきものであることを示した。北魏末以来、行台・都督二職の兼務が一般的になっていったとされるが、本章で取り扱った西魏時期では、個々の事例を検討することによって二者による分担の事例を見出すことができ、これらによって二職が相互補完の関係にあったことが明らかとなった。とはいえ、このような事例はことさらに西魏時期の行台に特徴的に見られたものではなく、行台制度の存続中には広く存在したはずであり、先行研究では見落とされていた視点であったものと考えられる。

本章では西魏時期における行台制度の展開と特徴を提示し、併せて行台制度に対する理解に新たな視角を提示したが、地方統治体制全般を考える上では、都督との権限の分担などでなお不明確な点を残した。他にも行台を帯びた人物の経歴や政権内での立場を検討するなどして、東魏・北斉のそれとのより広汎な比較を試みれば、西魏の行台や統治階層の特質が立ち現れてくるであろうし、さらに行台制度全般の理解も進むであろう。宇文泰の大行台についても、例えば丞相府との機能の分配は截然となされていたのか否かなど、不明確な点も現状ではまだ多く、一試論ともいうべき段階であることは論を俟たない。より一層の精密化のためにも、政権中央に関わる当時の行政文書などが相当量出現することを期待したい。

注

（1）古賀昭岑「北朝の行台について」（一）～（三）（『九州大学東洋史論集』三（一九七四年）、五（一九七七年）、七（一九七九年）、蔡学海「北朝行台制度」（『国立台湾師範大学歴史学報』五（一九七七年））。

（2）厳耕望『中国地方行政制度史　乙部　魏晋南北朝地方行政制度』（台北：中央研究院歴史語言研究所・一九九〇年）・下冊・第十二章「魏末北斉地方行台」（一九六三年初出）、牟発松「北朝行台地方官化考略」（『文史』三三・一九九〇年）。

（3）北周建徳六年（五七七）に出された奴婢放免の詔では、「永熙三年七月より已来」（『周書』巻六・武帝紀下・建徳六年十一月条・一〇四頁）とあって、北周では永熙三年七月に大きな区切りを設けていることが認められるが、本章では、宇文泰が西遷入関した孝武帝を奉迎した時、すなわち同年八月を西魏政権の起点とする。なお、孝武帝入関前後の出来事の日付は、史料毎に違いがある。『周書』巻一・文帝紀上・七月丁未条には「帝、遂に洛陽より軽騎を率いて入関し、太祖、儀衛を備えて奉迎し、東陽駅に謁見す（一三頁）」とあり、七月中に奉迎まで至ったように記されるが、『資治通鑑』巻一五六では七月中に潼関まで至り、奉迎は八月に含める（四八五二頁）。この時期の事象については、移動時間などを踏まえている後者の整理に従う。

（4）前掲注（1）古賀論文（三）所掲の「行台長官の尚書官及び兼任職官」表に拠れば、西魏は二二年間に二六件、東魏は一五年間に三二件。

（5）前掲注（1）古賀論文（二）、一〇六頁。

（6）谷川道雄『増補隋唐帝国形成史論』（筑摩書房・一九九八年）・補編第三章「府兵制国家と府兵制」（一九八六年初出）、四一二頁。

（7）丞相府と大行台が西魏宇文泰政権の中枢にあったことは、従来の Scott Anthony Pearce, *The Yu-Wen Regiume in Sixth-Century*

China, Ph. D. diss., Princeton Univ., 1987や、呂春盛『関隴集団的権力結構演変――西魏北周政治史研究』（台北：稲郷出版社・二〇〇二年）といった総合的研究などでも前提とされてきた。しかしながら、これらの前提は、恐らくは『周書』等の関連史料に、両機構の属官が多数確認できることからのみ得られたものであって、西魏政権の官制上からの、あるいは両機構の主宰者である宇文泰の官歴からの裏付けは一切なされていなかった。宇文泰の官歴を検討したものとして氣賀澤保規『府兵制の研究』（同朋舎・一九九八年）・第二章「丁兵制の性格とその展開――西魏大統十三年文書の負担体系の再検討――」（一九八七年初出）があったが、史料の抽出と行論に看過しえない問題がある。また、前掲注（6）谷川論文のように、軍事面における都督中外諸軍事職を重視し、大行台についてはこれを行政機構として重要視しつつも、「時には大行台を罷めたこともあった（註⑨）」とする見解もある。このような見解の相違は、宇文泰の官歴に関する史料上の問題に端を発している。この問題については本書第一部第一章で検討したとおりで、ひとまず結論のみ言えば、丞相府と大行台とが重要であり、両者は廃帝二年（五五三）正月まで廃されることなく存続したという把握で、充分な蓋然性は備えていると考えられる。

（8）前掲注（1）古賀論文（三）の分類による。

（9）例えば前掲注（1）蔡論文が行台の権限の第一として「随機訪討」を挙げる。ただし、蔡氏は論稿の二ヶ所で東魏興和四年（五四二）の侯景の河南行台設置に関する記事を引き、引用文中に見える「随機訪討」という語を権限の標語として用いているが、引用された史料を見直せば、『魏書』巻一二・孝静帝紀では「随機討防」（三〇五頁）、同内容の『資治通鑑』巻一五八・梁大同八年八月庚戌条では「随機防討」（四九一一～四九一二頁）とあって、「訪」の字は見られない。これが軍事指揮権に関わることは確かだとしても、蔡氏が「訪討」という語にどこまでの意味を込めたのかは不明である。ただ、「討防」という語にしても、管内での反乱の鎮圧などは、治安維持行動として地域の守宰が本来的に負っている義務であり、外寇に対する抵抗や撃退もこれに準じるであろう。であれば、殊更に「随機討防」などと附記された場合にはそれなりの理由があると考えらるわけで、この場合、管内から外へ、特に所属政権外の勢力（前記侯景の場合であれば西魏と梁）に対して機に応じて出兵を決定・実行できるという、特別な権限ではあるまいかと筆者は考えている。

（10）前掲注（1）古賀論文（三）。

(11) 当時の北朝の都督には征討都督・州鎮都督と呼ばれる職としての都督と、軍人の位階としての都督がある。本章では前者を対象とする。

(12) 前掲注（1）蔡論文、一二九頁。

(13) 前掲注（2）牟論文、八四頁。

(14) 前掲注（2）牟論文。

(15) 前掲注（1）古賀論文（一）では賑給黜陟・外寇・内乱（刺史城人・異民族）・迎接降款・重鎮・経略・親征・その他に分類される。

(16) 北魏朝廷が設置した行台は、建前上は北魏皇帝の控制下にある。従って、孝武帝が入関して以降、東魏孝静帝が即位する同年一〇月までの間、関西のみならず山東・河北等の地域に既に設置されていた行台は全て「孝武帝の控制下にある」とも見做しうるが、本章ではそれらの中で、西魏政権に対して恭順の意を表明をするなどの具体的な行動が確認された事例のみを採用した。他にも例えば関中地域と秦嶺山脈を挟んで接する漢中地域に元子礼の行台があったが、西魏政権の控制下にあったかは不明なので除外した（『梁書』巻三二・蘭欽伝、本書第二部第一章参照）。

(17) それぞれ『周書』巻三五・崔謙伝・六一二頁、『周書』巻一四・賀抜勝伝・二一九頁、『周書』巻三二・盧柔伝・五六二頁を参照。

(18) 『周書』巻一・文帝紀上では、七月に孝武帝入関、八月に東から高歓が攻め落とすも、同月中に宇文泰が奪回と記される（一三頁）。

(19) 『資治通鑑』巻一五八・大同四年八月条・四八九七～四九〇一頁。

(20) 『周書』巻三七・趙粛伝に、

七年、鎮南将軍・金紫光禄大夫・都督を加え、仍お別駕たり。部する所の義徒を領し、大塢を拠守す。又た行台左丞を兼ね、東道に慰労す。（六六三頁）

とある。ただし、史料上ではそれまでに趙粛が行台に属した記事はなく、慰労に出るのに際して行台左丞を帯びることとなっ

た と読みとれる。その場合、それまで行台の主席属僚たる左丞の席が空いていたこととなり、若干の不自然さが残る。或いは、「巡察・慰労」を目的とした新規の行台設置であったのかもしれない。その場合、それまでに王思政の東道行台は廃止されていた可能性も考えられる。

(21)　永熙末年に荊州を押さえていた賀抜勝が高歓側の侯景に敗れたことで荊州が失陥し、奪回を目指して独孤信を派遣するもこれも失敗に終わり（出征❷）、しばらくの間、荊州は東魏の統治下にあった。大統三～四年にかけての洛陽附近での攻防の際には、荊州地域でも一進一退があり、四年一二月、西魏の趙剛が広州（魯陽）を攻め取ったのを機に、「襄・広より以西の城鎮、復た内属す」（『周書』巻二・文帝紀下・大統四年十二月条・二六頁）となり、荊州地域は西魏政権の統治下に復していた。

(22)　長孫倹の荊州赴任時期は、『庾子山集』巻一三・碑・「周柱国大将軍長孫倹神道碑」（八一二～八三三頁）に基づく。王思政が潁川に出征した後、長孫倹の赴任までの二年弱の間は、賀蘭祥が都督三荊南雍南襄平信江隨二郢淅十二州諸軍事・荊州刺史として当地に赴任しているが、行台が設置されたことは確認できない。王思政の東南道行台が存続していた間は改めて設置されなかったのであろう。また、この時期には当地が対東魏の最前線ではなくなっていることが、行台不設置と関連しているとも考えられる。

(23)　東南道行台の位置付けについては、本書第二部第二章参照。

(24)　『周書』巻三八・元偉伝・六八八頁。

(25)　前掲注（2）牟論文、一五一頁。

(26)　本書第二部第二章参照。

(27)　『資治通鑑』は閏一二月の条に繫ける（巻一五六・四八五八頁）。

(28)　大統初年前後の漢中地域をめぐる西魏と梁の抗争の詳細は本書第二部第一章参照。

(29)　『周書』巻二・文帝紀下・大統三年十月条は「行台」とし（二四頁）、『魏書』巻一二・孝静帝紀・天平四年十月条が「大行台」と記す（三〇一頁）。なお、『魏書』では「宝炬又た其の子の大行台元季海を遣わし」とあるが、元季海は元宝炬（＝西魏文帝）の子ではなく、『北史』巻一五・魏諸宗室の列伝にあるように、常山王遵（道武帝の従弟）の後裔である。

（30）『周書』巻三八・柳虯伝・六八〇頁。

（31）『周書』巻四九・異域上・宕昌羌伝に拠れば、梁仚定と西魏政権との戦闘は、大統元年（五三五）に趙貴が出動したものと（出征❹）、大統七年に独孤信が出動したものの二例があり（八九三頁）、その他の列伝などに見える戦役はこの二例のどちらかに該当する。

（32）李虎の事跡については、本書第三部第一章参照。

（33）『周書』巻一八・王思政伝・二九六頁。

（34）『北史』巻六二・王思政伝・二二〇七頁。他に直前に引いた『魏書』孝静帝紀と『周書』巻一六・史臣曰条（二七三頁）、宋忻及妻韋氏墓誌銘（羅新・葉煒『新出魏晋南北朝墓誌疏証』（北京：中華書局・二〇〇五年）・一三八）など。西魏官制上での大将軍の変質については本書第一部第三章参照。

（35）『周書』巻三四・楊摽伝・五九二〜五九三頁。

（36）『周書』巻三五・薛端伝・六二一頁。

（37）西魏の漢川経略については本書第二部第四章参照。

（38）『元和郡県図志』巻二二・鳳州・迴車戍条に、

梁の太清五年、西魏、雍州刺史達奚武もて大都督と為し、及び行台楊寛を遣わし、衆を率いること七万、陳倉路由り迴車戍を取り斜谷関に入り、白馬道に出でしむるは、此を謂うなり。（五六八頁）

とある。なお、梁の太清は三年までであり、同書校勘記所引の張駒賢『攷證』は「太清五年」を誤りであろうとする（五八三頁）。

（39）『周書』巻二二・柳慶附帯韋伝・三七四頁。

（40）宇文泰の大行台廃止は廃帝二年正月であるが、尚書省を中心とする体制は恭帝三年まで残っているため、行台制度自体は活用し得たはずである。

(41)『周書』巻四三・李延孫伝・七七四頁。
(42)同伝には「幸にも聖運に逢い、位は台司に亜ぐ」ともある。中央尚書省の右僕射であれば「亜ぐ」という表現にはならないのではなかろうか。
(43)洛陽北方の黄河の渡し場。『読史方輿紀要』巻四八・河南府・孟津県・馬渚条（二二五一～二二五二頁）。
(44)楊摽の本貫は本伝によれば正平・高涼で、汾水が黄河に向けて西流する地域であるから、当地の出身ではない。いつ頃から当地に楊氏が根付いたのかは明らかでない。
(45)前掲注（1）古賀論文（一）。ただし、『元和姓纂』巻一・宮氏条には、「虞大夫之奇の後。殿中御史志惲。今、河東宮氏有り。大暦中、侍御史宮頊あり、或いは恒州人と云うなり。」（一三頁）とあり、また宮氏に関連する墓誌銘を瞥見しても、現段階で陝州陝県と結びつく記事は見出せていない。なお、『資治通鑑』巻一五八・武帝大同六年五月乙酉条は宮元慶を宮延慶に作る（四九〇五頁）。宮延和とより近い間柄であることが想像されるが、いずれが正しいかは判断がつかない。
(46)窪添慶文『魏晋南北朝官僚制研究』（汲古書院・二〇〇三年）・第十章「魏晋南北朝における地方官の本籍地任用について」（一九七四年初出）。
(47)『周書』巻三三・趙剛伝・五七四頁。
(48)特に行台には言及してはいないが、東西両魏抗争の場としての河東地域に注目し、両政権が当地の在地勢力を取り込んでいく様子を論じた研究として宋傑『両魏周斉戦争中的河東』（北京：中国社会科学出版社・二〇〇六年）がある。
(49)前掲注（21）参照。
(50)『北斉書』巻二・神武紀下・武定四年十一月己卯条・二三頁。
(51)前掲注（6）谷川著書、補編第一章「武川鎮軍閥の形成」（一九八二年初出）。
(52)『魏書』巻八〇・賈顕度伝・一七七五頁。
(53)史料Aは『周書』巻一・文帝紀上では永熙三年の「四月」と「七月」の間、かなりの長文の中で記述されているために時期が判然としないが、『資治通鑑』巻一五六は六月条の文中に記す（四八四九頁）。

(54) 前掲注（3）参照。

(55) 史料②では「兼尚書令を加えて尚書僕射を解く」と表現されており、同じ衙門内における昇進と読み取るには違和感がある。ここからのみならば、兼尚書令は中央尚書省のもので、尚書僕射が属した関西大行台とは別の組織であると考えることもできよう。しかしながら、宇文泰が関西大行台から離れたならば、関西大行台は廃止されるか、別の人物が長官として着任したはずであるが（その場合、宇文泰の大行台再任は大統元年正月（史料③）となる）、そういった史料は管見の限り見出せない。『周書』巻二二・周恵達伝からは、別置された二尚書とは大行台尚書のことであり、この時新設された大将軍府とともに大行台が存続していることは明らかであり（三六三頁）、孝武帝奉迎以後の永熙三年中に大行台の属僚となった人物も散見する。従って、本章では『周書』文帝紀の当該記事を、関西大行台内における昇進として把握する。

(56) 「関西」という地域が、具体的にどこまでを指すのかは必ずしも明確ではない。歴史的用法から察するに、潼関の西、長安を中心とした地域で、北魏時代の州で言えば、雍州を中心に東から華州・東秦州・豳州・涇州・岐州あたりまでは含まれるだろう。南方は秦嶺で区切られ、北方の夏州については状況に応じて変化する。西方の秦州・原州以西は隴西という括りで把握されることが多く、関西に含まれるかは場合による。

(57) 古賀氏の一連の論稿は「宇文泰の大行台」と慎重な表記を採られている。

(58) 前掲注（7）氣賀澤論文、一二五頁。

(59) 北魏の旧国号とされる「代」がながらく使用され続けたことについては、松下憲一『北魏胡族体制論』（北海道大学出版会・二〇〇七年）、第五章「北魏の国号「大代」と「大魏」」（二〇〇三年初出）参照。

(60) 『周書』巻一四・賀抜勝伝・二一八頁、同巻一六・独孤信伝・二六四頁、同巻三四・趙善伝・五八八頁、前掲注（1）蔡論文。

(61) 前掲注（1）古賀論文（二）・蔡論文は、西魏における大行台は宇文泰のみに許された存在で、侯景への河南大行台授与は来降者への特殊事例であるとしているが、他にも元季海（『魏書』巻一二・孝静帝紀・天平四年十月条・三〇一頁）・王思政（同武定七年六月丙申条・三一一頁）の事例を挙げることができる。或いは古賀・蔡両氏は、この二例が東魏・北斉系の史料である『魏書』に拠っていることから、信憑性に問題を感じられたのかもしれない。しかしながら、仮に侯景に対しては、東魏時代の肩書・権限を保障するためにやむなく大行台を認めたのだという見方ができたとしても、その直後に河南大行台を含む侯景の官職が丸ごと王思政に回授されたこと（但し当初は固辞。『周書』巻一八・王思政伝、二九五〜二九六頁。また本書第一部第三章参照）は、王思政が大行台を領することに問題が無かったことを意味している。

(62) 前掲注（6）谷川著書、補編第二章「両魏斉周時代の覇府と王都」（一九八八年初出）。

(63) 『魏書』巻一〇・孝荘帝紀・建義元年五月丁巳条・二五七頁。

(64) 『魏書』巻七四・爾朱栄伝・一六五四頁。

(65) 前掲注（1）古賀論文（二）、厳耀中「北斉政治与尚書幷省」（『上海師範大学学報』一九九〇—四）参照。

(66) 前節での「在地」分類とは規模や政権全体への影響力に大きな差はあるが、当該地における支配力を既に有している人物により強力な権限を付与するという点で、本質的には同じともいえる。

(67) 『周書』二二・柳慶伝・三七一頁、同三七・李彦伝・六六五頁。石冬梅「論西魏尚書省的改革」（『許昌学院学報』二〇〇八—一）はこの十二部への改革を、『周礼』に基づく六官体制へと移行する準備段階であるとする。

(68) 丞相府については『周書』巻一一・宇文護伝に「太祖の丞相と為りてより、左右十二軍を立て、相府に総属せしむ」（一六八頁）とあることから、軍府としての側面が強調されるが、大行台属僚と同様に政策の決定、国制の策定を行っている。本書第一章参照。

(69) 趙善は官位としての都督・将軍号も帯びてはいるが、これは当時の高級官僚としては至極通常のことである。

(70) 第一節で先行研究に基づいて列挙した行台の権限に「軍の節度」があるが、「節度」には軍令の範疇に含まれるものも多分にあると考えられるので、再考の余地があるだろう。

(71) 前掲注（7）参照。

(72) 『旧唐書』巻一・高祖紀・（隋）大業一三年九月戊午条・四頁。

表4：宇文泰（関西）大行台属僚事跡表

4―1：大行台尚書

姓名	在任時期	兼官	事跡	出典
周恵達	永熙三・八～大統四以前	大将軍府司馬（宇文泰の丞相就任まで）	太祖出鎮華州、留恵達知後事。于時既承喪乱、庶事多闕。恵達営造戎仗、儲積食糧、簡閲士馬、以済軍国之務、時甚頼焉。	周二二
毛遐	永熙三・八～大統一以後	北雍州刺史	分掌機事、遐与周恵達始為之。	北四九・造像碑
馮景	永熙三～大統初	散騎常侍・瀛州刺史		周二二
于謹	大統四・八以後～七・三	大丞相府長史（本官）		周一五
蘇綽	〔度支〕大統一〇～一二	領著作・兼司農卿	為六条詔書。	周二三
長孫倹	大統一二～一四	大丞相府司馬		周二六・神道碑
于謹	大統一三・三以後～一四頃	丞相府長史、後加華州刺史		
蘇亮	大統一四～一六以後		軍次潼関、命孝穆与左長史長孫倹・司馬楊寛・尚書蘇亮・諮議劉孟良等分掌衆務。（周三五鄭孝穆伝）	周三八・周三五鄭孝穆伝
王悦	大統一五／一六～廃帝二	行梁州事	領所部兵従達奚武征梁漢。	周三三
楊擣	大統一六・七～同年中		率義衆先駆敵境、攻其四戍、抜之。	周三四
元端	不明（大統六以降か？）	華州刺史？		北一六

4—2：大行台左丞

姓名	在任時期	兼官	事跡	出典
馮景	永熙三・六~同年中	洛（略？）陽郡守	留守原州。	周二二
陸政	永熙三・六~	原州長史		周三二
韋孝寛	永熙三頃			墓誌
韋瑱	永熙三末・大統初頃	撫軍将軍・銀青光禄大夫		周三九
韓褒	大統元			周三七
蘇綽	大統三以前~一〇	衛将軍・右光禄大夫、通直散騎常侍	参典機密。制文案程式、朱出墨入、及計帳・戸籍之法。	周二三
韋瑱	大統三以前~八	衛大将軍・左光禄大夫	瑱明察有幹局、再居左轄、時論栄之。従復弘農、戦沙苑。	周三九
楊㯴	大統三・一〇以前~	行正平郡事	率義徒更為経略。於是遣諜人誘説東魏城堡、旬月之間、正平・河北・南汾・二絳・建州・太寧等城、並有請為内応者、大軍因攻而抜之。	周三四
辛慶之	大統三~六	塩池都将		周三九
趙剛	大統九・二~		持節赴潁川節度義軍。	周三三
王悦	大統一〇~一四		久居管轄、頗獲時誉。十二年、斉神武親率諸軍囲玉壁、（中略）遣尚書長孫紹遠為大使、悦為副使、労問寛等、幷校定勲人。	周三三

4—3：大行台右丞

姓名	在任時期	兼官	事跡	出典
呂思礼	永熙三・六~大統一・一	冠軍将軍・黄門侍郎	迎魏孝武。	周三八
権景宣	大統三後半頃		進屯宜陽、攻襄城、拔之、獲郡守王洪顕、俘斬五百余人。	周二八
王悦	大統六以後~一〇			周三三
盧光	大統一〇			周四五
柳慶	大統一六	撫軍将軍		周二二

4—4：大行台郎中

姓名	在任時期	兼官	事跡	出典
権景宣	永熙三・六~大統一	鎮遠将軍・歩兵校尉・平西将軍・秦州大中正		周二八
申徽	永熙三・六~大統四	本州大中正	時軍国草創、幕府務殷、四方書檄、皆徽之辞也。	周三二
張軌	永熙三・六~三・八			周三七
蘇綽	永熙末大統初~大統一／二		然諸曹疑事、皆詢於綽而後定。所行公文、綽又為之條式。台中咸称其能。後太祖与僕射周恵達論事、恵達不能対、請出外議之。乃召綽、告以其事、綽即為量定。	周二三
達奚寔	永熙末大統初			周二九
盧柔	大統　二~二／三	平東将軍		周三二
爾朱敞	大統二			隋五五・墓誌
裴俠	大統三・一〇~六／七			周三五
敬祥	大統三・一〇~	龍驤将軍・領相里防主		周三五

叱羅協	大統三～四頃			
薛善	大統四～			周三五
裴諏之	〔倉曹〕大統四以降			斉三五
盧光	大統六以後～一〇		専掌書記。	周四五
柳慶	大統八～一二	領北華州長史・尚書都兵・領記室・雍州別駕	尚書蘇綽謂慶曰、「近代以来、文章華靡、逮于江左、弥復軽薄。洛陽後進、祖述不已。相公柄民軌物、君職典文房、宜製此表、以革前弊。」慶操筆立成、辞兼文質。綽読而笑曰、「枳橘猶自可移、況才子也。」尋以本官兼雍州別駕。	周二二
裴俠	大統九～（居数歳）			周三五
王子直	大統一二～一四／一五頃	丞相府記室		周三九
達奚寔	大統一三	相府掾		周二九
趙士憲	大統一三頃		乃遣行台郎中趙士憲追（韋）法保等、而景尋叛。	周三三王悦伝
梁昕	〔兵部〕大統四以後～一二以前	帥都督		周三九
李昶	不明	中書侍郎		周三八

※本表作成にあたっては、注（1）蔡学海論文及び注（7）呂春盛著書、一一五頁所掲の表を参照。

※出典注記：特記以外は本伝。毛遐造像碑：李改・張光溥『薬王山北朝碑石研究』（西安：陝西旅游出版社・一九九九年）、七七頁。長孫倹神道碑：『庾子山集』巻一三。韋孝寛墓誌：羅新・葉煒『新出魏晋南北朝墓誌疏証』（北京：中華書局・二〇〇五年、一一五）。爾朱敞墓誌：趙万里編『漢魏南北朝墓誌集釈』（北京：科学出版社・一九五六年）、図版三八三。

4—5：学師

姓名	在任時期	兼官	事跡	出典
薛慎	大統五以降～		又以慎為学師、以知諸生課業。	周三五

図6：宇文泰（関西）大行台属僚年表

年・月	宇文泰	尚書（2員）	左　丞	右　丞	郎　　中	学師	備　考
永熙3．6	僕射		馮景	呂思礼	権景宣・申徽・張軌		
			陸政				
			韋孝寛				
3．8	尚書令	周恵達・毛遐					孝武西遷
		馮景					
			韋瑱				
大統1			韓褒				
					蘇綽・達奚寔		
2					盧柔・爾朱敞		
			韋瑱				
			蘇綽				
大統3							
3．6	録尚書事						
			楊摽				
3．10							
							沙苑の役
			辛慶之	権景宣			
					裴俠・敬祥・叱羅協		
					裴諏之（倉）？		
4．8							河橋の役
		于謹			薛善		
5．1						薛慎	置学於行台
6				王悦			
					盧光		
7					梁昕（兵）		
		7．3迄			4～12の間		
8					柳慶		
9．2			趙剛				邙山の役
					裴俠		
10		蘇綽（度支）	王悦	盧光			
12		長孫倹			王子直		
13					達奚寔		
		于謹			趙士憲		
14		蘇亮					
		王悦					
16		楊摽		柳慶			
廃帝2．1							大行台廃止
時期不詳		元端			李昶		

第三章　いわゆる西魏八柱国の序列について
――唐初編纂奉勅撰正史に於ける唐皇祖の記述様態の一事例――

緒　言

北魏末の混乱の中、宇文泰を中心として関西に盤踞し、北魏最後の宰相となった高歓のもとから逃げ込んできた孝武帝を擁して西魏を成立させた一団は、度重なる東魏による侵攻をしのぎ、叛乱や周辺異民族の侵入を払い除け、地方豪族勢力を支配に組み込み、政治・軍事の制度を整え、北周を経て隋・唐の統一に至る路線の基盤を作り上げた。いわゆる「関隴集団」・「武川鎮軍閥」であるが、彼等の中で一際優れて功績を重ねて柱国大将軍に除された者たちを、当時の人々は「八柱国（家）」と呼び門閥の頂点と称した、とされる。

「八柱国」に関して正史では『周書』巻一六、及び『北史』巻六〇の末にまとめられている。『周書』は唐初の奉勅撰による。初め唐高祖の武徳四年（六二一）に令狐徳棻が梁・陳・北斉・北周・隋の五朝の修史を上奏したのを受けて、翌年に北魏を含めた六朝の修史が開始されたが完成を見なかった。次いで太宗の貞観三年（六二九）に北魏を外した五朝について再び修史の命令が降り、房玄齢を総監とし、北周に関しては令狐徳棻・岑文本等によって編纂されることになり、その結果、貞観一〇年（六三六）に現行の『周書』が成立している。本紀・列伝のみで志がないが、そのためか列伝中に「志」的要素を列挙する文章を付加した箇所がある。その典型的一例が次に引く「八柱国」に該当する者たちの列伝の末尾につけられた部分で、[1]「史臣曰」の文章の後に付されていることからもその史料的特殊性がうかがわれる。該当個所は府兵制の研究などにおいて常に引用される極めて著名な史料である。[2]なお、割注部分は〔　〕に入れた。

初め、魏の孝荘帝、爾朱栄の翊戴の功有るを以て、栄を柱国大将軍に拝し、位は丞相の上に在り。栄の敗れし後、此の官、遂に廃さる。大統三年、魏の文帝、復た太祖の中興の業を建つるを以て、始めて命じて之と為す。其の後、功参佐命し、望実倶に重き者、亦た此の職に居す。大統十六年より以前、任ぜらる者、凡そ八人有り。太祖、百揆を総ぶるに位し、中外の軍を督す。魏の広陵王欣、元氏の懿戚なるも、禁闈を従容するのみ。此の外の六人、各おの二大将軍を督し、禁旅を分掌し、爪牙禦侮の寄に当たる。当時の栄盛、ともに比を為す莫し。故に今の門閥を称する者、咸な八柱国家を推すと云う。今、十二大将軍と并せ之を左に録す。

使持節・太尉・柱国大将軍・大都督・尚書左僕射・隴右行台・少師・隴西郡開国公李虎
使持節・太傅・柱国大将軍・大宗師・大司徒・広陵王元欣
使持節・太保・柱国大将軍・大都督・大宗伯・趙郡開国公李弼
使持節・柱国大将軍・大都督・大司馬・河内郡開国公独孤信
使持節・柱国大将軍・大都督・大司寇・南陽郡開国公趙貴
使持節・柱国大将軍・大都督・大司空・常山郡開国公于謹
使持節・柱国大将軍・大都督・少傅・彭城郡開国公侯莫陳崇
　右、太祖と八柱国たり。〔後、並びに封を改む。此れ並びに太祖の時の爵なり。〕
使持節・大将軍・大都督・少保・広平王元賛
使持節・大将軍・大都督・淮安王元育

使持節・大将軍・大都督・斉王元廓
使持節・大将軍・大都督・秦七州諸軍事・秦州刺史・章武郡開国公宇文導
使持節・大将軍・大都督・平原郡開国公侯莫陳順
使持節・大将軍・大都督・雍七州諸軍事・雍州刺史・高陽郡開国公達奚武
使持節・大将軍・大都督・陽平郡開国公李遠
使持節・大将軍・大都督・范陽郡開国公豆盧寧
使持節・大将軍・大都督・化政郡開国公宇文貴
使持節・大将軍・大都督・荊州諸軍事・荊州刺史・博陵郡開国公賀蘭祥
使持節・大将軍・大都督・陳留郡開国公楊忠
使持節・大将軍・大都督・岐州諸軍事・岐州刺史・武威郡開国公王雄

右十二大将軍、又た各おの開府二人を統ぶ。一開府ごとに一軍兵を領し、是れ二十四軍たり。大統十六年より以前、十二大将軍の外、念賢及び王思政も亦た大将軍と作る。然れども賢は隴右に作牧し、思政は河南に出鎮し、並に領兵の限に在らず。此の後、功臣、位の柱国及び大将軍に至る者衆けれども、咸な是れ散秩にして、統御する所無し。六柱国・十二大将軍の後、位次を以て嗣ぎて其の事を掌る者有るも、而して徳望素より諸公の下に在りて、此の列に預かるを得ず。（二七一～二七三頁）

本章ではこの記事に批判を加え、当時の官職制度及び人事の実相に迫るとともに、政権内部の序列順位に関する作為の跡を検証して、史料的価値を再検討する手掛かりとしたい。

第一節　柱国大将軍

まず柱国大将軍とはいかなる官職であるか。その起源と展開については川本芳昭氏が基本的な整理をされており、特に拝受者の民族的出自（非漢族性）に注意を払われている。[3] そこで本節では川本氏の整理を踏まえた上で、事例の追加や各時期での政治的位置付けなどについて筆者の見解を加えて見ていくこととする。まずは『周書』と重複する部分も多いが、まとまった記述のある『通典』巻三四・職官一六・勲官条を引いた上で、時系列に沿ってみていくこととする。

上柱国・柱国、皆楚の寵官なり。楚の懐王、柱国昭陽をして兵を将い斉を攻めしむ。陳軫、楚国の法の軍を破り将を殺す者は何を以て之を貴しとするを問うに、昭陽曰く、「其の官、上柱国と為す」と。是れなり。〔陳勝、王と為るや、蔡賜、上柱国と為る。〕歴代聞く無し。後魏の孝荘に至り、介朱栄の翊戴の功有るを以て、拝して柱国大将軍と為し、位は丞相の上に在り。又た大丞相・天柱大将軍を拝し、佐吏を増す。栄の敗るるに及ぶの後、天柱及び柱国将軍の官、遂に廃さる。〔天柱の名、尊崇なること二莫し。昔、王莽の末、劉伯升、起兵し、自ら柱天大将軍と号す。而るに梁の末、侯景、建業に克ちし後、亦た自ら宇宙大将軍・都督六合諸軍事と為す。〕大統中に至り、始めて宇文泰を以て之と為す。其の後、功参佐命・声実倶に重き者、亦た此の職に居す。大統十六年より以前、任ぜられし者は凡そ八人有り。〔宇文泰・元欣・隴西公諱・李弼・独孤信・趙貴・于謹・侯莫陳崇。〕時に宇文泰、任は百揆を総べ、中外の軍事を督す。元欣、魏氏の懿戚なるを以て、禁闈を従容するのみ。其の余の六人、各おの二大将軍を督し、凡そ十二大将軍なり。当時の栄盛、以て比と為す莫し。其の門閥を称する者、咸な八柱国家を推す。其の後、功臣の位、柱国に至る者衆きも、咸な是れ散秩、復た統御する無きなり。後周の建徳四年、増して上柱国大将軍を置く。隋、上柱国・柱国を置き、以て勲労に酬ゆるも、並びに散官たりて、実に事を理めず。〔楊玄感、父の素の軍功を以て位、柱国に至り、其の父と倶に第二品と為り、朝会則ち列を斉しくせば、後に文帝、乃ち玄感に命じ一等を降すなり。〕大唐、改めて上柱国及び柱国と為す。（九四三頁）

名称は戦国時代の楚に起源があり、[4]秦末に楚の項梁等が称した上柱国・柱国もこの流れをくむものである。その他に趙にも見られたようである。[5]爾来姿を消していたが、『後漢書』巻一五・李通伝に、

更始立つや、通を以て柱国大将軍・輔漢侯と為す。従いて長安に至るや、更に拝して大将軍と為し、西平王に封ず。（五七五頁）

とあるのが復活を記した初見らしく、柱国と将軍という二つの称号が組み合わされた最初の例である。時期としては光武帝即位以前の更始帝の初め（二三年）ということになろうが、復活の理由は今は問わない。しかし、西魏時代とは異なり大将軍の下に位置し、高位ではあるもののあくまでも雑号将軍的な存在であった。降って『晋書』巻一二三・載記・慕容垂伝に、

（慕容）垂、兵を引き滎陽に至り、太元八年を以て自ら大将軍・大都督・燕王を称し、承制行事し、建元して燕元と曰う。（中略）翟斌を以て建義大将軍と為し、河南王に封じ、翟檀を柱国大将軍・弘農王と為す。（三〇八二頁）

とあり、[6]後燕の燕元初年（三八四）に慕容垂が功臣翟檀にあたえた例があがる。しかしこれも特に既定の制度・慣習に基づいて与えられた称号・将軍号ではないらしく、後に続けて就任した者は見出せず、またその格こそ極めて高いものではあったが、大将軍慕容垂の下で建義大将軍と同格、あるいは一階下った位置付けのようである。

北魏以後では太武帝の代（四二四～四五二）に太尉長孫嵩がこれを加えられた。[7]更始帝の初めの李通からここまでは、将軍に「柱国」という一般的な語をかぶせて称号としたのみで、柱国大将軍という称号固有のイメージはまだ形成されていなかったであろう。そして時が降って大将軍爾朱栄が孝荘帝を帝位につけた功によって建義元年（五二八）七

月乙丑に拝したのである。[8] ここでは、丞相の上という官制上の位置が定められたことが重要であるが、特に職務は定められていない。

さらに、前引の『周書』・『通典』ではその後に廃されたとあるが、『魏書』巻七五・爾朱兆伝に、

前廃帝の立つに及び、兆に使持節・侍中・都督中外諸軍事・柱国大将軍・領軍将軍・領左右・并州刺史・兼録尚書事・大行台を授く。（一六六三〜一六六四頁）

とあり、また、同巻一一・後廃帝紀・中興二年（五三二）二月甲子条に、

斉献武王を以て大丞相・柱国大将軍・太師と為し、封を増すこと三万戸、前と并せ六万戸と為す。（二八〇頁）

とあるように、実際には爾朱栄の死後に実権者となった爾朱兆が節閔帝（前廃帝）によって、さらには爾朱氏を逐った高歓もまた後廃帝によって、それぞれ柱国大将軍を授けられていることがわかる。[9] 加えて爾朱栄は柱国大将軍の次に天柱大将軍に昇っていることから、柱国大将軍は決して頂点とはいえないわけであるが、爾朱兆と高歓もその後天柱大将軍を拝するものの共に固辞しており、[10] おそらくこの時期までに軍事力を背景とした政権の第一人者に与えられるべき最高級の称号として定着していたと考えられる。以上を見ると、必ずしも「歴代聞く無し」というわけではないことがわかる。

西魏では大統三年（五三七）に宇文泰が叙され、[11] これは爾朱兆・高歓と同様の位置付けと見做せる。そして大統一四年に実力・功績・声望の備わった人物として李弼・独孤信にも与えられた。[12]

以上、西魏時期に至るまでの柱国という名称を含む職位の変遷を確認すると、戦国から秦末の楚で宰相の職名として定着していたものの、更始帝時期の李通や五胡後燕の翟檀、北魏の長孫嵩に与えられた柱国大将軍の例は、単に名称が同じというだけで、それぞれ起源、変容といった流れで捉えることのできない個別単発的なものである。従って、相互間に影響の有無などを取り沙汰する意味はない。長孫嵩の例は最高級の名誉職・称号であり、爾朱栄に与えられ

た際にこれが意識されていたことは想像に難くなく、ここから連続性が認められる。そして爾朱栄が軍事力を背景に実権を掌握し、これに続いた爾朱兆・高歓等にも与えられたことで、柱国大将軍は政権主宰者個人の称号へと変質し、西魏の大統一四年に李弼・独孤信に与えられた段階で、後文に詳述する如く、政権主宰者個人の称号から最有力者層としての「格」を示す散官号へと変質したのである。[13]

そして大統一六年（五五〇）までに前掲『周書』・『通典』記事にあるように計八名が連なった。[14] 彼等が西魏末の門閥の頂点たる「八柱国」であり、いわゆる「関隴集団」の初期における中枢でもある。以後北周にかけて、彼等に続いて柱国大将軍を拝した者は続出したが、[15] この八名とは明確な区別がなされたとされる。さらに、この八名の中でも宇文泰・元欣・その他六名の三つのグループに分けることができる。宇文泰は百官を統括し、中外の軍、つまり国内全軍を指揮する。元欣は宮中に居るだけで実権はない。その他六名はそれぞれ二名の大将軍を統べて十二軍を形成し、さらに大将軍がそれぞれ二名の開府を統べて所謂二十四軍を形成していたとされるが、軍制については専論に譲ることとし、本章ではあくまでも官制上における柱国大将軍及びその人事の実相と、『周書』の記述の矛盾に焦点を絞ることとする。[16]

後年、柱国大将軍は拝受者が多数に上ったためにその価値が相対的に下落し、北周武帝の建徳四年（五七五）には上柱国大将軍が屋上屋を架す如く増設される。隋代以降は「大将軍」の語が省かれて上柱国・柱国となり、系統名称も北周の戎秩から散実官に改まり、唐以後は勲官の系列に組み込まれる。その後も実質的な格式の上下や微細な改変こそあったものの勲官の最高峰として永らく存続したが、清朝が採用しなかったため、明清交代の際に姿を消した。

なお『周書』の記事に大統一六年以前に十二大将軍以外で大将軍を拝受したとして名を挙げられた者について付言すれば、念賢はすでに大統六年に没しているので、ここでは同列に扱う必要はない。そもそも念賢が拝した大将軍は所謂十二大将軍たちが拝したそれとは別物であり、また、かの侯景も東魏に反して梁に降るまでのわずかの間に西魏の大将軍を拝しているのであるが、これら大将軍の官位に関しては、大統一五年に河南潁川で東魏に敗れて降伏した王思政の取り扱いと併せて後述する。

第二節　八柱国・十二大将軍任官者の人間関係

ここで八柱国及び十二大将軍の中でも重要な人物の係累や地位を系譜に示し、隋唐時代への影響の大きさを確認しておくことにする。

李虎：字文彬。武川鎮出身で、その祖先は隴西成紀或いは狄道、ということにされているが、議論があることは周知の通りである。唐の高祖李淵の祖父であり、正史上に列伝は無いが、『冊府元亀』巻一・帝紀・帝系にまとまった記述があり[17]、清・謝啓昆の撰になる『西魏書』の巻一八の列伝はそれを基にしている。

李虎――李昞――李淵――李建成
　　　　　　　　　└李世民

元欣：字慶楽。北魏宗室の出身。節閔帝（前廃帝）の兄で、孝文帝の甥にあたる。『魏書』巻二一上・広陵王伝及び『北史』巻一九・献文六王伝の中に列伝がある。孝武帝の入関に従い、西魏の代を通じて宗室諸王のまとめ役を務めた。

李弼：字景和。遼東襄平の人、或いは隴西成紀の人とされているがこれにもまた議論がある[18]。隋末に活躍した李密の曾祖父。『周書』巻一五及び『北史』巻六〇に列伝がある。

李弼――李曜（耀）――李寛――李密

独孤信：本名如願。鮮卑で武川鎮出身。『周書』巻一六・『北史』巻六一に列伝がある。娘三人がそれぞれ異なる王朝の皇后・国母となったことは名高い（長女：北周明帝の王后。七女：楊忠の子楊堅（隋文帝）に嫁ぎ文献独孤皇后。四女：李虎の子李昞に嫁ぎ唐高祖李淵の母（贈元貞皇后））。

元賛：広平文懿王元悌の子で孝武帝の甥にあたる。子の元謙が北周代に元氏の宗統たる韓国公を嗣ぎ、さらに唐代に三恪として扱われた韓国公もこの系統より出ている。

元廓：西魏文帝の四男で西魏の恭帝（在五五四〜五五六）。『北史』巻五に本紀がある。

楊忠：武川鎮出身でその祖先は弘農華陰の人ということにされているが、これにもまた議論があることは周知のことであろう。隋の高祖文帝楊堅の父。『周書』巻一九に伝があり、『北史』では巻一一の隋本紀に収録される。

楊忠——楊堅——楊広

第三節　官制の改革と大将軍の散官化

冒頭に引用した『周書』巻一六の記述が、概ね大統一六年（五五〇）の秋から冬にかけての段階での官職・封爵であるとすることはもはや定説といってよかろう[19]。略説すれば、濫授に近い多数の大将軍叙任が行われたのが大統一六年であり、またこの時期に大規模な北斉征討軍が組織され、その際に軍制の改革がなされており、加えて柱国大将軍李虎が死んだとされているのが大統一七年五月だからである[20]。ところで李弼＝大宗伯・趙貴＝大司寇・于謹＝大司空への叙任の記事が揃って各人の列伝には見えないという点には些か問題がある。しかし『北史』巻五・魏文帝紀・大統一四年五月の条に、

五月、安定公宇文泰を以て太師と為し、広陵王欣は太傅と為し、太尉李弼は大宗伯と為し、前太尉趙貴は大司寇と為し、司空于謹を以て大司空と為す。（一八〇頁）

とあるので、ここではそのまま認めることとする。[21] なお独孤信は大統一二年、或いは一三年に当時二大のひとつの大司馬に除されており、[22] このときもそのまま大司馬に留まったのであろう。

大統一六年当時、西魏においては旧来からの北魏の制度から『周礼』に基づく官制に移行する改革の過渡期にあたっていた。『周書』巻二・文帝紀下・魏恭帝三年春正月丁丑条に、

初めて周礼を行い、六官を建つ。(中略) 初め太祖、漢魏の官の繁なるを以て、前弊を革めんと思い、大統中、乃ち蘇綽・盧弁に命じ周制に依り其の事を改創せしめ、尋いで亦た六卿の官を置く。然れども撰次を為すも未だ成らず、衆務は猶ほ台閣に帰す。是に至り始めて畢り、乃ち命じて之を行わしむ。(三六頁)

とあるように、周制への移行は一度になされたわけではなく、順を追って見ていくと、大統一四年(五四八)五月に官制の頂点たる三公(太師・太傅・太保)・三孤(少師・少傅・少保)・六卿(大冢宰・大司徒・大宗伯・大司馬・大司寇・大司空)が先んじて置かれた。これは実際上は勲官的存在であり、勲功上位の者たちに対して与える最上級の官を増設したものと見られるが、建前上はあくまでも職事官であったことに留意せねばならない。[23] 三公は従来の三師上公と内容は変わらず、或いは周制が本格的に施行された西魏恭帝三年(五五六)に至るまで三師の呼称が残存していた可能性もある。三孤は新規の設置である。これら三公・三孤の論道の官を外して見れば図7のようになり、廃されたのが太尉・司徒・司空からなる旧三公、代わりに設けられたのが大冢宰以下の六卿であり、三公のうち司徒と司空の名称は「大」を冠して六卿に受け継がれた。位置づけが変わったのが大司馬と大将軍の二大である。大司馬は六卿に編入されたものとしてよいが、問題があるのは大将軍で、この改革によって職事官から将軍としての格を示す散官に変更されたのである。つまり、柱国大将軍・大将軍・驃騎大将軍(開府儀同三司)・車騎大将軍(儀同三司)という上下の序列の中に組み込まれたのである。[24] 従って、先に触れた念賢や侯景、そして大統初年の宇文泰の大将軍は職事官としての大将軍であり、一方所謂十二大将軍等のそれは散官としての大将軍なのである。

それでは王思政の大将軍はどうであろうか。王思政は大統一三年六月に侯景が西魏に叛した際に侯景の太傅・大将軍・兼尚書令・河南大行台・都督河南諸軍事を回授され、その全てを固辞したものの繰り返し拝命を諭されたために、結局そのうち河南諸軍事のみを受けた[25]。しかしながら『北史』巻六二・王思政伝では一転して翌一四年には大将軍を拝受したとあり（二二〇七頁）、大統一五年六月に潁川・長社に王思政を包囲した東魏の高澄が「王大将軍」と呼んでいることからも、王思政の大将軍就任は否定し得ないところである[26]。この王思政の大将軍就任にかかわる態度の変化は、大統一四年に拝受したのが散官の大将軍であったとしてこそ理に適うのである。つまり驃騎大将軍・開府儀同三司に昇ってはいたものの、未だ三公などには除されていなかった王思政としては、太傅や職事官としての大将軍や大行台を受けることに対しては遠慮があり、固辞を通したのだが、制度が変わり柱国大将軍と驃騎大将軍との間に位置することとなった散官の大将軍ならばことさらに遠慮する理由がなかったのである。さらに附言すれば、官階上の地位、「格」を示す散官としての官であれば、同時に二人以上が同列にいることには問題なく、かえってそうあらねばならないともいえる。そこで登場するのが趙貴である。王思政救援に赴いた趙貴もまたこの当時大将軍であり[27]、これもまた散官の大将軍である。おそらく大統一四年五月、乃至はさほど降ることのない時期に大将軍は職事官から散官

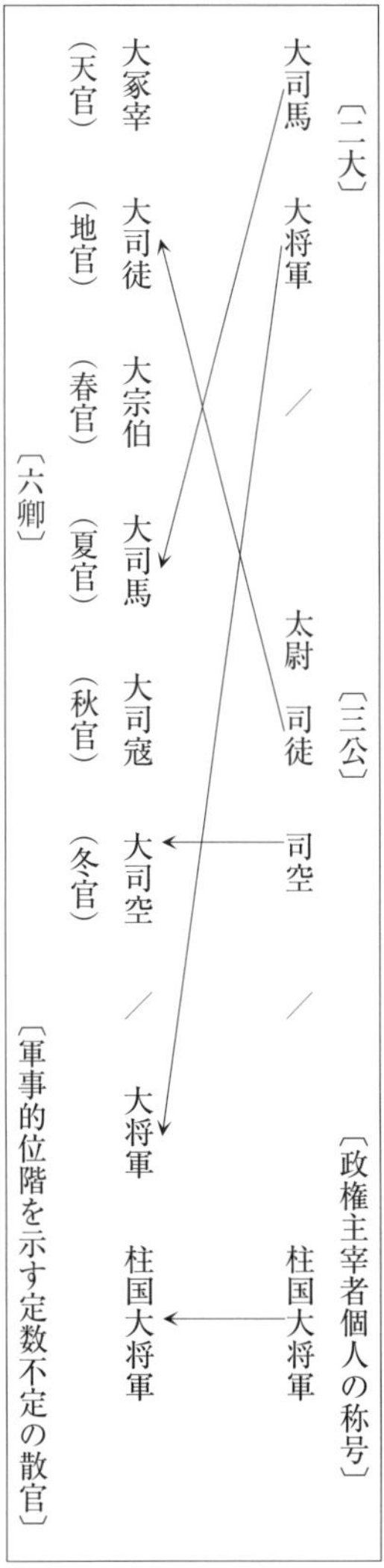

図7：大統一四年官制改革概念図

表5：西魏末・北周初の三公六卿人事表

年月＼職名	三公			六卿					
	太師	太傅	太保	大冢宰	大司徒	大宗伯	大司馬	大司寇	大司空
大統一六年（五五〇）	宇文泰	元欣	李弼	宇文泰	元欣	李弼	独孤信	趙貴	于謹
魏恭帝三年正月（五五六・六官建）	宇文泰	李弼	趙貴	宇文泰	李弼	趙貴	独孤信	于謹	侯莫陳崇
北周孝閔帝元年正月（五五七・孝閔践祚）	李弼	趙貴	独孤信	趙貴	李弼	独孤信	宇文護	于謹	侯莫陳崇
同年二月（趙貴伏誅・独孤信免）	李弼	于謹	侯莫陳崇	宇文護	李弼	于謹	賀蘭祥	達奚武	侯莫陳崇

※『周書』・『北史』の本紀、各人の列伝より構成。

に変更され、その最初の拝受者にこの両名が含まれていたとして大過あるまい(28)。

官制改革の概略を続けると、西魏廃帝三年（五五四）正月に従来の「品」階を「命」階に改め、九命を上位とし一命を下位とする改革がなされ(29)、最終的に周制が下部の官にまで本格的に施行されたのは西魏恭帝三年（五五六）春正月ということになる。大冢宰以下の六卿は概ね唐代の六部に相当する（天・地・春・夏・秋・冬＝吏・戸・礼・兵・刑・工）。ただし西魏末・北周代においてはこれらも最高級の散官・勲官としての意味合いが強い。それは西魏恭帝三年時、さらに北周成立時（五五七）の陣容の移り変わりを見れば明らかである（表5）。一応は職事官として置かれたものではあったが、見事な順送り人事で適材適所という言葉とはほど遠い状況を示している。

第四節　八柱国の序列についての考察

さて、八柱国の序列に話を戻そう。かりに宇文泰と元欣を除いた六柱国が同格の横並びとして遇されていたとしても(30)、たとえば儀式などの公的な場での席次は決めておかねばならない。その際には厳然とした序列というものが表面化してくることになる。そこで、八柱国に関する諸史料の記述から、その構成員の記載順位・序列をまとめて示すと

表6のようになる。『周書』巻一六は李虎を筆頭に七人並べて、「太祖と与に……」という形を取り、これと同様なのが『大唐六典』巻二・尚書吏部・司勲郎中条。『通典』巻三四・職官一六・勲官条は宇文泰を筆頭に八名を連ね、李虎が元欣と李弼の間に入り、これと同様なのが『文献通考』巻六四・職官一八・勲官条。『資治通鑑』巻一六三・簡文帝大宝元年（五五〇）も宇文泰を筆頭に八名を並べるが、李虎の位置はさらに降って李弼と独孤信に挟まれる形となる。さらに『通志』巻五七・職官七・勲官条では、「凡そ八人有り」としながら、割注には李虎の名を外し、宇文泰を筆頭に七名しか挙げられていない。

丞相の職を占めて実権を掌握し、真っ先に柱国大将軍に叙されてもいる宇文泰は序列の頂点に在る筈であるので、すると李虎を除く他の七名の順序はすべての史料で一致しているものの、李虎のみが史料によって著しい変動が見られることがわかる。また、『周書』巻一六における八柱国・十二大将軍の官職をグループ別に整理すると表7のようになるが（但し宇文泰については推定である）、一見整然とした中で李虎の官職について他の柱国等と比較して腑に落ちない点、座りの悪い点がいくつかあることに気がつく。そこで、これを北魏官制（表8）・北周官制（表9）と照合し、さらに同僚たちの地位と比較・検証することによって李虎の序列について検討することとしよう。

表6：諸史料における八柱国の記載順位表

『周書』一六・『大唐六典』二		李虎	元欣		李弼		独孤信	趙貴	于謹	侯莫陳崇	与太祖
『通典』三四・『文献通考』六四	宇文泰		元欣	李虎	李弼		独孤信	趙貴	于謹	侯莫陳崇	
『資治通鑑』一六三	宇文泰		元欣		李弼	李虎	独孤信	趙貴	于謹	侯莫陳崇	
『通志』五七	宇文泰		元欣		李弼		独孤信	趙貴	于謹	侯莫陳崇	

※『大唐六典』巻二・尚書吏部・司勲郎中条・四〇頁。『通典』三四：職官一六・勲官条・九四三頁。『文献通考』巻六四・職官一八・勲官条・五八〇頁。『資治通鑑』巻一六三：簡文帝大宝元年・五〇五八頁。『通志』巻五七・職官七・勲官条・六九七頁。

表7：『周書』巻一六末・八柱国十二大将軍記事

持節	三公	?	散官将軍号	都督	宗師	六卿	尚書省	行台	三孤	都督州軍事	州刺史	封爵	姓名
使持節		太尉	柱国大将軍	大都督			左僕射	隴右行台	少師			隴西郡開国公	李虎
使持節	太傅		柱国大将軍		大宗師	大司徒						広陵王	元欣
使持節	太保		柱国大将軍	大都督		大宗伯						趙郡開国公	李弼
使持節			柱国大将軍	大都督		大司馬						河内郡開国公	独孤信
使持節			柱国大将軍	大都督		大司寇						南陽郡開国公	趙貴
使持節			柱国大将軍	大都督		大司空						常山郡開国公	于謹
使持節			柱国大将軍	大都督					少傅			彭城郡開国公	侯莫陳崇
使持節	太師	丞相	柱国大将軍	大都督		大冢宰	録尚書事	(関西)大行台				安定郡開国公	宇文泰
使持節			大将軍	大都督					少保			広平王	元贊
使持節			大将軍	大都督								淮安王	元育
使持節			大将軍	大都督								斉王	元廓
使持節			大将軍	大都督						秦七州諸軍事	秦州刺史	章武郡開国公	宇文導
使持節			大将軍	大都督								平原郡開国公	侯莫陳順
使持節			大将軍	大都督						雍七州諸軍事	雍州刺史	高陽郡開国公	達奚武
使持節			大将軍	大都督								陽平郡開国公	李遠
使持節			大将軍	大都督								范陽郡開国公	豆盧寧
使持節			大将軍	大都督								化政郡開国公	宇文貴
使持節			大将軍	大都督						荊州諸軍事	荊州刺史	博陵郡開国公	賀蘭祥
使持節			大将軍	大都督								陳留郡開国公	楊忠
使持節			大将軍	大都督						岐州諸軍事	岐州刺史	武威郡開国公	王雄

※元欣の大宗師、元育の淮安王、李遠の陽平郡開国公については、『北史』巻六〇により補正。
※宇文泰については推定。

①太尉

北魏時代の官制では司徒・司空と並ぶ三公の筆頭であるが、六官制が施行される以前とはいえ既に六卿が置かれている大統一六年（五五〇）当時の状況では完全に浮き上がった存在になる。職事官であれば職務の分掌に伴う横のつながりや、上官・属官といった統属関係が存在するが、司徒・司空が六卿に組み込まれた以上、横のつながりのある官職は他に見あたらず、また太尉府の属官というものも大統一四年以後については史料上見出すことはできない。つまり大統一六年段階においては、李虎の就任を云々する以前に、太尉という官の存在自体が極めて疑わしいものなのである。

李虎が太尉に就任したという記述は、当該時代の史料では『周書』・『北史』の本条以外には見えない。降って『新唐書』巻一・高祖紀及び『冊府元亀』巻一・帝紀・帝系の条には見えるもののその就任時期は附されず、謝啓昆の

表8：北魏後期官制表（上級部分）

第一品	太師・太傅・太保（三師上公）・王・大司馬・大将軍（二大）・太尉・司徒・司空（三公）・開国郡公
従第一品	儀同三司・開国県公・都督中外諸軍事・諸開府・散公
第二品	太子太師・太子太傅・太子太保・特進・尚書令・驃騎将軍・車騎将軍（二将軍加大者、位在都督中外之下）
従第二品	衛将軍（加大者、位在太子太師之上）・四征将軍（加大者、位次衛大将軍）・諸将軍加大者・左右光禄大夫・開国県侯 尚書僕射（若並置左右、則左居其上、右居其下）・中書監・司州牧・四鎮将軍（加大者、次衛将軍）中軍将軍・鎮軍将軍・撫軍将軍（三将軍）・金紫光禄大夫・散侯
第三品	吏部尚書・四安将軍・中領軍・中護軍（二軍加将軍、則去中次撫軍）・太常・光禄・衛尉（三卿）・太子少師・太子少傅・太子少保・中書令・太子詹事・侍中・列曹尚書・四平将軍・太僕・廷尉・大鴻臚・宗正・大司農・太府（六卿）・河南尹・上州刺史・秘書監・諸王師・左右衛将軍・前左右後将軍・光禄（銀青者）・開国県伯

※『魏書』巻一一三・官氏志より構成。高祖（孝文帝）太和二三年（四九九）発布、世宗（宣武帝）施行以後。
※三師上公と同格とみなせるものとして、太宰が散見する。
※尚書令の上位職として録尚書事がある。

表9：北周官制表（上級部分）

正九命	太師・太傅・太保（三公）・王・国公・柱国大将軍・大将軍
九命	驃騎大将軍開府儀同三司・車騎大将軍儀同三司・雍州牧
正八命	少師・少傅・少保（三孤）・侯・驃騎将軍左光禄大夫・車騎将軍右光禄大夫・刺史戸三万以上者
八命	四征将軍左金紫光禄大夫・中軍・鎮軍・撫軍将軍右金紫光禄大夫・大都督・刺史戸二万以上者、京兆尹
正七命	大冢宰・大司徒・大宗伯・大司馬・大司寇・大司空（六卿）・伯・四平将軍左銀青光禄大夫・前後左右将軍右銀青光禄大夫・帥都督・柱国大将軍府長史司馬司録・刺史戸万以上者
七命	冠軍将軍・太中大夫・輔国将軍・中散大夫・都督・刺史戸五千以上者、郡守万五千戸以上
正六命	小冢宰・小司徒・小宗伯・小司馬・小司寇・小司空等上大夫・子・鎮遠将軍

※『周書』巻二四・盧弁伝、謝啓昆『西魏書』巻九・百官考、王仲犖『北周六典』（中華書局・一九九七年）より構成。

『西魏書』、万斯同の『西魏将相大臣年表』が大統一四年という時期を附してこれを採用しているものの、『旧唐書』巻一・高祖紀には見えず、また『資治通鑑』にも見出せない。確かに柱国大将軍に至ったのであれば、それまでに太尉を経験していても決して不可解なことではなく、現に李弼が大統九年（五四三）一二月に就任している(31)。しかしながら三公が廃され六卿が置かれたのも大統一四年五月である。すると李虎の太尉就任を李弼以後とした場合、同年五月以前に李虎が太尉に就任したこととなるが、この場合太尉の前任者たる李弼は同年五月に太保・大宗伯・柱国大将軍に進んでおり、李虎の太尉就任から五月までの間李弼は職を失っていることになる。さもなければ李弼が太尉の次に就任する職を求めるならば、それは丞相しか残っていない。これはあまりにも不自然な人事であり、またそのような記事は史料には見出せない。李弼以前に遡るのであれば、大統三年六月に広平王元賛が太尉に就任しており、九年七月に司空に遷っている。従って大統九年の七月から一二月までの間に空白があるといえばあるのだが、仮にこの間を李虎が埋めていたとしても、大統一六年時点では現役の官ではないため、当該箇所に登場する必然性はない。またこれは注（22）で触れた趙貴の「前太尉」についても言えることであるが、大統九年段階で李弼に先んじて太尉に就任しその後に辞めたと仮定しても、当時の段階で司空・司徒を経験していないという彼等の出世の階梯を追跡すれば、それはあり得ないと確信せざるを得ない。かりに大統一四年以後も太尉が散官・勲官のようなかたちで存続していたと解釈したとしても、李虎自身既にその頂点たる柱国大将軍に除されていることを考えればここに載せる意味はない。また、李虎個人のための称号として置かれたとするにも、後述するように李虎をそこまで特別扱いするだけの事跡を史料上に見出すことはできない。最後に、大統一七年五月に李虎が卒して後に、新たに太尉に就任した人物はいない[32]。以上から李虎の太尉就任は無かったと見るべきではなかろうか。

②尚書左僕射

尚書令・尚書僕射は太尉とは異なり、大統一六年現在も職事官として存続しており、李虎の就任自体は問題とはならない。例えば同じ八柱国の構成員でも于謹が左僕射となったのが大統一二年（五四六）、また独孤信は永熙三年（五三四）、孝武帝が甍じた直後に東魏に奪われた荊州を回復しに赴く際に兼尚書右僕射（但し行台僕射）に、さらに大統一六年の東征の後に左僕射の上位の尚書令に就任している。侯莫陳崇も少し降って西魏恭帝元年（五五四）に尚書令に就任、といった事例がある。すると大統一六年当時李虎が左僕射であったとすれば、場合によっては独孤信の属僚となっていた時期があったかとも考えられるが、実は李虎の左僕射は現役ではない。何故ならば、当時現役の左僕射と考えられるのは大統一五年に就任した尉遅迥であり、彼は当時まだ十二大将軍の列の下にいるのである。従って李虎の左僕射就任自体は否定し得なくとも、ここに左僕射の肩書きを並べてみても殆ど無意味である。そこで左僕射としてのもう一つの可能性、行台左僕射について検討してみる。

③隴右行台

本書第一部第二章で述べたとおり、そもそも行台とは、大規模な出兵などの際に地方に設置された小型の尚書省（＝台省）であり、北魏末の頃には地方最高の広域行政機構となっていた。しかし、西魏では基本的に常置されず、軍事行動にともなうものであれば、その終了とともに行台も廃されていた。(33)

李虎と隴右行台を結び付ける史料は、『冊府元亀』巻一・帝紀・帝系に、

賊帥梁企《ママ》定、河州に拠り乱を作す有り。太祖、本官を以て尚書左僕射を兼ね、隴右行台と為り、兵を総べ以て之を撃つ。（二七a）

とある。ところが、この梁企定の反乱の時期について検討を加えると、おおよそ大統四年（五三八）以前のこととしかいえず、それでもなお李虎の出征があったことに懐疑的にならざるをえない状況にある。(34) そして、仮にここに現れる隴右行台が『周書』巻一六に反映されたものであったとしても、これは軍事出動に伴う行台であるから、軍事行動の終了とともに廃止されているはずで、大統一六年（五五〇）当時の現役の衙門・官職である可能性はない。

それでは大統一六年当時、これとは別個の隴右行台が改めて設置されていた可能性はあるだろうか。本書第一部第二章で述べたとおり、西魏の行台設置時期はその前半期に集中するし、後半期に新規で置かれた殆ど唯一の例外的事例が、大統一七年に達奚武が漢川に侵攻した際に組織された行台で（長官は楊寛）、参考例として貴重であるが、これも軍事行動の終了とともに廃止しているとみてよい。(35) 広域行政機構として常設されたのは東魏・梁との三国の交界地であった荊州に置かれた東南道行台のみで、隴右地方に設置された形跡はない。加えて隴右地域では大統六年（五四〇）以来、独孤信が隴右十州大都督・秦州刺史として出鎮している。(36) この［広域地域名＋大都督］という形式は西魏時期には他に見られないもので、西魏政権内で重きをなし、宇文泰とも同郷で親しかった独孤信だからこそ与えられた官であるといえる。しかしながら、たとえ独孤信であっても行台を帯びていないという点が重要で、広域地域を委任される場合において、緊急かつ重大な判断が求められる対東魏前線地域以外では行台は帯びさせないという方針の

あらわれでもある。そのような隴右地域に平時から隴右行台が出鎮する余地があるとは考え難い。また、仮に独孤信でも抑えきれない深刻な事態が起きて、臨時に行台を帯びた人物が派遣されるような状況に至ったのであれば、今少し史料に現れてきてもよいと思われ、派遣されたのが李虎であればなおさらのこととなる。

従って李虎が実際に隴右行台・兼尚書左僕射として出鎮した可能性が全くないとはいえないが、あったとしてもそれは大統一六年以前の過去の話ということになる。そして、過去の話であれば八柱国に居並ぶ独孤信・趙貴も経験していることであって[37]、決して特別な事象ではなく、李虎についてだけ記述されるのは不自然なことといわざるをえないのである。

以上、李虎の肩書きに関しては太尉・尚書左僕射・隴右行台等、いずれも極めて疑わしく、もし就任していたとしても過去に属する官職が多く並べられていることがわかる。

第五節　李虎の序列位置の修正

ここで結論の一つとして、変動著しい李虎の序列位置を確定することにする。とりあえず、太保李弼の上位に少師李虎が居るという『周書』の序列は問題外であろう[38]。筆者が考えるに、李虎が少師であることを手がかりとして、于謹の下、侯莫陳崇の上に置くのが妥当である。ということは、表6に挙げた四通りの序列は全て妥当ならざる作為を含むということでもある。或いは北周官制において少師は三孤（正八命）に属し、これは六卿（正七命）よりも高位にあるため、三公の最下位たる太保に位置する李弼の下、そして三公・三孤に就いていない独孤信の上に置くべきとする考えもあり得るし、実際に『資治通鑑』記載の序列がこれに相応する[39]。しかし、大統一六年現在はまだ基本的に北魏官制を踏襲しており、旧二大・三公を廃して六卿に替えた情況であることは前述の通りである。前後の時代の官制から鑑みても、少師等三孤が第一品に相当するであろう大統一六年当時の六卿の上位に位置するとは考えがたい(40)。つまり、六卿は序列の確定した上位六名に与えられたのである。さらに李虎を于謹の下に置くことで六卿就任者と三孤に除された李虎・侯莫陳崇との間には明確な線を引くことが出来る。それは北魏官制時代において二大・三公に就任したか否かという線である。宇文泰は西遷してきた孝武帝を奉迎した永熙三年（五三四）にすでに大将軍となり、また宗室は扱いが異なるとはいえ広陵王元欣は早くも永熙二年には大司馬に就任している。以下、李弼は大統五年（五三九）に司空、大統九年には太尉、独孤信は大統一二年或いは一三年に大司馬、趙貴は大統一四年一月には司空、于謹も大統一四年五月までに司空に就任している記事が確認できるのである(41)。これに対して李虎の太尉就任は先ほど既に否定され、侯莫陳崇ともども、二大・三公就任の記事は見出すことが出来ない。ちなみに侯莫陳崇の拝した職事官としては、六卿を除くと西魏恭帝元年の尚書令が最高位である(42)。

加えて、序列筆頭はいうまでもなく宇文泰であるのでこれを筆頭に置き、その六卿の官は大冢宰となる(43)。さらに補訂すべき点として、使持節はそもそも都督に加えられた格付けの称号であるから、元欣には「大都督」が加えられている筈である。これで形式的にも整合することとなる（表10）。

ところで、西魏末から北周最初期の三公・六卿の最高級の人事は、表5に見られるように序列順送りの傾向が強く、ここからも名誉職的要素が強いことが窺えるが、この順序は恐らくは柱国大将軍に除された先任順が即ち位階序列の順であると見て間違いない。無論この序列自体決して不動のものではない。大功を挙げれば上昇したであろうし、大過を犯せば下降したであろう。例えば大統一六年（五五〇）から西魏恭帝三年（五五六）の間に趙貴が独孤信を追い抜いているが、この間に趙貴は柔然の侵入を撃退して大戦果を挙げている(44)。

もし李虎が『周書』巻一六の通りの順番で大統一四年以前に柱国大将軍に除されていたとするならば(45)、大統一六年秋頃の段階では先述の如く六卿と三孤との位置関係から、李虎を宇文泰以外の七名の中の筆頭とは見做すことが出来ない以上、李虎は同年までに元欣以下于謹までの五人の昇進によって追い抜かれたことになる。或いは李虎が何等かの過失を犯して少師に貶されたのかもしれないが（もしそうであっても、その記述は『周書』や『北史』には載らないだろう）、当時のような戦乱の時代においては、このような非常に数の限られた最高級の官職を過失によって免官された場合、その官職にただちに後任を補充することは考えがたい。というのは、もしも旧官をただちに埋められてしまえば、汚名を返上する活躍を見せたとしても、上位者が過失を犯すか或いは死亡するかのどちらかによって空位ができない限り、返り咲きを果たすこともままならなくなってしまう。最悪の場合、地位をめぐって内部で相互牽制や策謀をめぐらすという状況を呈する。一方、任命する主権者としても、そうなってしまうと貶官された者の発奮を期待できなくなり、手駒を失う結果となるからである。以上から、李虎は当初より六卿には列せず、八名中の第七位として序列に組み込まれたと見るべきである。

そこで序列を訂正して柱国大将軍に除された年代を示せば表11のようになる。ここから李虎が柱国大将軍に除されたのは大統一五年のことであろうと推定できる。さらに先述の如く柱国大将軍が第一人者個人に与えられる称号から

表10：大統一六年における西魏の最高級人事と序列

使持節	太師	柱国大将軍	大都督	大冢宰		安定郡開国公	宇文泰
使持節	太傅	柱国大将軍	大都督	大司徒		広陵王	元欣
使持節	太保	柱国大将軍	大都督	大宗伯		趙郡開国公	李弼
使持節		柱国大将軍	大都督	大司馬		河内郡開国公	独孤信
使持節		柱国大将軍	大都督	大司寇		南陽郡開国公	趙貴
使持節		柱国大将軍	大都督	大司空		常山郡開国公	于謹
使持節		柱国大将軍	大都督		少師	隴西郡開国公	李虎
使持節		柱国大将軍	大都督		少傅	彭城郡開国公	侯莫陳崇
使持節		大将軍	大都督		少保	広平王	元贊

表11：八柱国の柱国大将軍拝受時期

氏名	拝受年	典拠	備考
宇文泰	大統三年	本紀に記載	
元欣	大統中	本伝に記載	大統一四年か？
李弼	大統一四年	本伝に記載	
独孤信	大統一四年	本伝に記載	
趙貴	大統一五年	本伝及び『資治通鑑』より推定	
于謹	大統一五年	本伝に記載	
李虎	不明		大統一五年か？
侯莫陳崇	大統一五年	本伝に記載	

散官号へと変質したのが大統一四年五月、李弼・独孤信両名の拝受時で、この両名は恐らく同時に拝受したものと考えられる。何故なら、もし第一人者にして実権者たる宇文泰に次いでもう一人だけ格の上では同格となる柱国大将軍号を保持する臣下がいた場合、それは名実ともに「ナンバー2」たる存在となる。それが宇文泰の親族中からの選補であれば、あるいは後継体制作りや権力基盤の強化として考えられるのであるが、実力・実績にそれぞれ差があるとはいえ伯仲する数多の武将の中から選任されるということになれば、その後、武臣団の中にもそれを拝受した人物にも何らかの波紋を生じる可能性が高い。それを防ぐためにも、今後柱国大将軍号は散官として与えられるものであるということを明示する必要があり、その為には最初に二人以上が拝受する必要があるのである。そこで選ばれたのが李弼と独孤信の両名であるが、更にもう一人、元欣もまたこの時に柱国大将軍を拝受したのではなかろうか。柱国大将軍号を散官化したとしても、その拝受者が宇文泰麾下の武臣に独占された場合宗室の不安を招くことになり、ひいては西魏王室・宇文泰政権内部に亀裂を生ぜしめるおそれ無しとしない。それを防ぐために宗室からも一名柱国大将軍拝受者を出すこととし、それに選ばれたのが、さしたる功績を挙げた記録が無いとはいえ長らく宗室をまとめてきた元欣であったと考えて大過あるまい[46]。同様の理由で散官大将軍の最初の拝受者の中にも宗室出身者がいてしかるべきであり、先に挙げた王思政・趙貴とともに広平王元賛が大将軍を拝受したものと考えてほぼ間違いあるまい。

第六節　『周書』における序列移動の背景と記述様態

では、なぜ『周書』の記述の如き作為的な序列の移動が為されたのであろうか。それは『周書』の成立状況を見ればば明らかで、初めに触れておいたように唐代の奉勅撰によるものだからである。李虎の孫の李淵が唐朝を建てた際、当然ながら祖廟を祀るわけで、この武徳年間の初めに李虎は太祖景帝を追尊されている。つまり、李虎が筆頭に置かれているのは皇祖を人後に置くわけにはいかないという政治的配慮の現れなのである。翻って、『周書』編纂時には李虎は追尊であるとはいえ皇帝として扱われているのであるから、列伝がないのも至極当然のことなのである。ここで、『周書』における李虎に関する記述を検証してみよう。

史料①　巻一・文帝紀上・永熙三年（五三四）十一月条

儀同李虎を遣わし李弼・趙貴等と曹泥を霊州に討たしめ、虎、河を引き之を灌ぐ。明年、泥降り、其の豪帥を咸陽に遷す。（一三頁）

史料②　巻二・文帝紀下・大統四年（五三八）八月条

開府李虎・念賢等、後軍と為り、（独孤）信等の退くに遇い、即ち与倶《とも》に還る。（二六頁）

史料③　巻二・文帝紀下（②と同じ出兵に際して）

大軍の東伐するや、関中の留守の兵少なく、而して前後虜うる所の東魏の士卒、皆民間に散在すれば、乃ち乱を為さんと謀る。李虎等の長安に至るに及び、計、出る所無く、乃ち公卿と魏の太子を輔け出でて渭北に次《いた》る。（二六頁）

史料④　巻二〇・王盟伝（②と同じ出兵に際して）

魏の文帝、東征するに、留後大都督・行雍州事を以て関中の諸軍を節度せしむ。趙青雀の乱すや、盟、開府李虎と魏の太子を輔け出でて渭北に頓す。（三三三〜三三四頁）

史料⑤　巻二〇・尉遅綱伝（①と同じ出兵）

大統元年、帳内都督を授かり、儀同李虎に従い曹泥を討ち、之を破る。（三三九頁）

史料⑥　巻二七・赫連達伝（①と同じ出兵）

儀同李虎に従い曹泥を討つ。（四四〇頁）

史料⑦　巻三四・趙善伝（①と同じ出兵）

魏の孝武西遷し、（中略）頃之《しばらくして》、北道行台と為り、儀同李虎等と曹泥を討ち、之に克つ。車騎大将軍・儀同三司・尚書右僕射に遷り、爵を進めて公と為る。（五八八頁）

李虎には正史上に列伝が無いため、本紀や他者の列伝から記述をかき集めることになるのだが、実際たいした量にはならない。(47) 実力でのし上がり門閥の頂点に列したとされる人物としてはかなり少ないのではなかろうか。さらに先に挙げた太尉・尚書左僕射・隴右行台という記述も見られない。また、東魏・北斉系の正史たる『魏書』や『北斉書』には李虎は現れない。好意的に見るならば活躍の舞台が西方であった故とでも考えるべきであろうか。

作為が最も顕著に現れているのが②で、李虎は念賢の前に置かれ、あたかも両者ともに開府であるかのように記述されているが、実は当時念賢は開府ではなく太師・大将軍であり、録尚書事も兼ねている。(48) その太師・大将軍念賢の前に開府李虎がでてくるのはあまりにも不自然であり、太師・大将軍と記載していないことも意図的なものであろう。また①でも李虎を独立させて李弼・趙貴と並べているが、『周書』巻一六・趙貴伝には、

時に曹泥、霊州に拠り拒守し、貴を以て大都督と為し、李弼等と衆を率いて之を討つ。（二六二頁）

と同内容の記述はあるものの、李虎の名は見えず、さらにこの行軍を都督したのは趙貴であると読める。おそらくは

趙貴の指揮のもとで李虎は戦ったのであろうが、これらも皇祖を人後に置かないための配慮であろう。(49)さらに③では、公卿とともに皇太子を輔けて渭水の北に避難したとあるが、『北史』巻九・周本紀上にも同内容の文があり、そこで公卿として名が挙がっているのは太尉王盟と僕射周恵達である（三二三頁）。(50)主に文官畑を歩んだ後者はともかく、三公を歴任した王盟の名を省いたのはやはり作為的なものであろう。

加えて、李虎の事跡に関する記述は大統四年の記事（③・④）以後はほとんど見られず、『周書』ではわずかに本章冒頭に引用した八柱国・十二大将軍を列挙する巻一六のみであり、さらにその後となると、その死を伝える『資治通鑑』巻一六四・簡文帝大宝二年（五五一）五月条の、

魏隴西襄公李虎、卒す。（五〇六六頁）

という記事を挙げうるに留まる。これはこの間の記事に李虎を登場させればどうしても李弼・独孤信等の下風にあることが明らかになってしまい、唐朝としてはいささか都合が悪いわけである。しかしながらこの時期の活躍がなければ柱国には叙されはしなかったことも間違いないだろう。そのような事情の下で、『周書』巻一六・『北史』巻六〇において実権者宇文泰を外した上で李虎を七人の柱国の筆頭に配置したのは、その存在を誇示するための史官としての苦肉の策であったのではなかろうか。

ついでに言えば、唐初編纂の正史では皇帝の死に際しては「崩」の字を使用するのが通常であり、(51)臣下では「薨」・「卒」が用いられる。『周書』・『北史』には李虎の死亡記事がないが、実際に李虎の死亡記事を載せた場合には、果してどちらを用いたであろうか、興味深いところである。

第七節　太尉・尚書左僕射・隴右行台

最後に、李虎の肩書きとして不自然な状態で掲げられている太尉・尚書左僕射・隴右行台について、些かの私見を述べておく。

太尉は唐官制にあっては三公の筆頭であり、正一品。これは三師・三公と王だけであり、さらにその中で三師が置かれたのが貞観一一年（六三七）で[52]、『周書』成立の翌年であるから、太尉という官はまさしく人臣の頂点である。これは北魏官制でもほぼ同様ではあるので、仮に就任していたならば持ち出すのは当然である。しかし、実際就任したとは考え難いのは先に述べたとおりで、そこを敢えて持ち出してきた動機は頭に「太」の字があることから太傅・太保と並べて違和感がより少なくなり、そのことによって序列位置を動かしたことを隠すためではなかろうか。太尉・太傅・太保でひとまとまりなのだと勘違いしてくれればありがたいという、つまりは姑息なデザイン上の理由であろうとするのは、果たしてうがった見方であろうか。但しこの操作によって太師である宇文泰を記述から外すことに必然性が出てくることも、また確かである。

尚書左僕射も唐官制において従二品であり、これは北魏官制と等しくするが、その上官たる尚書令は唐代は秦王李世民以後絶えて補されず、龍朔二年（六六二）に一度は廃されており、ようやく徳宗が雍王時代に就いた例が見えるものの以後も拝受者は無い[53]。また同じ宰相職の中書令・門下侍中は正三品であるから、官品的には職事官の中では実質最高位であり、やはり人臣の頂点にあることを示す。しかし『魏書』巻一一三・官氏志・天平四年条に続けて、

旧制、大将軍有れば、太尉を置かず、丞相有れば、司徒を置かず。正光已後、天下事多くして、勲賢並軌し、乃ち倶に之を置く。（三〇〇四〜三〇〇五頁）

とあるように、北魏末から西魏へと続く戦乱多事の頃においては高位高官（特に開府儀同三司のような散官）は濫発されており、尚書僕射の品階から見た位置付けこそ北魏・唐両官制に違いはないものの、より上位に尚書令が、場合によって録尚書事が置かれることがままあったことは周知の通りである。上には上が、それもかなりの数居るのであり、決して最高位ではなかったのである。

行台は唐初に道単位で置かれ、貞観年間には廃されている。行台に関しては左僕射と併せて他の六名との差別化を図ったという以外に、特に李虎の肩書きに持ち出された理由は見あたらない。しかしながら、太尉・尚書左僕射・隴右行台と揃ったとき、

太尉・尚書令・陝東道大行台

というよく似た文字列を思い出すことはできる。これは実に秦王世民が唐初に経た官職なのであって、より正しく表記すれば武徳元年（六一八）六月に尚書令、同年一二月に太尉・陝東道行台・尚書令、武徳四年九月に太尉・陝東道大行台・尚書令となる。(54) さすがにこの点については推測というのもおこがましいが、あるいは李虎の官職を並べる際に意識的にこれを想起せしめる作為を行ったかも知れぬという想像が働くのである。

結　語

『旧唐書』巻六一・竇威伝に、

（高祖）又た嘗て謂いて曰く、「昔、周朝、八柱国の貴有り、吾と公の家、咸な此の職に登る。今、我已に天子と為り、公は内史令と為り、本同じくして末異なる。乃ち平らかならざるや。」威、謝して曰く、「臣の家、昔漢朝に在りて、再び外戚と為り、後魏に至りて、三たび外家に処り、陛下龍興し、復た皇后を出す。臣も又た階は戚

里に縁り、位は鳳池に忝なくす。自ら叨濫を惟い、暁夕に兢懼せり。」（二三六四頁）とある。唐の高祖李淵は竇威に対して、我等の家はともに北周時代に八柱国に昇り、同格であったと語っている。竇威は北周で上柱国・太傅を務め隋でも太傅を拝した竇熾の子であり、李淵の太穆皇后の父で、やはり北周で上柱国・大司馬に昇った竇毅とは従兄弟にあたるので、竇氏もまた柱国大将軍を輩出した家であることは確かである。しかし本章冒頭で引用した『周書』巻一六の記述では、八柱国家と称された中に、この両名はいずれも含まれてはいないばかりか十二大将軍にも列してはいない。竇熾が柱国大将軍を拝したのは武成二年（五六〇）[55]、同じく竇毅が拝したのが天和六年（五七二）であるから[56]、彼等は「この後功臣、位の柱国及び大将軍に至る者、衆し」という範疇に含まれる筈である。それが八柱国扱いされているのはどうしたことであろうか。

もう一つ、『金石萃編』巻四六所載の陸譲碑に、

祖政、周驃騎大将軍・儀同三司、恒涇二州刺史、□都献公。（中略）父道、□八柱□、左光禄大夫・侍中・大司馬・□司寇・大司徒・秦襄陝三州総管・綏徳定公。（一a下）

とある。『元和姓纂』巻一〇・陸氏・後周大司馬陸通の条に附された岑仲勉氏の『四校記』に拠れば、「父道」とは「父通」の訛であり、つまり『周書』巻三二に伝のある陸通である。大司馬・大司寇・綏徳公については列伝の記述と一致するので、間違いあるまい。問題は「□八柱□」であり、岑仲勉氏はこれを「周八柱国」ではないかとする[57]。祖の陸政が「周」の驃騎大将軍（おそらくは贈官）とされているからには、少なくともここに「魏」と入ることはなかろう。陸通が柱国大将軍に列したことは、本伝には記載されていないものの『周書』では巻五・武帝紀上・保定四年十月癸亥条・七〇頁や巻四三・陳忻伝・七七九頁等で確認できる。しかしながら『周書』巻一六でいうところの八柱国・十二大将軍に列していないのは、先の竇熾等と同様である。

上記二例はともに「周」の八柱国と表記され、或いはされると考えられる。これに対して本章の表題が「西魏」の

八柱国としてあるのは、この宇文泰以下の八名のうち、魏周革命以前に宇文泰・元欣・李虎の三名が没しており、また趙貴・独孤信の両名が北周初に排除されるなど、彼等及び彼等の後嗣者がそのまま柱国大将軍、さらには上柱国大将軍として北周王朝第一の臣下群・門閥の頂点、そして軍事指導者という立場に位置し続けたとは考えられないからである。つまり、門閥勢力としての「八柱国」を取り上げたのではなく、大統年間の八名の柱国大将軍に関する『周書』の記載内容の真偽に対象を限定したわけであるが、如上の結果に鑑みれば、或いは従来の「八柱国」という語そのものの使用や指称内容の理解についても、再検討を加えるべき可能性があることを感ぜしめられるのである。

注

（1）「八柱国伝」以外では、巻二四・盧弁伝の末に西魏恭帝三年（五五六）に施行された『周礼』に基づく官職表が略挙されており（四〇四～四〇七頁）、これなどは「職官志」の簡易版ともいえるが、これがあるために『隋書』百官志では北周の官制が簡略に扱われている。また巻三八・元偉伝の末には西魏から北周にかけて確認できる宗室元氏のメンバーが一三名列挙されている（六八九～六九〇頁）。

（2）『北史』の方が語数が多く史料価値は高いが、本章では前後の文章には重きを置かないため、より編纂年代が古い『周書』を引く。なお、李虎については『周書』・『北史』では李「諱」と表記されるが、あらかじめ改めておく。その他、元欣の「大宗伯」を「大宗師」に、元育の「淮王」を「淮安王」に、李遠の「陽平公」を「陽平郡開国公」に、それぞれ『北史』により改め、補ってある。なお大宗師とは『魏書』巻一一三・官氏志・天賜元年十一月条に、

八国の姓族の分かち難きを以て、故に国、大師・小師を立て、其の宗党を弁じ、人才を品挙せしむ。八国より以外、郡は各おの自ら師を立て、職分は八国の如く、今の中正に比すなり。宗室は宗師を立て、亦た州郡八国の儀の如し。（二九七四頁）

とあるように、宗室を対象とした中正官の如きものである。

（3）川本芳昭『魏晋南北朝時代の民族問題』（汲古書院・一九九八年）・第三篇第三章「胡族漢化の実態について」（一九九七年初出）。

（4）『通典』の該当個所は『戦国策』巻九・斉策二・昭陽為楚伐魏・三五五頁に基づく。

（5）『戦国策』巻二一・趙策四・翟章従梁来に、

翟章、梁より来たり、甚だ趙王と善し。趙王、三たび之を延くに相を以ってするも、翟章、辞して受けず。田駟、柱国韓向に謂いて曰く、「臣、請ふらくは卿の為に之を刺さん。客若し死せば、則ち王必ず怒りて建信君を誅せん。建信君死せば、則ち卿必ず相と為らん。建信君死せずば、以為うに交わり終身敝《やぶ》れず、卿因りて以て建信君に徳せよ」と。（七五六頁）

とあり、趙では宰相に次ぐような位置にあったことが知られる。

（6）中華書局標点本の校勘記によれば、「太元八年」は「九年」の誤りであるという（三〇九一頁）。

（7）『魏書』巻二五・長孫嵩伝・六四四頁。

（8）『魏書』巻一〇・孝荘帝紀・二五九頁。

（9）この他、節閔帝の初めに元天穆が丞相・柱国大将軍・雍州刺史・仮黄鉞を追贈されている（『魏書』巻一四・神元平文諸帝子孫・元天穆伝・三五六頁）。

（10）爾朱兆の天柱固辞は『魏書』巻七五・爾朱兆伝（一六六四頁）。高歓の天柱拝受と固辞は『魏書』巻一一・出帝紀・太昌元年四月戊子（二八二頁）及び同五月戊戌条（二八三頁）、並びに『北斉書』巻一・神武帝紀の孝武帝即位記事の直後（九頁）。

（11）『北史』巻五・魏文帝紀（一七五頁）や『資治通鑑』巻一五七・武帝大同元年（四八六六頁）には、大統元年五月にも宇文泰が柱国に除されている記事がある。濱口重國氏は『秦漢隋唐史の研究』（東京大学出版会・一九六六年）・第一部第四「西魏の二十四軍と儀同府」（一九二八・九年初出）においてこれを固辞したとしており（二三九頁）、本章もこれに従う。

（12）元欣については『北史』巻一九・本伝に「大統中」とあるのみで拝受の時期は不明であるが（六九九頁）、後述するように、おそらく李弼等と同時であろうと推測される。

(13) 北周時代のいわゆる散官の系統としては散官・散員・戎秩の三系統があり、柱国大将軍・大将軍は以下開府儀同三司・儀同三司と続く戎秩に連なるとされる。ただし、西魏大統年間にこのような位置付けが制度的に成立していたかは考証の余地があると思われるので、本章では「散官」の語を一般名詞的に用いている点をおことわりしておく。
(14) おそらくは大統一五年の段階で既に八名が出揃っている。この点についても後述する。
(15) 十二大将軍中でも侯莫陳順・達奚武・李遠・豆盧寧・宇文貴・賀蘭祥・楊忠・王雄までは、一斉にではないものの北周の初期に柱国大将軍を拝しており、また西魏代のうちに義陽王元子孝・宇文護が柱国大将軍を拝していることは各人の列伝より確認できる。宇文覚（孝閔帝）についても、『周書』・『北史』には見られないものの、『資治通鑑』巻一六六・敬帝太平元年十月丙子条に太師・大冢宰とともに柱国を拝している記事がある（五一五四頁）。
(16) 理念的な面では、前掲注（3）川本論文が、「八（部大人）」・「（周制）六（官）」という数との関連によって柱国大将軍という称号の非漢族性を考察している。官号としては将軍号に一般的な「柱国」という語を冠したに過ぎないとする筆者の見解とは、若干の懸隔がある。なお、「八」という数については、『淮南子』墜形訓に「天地の間、九州八極（柱）」（一三〇頁）、また『楚辞』天問に「八柱何にか当たる、東南何ぞ虧けたる」とあるように、古くから八本の柱によって世界が支えられているという世界観があり、これは必ずしも北族に限定されるものではない。
(17) 本書第三部第一章参照。
(18) 本書第三部第二章参照。
(19) 但し十二大将軍の帯領する都督諸州軍事・州刺史については、各人の列伝の記述と異同が見られるものがある。
(20) 『資治通鑑』巻一六四・簡文帝大宝二年（五五一）五月条・五〇六六頁。『西魏書』巻一八・李虎伝は恭帝元年五月とするが（四b）、典拠は不明。
(21) 但し趙貴の「前太尉」についてはこれを採ることは出来ない。趙貴の本伝に太尉任官の記述は無く、またその昇進の状況から見ても、趙貴が李弼以前に太尉に就任する可能性は認められない。あるいは（御史）中尉の誤りか。
(22) 大統一二年は『周書』巻一六・独孤信伝による（二六六頁）。『北史』巻五・魏文帝本紀（一八〇頁）、及び『資治通鑑』巻一六〇（四九五三頁）では一三年五月とする。

(23) 大統一四年五月から恭帝三年正月までの六卿の官品については、史料を欠く。六卿は恭帝三年以後、北周時代を通じて正七命に位置し、これを所謂品階に対応させれば第三品となるが、この時の官制改革では旧三公に代わって置かれたとみなせるので、やはり第一品・第九命に位置したとするのが妥当であろう。

(24) 重ねて言うが、大将軍は「職」として二開府を領するといった軍制上の問題は、本章では取り扱わない。また、大司馬・大将軍の二大も北魏末より既に事実上散官と化してはいたが、この改革によって大将軍が定数不定となったことこそが重要なのである。

(25) 『周書』巻一八・王思政伝・二九六頁、『北史』巻六二・王思政伝・二二〇七頁。

(26) 『周書』巻一八・王思政伝に、

斉の文襄、城中の人に告げて曰く、「能く王大将軍を生致する者あらば、侯に封じ、重く賞さん。若し大将軍の身に損傷有らば、親近左右、皆大戮に従わん」と。（二九七頁）

とある。『資治通鑑』巻一六二・武帝太清三年（五四九）六月の条も同様の内容を載せるが、その胡註には、

太清元年、西魏、王思政に大将軍を授く。故に以て之を称す。（五〇一九頁）

とある。太清元年とは西魏の大統一三年で、王思政が侯景の官職を回授され、大将軍その他は固辞を通したものの結局都督河南諸軍事のみは受けた時のことであって、この註釈は状況の説明としては相応しくない。また、「宋忻暨妻韋胡磨墓誌銘」（周暁薇等編『隋代墓誌銘彙考』（北京：線装書局・二〇〇七年）第一冊）には、宋忻が大将軍王思政の府参軍事に任じられたことが記される。

(27) 『周書』巻二・文帝紀下・大統一五年春条・三二頁。

(28) 後述するが、この時の散官大将軍叙任者の中には宗室出身者がいてしかるべきであり、そこにはおそらく広平王元賛がいたものと思われる。ところで従来、西魏・北周の統治集団の研究の中で柱国大将軍・大将軍就任者に触れるものは数多い、というより触れずにはおれない視点であるのだが、管見の限りにおいて、大統一四年の官制改革をふまえたものは無い。こ

れは主に人物なり官職を武官としての位置付けからのみ研究しているためであると推測されるが、文武の境界が殊に曖昧な当該時期の西魏・北周史においては、注意を要する問題であるといえる。

(29)『周書』巻二・文帝紀下・廃帝三年（五五四）春正月条に、

始めて九命の典を作り、以て内外の官爵を叙す。第一品を以て九命と為し、第九品を一命と為す。流外品を改め九秩と為し、亦た九を以て上と為す。（三四頁）

とある。『資治通鑑』巻一六五・元帝承聖三年正月の該当記事の胡註（五一〇八～五一一〇頁）では、『隋書』巻二七・百官志中などから構成した文章を引き、あたかもこの時に六卿・上大夫・中大夫・下大夫という『周礼』的な制度に移行したと誤解せしむる記述がなされているが、この段階で実施されたのは「品」から「命」への書き替えと、数字の示す高下の転倒であると理解する。『資治通鑑』本文も周制への移行は敬帝太平元年（ただし、改元は九月。西魏では恭帝三年）正月丁丑に掛けて「魏、初めて六官を建て、（中略）自余の百官、皆周礼に倣う」（五一四〇頁）と記し、胡註が引いた『隋書』巻二七・百官志中も、「太祖、魏恭帝三年を以て、始めて命じて之を行う。」（七七一頁）と記す。

(30) このような一群の人間関係を「等夷」という概念で説明することに筆者は一抹の危険を感じている。例えば藤堂光順氏は「西魏北周期における「等夷」関係について」（『名古屋大学東洋史研究報告』八（一九八二年））において、「等夷」を一群・グループの関係で捉えておられるが、筆者は個々の結びつきで捉えるべきではないかと考えている。

(31)『北史』巻五・文帝紀・一七九頁。以下、官職就任年月日については、万斯同『西魏将相大臣年表』に基づき、疑点があるものに関してはその都度注記する。

(32)『北史』巻三一・高慎（高仲密）伝に、

西魏、慎を以て侍中・司徒と為し、太尉に遷す。（一一四四頁）

とあるが、高仲密に関しては大統九年（五四三）二月に司徒を拝して後の消息が掴めない。だが、もし高仲密もまた大統一四年以後に太尉になっているとすれば、大統一六年段階で低くとも大将軍の列には加わっていなければ不自然である。大統一四年以前に卒し太尉は贈官である、というのが収まりがいいのではあるが、この点は留保するほかない。

（33）本書第一部第二章参照。

（34）本書第三部第一章参照。

（35）『元和郡県図志』巻二二・鳳州・迴車戍条に、

西魏、雍州刺史達奚武もて大都督と為し、及び行台楊寛を遣わし、衆を率いること七万、陳倉路由り迴車戍を取り斜谷関に入り、白馬道に出でしむるは、此を謂うなり。（五六八頁）

とあり、『周書』巻二一・柳慶・附柳帯韋伝に、

十七年、太祖、大将軍達奚武を遣わして漢川を経略せしむるに、帯韋を以て治行台左丞と為し、軍に従い南討せしむ。（三七四頁）

とある。達奚武は廃帝元年五月に南鄭を攻略して後、『周書』巻二・文帝紀下ではただちに、同巻一九・達奚武伝でも翌年には長安に帰還している。西魏の漢川経略については、本書第二部第四章参照。

（36）『周書』巻一六・独孤信伝・二六五頁。『北史』巻六一・独孤信伝は「十一州」に作る（二一六九頁）。

（37）独孤信は永熙三年（五三四）末に東魏に奪われた荊州を奪還するための出兵の際に東南道行台を帯びている（『周書』巻一六・独孤信伝・二六四頁）。趙貴は大統二年（五三六）に河右で起きた梁仚定の反乱を討った際に隴西行台を帯びている（『周書』巻一六・趙貴伝・二六二頁）。

（38）『周書』の序列に信頼を置いている研究もある。例えば、谷霽光『府兵制度考釈』（上海：上海人民出版社・一九六二年）五二頁。李虎の柱国大将軍叙任を大統一四年とした『西魏書』もこの範疇に入るであろう。

（39）毛漢光『中国中古政治史論』（台北：聯経出版事業公司・一九九〇年）第五篇「西魏府兵史論」（一九八七年初出）もまた『周書』と『資治通鑑』の記述順序の違いに注目し、『資治通鑑』を是としている。

（40）仮に大統一六年段階で六卿の官品が第三品（正七命）であったとしても、その場合は少傅たる侯莫陳崇の位置にも問題が生じることになる。しかし、彼等はすでに最高級の柱国大将軍（第一品相当）なのである。三孤であることよりも柱国大将軍であることが優先されることは、三孤の最下位たる少保に除せられた広平王元贊がいまだ大将軍に位置していることから

も明らかである。

(41) 趙貴については『北史』巻五・魏文帝紀・大統一四年正月条・一八〇頁。于謹については『周書』巻一五・于謹伝・二四七頁および『北史』巻五・魏文帝紀・大統一四年五月・一八〇頁。しかしながらこの場合、司空が同時に二人居る状況が生じており問題無しとはしない。本章において、筆者は三師・三孤・二大・三公・六卿といった最高級官職は定員一名の原則に立っているが、近い例として北魏末普泰元年（五三一）三月に爾朱仲遠・爾朱天光の二人が同時に大将軍を拝受した例もある（『魏書』巻一一・前廃帝紀・普泰元年三月癸酉条・二七五頁）。注（32）で触れた高仲密の動向次第によっては司徒の座が空いている可能性があるのだが、これは指摘をするに留める。于謹についてもう一つ。『周書』于謹伝中に大統九年を前にして恒州刺史その他とともに大将軍を拝している記事がある（二四六頁）。しかし、同巻二・文帝紀下・大統九年春条に「開府于謹」（二八頁）とあり、さらに爾後の官職履歴から考えるとこの段階での大将軍就任は疑問が多く、現在のところは採りがたい。

(42) これらの状況からさらに推定できることがある。それは驃騎大将軍・開府儀同三司に列した多くの武臣の中で、功績を立ててより上位へと昇るべきこととなった人物から、順番に三公・二大に列していったということである。特に本来文官職であり事実上散官と化していた三公への就任は、八柱国・六柱国としてひとまとめに同格とみなしてしまうことを許さない指標である。

(43) 但し、史料上では宇文泰の肩書きとしてはあらわれるのは依然として（大）丞相或いは太師であり、大冢宰が登場するのは恭帝三年（五五六）春を待たねばならない。

(44) 『周書』巻二・文帝紀下・魏恭帝元年五月条・三五頁。

(45) 謝啓昆『西魏書』や万斯同『西魏将相大臣年表』がこれを採用している。

(46) 逆に言えば、元欣には李弼・独孤信に先んじて柱国大将軍を拝するだけの理由が見出せないのである。

(47) 李虎について最もまとまった量の記述は、前述したように些か時代が下って編まれた『冊府元亀』巻一・帝紀・帝系に見られ、先に挙げた『西魏書』巻一八・李虎伝もこれをもとに再構成したと考えられる。これらの記事の分析については本書

第三部第一章参照。

(48)『周書』巻一四・念賢伝。太師に関しては同時期に賀抜勝も拝しているため即断は出来ないが、念賢は大統初年には既に太尉を拝し、太傅を加えられている。さらに同伝に、

賢、諸公に於いて皆父党と為し、太祖より以下、皆之を拝敬す。（二二七頁）

とあるように、宇文泰以下の諸将より敬されていた重鎮であり、李虎と同列と見做すことはできない。

(49) 趙貴・李虎とともに従軍した李弼の『周書』・『北史』の列伝には、この内容の記述さえない。

(50)『周書』中華書局標点本の校勘記に大統四年段階での王盟の太尉在任を疑問視する注記があるが（三四四頁、広平王元賛と重なるのである）、そうであるにしても当時王盟は司徒の職にあることになる。

(51) 例外として、他国の皇帝、例えば『周書』における北斉神武帝高歓などについては「薨」を用いている。

(52)『旧唐書』巻四二・職官志一・貞観十一年条・一七八五頁。

(53)『唐会要』巻五七・尚書省諸司上・尚書令条・一一六〇頁。

(54) 布目潮渢『隋唐史研究』（東洋史研究会・一九六八年）・下篇・第二章第五節「秦王府・陝東道大行台・天策上将府の官制」（一九六六年初出）。

(55)『周書』巻三〇・竇熾伝・五一九頁。

(56)『周書』巻五・武帝紀上・天和六年四月庚子条・七八頁。

(57)『元和姓纂』巻一〇・陸氏・後周大司馬陸通条・一四一六頁。陸譲碑及び関連史料の存在については山下将司氏に御教示頂いた。記して謝する次第である。

【附記】

第一部第三章の初出（一九九九年）の後、山下将司氏が「唐初における『貞観氏族志』の編纂と「八柱国家」の誕生」（『史学雑誌』一一一—二（二〇〇二年））において、「八柱国」という語自体が唐代になってからの創作であろうと論を進められた。隋

代以前の一次史料で「八柱国」という語が記された史料が出た時点で見直しを迫られる危うさはあるものの、筆者は山下氏の所説を卓論とする立場である。したがって、西魏・北周時代に「八柱国（家）」・「十二大将軍」といった語が用いられ、それが「此の後、功臣、位の柱国及び大将軍に至る者衆けれども、咸な是れ散秩にして、統御する所無し。六柱国・十二大将軍の後、位次を以て嗣ぎて其の事を掌る者有るも、而して徳望素より諸公の下に在りて、此の列に預かるを得ず」というような、子孫の代まで規定されるような截然としたものであったかは、かなり疑わしいものとなっている。しかしながら、本書第一部第四章での考察にあるように、当時の人事や人間関係からは、「八柱国クラス」・「十二大将軍クラス」ともいうべき、おおよその階層分けが存在していたことが看取されることもまた確かであるので、当時の各種状況を読み解く上で、これらの語はまだある程度の有効性を保っていると判断される。

なお、山下氏が論証の材料として用いられたものに若干の問題を含む点があると考えるところがあるので、ここに指摘しておきたい。山下氏は隋代の「李椿墓誌銘」（桑紹華「西安東郊隋李椿夫婦墓清理簡報」〔『考古与文物』一九八六―三〕等に掲載）を挙げて、いわゆる「八柱国」の一人、李弼の息子の墓誌銘に「八柱国」の語が無いことを指摘し、隋代にはまだ「八柱国」という概念が無かったことの証左の一つとされた。しかしながら、周知の通り、隋文帝楊堅の父、楊忠はいわゆる「十二大将軍」の一人であるから、仮に西魏・北周の段階で「八柱国十二大将軍」なる括りが存在していたとしても、隋代にあって「我は八柱国の家柄」とアピールすることは、「つい先だってまでは現在の帝室よりも上位にあった」ということと同然である。帝室が比較対象に挙がってしまうのであるから、普通これは避けるのではなかろうか。となれば、隋代の一次史料に「八柱国」の語が見あたらないことは、特に不自然ではなことではないとも考えられる。そこで筆者は別の証左として北周時期の「徒何綸墓誌銘」（劉合心・呼林貴「北周徒何綸誌史地考」〔『文博』二〇〇二―二〕等に掲載）を挙げておく。徒何綸は李弼の弟で李椿の兄にあたり、徒何は李弼に賜姓されたものである。その墓誌銘にもやはり「八柱国」云々の語は見られない。この場合でも、「前代では宇文氏と同格であった」という意味を含むが、上下関係ではない点で一段階穏当であるし、また宇文泰が諸将とは別格であったことは支配集団の共通認識としてあったであろう。なお、「李椿墓誌銘」・「徒何綸墓誌銘」については、本書第三部第二章で検討を加えている。

第四章　柱国と国公
——西魏北周における官位制度改革の一齣——

緒　言

西魏・北周と続く政権は、北魏の分裂から生じ、隋唐帝国へと連なっていく政権である。ことに政権中枢の人員、特に武人・将帥たちの中に、後の隋唐の帝室の父や祖父が含まれていたり、府兵制と称される軍事制度など、政治的・軍事制度的に緊密な連続性があることは周知の通りであり、ここから、いわゆる隋唐世界帝国の直接の前段階として、分裂時期に中華世界の西北隅に存立した政権としては大いに注目されてきたことは、改めて陳寅恪以来の研究を持ち出すまでもないことであろう。その一方で、官制の面においては、『周礼』に基づく官制を全面的に採用したことによって、前後の時代と明確に断絶している。

周礼官制施行までの流れを簡単にまとめると以下のようになる。西魏初めの官制は、北魏のものであった。孝文帝の末年、太和二三年（四九九）に制定され、宣武帝の初年に施行された、いわゆる太和後令に基づく官制である。現在では便宜上、北魏と西魏と分けて呼ばれているが、連続した一つの政権であるので、当然、官制もなにかしらの改革がなされない限り、北魏のものをそのまま受け継いで使っていることになる。

これが、西魏の大統一四年（五四八）になって、二大（大将軍・大司馬）・三公（太尉・司徒・司空）が大冢宰・大司徒・

大宗伯・大司馬・大司寇・大司空の六卿へと置き換えられる。[1]この六卿こそは周礼官制の頂点に立つ行政長官たちであるが、この段階ではなんら実質を伴っていない名誉職であり、官制自体は依然として北魏以来の尚書を中心とする機構と宇文泰の大丞相府とによって機能していた。ただし、大冢宰以下の官名を用いることで、後に周礼官制を本格的に施行することを宣言したといえる。続いて廃帝三年（五五四）に九命の典が施行され、一品を頂点として九品までで構成されていた品階が、数字を逆転させて九命を頂点とした命階に置き換えられた。[2]そして恭帝三年（五五六）、西魏の最後の年になってようやく「六官建つ」と記される、周礼官制の本格的施行となった。[3]先の大冢宰以下の六卿の下に、行政組織が完備されたわけである。

全ての行政業務を六官に集約させたこの周礼官制の概要については、『周礼』という古典が存在し、また王仲犖氏の『北周六典』[4]を始めとした研究があるので措くこととし、この官制が北周静帝から禅譲された隋文帝が即位するとともに真っ先に廃止され、「漢魏の旧に依る」[5]となってしまう。周礼官制は幾何学的で表に組むときれいにおさまるような、非常に整然とした官制ではあった。しかし、逆に言えばプリミティブな官制であり、これで複雑な現実に対応できるかは別であって、隋になって早々に廃止された点からも、その機能性・合理性の程度については想像できるかと思われる。

このように、西魏末から北周時代の『周礼』に依拠した官制は、前後の時代と断絶しているわけだが、そのような中で、この時代に設置、あるいは改編され、以後の中国官制にながらく定着したものがあり、それが本章でとりあげる柱国（この時代は正式には大将軍がついて柱国大将軍。本章では一般に略称を用いる）と国公である。

柱国という地位は、「八柱国十二大将軍」という言葉もあって、いわゆる府兵制の最高級将帥たちを指すとされ、この時期を象徴する官名と認識されているといって差し支えなかろう。従ってこれに注目した先行研究もあり、先駆的なものとしては、藤堂光順氏が柱国以下の将軍号を含めて、将帥たちの昇進の様子から政権構成員の階層化の様子を明らかにされた(6)。

国公が含まれる封爵制度は、中国史上ながらく存続した制度であり、先行研究の蓄積は豊富である(7)。その中で、時期は西魏・北周まで下らず、北魏後期に限定されるが、封爵制度そのものについてではなく、その政界における地位を明らかにするものとしての爵位に注目されたのが、大知聖子氏の研究である(8)。つまりはどのような人物が与えられたのか、という視点である。従来の封爵制度の研究が、実質的な収入があるか否かという、経済的側面を重要視してきた中で、新たに政治的側面に迫った点を参考としたい。

制度の改定とは、当時の状況の要請によるものであり、特に改定当初において、当時の状況をより明確に反映するものである。前記の先行研究の成果を踏まえ、視角を参考にして、本章ではこの時代に新たに置かれた柱国・国公を併せて分析することによって、その政治的位置について検討し、あわせて西魏・北周政権の性格や、政治現象等についても考えてみたい。

第一節　柱国大将軍

まず柱国について設置の経緯と位置付けの変遷を示しておこう。詳細については既に本書第一部第三章第一節で述べたので、ここではことこまかに史料の引用はせずに概略をまとめておく。

柱国という名称の官職のおおもとは戦国期の楚の高官に由来し、将軍号は付いていなかった。楚以外にも趙で事例が見られ、秦漢交代期にも事例が見られる。大将軍が付された事例が見られるのは、王莽の新から後漢への過渡期、更始帝の時期が最初で、その後、五胡時代の後燕にも見出せる。北魏の時代では、太武帝の時期に当時の元老、長孫嵩に授けられた事例がある。この頃までは、まだ将軍に「柱国」という一般的な称号をかぶせただけ、という感覚であり、まだ柱国大将軍固有のイメージはできあがっていなかったと考えられる。

北魏末になり、建義元年（五二八）、爾朱栄が孝荘帝から授けられた。これは長孫嵩の事例を踏まえたものであろう。ただし、位は丞相の上とされ、官制内における相対的な地位が定められたのは、爾朱栄に授けられてからのことと思われる。爾朱栄の死後、あとを継いだ爾朱兆は普泰元年（五三一）に節閔帝から、その爾朱氏を逐った高歓は中興二年（五三二）に後廃帝から授けられ、西魏では大統三年（五三七）に宇文泰が文帝から授けられた。この頃には軍事力を背景とした政権の第一人者に与えられる官として定着していたと考えられる。例えば、『周書』巻二三・蘇綽伝所載の「大誥」冒頭には、

惟れ中興十有一年、仲夏、庶邦百辟、咸な王庭に会す。柱国泰洎び群公・列将、来朝せざるなし。（三九一頁）

とあり、「柱国泰および群公・列将」と宇文泰が群臣から別扱いとされ、その際の肩書が柱国となっている。

これがさらに変化するのが西魏大統一四年（五四八）で、宇文泰以外への授官が確認できるのがこの年である。先に周礼官制への移行の概略に触れた際に、二大・三公が六卿に改められたと述べたが、これと同時に、あるいはさほどたたないうちに、柱国大将軍と、二大という枠組みがなくなってあぶれた大将軍が散官化し(9)、戎秩という枠組みで宇文泰以外の一般群臣にも与えられることとなったのである。政権主宰者個人の称号から、不特定多数の群臣が到達しうる将軍号への変化であるから、官としての格式からすれば格下げであるが、これによっていわゆる「八柱国十二大将軍」が形成されうる、官制的土台が成立したことになる。西魏・北周政権の構成員の官歴を調査・分析する際には、この大統一四年の前後で柱国大将軍と大将軍の性格が異なっていることを認識しておくことが必要である。

このように述べると、柱国大将軍には最高級将帥として二人の大将軍、四人の驃騎大将軍・開府儀同三司を率いて府兵制度の一翼を担う、という職務があるではないか、という意見が当然出てくることとは思う。しかしながら、「八柱国」という語自体が唐代になってからの創作であろうとする山下将司氏の説も提出されており(10)、基本史料であ

表12：北周代戎秩・隋代散実官表

北周	官　名	隋
正九命	上柱国（大将軍）＊1	従一品
正九命	柱国（大将軍）	正二品
正九命	上大将軍＊1	従二品
正九命	大将軍	正三品
九命	上開府儀同三司＊1＊2	従三品
九命	開府儀同三司＊2	正四品上
九命	上儀同三司＊1＊2	従四品上
九命	儀同三司＊2	正五品上
八命	大都督	正六品上
正七命	帥都督	従六品上
七命	都督	正七品下

『通典』巻三九・秩品四／『隋書』巻二八・百官下に拠る
＊1：建徳4年に増設
＊2：建徳4年に「三司」を「大将軍」に改め、隋代に復す

表13：唐代勲官表

正二品	上柱国
従二品	柱国
正三品	上護軍
従三品	護軍
正四品	上軽車都尉
従四品	軽車都尉
正五品	上騎都尉
従五品	騎都尉
正六品	驍騎尉
従六品	飛騎尉
正七品	雲騎尉
従七品	武騎尉

『唐六典』巻二・吏部・司勲郎中条に拠る。

る『周書』巻一六・史臣曰条や、歴代の柱国の沿革を述べた『通典』巻三四・職官一六・勲官条等でも、当初の八名以後については散秩、つまりは散官で位階を表すものとされているので、府兵制云々については脇に置いて話を進めていくこととする[11]。

　北周建徳四年（五七五）になると、柱国大将軍の上にさらに上柱国大将軍が、大将軍の上に上大将軍がそれぞれ置かれる。隋代になると、戎秩という枠組みが散実官という名称になり、末尾の「大将軍」の語が取れるという改変があったものの、表12にあるとおり、上辺に詰まった官品がならされた以外に内容に変化はない。なお、東魏・北斉では高歓以後は就任者が続かずに廃された。また、北周の附庸国、後梁では、北周に倣って用いられた。

　唐代になると、勲官の枠組みに編入される（表13）。ただ、官品こそ二品相当と非常に高位ではあるものの、実質的な価値は暴落しており、例えば『白居易集』巻四九・中書制誥二に「神策軍及諸道将士某等一千九百人各賜上柱国勲制」という文があるように、穆宗の長慶元年（八二一）には、一度に一九〇〇人に上柱国が与えられるような状況になっていた。

かくして、実際の価値は上下したものの、その後も最高級の勲官として、五代・宋から明代まで存続したことが確認できる。[12]

以上が中国官制における柱国の変遷の概要であるが、やはり大統一四年（五四八）の散官化が、中国官制に定着するにあたってのポイントであったと思われる。では、なぜこの時に散官化される必要があったのかについて、特に由来を明記した史料はないので、状況からの推測となるが、簡単に述べておこう。

当時、定数不定の将軍号としての頂点にあったのが驃騎大将軍で、開府儀同三司と組み合わされて位階を構成していた。将軍号としてこの上にあったのは、宇文泰の柱国大将軍と二大の大将軍のみであった。本来、驃騎大将軍も定数一員であったと思われるが、北魏末正光年間あたりより、にわかに就任者が増えていた。[13]『魏書』巻一一三・官氏志に、

旧制、大将軍有らば、太尉を置かず、丞相有らば、司徒を置かず。正光已後、天下事多く、勲賢軌を並べ、乃ち倶に之を置く。（三〇〇四～三〇〇五頁）

とある。これは、もともと同時には置かれなかった大将軍と太尉、丞相と司徒が、北魏末の戦乱多事の頃になると、功績をあげた者に対して授けるべき官が不足したことにより、並置されるようになったことを述べる文であるが、驃騎大将軍についても同様の事情から散官化していたと見て大過あるまい。

西魏に話を戻すと、西魏政権は関西に割拠した一軍閥に皇帝が逃げ込んできて成立した政権である。その初期段階では軍閥の軍団をそのまま王朝の中央軍に仕立て上げるために、将帥たちを一気に昇進させて体裁を整えた。その後も、東魏に比べれば弱小勢力であったがゆえに、求心力を保つためにも褒賞を大盤振る舞いする必要もあったであろうし、また将帥たちが奮闘した結果でもあるのだが、どんどん出世させていった結果、この驃騎大将軍という最高級の称号を持つ者が非常に多くなっていた。そうなると、同じ驃騎大将軍でも、政権における実際の存在感には大きな

差が生じるもので、より高位の称号を与えてランク分けをしていかざるをえなくなったのである。そこで選ばれたのが、宇文泰と同格という建前でいられることができる柱国大将軍と、二大・三公を六卿に置き換える際にあぶれることとなった大将軍であった、と考えられるのである。

第二節　国　公

続いて、国公について見ていこう。

北周時期の封爵制度の概要について史料をあたってみると、前後を通観できる『通典』巻一九・職官一・要略・封爵の条では、

後魏、王・開国郡公・散公・侯・散侯・伯・散伯・子・散子・男・散男、凡十一等有り。〔王は半を食し、公は三分して一を食し、侯伯は四分して一を食し、子男は五分して一を食す。〕

北斉、王・公・侯・伯・子・男六等有り。

後周、公・侯・伯・子・男五等有り。

隋、国王・郡王・国公・郡公・県公・侯・伯・子・男、凡九等有り。

大唐、国王・郡王・国公・郡公・開国郡公・県公・開国侯・伯・子、凡九等。〔並びに其の土無く、実封を加う者は、乃ち租庸を給す。武徳より天宝に至るまで、実封せらる者、百余家。至徳より大暦三年に至るまで、実封せらる者、二百六十五家。〕（四八八頁）

とあり、北周に関しては公・侯・伯・子・男の五等爵があると記すのみである。遡って『隋書』巻二七・百官志中にあたっても、位階についてはこれ以上の情報は得られない(14)。しかしながら、これは疎略に過ぎる記述なのであって、

表14：封爵官品表

官品	北　魏	北　周	隋	唐
一	郡王・郡公	(国) 王・郡・県王 国・郡・県公（正九命）	(国) 王	(国) 王
従一	県公・散公		郡王・国公 郡公・県公	郡王・国公
二	県侯	県侯（正八命）	県侯	郡公
従二	散侯			県公
三	県伯	県伯（正七命）	県伯	
従三	散伯			県侯
四	県子	県子（正六命）	県子	県伯
従四	散子			
五	県男	県男（正五命）	県男	県子
従五	郷男・散男			県男

楊光輝『漢唐封爵制度』、pp. 4 ～ 7 所掲の表から再構成し、一部加筆。

実際には表14にまとめたように、「公」爵にも隋唐と同じだけの位階が既に揃っているのであり、特に国公が一般臣僚の到達しうる爵位として設けられたのは、北周時期が最初なのである。

国公設置の経緯について述べる前に、先行研究に拠って当時の封爵制度の概要について簡単に触れておこう。[15] ベースとなるのは、やはり北魏孝文帝によって改められた爵制で、位階については表14にまとめた通りである。その他の改革の内容をキーワードで挙げておくと、「開建五等」とは、公・侯・伯・子・男の五等の爵位の前に「開国」とつけられたものが、実際に土地を与えられる実封とされ、それ以外は実質のない虚封とされたことをいう。その際に、戸数が限定されて示されるようになったのが「食邑戸数制」である。また「例降」は、宗室以外の異姓には王爵を許さず、それまで王爵を有していた者たちを公爵に降し、公爵以下の爵位もそれぞれ段階に応じて降したことをいう。宗室と群臣の峻別を行ったのである。

それらが西魏・北周の頃にはどうなっていたかというと、経済的な面では、西魏の頃には「開国」とあっても実質のない虚封となっていたと考えられており、北周の保定二年（五六二）に、ようやく柱国のみが、爵位に基づいて収入を得られるようになった、という状況であった。[16] 一方で、文武を兼ねた政治的な身分をあらわす記号としては機能しており、西魏朝廷では、封爵を持たざる者は元日の朝礼に参加することが出来なかったし[17]、宇文泰は幕僚になった者には爵位を与えることを基本姿勢とした[18]。また、北周保定三年に世襲刺史・郡守を廃止するにあたっては封爵によって身分を保証している[19]。

続いて、国公設置までの展開を見ていこう。

後漢末以来、封爵に「国」号が用いられるのは、王朝最末期の禅譲に繋がるクラスの人物にほぼ限られており、基本的に宗室では郡王、群臣では郡公が最高位であった[20]。例えば、曹操の魏公や魏王、司馬昭の晋公・晋王等がこれにあたり、この魏や晋が国名である。ただし、史料上、彼等について魏国公や晋国公といった表記は一般的ではない[21]。なお、ここでいう「国」とは、基本的に周代〜戦国時期の諸侯国で用いられた国名を指していたとみてよいだろう。

北魏末に話を進めると、爾朱栄の専権時期に異姓王が復活する。爾朱栄が太原王となり、爾朱兆が潁川王となり、その他の爾朱氏一族も王爵をあたえられた。爾朱氏を逐った東魏の高歓は渤海王である。これらはみな郡王である。

西魏ではその末年、恭帝三年（五五六）に「例降」が行われ、宗室も含めて王爵が廃止された[22]。周知の通り、北周ははじめ君主号として皇帝ではなく天王を用いた。あるいは、西魏末年の例降は、きたるべき新王朝において、君主が皇帝ではなく、王であるということが予定されていたのを踏まえた政策だったのかも知れない。西魏にも、常山郡王斛斯椿や上党郡王長孫紹遠といった宗室以外の異姓王がいた。その一方で宇文泰は大統元年（五三五）正月に王爵の賜与を固辞して以来、安定郡公のままであった。王爵を含めてあらゆる称号を欲した爾朱栄や高歓と、宇文泰との性格の違いが現れているようで興味深い。

続く北周孝閔帝元年（五五七）に、一般の群臣も昇りうる国公が初めて置かれる。宇文泰の子供たちと、最高級将帥たちが封爵の上では同格に並べられた。北斉では姓の異なる群臣にも郡王位を与えているので、北周初年の段階では郡王を国公に改めた、という見方も可能である。その後、武成元年（五五九）に天王を皇帝に復したのを経て、建徳三年（五七四）に国王・郡王の王爵が復活し、加えて県王が新設され、宗室の皇帝に親い者たちから王爵に進められていった。(23)

かくして、北魏時代の制度に国王と国公が加えられた形が成立し、その後の隋唐にそのまま引き継がれ、さらに国公は群臣の通常登りうる最高位の封爵として、明代まで残ることとなった。(24)

それでは、北周初年に何故に国公が設置されたのかについて、その背景を補足しよう。これも由来を記した史料などは見あたらないため、状況からの推測となる。

理念的な面では、中央に周王が存在し、周囲に諸侯の「国」が封建される、という周代の体制を再現する意図があったと考えられる。ただし、公国の属官などは置かれたものの、実際に土地を以て封建されるわけではないので、根本的に異なる点があることは指摘しておかねばならない。

現実的な面では、新王朝の創始とともに、御祝儀的に群臣にさらなる栄誉を与える必要性があったことが挙げられる。先にも述べたように、西魏政権が将帥たちを気前良く出世させた結果、最高級の官位が飽和状態になっていた。軍事的位階では西魏の後半に柱国大将軍などを与えはじめていたので、また別のカテゴリーで、より高い地位を設定しなければならなかった。そこで選ばれたのがやはり郡公位が飽和していた封爵で、郡公の上に位階を増置して、これを上位の者から順次与えていこう、となったのだと考えられる。この時、北周では君主が皇帝ではなく、天王、つまり王を称したために、先年廃止したばかりの郡王爵を使いにくい状況になっていたことも重要である。王の下で郡公の上という位階を求めた結果、禅譲予定者クラス程度とはいえ前例のあった国公が採用されたのであろう。

また、封爵位は官職と異なり基本的に世襲されるものである。従って、家格の設定に直結する。郡公から国公への昇進を厳しくすることで両者を区別し、清河崔氏・隴西李氏といった旧来の名族とは別の、新たな最高門閥層を形成していこうとする意図もあったのではなかろうか。

小　結

ここで、柱国と国公についてまとめておこう。

西魏・北周時期以来、ともにながらく中国官制に定着した柱国と国公であるが、柱国は軍事的位階であり、国公は封爵であるので、そもそもの枠組みは異なる。その一方で、両者ともに勲功上位の者にさらなる栄誉を与えるために新設、あるいは位置付けを変更されたもの、という点を共通点として挙げることができる。爵制自体は連綿と続いてきたものであるので、いまさらな感じもあるかもしれないが、国公はその中では新規である。

新しい制度が適用された結果というものは、当時の状況がより明確に反映されているであろうと考えられる。そして分析視角に相違点と共通点の両方があることも重要で、事象をより立体的に浮かび上がらせ、従来見えていなかったものを見出すことが可能になるのではないかと考えるのである。そこで次節では柱国と国公の拝受状況を合わせて見ていくことで、当時のさまざまな事象を読み取っていくこととする。

第三節　柱国と国公の拝受状況から見えるもの

柱国拝受者の一覧表としては、呂春盛氏の著書に収められたものがあるので、[25]これをベースとし、若干の不備を補い、誤りを正した。表15は筆者が新たに作成した国公拝受者の一覧表である。[26]このデータを、宗室宇文氏を除いて、柱国拝受者の表に挿入して出来たのが章末に附した大きな表17である。基本的に呂氏の表に準じて柱国の拝受順に配列し、柱国を拝受していない、あるいは拝受時期が不明な場合には、適宜中途に組み込んでいる。後述するように、北周末の大象年間については、上柱国が濫授され、下位の柱国拝受者に至っては把握することもできない状況になる

表15：北周国公拝受者表

日　　時	姓　名	封国	要　　因	備　　　　考	出　典
孝閔1.1.乙卯(557)	李弼	趙		同10月薨	周3・周15
	趙貴	楚		同2月伏誅	周3・周16
	独孤信	衛		同3月賜死	周3・周16
	于謹	燕		天和3.3薨	周3・周15
	侯莫陳崇	梁		保定3賜死	周3・周16
	宇文護	晋	宗室	天和7(建徳1).3伏誅	周3・周11
孝閔1.10以降	李暉(輝)	趙	襲爵	李弼子	周16
	李弼	魏	追封		周16
	李暉(輝)	魏	襲爵		周16
	李曜(耀)	邢	父功	李弼子	周16
明帝2.9.甲辰(558)	元羅	韓	祀魏宗	天和3.8薨	周4
武成1.9.辛未(559)	宇文邕	魯	宗室	翌年4月即位・武帝	周4・周5
	宇文憲	齊	宗室	建徳3.1進王・文帝子	周4・周12
	宇文直	衛	宗室	建徳3.1進王・文帝子	周4・周13
	宇文招	趙	宗室	建徳3.1進王・文帝子	周4・周13
	宇文倹	譙	宗室	建徳3.1進王・文帝子	周4・周13
	宇文純	陳	宗室	建徳3.1進王・文帝子	周4・周13
	宇文盛	越	宗室	建徳3.1進王・文帝子	周4・周13
	宇文達	代	宗室	建徳3.1進王・文帝子	周4・周13
	宇文通	冀	宗室	文帝子	周4・周13
	宇文逌	滕	宗室	建徳3.1進王・文帝子	周4・周13
	宇文広	蔡	宗室	宇文導子	周4・周10
	達奚武	鄭		天和5.10薨	周4・周19
	豆盧寧	楚		保定5.3薨	周4・周19
	賀蘭祥	涼		保定2.閏1薨	周4・周20
	尉遅迥	蜀			周4・周21
	宇文貴	許		天和2.11薨	周4・周19
	楊忠	随		天和3.7薨	周4・周19
	尉遅綱	呉		天和4.5薨、第三子安嗣	周4・周20
	王雄	庸		保定4.12戦没	周4・周19
保定1.5.丙午(561)	宇文康	紀	宗室	孝閔帝子・建徳3.2進王	周5・周13
	宇文贇	魯	宗室	武帝子・建徳1立太子・宣帝	周5・周7
保定1.7.己酉	宇文顥	邵	宗室・追封	文帝長兄	周5・周10
	宇文什肥	邵	宗室・追封	宇文顥子・被害高歓	周10
	宇文会	邵	宗室・襲爵	宇文護子	周5・周10
	宇文連	杞	宗室・追封	文帝次兄	周5・周10
	宇文元宝	杞	宗室・追封	宇文連子・被害高歓	周10
	宇文亮	杞	宗室・襲爵	宇文導子	周5・周10
	宇文洛生	莒	宗室・追封	文帝三兄	周5・周10
	宇文菩提	莒	宗室・追封	宇文洛生子・被害高歓	周10
	宇文至	莒	宗室・襲爵	宇文護子・天和7.3伏誅	周5・周10
	宇文震	宋	宗室・追封	文帝子	周5・周13
	宇文実	宋	宗室・襲爵	明帝子・建徳3.2進王	周5・周13
保定1.11.乙巳	竇熾	鄧			周5・周30
保定1	宇文仲	虞	宗室・追封	徳帝従父兄	周5・周10
保定2.7.己巳(562)	賀抜岳	霍	追封		周5・周14
	賀抜緯	霍	襲爵・父功	賀抜岳子	周5・周14
保定2?	賀蘭敬	涼	襲爵	賀蘭祥子	周20
保定3?(563)	侯莫陳芮	梁	襲爵	侯莫陳崇子	周16
保定4.5.壬戌(564)	宇文賢	畢	宗室	明帝子・建徳3.2進王	周5・周13
保定4.9.丁巳	李虎	唐	追封	大統17薨	周5・旧唐1
	李昞	唐	襲爵・父功	李虎子	周5
	若干恵	徐	追封	大統13薨	周5・周17
	若干鳳	徐	襲爵・父功	若干恵子	周5・周17
保定5.1.乙巳(565)	王謙	庸	襲爵	王雄子	周5・周21
保定5.5丙戌	宇文興	虞	宗室・襲爵	宇文仲子	周5・周10
保定5?	豆盧勣	楚	襲爵	豆盧寧甥	周19
天和2.5.丁丑(567)	李穆	申			周5・周30

天和２？	宇文善	許	襲爵	宇文貴子	周19
天和３？(568)	于寔	燕	襲爵	于謹子	周16
天和３？	楊堅	随	襲爵	楊忠子	隋１
天和４．５．己丑(569)	元謙	韓	祀魏宗・襲爵		周５
天和４．11	長孫倹	鄶	薨・追封		周５・周26
天和４	宇文洛	虞	宗室・襲爵	宇文興子・隋介国公	周10
天和５．２．己巳(570)	宇文会	譚	宗室・転封	元邵国公・天和７．３伏誅	周５・周10
	宇文冑	邵	宗室・襲爵	自北斉帰国・宇文什肥子	周５・周10
天和５．３．辛卯	韋孝寛	鄖			周５・周31
天和５．６．壬辰	梁禦	蔣	追封	大統４薨	周５・周17
	梁睿	蔣	襲封・父功	梁禦子	周５・周17
天和５．11．乙丑	宇文導	豳	宗室・追封	宇文顥子	周５・周10
	宇文広	豳	宗室・転封	元蔡国公・同月薨	周５・周10
天和５？	達奚震	鄭	襲爵	達奚武子・天和６在爵	周５・周19
天和６．４(571)	斛斯徴	岐		斛斯椿子	周５
	長孫覧	薛		誅宇文護功・長孫紹遠子	周５・北22
天和６？	宇文絢	冀	宗室・襲爵	宇文通子・建徳３進王	周13
建徳５．12．丙辰(576)	韓建業	郇		北斉降将	周６
建徳５．12．丁巳	賀抜伏恩	郜		北斉降将	周６
建徳５．12．丙寅	丘崇	潞			周６
	姫願	原			周６
	尉遅運	盧		尉遅綱子・大象１．２薨	周６・周40
建徳６．１．甲午(577)	独孤永業	応		北斉降将	周６
建徳６．４．戊申	高緯	温		斉主・同10月伏誅	周６
建徳６．７．己卯	宇文貢	莒	宗室・襲爵	宇文憲子	周６・周12
建徳６．９．癸卯	王軌	郯			周６・周40
建徳６．９	斛律光	崇	追封		北54
	斛律鍾	崇	襲爵	斛律光子	斉17
建徳６？	竇恭	賛		(酇)	周30
建徳６？	梁士彦	郕			周31・隋40
建徳６？	長孫寛	管	父功	長孫覧子	隋51
宣政１．６．甲子(578)	于智	斉		誅宇文憲功	周７・周15
宣政１．閏６．辛巳	王誼	揚		王盟の甥の子	周７・周20
大象１．２．癸亥(579)	鄭訳	沛			周７・隋38
大象１．８．甲戌	陳山提	鄅	外戚	天左皇后父	周７
	元晟	翼	外戚	天右皇后父	周７
	楊雄	邘			周７・隋43
	乙弗寔	戴			周７
大象１？	尉遅靖	盧	襲爵	尉遅運子	周７・周40
大象２．３．丁亥(580)	孔子	鄒	追封	子孫襲爵	周７
大象２．３．辛卯	宇文椿	杞	宗室・襲爵	宇文導子	周７
大象２．３？	尉遅順	胙	外戚	天左大皇后父	北62
大象２．８．丁卯	辛威	宿			周７・周27
	怡峯	鄀	追封	大統15薨	周７
	怡昂	鄀	襲封・父功	怡峯子	周７
大象２．９．庚戌	于翼	任			周８・周30
	宇文忻	英		宇文貴子	周８・周19
大象中	劉亮	彭	追封	大統12薨	周17
	劉昶	彭	襲封・父功	劉亮子	周17
大象末	田弘	観	追封	建徳３薨	周27
大象末	田恭	観	襲爵	田弘子	周27
大象中	陰寿	趙		尉遅迥討伐功	隋39
大象中	宇文述	褒		尉遅迥討伐功	隋61
？	宇文貞	酆	宗室	明帝子・建徳３．２進王	周５・周13
？	宇文賛	漢	宗室	武帝子・建徳３．２進王	周５・周13
？	宇文贄	秦	宗室	武帝子・建徳３．２進王	周５・周13
？	宇文允	曹	宗室	武帝子・建徳３．２進王	周５・周13
？	宇文譲	郾	宗室	宇文純子・大象２国除	周13
？	宇文転	蕃	宗室	宇文達子・大象２国除	周13
？	宇文裕	箕	宗室	宇文逌子・大象２国除	周13

※亡父の功績により国公爵を与えられた場合、亡父にも追贈されていると見做している。

ため、分析の対象として抽出したのが国公拝受者に限定されることをお断りしておく。また、宗室出身者は群臣とはまったく別の判断基準で任官・昇進するものであり、同じ表に含めると、どうしても傾向が掴みづらくなってしまうため、考察から除外してある。（　）内の数字は月を示す。

1　柱国大将軍の拝受状況

柱国大将軍の拝受状況に関する分析は、緒言で触れたように藤堂光順氏によって既になされている。(27)藤堂氏は西魏から建徳元年（五七二）に北周武帝の親政がはじまるまでの時期について、柱国拝受者を四段階にグループ化された。表17にあてはめると、A：01〜07、B：09〜19、C：22〜29、D：30〜55となる。これをふまえて、主として従来指摘されていない点について、簡単に解説を加えておこう。

Aグループは西魏末に柱国大将軍を拝受した面々で、いわゆる八柱国がこれにあたる。大統一六年（五五〇）以降、北周成立まで柱国の新任はほぼ絶える。山下将司氏が述べられたように、八柱国という枠組み自体は或いは唐代の創作であったかもしれないが、この段階で柱国を拝受していた人々と、北周成立まで拝受できなかった人々、つまりBグループ以下との間に、明確な差違があったことは否定できないといえるだろう。(28)

間に挟まっている08元子孝については、藤堂氏は西魏時期に薨じているために考察の対象からは外されている。元子孝は『北史』巻一七に簡単な列伝があり、そこに柱国拝受が明記され、また、09達奚武が廃帝元年（五五二）に漢川を経略した功績により柱国を授けられようとしたのを、「元子孝より先に柱国になるべきではない」と言って固辞した話が伝わるので、(29)相応の立場にはいたようである。しかしながら、いわゆる十二大将軍に列していないところからいきなり名前が挙がるため、不自然な点はある。この元子孝の柱国拝受も曲者で、従来、「八」柱国の数合わせのために、廃帝元年に薨じた01元欣の後任であるとされたり、或いは実際に府兵を率いたとされる「六」柱国の数合わせのために、大統一七年に薨じた06李虎の後任であると見做されてきた(30)。しかしながら、数に拘るのであれば、西魏時期に欠けたのが二名いるわけであるから、いずれにしても元子孝一人ではこれを満たし得ず、自己撞着に陥っているのは否めない。そうなると、やはり八柱国という数字による括りには拘らない方がよいのではないだろうか。

Bグループは北周の最初期にまとめて柱国を拝受した面々である。おおよそ、十二大将軍クラスがこれにあたる。ただし十二大将軍とされるなかでも、17楊忠・18王雄の二名がなぜか一年遅れている。となると、この段階で十二大将軍という枠組みで一括りにされていないということであるから、十二大将軍という枠組みもまたはたして有効であるのか、という疑問が生じる。この点についてはまた後ほど触れる。

Dグループより後、つまり建徳年間に進むと、柱国拝受者は減少傾向となる。これは実際に減っているのではなく、拝受時期が不明なために、表にあらわすことが出来ないのが理由である。ではなぜ拝受時期が不明であるかと言えば、それは柱国の価値が下落したことにより、記事としての重要性もまた低下したからにほかならない。その結果として、上柱国大将軍の増置がなされるわけである。

2　北周前期における国公の拝受状況

では、これに国公・封爵という基準を加えると、どのようなことが見えてくるだろうか。

北周前期の国公拝受者を見ると、孝閔帝元年（五五七）に八柱国クラスが、武成元年（五五九）に十二大将軍クラスがひとまとめに拝受し、さらに二年遅れて保定元年（五六一）に19竇熾が鄧国公を拝受すると、天和二年（五六七）に23李穆が申国公を拝受するまで六年間、功臣本人への新規の拝受がひとまず停止する。そして、保定元年以後の柱国拝受者で国公に至った者が、それ以前に比べて少ないことは歴然としている。筆者としては、ここに家格の段階が置かれていると考える。

表16：北周前期における功臣の父に対する贈官表

姓名	功臣(子)	時期	師傅	軍号	その他	郡公	邑	謚	出典
李永	李弼		太傅	柱国		河陽			李椿墓誌
于提	于謹	保定2(562)	太保	柱国		建平			周15
侯莫陳興	侯莫陳崇		太保	柱国	定等五州刺史	清河			北60・侯莫陳毅墓誌
豆盧長	豆盧寧	武成初(559？)＊	少保	柱国		涪陵			周19
		保定3	少師				二千		庾子山集14
賀蘭初真	賀蘭祥	保定2	太傅	柱国		常山			周20
尉遅俟兜	尉遅迥	武成初＊	太傅	柱国		長楽		定	北62
宇文莫豆干	宇文貴	保定中	少傅	柱国	夏州刺史	安平			周19
楊禎	楊忠	保定中	少保	柱国		興城			周19
王崙	王雄		少傅	柱国		安康			周19
竇略	竇熾		少保	柱国		建昌			北61

太師＝（該当者無し）　太傅＝李弼・賀蘭祥・尉遅迥　太保＝于謹・侯莫陳崇
少師＝豆盧寧（？）　少傅＝宇文貴・王雄　少保＝豆盧寧（？）・楊忠・竇熾
＊武成は保定の誤りか？　注（32）参照

参考として、北周前期に功臣の父祖へ柱国等が追贈された事例として見出せるものをまとめたものが表16である。これが、19竇熾までの国公拝受者で、それまでに誅殺されたり死を賜ったりした者を除いた面々とほぼ一致する。09達奚武の父祖への追贈が確認されれば、完全に一致するのである。ここからも、この面々が最高級の家格・待遇を与えられたと見做して良いといえるだろう。[31]

さらに述べるならば、追贈された官のなかで師傅の欄に注目すると、やはり、厳然たる格付けがなされていることが認められる。太傅・太保の三公（他の時代では三師）を贈られた層が八柱国クラス、少師・少傅・少保の三孤（三少）を贈られた層が十二大将軍クラスと分けられる。[32] 例外の12賀蘭祥と13尉遅迥が何者かといえば、この両名は宇文泰の甥であり、追贈されたその父たちには宇文泰の姉が嫁いでいるのである。まさしく血縁・姻戚重視の結果である。ここで表17に戻れば、13尉遅迥とその弟16尉遅綱は、西魏時期には十二大将軍クラスのさらに下にいたのが、北周初年に柱国、武成元年には国公と、非常に早いペースで昇進しているのがわかる。彼等が宇文泰の甥という立場によって、その昇進速度が他を圧して早いことは、すでに藤堂氏や呂氏によって指摘されているが、西魏政権を主宰していたころの宇文泰には、頼れる親類が少なく、北周前期に専権を振るった宇文護など宇文氏内の甥とともに、姉妹の嫁ぎ先の子弟達を取り立てていった様子が、封爵の点でも、父祖への追贈の面でもはっきりと窺えるのである。

ここで、19竇熾の位置について触れておく。藤堂氏は竇熾を十二大将軍クラスと同じBグループに分類された。これは慧眼であったといえる。柱国拝受の時期だけで見れば、竇熾は十二大将軍の17楊忠等に遅れること二年、21陳頊は特殊事例なので措くとして（後掲その他の項参照）、22韓果に先んじること三年であるから、どちらに含めるか明確とは言い難い。そして、竇熾をBグループに含めると、竇熾だけが十二大将軍でもなく宇文泰の近親というわけでもないことになるのだから、「八柱国十二大将軍」という語に拘っていれば、この判断は採りがたかったはずである。しかしながら、国公、そして父祖への追贈という基準を用いれば、竇熾は明らかにBグループに含められるのである。[33]

3　北周後期における国公・上柱国の拝受状況

北周後期の国公・上柱国の拝受状況を見ると、政治・軍事的な功績とは無関係の恣意的な運用の増加が見られるようになり、特に末期では濫授の傾向は明らかである。

62長孫覧は、北周明帝時になってようやく大都督に昇った人物であったが、即位前の武帝と親しみ、武帝が即位すると万機を委ねると称されるほどに重用され、天和六年（五七一）に国公に至った。[34] その後、建徳六年（五七七）に平斉の役に従軍したことで柱国に昇り、加えて第二子67長孫寛までも管国公を拝受することとなった。この事例からすると、柱国は軍事的功績の積み重ねによってようやく拝受されるものの、国公の場合は、皇帝の匙加減次第で、一気に到達させうることが見てとれる。

71于智の事例はさらに悪質である。宣政元年（五七八）、宣帝は即位すると、朝廷の重鎮であった叔父の斉王宇文憲の存在が煙たくなり、謀叛をでっちあげて誅殺した。この時に、密告役をあてがわれたのが当時開府に過ぎなかった于智であった。恐らくは于智と宣帝との間にも個人的な紐帯があったのであろう。この功績によって于智は一気に斉国公に封じられ、直後に柱国に昇った[35]。王と公との違いはあるものの、宇文憲の「斉」を与えられたわけである。

65王軌や74鄭訳も柱国・郡公未満からの超拝である。客観的には国公を拝受されるだけの充分な功績を積み重ねていたとは判断しがたく、また于智のように突発的な大功が有ったわけでもない。しかし、王軌は武帝が輔城公であった頃から、鄭訳は宣帝が皇太子であった頃から、それぞれ側近として仕えてきた人物であった。

また、75陳山提・76元晟・80尉遅順は（大）皇后の父親であることを理由に一気に国公に昇された[36]。13尉遅迥の子である尉遅順はともかくとして、皇后の実家はそれに相応しい家柄でなければならない、ということであろう。上柱国拝受者については呂氏の著書にまとめられているので[37]、ここから人数のみを挙げると、建徳四年（五七五）：二名、五年：九名、六年：二名、宣政元（五七八）：九名、大象元年（五七九）：三名、二年：二六名となっており、特に大象二年の増え方は当時の政治的混乱を示していよう。

4　北周成立以前の物故者への追贈とその子孫による襲封

19竇熾の国公拝受と同じ保定元年（五六一）に、20賀抜緯が国公を襲いでいる。この事例は、北周成立以前に薨じた功臣への追贈とその子孫による襲封というカテゴリーに分類することできる。他にこのカテゴリーに含まれるのは、06李虎→53李昞（86唐高祖李淵の父親）、若干恵→56若干鳳、梁禦→59梁睿、劉亮→23劉昶、怡峯→81怡昂である。

子が既に薨じている父の功績をもって国公に封じられる場合、亡父に国公が追贈され、子が襲ぐという形式を採ったと考えられる。実は亡父への追贈については『周書』等に直接の記述は無いのだが[38]、『旧唐書』巻一高祖紀には、06李虎について「周受禅、追封唐国公」とあり、53李昞について「襲唐国公」とあって、亡父に追贈され、子が襲いだことが記される。建徳六年（五七七）、北周が北斉を滅ぼして後、北斉の功臣斛律光に崇国公を追贈し、その子89斛律鍾に襲がせた事例も傍証となろう。[39] もとより亡父の功績であるのだから、亡父にも名誉が贈られていると見做すのが妥当であろうと考え、カテゴリーにかかる名称を付し、表17では子に（襲）と附記している。

さて、20賀抜緯であるが、その父賀抜岳は、宇文泰の前に関西軍閥を率いていた人物である。このカテゴリーに居並ぶ李虎・若干恵・梁禦・劉亮・怡峯の全員や宇文泰も含めて、西魏・北周の将帥の多くが賀抜岳の配下で戦った経験があり、まさしく別格の存在である。

他に注目したいのは、53李昞と56若干鳳である。父親はそれぞれ06李虎と、表17には載せていないが、若干恵である。彼等に同時に追贈されたということは、当時この両名が同格と見做されていたということである。「諸将に於いて年、最少」であった若干恵が薨じたのは、柱国や大将軍の散官化がなされる以前の大統一三年（五四七）のことであるが、[40] 彼は当時、既に三公の司空の地位にあった。これは八柱国クラスの将帥と比較すると、太尉李弼、大司馬独孤信に次ぐ存在であり、趙貴や于謹よりも上位にあった。であれば、人並みの寿命を保ち、大きな失敗を犯すことがなければ、大統一五年には柱国に列していたことは間違いなく、八柱国クラスと認定して良い人物だといえる。従って、若干恵と李虎が八柱国クラスとして同格に扱われていることは、理にかなっているのであり、換言すれば、北周の初期においては、柱国大将軍に就任していたか否かは、さほど重要視されていなかったということでもある。「八柱国十二大将軍」という言葉が一人歩きして、柱国という位のみが注目されている状況の影には、まだまだ注意すべき人物はいることを示していると言えるだろう。

5　国公の世襲状況

北周末年までに国公拝受者が薨じ、子孫に世襲された事例は、02李弼→33李暉、05于謹→30于寔、07侯莫陳崇→54侯莫陳芮、09達奚武→49達奚震、10豆盧寧→58豆盧勣、12賀蘭祥→57賀蘭敬、14宇文貴→47宇文善、17楊忠→63楊堅、

18王雄→28王謙、32田弘→83田恭、61尉遅運→79尉遅靖がある。

『周書』巻四〇・宇文孝伯伝に

天和元年、小宗師に遷り、右侍儀同を領す。父の憂に遭うに及び、詔して服中に於いて爵を襲がしむ。高祖、嘗て従容として之に謂いて曰く、「公の我に於いてや、猶お漢高の盧綰と与にするなり」と。乃ち賜うに十三環金帯を以てす。（七一六頁）

とあり、服喪中の襲爵が特殊事例であると認められることから、世襲の際には、基本的に服喪期間がとられたと考えられる。18王雄→28王謙の事例では、特に奪情によってただちに襲爵していることが確認できたり、05于謹→30于寔のように父の死亡時期と子の世襲時期それぞれがある程度でも判明する事例は稀で、09達奚武→49達奚震のように、史料上、襲爵時期にばらつきが見られる事例もある。従って、具体的な服喪期間が不明であるため、表17では子の襲爵時期が不確定の場合には、便宜上、子の襲爵を父の薨じた直後に置いてある。

世襲が確認できないのは16尉遅綱（子の安が嗣いだとあるものの、爵位については不明）、25長孫倹（長子隆、その弟平の存在は記されるも爵位の世襲については不明）、33李暉（没年不明。子の存在が確認されず）、34李曜（没年不明。子の故鄰が邢国公を嗣いだことは確認できるが[41]、その襲爵時期は不明。）である。ただし、世襲されなかったと断定するには至らない。なお、34李曜は02李弼の長子であったものの、次子33李暉が宇文泰の娘義安長公主を娶った関係で優先されたために、後嗣となれなかった。それでは不憫と、朝廷が李弼の功績大なることも鑑みて、李曜にも邢国公が与えられたという経緯があった[42]。

6　文官出身者への国公拝受

主に文官畑を歩み、戦場に出たことが確認できない人物が国公に至った事例として挙がるのは、37斛斯徴のみである。史料上、斛斯徵には軍事的功績を上げた記述が無く、その活動は文官としてのものに限られる。(43) 柱国に達する前に国公に至ったという点だけならば、本節第3項で恣意的な拝受と括った面々と同じではある。しかしながら、斛斯徵には西魏初め以来の官歴があり、礼楽の整備に大いに貢献し、また国公の拝受理由に（例えば権臣の誅殺といった）突発的な事件がからんでいることもなければ、皇帝との個人的かつ緊密な繋がりも確認できないことから、不断の功績の積み重ねによって、国公を拝受したと判断されるのである。斛斯徵の父は西魏初めの異姓王を追贈された常山郡王斛斯椿であるので、もとより家柄は良かったからともいえるものの、とりあえず、封爵は軍事的功績のみではなく、文武総合での判断で与えられていることが確認できるとしてよいだろう。また逆に、他の国公拝受者がみな武官としての経歴が主であるわけで、命をかけて戦功をあげることが出世の早道であることは確かであるにしても、これほどまで武官に偏重するというのも、西魏・北周政権の性格をよくあらわしているといえるだろう。

7　後代への影響

02李弼の曾孫、34李曜の孫には隋末唐初の群雄、李密がいる。李密は洛口に拠って中原を席巻した際に魏公を自称した。これは、封爵制度中の国公とは若干ニュアンスが異なるものの、曾祖父李弼に追贈された封爵に基づく。後に王世充に敗れて唐朝に降伏すると、邢国公を拝した。これは祖父李曜の封爵である。

群雄勢力の多くが早々に皇帝や王を称していくなか、李密は隋から禅譲させることを視野に入れてこれに同調せず、自立するにあたって称号として選んだのは、曾祖父の封爵に基づいた魏公であった。(44) この李氏は隋代には国公位を失っていたが、李氏隆盛の立役者である曾祖父李弼の存在はやはり誇らしかったのであろう。河南を中心に割拠した勢力としても、魏は相応しいものであった。唐に降ると、改めて国公に封じられることとなった。既に魏国公が功臣の裴寂に与えられていて埋まっており、そこで選ばれたのは邢国公であった。李密の側から希望したのか、唐朝の側があてがったかは定かではないが、いずれにしても、李密が祖父の封爵を継承することを唐朝が認めたということである。国公の位置付けが、北周と唐ではさほど変化が無かったことと、王朝こそ代わったものの、唐の李氏と李密の一族が西魏北周以来同じ階層にあったことからくる、連帯感のようなものもあったのであろう。

8　その他

その他として、例外的な事例に触れておこう。

北周は建徳六年（五七七）に北斉を滅ぼすと、北斉から降った人々を受け入れ、相応の地位を保証する。[45] ただし、位が高ければ高いほど、北斉時代の地位をそのまま保証することはできず、87韓建業〜91斛律鍾などは北斉時代には郡王位を保持していたものの、さすがに北周では国公に貶されている。間に挟まった90高緯は北斉の後主である。半年後に誅されるまで、彼もまた国公待遇となった。

21陳頊は陳覇先の甥で、後の陳の宣帝である。梁の元帝のもとに入侍していた陳頊は、西魏恭帝元年（五五四）の江陵征伐に際して捕らえられ、長安に徙されていた。保定二年（＝陳天嘉三年（五六二））、北周朝廷は、陳頊を陳に送還するにあたって、みやげ代わりに柱国を与えたのだった。

35元羅と36元謙は、いわゆる二王之後にあたる。前王朝・前々王朝の子孫を現王朝の賓客として遇して前王朝の宗を祀らせ、また、宮廷儀礼に参加させた。[46] この前王朝とは、禅譲による王朝交替を前提としているため、禅譲に拠らなかった北魏では存在しなかった。南朝では存続しており、郡公位をあてがわれていた。北周では譲位した西魏恭帝を宋公に封じ（西周が殷の微子啓を宋に封じたことにちなむ）、ほどなく殂すると、元氏から元羅を選んで韓国公に封じ魏の後を紹《つ》がせた。以後、隋では二王之後として、唐代には三つ前の王朝ということで三恪として扱われた。

孔子と92その子孫が鄒国公を拝している。[47] 孔子に対する尊崇行為は歴代王朝で見られ、子孫に官位を与えることも恒常的に見られたが、北周時期の記録は、末年のこの事例のみである。

結　語

柱国と国公は西魏・北周時期に新設、或いは位置付けを変更され、隋唐以降に引き継がれていった官・爵位である。柱国は軍事的位階、国公は封爵と、異なる枠組みに属してはいるものの、ともに功臣たちにより高い栄誉を与えるために設けられた官位であった。

皇帝との個人的な繋がりに基づく突発的な進爵が散見するものの、国公の方が柱国よりも拝受者が少なく、概ね慎重に授与されているのは確かであるので、より尊重されたのは国公であろう。従って、経済的な実質がたいして無かったがために、従来の研究ではいささか等閑視されてきた観はあったが、政界における地位を測る基準としては有効であろう。また、時代を降った隋唐代においても、いま少し注目してみてもよいかもしれない。

これらを組み合わせて見ることによって、政権の人事や政治的現象などについて、より精度の高い観察が可能となったかと思う。例えば、いわゆる「八柱国十二大将軍」についてである。一般的には、『周書』巻一六・史臣曰条にあるごとく、大統一六年（五五〇）段階で名を連ねた八名の柱国と十二名の大将軍のみが特別扱いされたと見做されてきた。これを柱国・国公の拝受状況から見直せば、概ねこれに沿った階層の境目があることは看取されたものの、例外もまた多く存在し、従来の「八柱国十二大将軍」という括りが機能していたとは言い難い状況であった。『周書』巻一六・史臣曰条は、先祖を称揚しなければならない唐朝の意向がことのほか色濃く反映している史料であり、実像にせまるには、さらなる史料批判が必要であろう。

また、西魏・北周時期の支配階層を分析するに当たっては、その民族的出自の割合を見ることが重要な視点として挙げられ、現段階で最も詳細なものとして吉岡真氏の研究がある。[48]しかしながら、従来漢族とされてきた02李弼が、どうやら鮮卑慕容部の出身である可能性が高くなったように、[49]今後、検証を進めていくにつれて、従来「漢」と見做されてきた人物が一人、また一人と「胡」出身と見做されるようになっていくと思われる。従って、一通りの検証を済ませていない現段階では、拙速を避けるためにも、胡漢の比率云々については触れなかった。この点に関しては後考を期したい。

最後に、西魏・北周時期の周礼官制が隋初に撤廃されたなかで、柱国と国公の二つが残された理由について、簡単に見通しを述べておこう。

ありていにいってしまえば、『周礼』が記した行政機構の枠組みの外に位置したからである。柱国を含む戎秩や散実官と、国公を含む封爵は、行政機構に属しているのではない。封爵制については、『周礼』には公・侯・伯・子・男の五等が爵位として規定され、三国時代以来、五等の爵位の前に行政区画等の地名を冠し、より細分化されていく形で中国官制に定着していった。従って、大枠では『周礼』に則っているともいえるのではあるが、西魏・北周時期に改めて『周礼』を持ち出す以前から定着していたために、周礼官制廃止の際にも、撤廃の対象とはならなかった。なにより、柱国と国公がともに、栄誉の象徴として深く受け入れられていたために、これらを含む制度的枠組みを改変しがたい状況であったとも考えられる。

また、隋初の官制改革では、行政機構全体の入れ替えとともに、軍事職偏重が是正された。表12に示したように北周戎秩の最下位の都督が七命（従三品相当）である。これを六官のトップたる大冢宰等が正七命（三品相当）であるのと比較すれば、武官の位の高さ、文官との不均衡さが実感されよう。この文武官職の不均衡を是正するにあたって、武官を一方的に引き下げるだけでは不満も出たにちがいない。そこで、文武共通の封爵位によって、各人の保有官品をある程度担保することとし、それがために封爵の位階については改変がなされなかったと考えられるであろう。

注

（1）六卿の登場と、同時になされた二大・三公制の廃止については本書第一部第三章参照。
（2）『周書』巻二・文帝紀下・廃帝三年春正月条・三四頁。
（3）『周書』巻二・文帝紀下・恭帝三年春正月丁丑条・三六頁。
（4）王仲犖『北周六典』（北京：中華書局・一九七九年）。
（5）『隋書』巻一・高祖紀上・開皇元年二月甲子条・一三頁。
（6）藤堂光順「西魏北周期における「等夷」関係について」（『名古屋大学東洋史研究報告』八（一九八二年））。
（7）封爵制度については各時代ごとに専論があるが、ここでは概括的なものとして、楊光輝『漢唐封爵制度』（北京：学苑出版社・一九九九年）を挙げておく。
（8）大知聖子「北魏の爵制とその実態――民族問題を中心に――」（『岡山大学大学院文化科学研究科紀要』一二（二〇〇一年））。
（9）本章では、「定まった職務が無く、位階を示すもので、定数が不定」という概念で「散官」という語を用い、必ずしも令文等に規定されたものに限定しない。
（10）本書第一部第三章附記参照。
（11）『周書』巻一九・達奚武伝に、

明年、武、旅を振り京師に還る。朝議、初め武を以て柱国と為さんと欲するも、武、人に謂いて曰く、「我の柱国と作《な》るは、応に元子孝の前に在るべからず」と。固辞して受けず。（三〇四頁）

とあり、廃帝元年（五五二）に漢川経略に成功して長安に凱旋した達奚武に対し、柱国を授けようとする動きがあったものの、達奚武本人が時期尚早と辞退したことを述べる。また、『周書』巻二八・陸騰伝に廃帝二年頃のこととして、

太祖、騰に謂いて曰く、「今、江油路を通じ、直に南秦に出でんと欲すれば、卿、宜しく善く経略を思うべし」と。騰曰く、「必ずや機に臨み変を制するを望むも、未だ敢えて預陳せず」と。太祖曰く、「此れ是れ卿の柱国を取るの日ならん、

卿、其れ之に勉めよ」と。即ち服する所の金帯を解き之に賜う。（四七〇頁）

とあり、四川に出征してゆく陸騰に対して、宇文泰が「柱国をめざして励め」といった感じで激励している。これら廃帝年間の時点で、将帥たちにとって柱国に至ることが大きな目標となっていることをうかがわせ、翻って、柱国が大統年間に既に到達していた八名だけの称号とは見做されてはいないことを示す。

(12)『正徳大明会典』巻一二・吏部一一・稽勲清吏司・勲級・文勲・武勲条。

凡そ文職の官員、一品より五品に至る、応合《まさ》に授勲すべき者、散官に照依して定擬し、奏聞して給授す。正一品（左柱国・右柱国）、従一品（柱国）、正二品（正治上卿）、従二品（正治卿）、……。（一b）

凡そ武職の官員、一品より六品に至る、応合《まさ》に授勲すべき者、散官に照依して定擬し、奏聞して給授す。正一品（左柱国・右柱国）、従一品（柱国）、正二品（上護軍）、従二品（護軍）、……。（一b～2a）

(13)万斯同『魏将相大臣年表』（『二十五史補編』（上海：開明書店・一九三六年）所収）参照。

(14)『唐六典』巻二・尚書吏部・司封郎中条に至っては、割注に、

晋に至り、五等の制を復す。宋・斉の後、或いは置き或いは廃し、亦た常ならざるなり。隋氏、始めて王・公・侯已下の制度を立て、皇朝、之に因る。（三七頁）

とあって、北朝に関しては触れられず、王爵が隋代になって始めて置かれたと記すが、これは誤りである。

(15)内田吟風「北魏封邑制度考」（『北アジア史研究　鮮卑柔然突厥篇』（同朋舎・一九七五年所収、一九五六年初出））、川本芳昭『魏晋南北朝時代の民族問題』（汲古書院・一九九八年）・第二篇第三章「封爵制度」（一九七九年初出）、前掲注（7）楊光輝著書参照。

(16)『周書』巻五・武帝上・保定二年夏四月癸亥条に、

癸亥、詔して曰く、「比《このごろ》、寇難猶お梗ぎ、九州未だ一ならざるを以て、文武の官の功効を立てし者は、錫うに茅土を以てすと雖も、而して未だ租賦を給さず。諸柱国等、勲徳隆重なれば、宜しく優崇有るべし。各おの別制に准じ、邑戸他県に寄食するを聴す」と。（六六頁）

とあり、北周保定二年までは虚封であり、この詔によって、柱国等が他県の封邑からの収入を得られるようになった。ただし、保定二年当時の柱国は、皆国公に昇っていたので、事実上、国公のみが爵位に基づいて収入を得られるようになったとするのと同義である。

（17）『周書』巻三七・趙粛伝。

（大統）十三年、廷尉少卿に除さる。明年元日、朝礼を行うに当り、封爵を有する者に非ざれば、預るを得ず。粛、時に未だ茅土有らず。左僕射長孫倹、太祖に白して之を請う。太祖、乃ち粛を召し謂いて曰く、「歳初、礼を行うに、豈に卿をして預らざらしむを得んや。然るに何為《なんす》れぞ早く言わざらんや」と。是に於いて粛をして自ら封名を選ばしむ。粛曰く、「河清、乃ち太平の応、窃かに願う所なり」と。是に於いて清河県子に封ぜられ、邑は三百戸なり。（六六三頁）

（18）『周書』巻三五・薛善伝。

時に謀に預りし者、並びに五等爵に賞せらるも、善、以えらく、背逆・帰順は臣子の常情、豈に闔門大小、倶に封邑を叨《むさぼ》るを容れんと。遂に弟の慎と並びに固辞して受けず。太祖、之を嘉し、善を以て汾陰令と為す。（六二三～六二四頁）

（19）『周書』巻五・武帝紀上・保定三年九月己丑条。

初め州郡県を世襲せし者をして改めて五等爵と為さしむ。州は伯に封じ、郡は子に封じ、県は男に封ず。（六九頁）

（20）北魏太武帝の太平真君三年（四四二）に、皇子が晋・秦・燕・楚・呉王に封じられた例があり、これら諸王は、郡王の上位に置かれたと考えられるが、正平元年（四五一）に郡王に改封されている（『魏書』巻四下・世祖紀・太平真君三年十月己卯条・九五頁、同正平元年十二月丁丑条・一〇六頁）。この降格処置には、同年六月に景穆太子が死没したこと、ついで七月にその子（後の文成帝）が高陽王に封建され世嫡皇孫とされたことが関連している。また、西魏後半期の事例として、「斉王元廓」・「梁王元倹」といった事例が見られる。これらが郡王であるのか、より上位の国王相当であるのか俄には判別しがたいが、いずれも西魏文帝の皇子であることから恐らく後者で、太武帝の諸子の例と同様に、他の諸王たちよりも一段高い格式を与えられていたのであろう。

（21）『後漢紀』巻三〇・孝献皇帝紀・建安十八年二月庚寅条の策命文中に「君を封じて魏国公と為す」（五八四頁）とある程度

である。

(22) 濱口重國『秦漢隋唐史の研究』（東京大学出版会・一九六六年）・第三部第二「西魏に於ける虜姓再行の事情」（一九三八年初出）参照。

(23) ただし、北周政権下の宗室諸王に関して、「斉国王」・「趙国王」といった表記は、管見の限り見られない。同じ国号が国公と国王で同時に用いられる事例は無く、未調査であるが、郡でも同様であろうと推測される。また、県王は国王の嗣子以外の子たちに与えられたようである。

(24) 『正徳大明会典』巻八・吏部七・験封清吏司・封爵条に、

国初、功臣を封じるに、前代の制に因る。爵、五等有りて曰く、公・侯・伯・子・男なり。後、子・男は革めて封ぜず。其の功有りて公侯伯に封ぜられし者は、皆な誥券を給い、或いは世襲し、或いは世襲せず、各おの其の功の高下に因りて等と為す。（一a）

とあり、明代は公・侯・伯の三等となった。その中で「公」は『明史』等を瞥見した限り、初期に郡公も見られたが、概ね国公のみである。清代には鎮国公・輔国公が見られるが、これらは地名を冠する封爵制度とは範疇が異なる。

(25) 呂春盛『関隴集団的権力結構演変――西魏北周政治史研究』（台北：稲郷出版社・二〇〇二年）巻末掲載の「西魏北周柱国大将軍年表」。

(26) なお筆者は表15に掲載したもの以外に、個人を確定し得ない事例を二つ把握している。「建崇寺造像記」（『金石萃編補遺』、『北京図書館蔵中国歴代石刻拓本匯編』（鄭州：中州古籍出版社・一九八九年）第八冊・一六四～一六五頁等）によれば、発願者宇文（呂）建崇の子の法和について「従柱国銚国公益州征討」とあり、この益州征討は本書第二部第五章で詳述する尉遅迥によるものと考えられる。従って、ここにあらわれる銚国公は尉遅迥に従った将帥たちのうちの誰か、もしくは蜀国公尉遅迥の誤りのいずれかということになろうが、確定しえていない。また「呂端墓誌銘」（『隴右金石録』巻一・五八b～五九a）には「(周) 二年従景国公討雒陽」とあって、景国公を拝受した人物の存在が示されるが、こちらも個人を確定できない。あるいは賀蘭祥の諡「景」を封号と誤ったとも考えられるが、周二年（五五八）に賀蘭祥が洛陽方面に出征した記事は管見の限り見出せない。また、同年に北斉の司馬消難が北周に帰順した際、これを迎えるために達奚武（のち鄭国公）・楊忠（のち随国公）の両名が洛陽方面に出征しているが、これらも封号が合わない（『周書』巻一九・達奚武伝、同巻二〇・賀蘭祥伝）。なお「建崇寺造像記」については兼平充明「氐族苻氏・呂氏に関する石刻史料」（氣賀澤保規編『中国石刻史料とその社会――北朝隋唐期を中心に』（明治大学東洋史資料叢刊）（汲古書院・二〇〇七年））を参照。

（27）前掲注（6）藤堂論文。

（28）とはいえ、大統一六年までに柱国に達していた面々に対して、従来のように「八柱国」という語を無批判に用いることはためらわれるため、以後本章では、「八柱国クラス」という括りを用いておく。また、「十二大将軍」についても同様。

（29）前掲注（11）所引、『周書』巻一九・達奚武伝。

（30）毛漢光「西魏府兵試論」（『中国中古政治史論』（台北：聯経出版事業公司・一九九〇年所収、一九八七年初出）など。

（31）**表16**について補足すると、豆盧長と尉遅俟兜の時期欄に武成年間とあるのは、まず間違いなく保定年間の誤りである。というのも、宇文泰の兄をはじめとした、宗室宇文氏の物故者への追贈が保定元年になされているからである（『周書』巻一〇の各列伝参照）。李弼以下のなみいる群臣のみならず、宗室をもさしおいて、この両名の父祖にだけ先んじて追贈がなされたとは想定しがたい。

（32）太師を追贈されたのは、宇文泰の長兄、宇文顥の事例があるのみである。『周書』巻一〇・邵恵公顥伝・一五三頁参照。

（33）『旧唐書』巻六一・竇威伝に、

（高祖）又た嘗て謂いて曰く、「昔、周朝、八柱国の貴有り、吾と公の家、咸な此の職に登る。今、我已に天子と為り、公は内史令と為り、本は同じなるも末は異なる、乃ち平らかならずや」と。（二三六四頁）

とあり、唐の高祖李淵が竇威に対して、我等の家はともに北周時代に八柱国に昇り、同格であったと語っている。竇威は**19**竇熾の子である。「八柱国」という語の把握のされ方には、かなりのブレがあるようである。

（34）『隋書』巻五一・長孫覧伝に、

周の明帝時、大都督と為る。武帝、藩に在りて覧と親善し、即位するに及び、弥いよ礼を加え、車騎大将軍に超拝し、公卿の上奏する毎に、必ず省読せしむ。覧、口弁有り、声気雄壮、凡そ宣伝する所、百僚属目し、帝、毎に之を嘉歎す。覧、初名は善。帝、之に謂いて曰く、「朕、万機を以て卿に委ね先んじて覧さしむ」と。遂に名を賜う。宇文護を誅するに及び、功を以て封を薛国公に進む。（一三二七頁）

とある。このうち、専権を振るっていた宇文護を誅殺するのに功績があったことにより薛国公を拝受したという点については、宇文護誅殺は翌建徳元年（五七二）のことであるため、『周書』巻五・武帝紀上と時期が合わない。本章では日付のはっきりしている『周書』に従っておく。

(35)『周書』巻一二・斉煬王憲伝・一九五頁、同巻一五・于謹附智伝・二五一頁。

(36)大象元年に皇帝位を静帝に譲った宣帝は、その後も天元皇帝と自称し、最大で五名の大皇后を置いた。残りの二名は63楊堅の娘と父不詳の朱氏である。

(37)前掲注(25)呂春盛氏著書巻末掲載の「北周上柱国年表」参照。

(38)例えば梁禦・梁睿父子については、『周書』巻一七・梁禦附睿伝に、

子の睿、（広平郡公を）襲爵す。天和中、開府儀同三司を拝す。禦の佐命し功有るを以て、蔣国公に進む。（二八〇頁）

とあって、梁禦に蔣国公が追贈されたとは記されていない。

(39)『北斉書』巻一七・斛律金附子光伝・二二六頁。

(40)『周書』巻一七・若干恵伝・二八一～二八二頁、『北史』巻五・（魏）文帝紀・大統一三年七月条・一八〇頁。

(41)「崔仲方妻李麗儀墓誌」、羅新・葉煒『新出魏晋南北朝墓誌疏証』（北京：中華書局・二〇〇五年）・一三〇、周暁薇等編『隋代墓誌銘彙考』（北京：線装書局・二〇〇六年）・〇三五、本書第三部第二章附記参照。

(42)『周書』巻一五・李弼附曜伝・二四二頁。

(43)『周書』巻二六・斛斯徴伝・四三一～四三三頁。戦歴に関する記述は無いものの、西魏末の段階で驃騎大将軍・開府儀同三司を拝し、北周末年には上大将軍に至っている。

(44)李密の尊号に対する姿勢については、本書第三部補論参照。

(45)『周書』巻六・武帝紀下・建徳五年十二月壬戌条。
漢皇、法を約して其の苛政を除き、姫王、典を軽くして彼の新邦を刑《おさ》む。恵沢を思覃するに、彼の率土、新旧の臣民、皆な蕩滌に従う。天下に大赦すべし。高緯及び王公以下、若し釈然と帰順せば、咸な自新するを許す。諸の偽朝に亡入せしは、亦た寛宥に従う。官栄の次序、例に依りて欠く無し。其れ斉の偽制令は、即ちに宜しく削除すべし。鄒魯の縉紳、幽并の騎士、一介に称すべければ、並びに宜しく銓録すべし。百年に殺を去るは、或いは希《こいねが》い難きと雖も、期月に成る有れば、庶幾《こいねが》わくは勉むべし。（九九頁）

(46) 岡安勇「中国古代における『二王之後』の礼遇について」（『早稲田大学大学院文学研究科紀要』別冊七（一九八〇年））参照。

(47)『後漢書』巻七九上・儒林・孔僖伝の李賢注には、
北斉、三十一葉孫を改封し恭聖侯と為し、周の武帝、斉を平らげ、鄒国公に改封し、隋文帝、旧に仍り鄒国公に封じ、惰《ママ》煬帝、改封し紹聖侯と為す。（二五六三頁）
とあり、孔子子孫に対しては、武帝が北斉を併呑した段階で鄒国公に封じたとされる。しかしながら、『周書』巻七・宣帝紀・大象二年三月丁亥の条の詔文では、武帝時期についての文言はなく、「(孔子に対して) 鄒国公に追封し、邑数は旧に准ずべし。幷せて後を立て承襲せしむ。」（一二三頁）とあって、孔子子孫が鄒国公に封じられたのもこの時からのことと読めるので、本章表15・17ではひとまず日時のはっきりしている大象二年に掛けた。漢唐間における孔子への尊崇行為については、浅野裕一『孔子神話』（岩波書店・一九九九年）・第七章「王者への道」、第八章「王号の獲得」参照。

(48) 吉岡真「北朝・隋唐支配層の推移」（『岩波講座世界歴史9　中華の分裂と再生』（岩波書店・一九九九年））。

(49) 山下将司「西魏・北周における本貫の関隴化について」（『早稲田大学教育学部学術研究　地理学・歴史学社会科学編』四九（二〇〇一年））、本書第三部第二章参照。

563	564	565	566	567	568	569	570	571	572	573	574	575	576	577	578	579	580
																宣帝・静帝	
3	4	5	天和1	2	3	4	5	6	建徳1	2	3	4	5	6	宣政1	大成1・大象1	2
—	—	—	—	—	薨(1)	※30子寔襲ぐ											
	唐公(追)	※53子昞襲ぐ															
賜死(1)	※54子芮襲ぐ																
—	—	—	—	—	—	—	薨(10)	※49子震襲ぐ									
—	—	薨(3)	※58甥勣襲ぐ														
※57子敬襲ぐ																	
—	—	—	—	—	—	—	—	—	—	—	—	上柱(閏10)	—	—	—	—	叛死
—	—	—	—	薨(11)	※47子善襲ぐ												
—	—	—	—	—	—	薨(5)	※第三子安襲ぐ？										
—	—	—	—	—	薨(10)	※63子堅襲ぐ											
—	戦死(12)	※28子謙襲ぐ															
—	—	—	—	—	—	—	—	—	—	—	—	—	—	上柱(9)	—	—	—
(永熙3年(534)薨)の功																	
柱(4)	—	—	—	—	—	—	—	—	—	—	薨						
	柱(5)	—	—	申公(5)	—	—	—	—	—	—	—	—	—	上柱(9)	—	—	—
	柱(閏9)	—	—	—	—	—	鄖公(3)	—	—	—	—	—	—	—	上柱(9)	—	薨
	柱(閏9)	—	—	—	—	薨(11)・鄶公(追)											
	柱(10)	—	—	—	—	—	—	—	薨(10)								
	柱(10)	—	—	—	—	—	—	—	—	—	—	—	—	—	上柱(9)	薨(大象中)	
		柱・庸公(襲)(1)		※18王雄の子。雄の戦死により柱国を拝す			—	—	—	—	—	—	上柱(12)	—	—	—	叛死
			柱(6)	—	—	—	—	—	—	—	—	—	—	—	上柱(9)	—	宿公(8)
							燕公(襲)柱	※05于謹の子		—	—	—	—	—	—	—	—
								柱(1)	—	—	—	—	—	—	上柱(9)	薨	

表17－１：西魏北周柱国大将軍国公年表（１）

			548	549	550	551	552	553	554	555	556	557	558	559	560	561	562
			西魏文帝				廃帝		恭帝元			周孝閔帝・明帝				武帝	
			大統14	15	16	17	1	2	1	2	3	1	2	武成1	2	保定1	2
01	元欣	魏宗室八柱国	柱(5？)	—	—	—	薨										
02	李弼	八柱国	柱(5？)	—	—	—	—	—	—	—	—	趙公(1)・薨(10)	※33次子暉襲ぐ				
03	独孤信	八柱国	柱(5？)	—	—	—	—	—	—	—	—	衛公(1)・賜死(3)					
04	趙貴	八柱国		柱	—	—	—	—	—	—	—	楚公(1)・誅(2)					
05	于謹	八柱国		柱	—	—	—	—	—	—	—	燕公(1)	—	—	—	—	—
06	李虎	八柱国		柱	—	薨(5)											
07	侯莫陳崇	八柱国		柱	—	—	—	—	—	—	—	梁公(1)	—	—	—	—	—
08	元子孝	魏宗室					……	柱国（時期不明）		—	薨						
09	達奚武	十二大将軍										柱(1)	—	鄭公(9)	—	—	—
10	豆盧寧	十二大将軍										柱(1)	—	楚公(9)	—	—	—
11	李遠	十二大将軍										柱(1)・賜死(10)					
12	賀蘭祥	十二大将軍										柱(1)	—	涼公(9)	—	—	薨(1)
13	尉遅迥											柱(1)	—	蜀公(9)	—	—	—
14	宇文貴	十二大将軍										柱(2)	—	許公(9)	—	—	—
15	侯莫陳順	十二大将軍										柱(4)・薨					
16	尉遅綱											柱(10)	—	呉公(9)	—	—	—
17	楊忠	十二大将軍											柱(9)	随公(9)	—	—	—
18	王雄	十二大将軍											柱(9)	庸公(9)	—	—	—
19	竇熾														柱	鄧公(1)	—
20	賀抜緯															霍公(襲)(2)	※亡父賀抜岳
21	陳頊	陳宗室・宣帝															柱(1)・帰国
22	韓果																
23	李穆																
24	韋孝寛																
25	長孫倹																
26	陸通																
27	宇文盛																
28	王謙																
29	辛威																
30	于寔																
31	王傑																

563	564	565	566	567	568	569	570	571	572	573	574	575	576	577	578	579	580
																宣帝・静帝	
3	4	5	天和 1	2	3	4	5	6	建徳 1	2	3	4	5	6	宣政 1	大成 1・大象 1	2
								柱(1)	—	—	薨				※82子恭襲ぐ ←		観公（追）
にともない魏国公に改められる		—	—	—	—	—	—	柱(1)	—	薨年不明							
が確認されるが、時期は不明。																	
—	—	—	—	—	薨(8)	※36元謙襲ぐ											
						韓公(5)	※広平王賛の子。35元羅を襲ぎ魏の宗を祀る			—	—	—					
								岐公(4)	—	—	—	—	—	—	—	—	—
								柱(4)	—	—	—	—	—	—	—	—	奔陳
								柱(4)	—	—	—	—	—	—	—	—	上柱(6)
								柱(4)	—	—	—	—	—	—	—	—	上柱(6)
								柱(4)	—	—	—	—	—	—	—	—	上柱(6)
								柱(4)	除(3)								
								柱(4)	誅(3)								
								柱(5)	—	—	—	—	—	—	薨		
								柱(5)	薨(2)								
								柱(5)	—	—	—	—	上柱(12)				
				許公（襲）	※14宇文貴の子		—	柱(5)	—	—	免	—	—	—	—	—	上柱(6)
								柱(5)	薨								
		※09達奚武の子。武帝紀では天和6年で既に鄭国公、本伝は襲爵を建徳初とする					鄭公（襲）	柱(5)	—	—	—	—	上柱(12)	—	—	—	—
								柱(5)・尋薨									
								柱(5)	—	—	—	—	—	—	—	—	任公・上柱(9)
						※王思政の子		柱(5)	—	—							
	唐公（襲）(9)	※亡父06李虎の功		—	—	—	—	柱(5)	薨？（或前年）	※建徳元年、85李淵が唐国公襲爵							
梁公（襲）	※07侯莫陳崇の子		—	—	—	—	—	柱(11)	—	—	—	—	上柱(12)				
								柱(11)									
	鳳公（襲）(9)	※亡父若干恵（大統13年薨）の功。襲爵時開府			—	—	—	—	—	柱(1)							
※12賀蘭祥の子。位至柱国（時期不明）																	
		楚公（襲）	※10豆盧寧の甥		—	—	—	—	—	—	—	—	—	—	—	—	上柱(12)
								蔣公（襲）(6)	※亡父梁禦（大統4年薨）の功。襲爵時開府			—	—	柱国（武帝時）		—	上柱(12)
										柱(12)・薨							
											※16尉遅綱の子		盧公(12)	柱	上柱（閏6）	薨(2)	※79子靖襲ぐ
								薛公(4)	※宇文護誅殺の功？		—	—	—	柱	上柱（閏6）	—	—

表17ー２：西魏北周柱国大将軍国公年表（２）

			548	549	550	551	552	553	554	555	556	557	558	559	560	561	562
			西魏文帝				廃帝		恭帝元			周孝閔帝・明帝				武帝	
			大統14	15	16	17	1	2	1	2	3	1	2	武成1	2	保定1	2
32	田弘																
33	李暉											趙公（襲）・魏（襲）		※02李弼次子。弼の死後、趙国公を襲ぐ。弼に魏国公が追贈されるの			
34	李曜											邢公(時期不明)	※02李弼長子。邢国公は李弼の功績による。隋代の段階で子の故鄰が襲爵していたこと				
35	元羅	魏宗室											韓公(9)	※江陽王繼の子。魏の宗を祀る		—	—
36	元謙	魏宗室															
37	斛斯徵																
38	司馬消難												北斉より来降				
39	侯莫陳瓊																
40	閻慶																
41	竇毅																
42	叱羅協																
43	侯伏侯龍恩																
44	陸騰																
45	宇文丘																
46	寇紹																
47	宇文善																
48	高琳																
49	達奚震																
50	楊纂																
51	于翼																
52	王秉																
53	李昞																
54	侯莫陳芮																
55	李意																
56	若干鳳																
57	賀蘭敬																涼公（襲）
58	豆盧勣																
59	梁睿																
60	赫連達																
61	尉遅運																
62	長孫覧																

563	564	565	566	567	568	569	570	571	572	573	574	575	576	577	578	579	580
																宣帝・静帝	
3	4	5	天和1	2	3	4	5	6	建徳1	2	3	4	5	6	宣政1	大成1・大象1	2
					随公（襲）	※17楊忠の子		—	—	—	—	—	—	柱	上柱(7)	—	—
														郕公・柱	—	—	上柱(12)
											※国公賜爵時、上大将軍。県公からの超拝			郯公(9)	柱	—	—
														贇公	※19竇熾の子。賜爵時大将軍		—
														管公	※62父長孫覧の功		—
													原公(12)	—	柱国在任	—	—
													潞公(12)				
															柱国在任		
												※05于謹の子。宇文憲誅殺の功。賜爵時大将軍			斉公(6)・柱	—	—
														※柱国在任	揚公（閏6）		上柱(9)
													※爵は亡父劉亮（大統12年薨）の功。			柱・彭公（襲）（大象中）	
												※宣帝の太子時代からの側近。賜爵時開府。県公から超拝				沛公(2)	柱(5)
													※外戚の故。賜爵時大将軍			鄖公(8)・上柱(8)	
													※外戚の故。賜爵時開府			翼公(8)・上柱(8)	
													※63楊堅族子。賜爵時上儀同。県公から超拝			邢公(8)	柱・上柱(12)
																戴公(8)	
														※61尉遅運の子		盧公（襲）	—
														※外戚の故。賜爵時開府			胙公・上柱（3？）
														※亡父怡峯（大統15年薨）の功。襲爵時開府			鄅公（襲）(8)
															※14宇文貴の子		英公・上柱(9)
															※32田弘の子		柱・観公（襲）
																	趙公
																	褒公
									唐公（襲）	※53李昞の子		—	—	—	—	—	—
													郇公(12)	※北斉降将			
													郜公(12)	※北斉降将			
													柱	応公(1)	※北斉降将		
														温公(4)・伏誅(10)	※北斉主		
														崇公（襲）(9)	※北斉人。斛律光の遺児。		
															※孔子に追封		鄒公（襲）(3)

表17－３：西魏北周柱国大将軍国公年表（３）

			548	549	550	551	552	553	554	555	556	557	558	559	560	561	562
			西魏文帝				廃帝		恭帝元			周孝閔帝·明帝				武帝	
			大統14	15	16	17	1	2	1	2	3	1	2	武成1	2	保定1	2
63	楊堅	隋文帝															
64	梁士彦																
65	王軌																
66	竇恭																
67	長孫寛																
68	姫願																
69	丘崇																
70	宇文椿																
71	于智																
72	王誼																
73	劉昶																
74	鄭訳																
75	陳山提																
76	元晟																
77	楊雄																
78	乙弗寔																
79	尉遅靖																
80	尉遅順																
81	怡昂																
82	宇文忻																
83	田恭																
84	陰寿																
85	宇文述																
86	李淵	唐高祖															
87	韓建業																
88	賀抜伏恩																
89	独孤永業																
90	高緯	北斉後主															
91	斛律鍾																
92	孔子子孫																

※表17は藤堂一九八二所掲「武官号昇位表」および呂二〇〇二所掲「西魏北周柱国大将軍年表」をベースに、本章表15「北周国公表」のデータを載せたものである。基本的に柱国大将軍の拝受順に配列し、柱国大将軍を拝受していない、あるいは拝受時期が不明な場合には、適宜中途に組み込んでいる。（　）内の数字は月を示す。

※父が薨じて子が襲爵する場合、服喪期間がとられると考えられるが、その期間は不明（05于謹→30于寔や09達奚武→49達奚震の事例参照。18王雄→28王謙の場合は特に奪情によりただちに襲封している）。本表では便宜上、子の襲爵を父の薨じた直後に置いてある。

※子が既薨の父の功績を以て国公に封じられる場合、父に国公が追贈され、子が襲ぐという形式を採ったと考えられる。宗室の場合は史料から明らか。群臣については『周書』には直接の記述は無いが、『旧唐書』高祖紀には06李虎「周受禅、追封唐国公」、53李昞「襲唐国公」とあり、斛律光→91斛律鍾の事例でも亡父に追贈されている。よって本表では、父功による場合には（襲）と附記した。

第二部　対梁関係の展開と四川獲得

第一章　西魏・蕭梁通交の成立

——大統初年漢中をめぐる抗争の顛末——

緒　言

華北を制覇していた北魏が、たび重なる宮廷政変と内乱の果てに永熙三年（五三四）に分裂したことにより、西魏・東魏・梁の三国鼎立状況が現出した。このうち東魏と梁との関係については、頻繁な使臣の往来が確認でき、外交に携わった両国官人等のエピソードもあって話題は豊富であることから、夙に考察の対象となってきた[1]。それに対して西魏と梁との関係のうち、大統一四年（五四八）以前の、侯景の乱によって混乱に陥った梁に対して西魏が介入する事態に至るまでの時期については、特段論じられたことはない。これはひとえに当該時期の両国間の交渉に関連する史料が少ないためと考えられ、そこから、「西魏と梁との間は甚だ疎遠であった[2]」という見解に達するのが一般的な認識のようであるが、その判断は些か性急に過ぎると思われる。また、西魏の国内状況を視野に入れた上で、「西魏の初めは国力が比較的弱かったため、先に自己の政権を強固にし自己の勢力範囲を拡大させることに奔走し、南朝と通使関係を構築することはなかった[3]」という見解も提出されているが、東魏という強敵に立ち向かわねばならなかったからこそ、西魏は梁を含めた周辺諸勢力に対しては「隣好[4]」を保つ努力を払う必要があったとも考えられる。ところが、さらに進めて、東魏・梁間の親密な通交関係を強調した上で、この時期には東魏を中心に梁・柔然・吐谷渾までも含めた強固な西魏包囲網が布かれ、「西魏は対南朝外交になすすべがなかった(5)」と断ずる見解も示されているのが今日の学界の現状である。従って、概説などでも西魏の南進が開始される以前の両国間関係は一切触れられず、後年になって従来南朝世界に影もあらわさなかった西魏が、突如として湖北や四川地域に侵攻してくるような記述を採らざるを得なくなっている。

いずれにしても、程度の差はあれ、西魏と梁との関係はネガティブな印象で捉えられてきたわけである。しかしながら、その場合、後年、分裂した梁の諸勢力が、後章で述べる如く些か安易なまでに西魏に救援を求めていったことを説明するのは困難である。加えて、前記の諸見解はいずれも残された両国間関係史料の充分な検証を踏まえたものとはいえず、俄には容認しがたいものなのである。

実際、西魏・梁間の交渉記事の欠落が甚だしいことは確かである。大統二年（五三六）秋に賀抜勝等が、翌三年秋に独孤信・楊忠等がそれぞれ梁より西魏に帰参した。その後、梁が侯景の乱によって混乱に陥り、大統一五年に西魏が梁の疆域に進出することを促す事態に至るまでの間、両国間の交渉には一〇年を超える空白の時期がある。その間を細かく見れば、西魏の荊州刺史賀蘭祥に対して、隣接する梁の雍州刺史蕭詧がその節倹を嘉して贈り物をした事例が挙げられるが、これも大統一四年から遡らない(6)。

しかしながら、国際関係が激しく変動する状況下で、和・戦の両面において一〇年もの間、短からざる境を接した勢力が単に「疎遠」という表現で済まされるように没交渉であったとは考え難い。また、西魏恭帝元年（五五四）の江陵征伐を前にして、宇文泰が長らく荊州に出鎮した経験のある長孫倹に方略を諮った際の対話が、『周書』巻二六・長孫倹伝に載せられている。ここで長孫倹の、

国家、既に蜀土を有し、若し更に江漢を平らぎ、撫して之を安んじ、其の貢賦を収め、以て軍国に供さば、天下定むるに足らざるなり。

との言に対し、宇文泰は、

公の言の如し、吾、之を取ること晩し。（四二九頁）

と南方進出の遅れたことを嘆じている。その一方で『周書』巻一五・于謹伝には、

関右、秦漢の旧都、古《いにしえ》に天府と称し、将士は驍勇、厥《そ》の壌は膏腴、西に巴蜀の饒有り、北に羊馬の利有り。今若し其の要害に拠り、英雄を招集し、卒を養い農を勧むれば、事変を観るに足らん。且つ天子、洛に在り、群兇に逼迫せられ、若し明公の懇誠を陳べ、時事の利害を算じ、関右に都せんと請わば、帝、必ず嘉して西遷せん。然る後、天子を挟みて諸侯に令し、王命を奉じて以て暴乱を討たば、桓・文の業、千載の一時なり。（二四六頁）

とある。これは于謹が宇文泰に勧めた戦略であり、宇文泰はこの論を聴いて大いに悦んでいる。この献策がなされたのは永熙三年（五三四）の春、関西大行台賀抜岳が侯莫陳悦に害された折りで、つまり西魏成立直前のことである。時に宇文泰は夏州刺史、于謹はその長史であった。ここで関右という西北地区に盤踞し、東方・中原地域に強大な敵（つまり高歓）を控えた勢力の戦略が語られる中に、皇帝を擁して大義名分を立てるとともに、勢力の基盤として（西）南方の「巴蜀の饒」を確保することも前提条件の裡に含まれているのである。西魏政権の中枢たる宇文泰軍閥は、既にその形成当初より、高歓と対峙していくにあたって、南方に進出することを必須のものとして視野に入れていたのである。(7)

しかし、結果として、西魏の南進は大統一五年（五四九）より、西南の巴蜀方面に関しては更に遅れて大統一七年に漸く開始される。かねてよりの懸案であった南進戦略の実行がここまで引き延ばされた要因の一つとして、東魏の圧力が強く、南方へ軍を振り向ける余裕がなかったことを挙げるのは容易である。だがそれだけでは、西魏と梁とが敵対していたと見做すことはできないし、西魏・梁間の交渉が見出し得ない理由にはなるまい。

西魏が当時置かれていた国際状況を考えると、不倶戴天の勁敵たる東魏との一貫した抗争が基底にあったことは自

明である。他方、北方の柔然・突厥との関係については、東西両魏のどちらが自陣営に引き込むか、熾烈な綱引きが繰り広げられたことは夙に明らかにされてきた。(8) 当然、南方の対梁関係についても、これと同等以上の視線が注がれてしかるべきである。また、後年なされた湖北・四川地域への南進を考える上でも、それが梁の疆域に対するものであっただけに、それまでの対梁関係に重要な論点が含まれているであろうし、そこに至るまでの過程も無視できまい。ところが、先に挙げた当該時期に西魏と梁とが敵対していたとする説にしても、東西両魏間の対立関係と、東魏・梁間の通交関係から導き出されたもので、西魏・梁間の直接の関係は一切考慮されていない。つまり、この時期の西魏・梁間関係はいまだかつて専門的に論じられたことがないのである。

そこで、本書の第二部として西魏の南方進出を論じて行くにあたり、まず本章と次章では西魏前半期、西魏の南進が始まるまでの時期の西魏・梁関係を検討することとする。西魏と梁との関係は、西魏成立後間も無い頃の漢中地域をめぐる抗争から始まる。そして、その後の史料が極めて僅かなことを鑑みれば、この両国がいかなる姿勢で漢中地域を争奪し、戦役をどのように終息せしめたかが、以後の両国間関係を規定する重要な要件となろう。そこで本章では、西魏初年の漢中地域をめぐる両国の抗争を両国間関係の起点とみなし、その顚末を展望することによって、その後の両国の関係を論じるための足掛かりを築くこととする。

第一節　漢中をめぐる攻防

1　梁の進攻

かねてより西方においても戦火を交えてきた北魏と梁であったが、漢中地域が北魏の支配下に入り、一応の安定をみるようになったのは、北魏宣武帝の正始元年（梁天監三年（五〇四））に梁の梁州長史夏侯道遷が漢中を挙げて北魏に降り、これを承けて北魏の邢巒が梁・益二州刺史として派遣されて後とされる。[9] とはいうものの、その後も北魏と梁とは頻繁にこの一帯で激しい抗争を続けてきたのである。

漢中がほぼ三〇年ぶりに梁の疆域に復したのは、『資治通鑑』巻一五七・武帝大同元年（＝西魏大統元年（五三五））によれば、

（七月）益州刺史鄱陽王（蕭）範・南梁州刺史樊文熾、兵を合せて晋寿を囲み、魏の東益州刺史傅敬和、来降す。（四八六六頁）

（一一月）北梁州刺史蘭欽、兵を引きて南鄭を攻め、魏の梁州刺史元羅、州を挙げて来降す。（四八六八頁）

という二段階によってである。『周書』では帝紀に載せず、『北史』もまた帝紀では巻五に後者を簡単に載せるのみにとどまる。簡単に補足すれば、前者は南の益州から、後者は東から漢水を遡っての進攻である。[10]『南史』巻五〇・劉虬附之亨伝には、

大通六年、師を南鄭に出し、湘東王に詔して諸軍を節度せしむ。之亨、司農卿を以て行台と為り承制し、途に本州の北界に出で、衆軍を総督し、節を杖《と》りて西し、楼船・戈甲は甚だ盛んなり。（一二五三頁）

とあり、大通六年とあるのを中大通六年（五三四）と見做しても年が一年合わないのだが、内容からして本戦役について述べたものであろう。[11] 前後二段階を通じて当時都督荊湘郢益寧南梁六州諸軍事・荊州刺史として出鎮していた湘東王蕭繹（後の元帝、当時二七歳）の総監によるものである可能性もある。ただし、元帝紀にも記事が載せられていないことから、劉之亨に全てを任せ、湘東王本人は出征してはいないようである。

晋寿の攻防については、『魏書』巻七〇・傅豎眼附敬和伝に、

孝荘の時、復た益州刺史と為る。朝廷、其の父の遺恵有るを以ての故なり。州に至り、聚斂已む無く、酒を好み

色を嗜み、遠近失望す。仍お蕭衍の将の樊文熾の為に攻囲せられ、敬和、城を以て降り、江南に送らる。（一五六〇頁）

とあり、傅敬和の失政に梁がつけ込んだ形での晋寿失陥であった(12)。北魏がかかる人物を用いた理由は、ひとえに父である傅豎眼の漢中・晋寿進出に際しての勲功顕著なるに拠っている。梁に降った傅敬和はその後、東魏の天平四年（五三七）に梁から東魏への使者に立てられて北帰するを得たが(13)、酒に耽る生活は改まらず失敗を重ね、遂に廃棄されて家に卒したという。

漢中・南鄭の攻防に関しては、『周書』巻四四・楊乾運伝に事の発端を見出せる。

大統の初め、梁州の民、皇甫円・姜晏、衆を聚め南叛し、梁将蘭欽、兵を率いて之を応接す。是を以て漢中、遂に陥り、乾運も亦た梁に入る。（七九三頁）

ここから、州民の叛乱に端を発し、それに応じての梁の出兵であることが知られる。さらに、状況を概観できる『梁書』巻三二・蘭欽伝を引用してから検討していこう。

又た密かに欽に勅して魏興に向かい、南鄭を経《おさ》めしむるに、属たま魏の将の托跋勝、襄陽に寇し、仍りて勅して援に赴かしむ。持節・督南梁南北秦沙四州諸軍事・光烈将軍・平西校尉・梁南秦二州刺史に除され、封を増すこと五百戸、爵を進めて侯と為る。通生を破り、行台元子礼・大将薛儁・張菩薩を擒え、魏の梁州刺史元羅、遂に降り、梁・漢底定す。号を智武将軍に進め、封を増すこと二千戸。

俄かに改めて持節・都督衡桂二州諸軍事・衡州刺史を授かるも、未だ述職に及ばざるに、魏、都督董紹・張献を遣わして南鄭を攻囲せしめ、梁州刺史杜懐瑶、救を請う。欽、領する所を率いて之を援け、大いに紹・献を高橋城に破り、斬首すること三千余り。紹・献、奔り退くも、追いて斜谷に入り、斬獲すること略ぼ尽く。西魏の相の宇文黒泰、馬二千匹を致して隣好を結ばんと請う。詔して散騎常侍を加え、号を仁威将軍に進め、封を増す

こと五百戸、仍お述職せしむ。（四六六～四六七頁）

蘭欽はそれまで南方の衡州一帯（広東北部・含洭県附近）で叛乱を鎮圧していたが、梁の中大通五年（北魏永熙二年（五三三））に一転して北方の漢中南鄭経略を命じられ、たまたま北魏の托跋勝、つまり賀抜勝が襄陽に侵攻したので、救援に派遣された人物である。翌年になると、蘭欽は漢中に攻め入り、行台元子礼以下、薛（懐）儁・張菩薩等諸将を捕らえる活躍を見せ、遂に魏の梁州刺史元羅も州を挙げて降伏した。(14)

元羅は、霊太后執政期に専権を振るった元叉の弟である。『魏書』巻一六及び『北史』巻一六に伝があり、父兄の権勢が盛んであった時も謙虚に振る舞い、衆望が厚く、孝武帝の初めには尚書令を務めたこともあった。しかし、一方で「懦怯」との厳しい評価があり、南鄭を梁軍に攻囲されては、敢えなくこれに降ったのである。梁に降伏して後は征北大将軍・青冀二州刺史・南郡王(15)の肩書を与えられ、さらに侯景の乱の後に、西魏の求めに応じて身柄を梁の元帝から引き渡され、北還を果たした。西魏にあっては侍中・少師を務め、北周へ移行してからは、明帝二年（五五八）には韓国公に封じられて元氏の宗を継ぎ、天和三年（五六八）八月に薨じている。(16)

傅敬和や元羅に関連して附言しておくべきことがある。北魏の分裂以前から地方に出鎮していた者たちに対して、「西魏」・「東魏」という所属を俄には決定することは出来ないということである。

元羅について言えば、一連の漢中の失陥記事は『周書』に多く見られ、『北史』でも巻五の西魏文帝紀に記事を載せ、『資治通鑑』においてもその所属は「魏」とあり、「東魏」とは記されてはいない。しかし、東魏・北斉側から編纂された『魏書』巻六一・薛安都附懐儁伝にも、

出でて征南将軍・益州刺史と為る。天平の初め、代りて還り梁州に至るも、刺史元羅と倶に蕭衍の将の蘭欽の擒うる所と為り、江南に送らる。（一三五九頁）

とある。東魏の天平初年（五三四）とは永熙三年であり、元羅が梁に降ったのは翌大統元年（五三五）のことである。

薛懐儁に召還命令が下された時点はもう少し遡るであろうが、この記事から判断すれば、薛懐儁を益州刺史から徴還したのは東魏であろう。また、元羅についても特に断り無く、梁州の刺史としか記されていない。一つの可能性として、元羅は特に東西に与みすることなく、南鄭まで戻った「魏」の薛懐儁を受け入れ、両者ともに今後の東西両政権への去就については白紙のまま留まっていたところを蘭欽率いる梁軍に襲われたとも考えられる。つまり、元羅の意識として容易に親西魏・反東魏とは決定しがたいのである。

いわゆる北魏の分裂という事件によって、北魏の領域がとある線を境に東西にすっぱりと分裂したわけではない。一般に西魏の領域となったとされている地域にも、分裂の後もしばらくは東魏・高歓政権の支持者は残存したし[17]、逆に、東魏の領域と見做される地域にも、西魏政権の支持者は数多く残存し続けた。西魏の基盤確立は、関隴地区の親東魏勢力を一掃することに始まり、そして、幾たびかの東魏に対しての出兵は、東方の親西魏勢力からの要請によるものも多く、西魏もまた彼らの存在無くしては容易に出兵できなかったのである。後に大統一六年（五五〇）の東伐の失敗によって、関東の潜在的支持勢力に見放されたことは、西魏がその進路を南方に求めざるを得なくなった要因の一つであった。

しかしながら、これらのことを明確にするためには、北魏の分裂がいかなるものであったか、西魏がいかにして構築されていったのか、というところから論じていく必要がある。それも、皇帝の遷徙とその当事者たちの動向から組み立て、解明するだけでなく、地方勢力（官吏や豪族層）についても、東・西どちらに附くか、或いは傍観するか、という意志決定を迫られたということを考慮に入れなければならない[18]。以上のことは北魏分裂以後の北朝史を考える上での前提の一つであり、ひいては分裂期中国の政権と地方とのあり方にも関わる重要な問題であるが、本章での主旨ではないため、これ以上は踏み込まずにおく。

ここでは、梁に降った元羅の身柄を、梁と屢々通交していた東魏が引き取ることなく、最終的に西魏が引き取ったと、そしてその後の待遇の良好なること、また梁州失陥に際し、孝武帝に従って入関した乙速孤仏保を元羅が武将として用いていたことなどを勘案すれば、元羅を西魏と繋がりの深かった梁州刺史と見做しても大過ないと考える。[19]

2　西魏の反攻

さて、漢中を失った西魏も、そのまま座視していたわけではなかった。派兵に至る経緯とその結果は、簡略ながら『周書』巻三三・趙剛伝に見出せる。

頃之、御史中尉董紹、策を進めて、梁漢を図らんと請う。紹を以て行台・梁州刺史と為し、士馬を率いて漢中に向わしむ。剛、以て不可と為すも、而して朝議已に決し、遂に出軍す。紹、竟に功無くして還り、免ぜられて庶人と為る。剛を潁川郡守に除し、通直散騎常侍・衛大将軍を加う。（五七三頁）

派兵を主張したのが御史中尉の董紹、これに反対したのが当時車騎将軍・左光禄大夫・兼給事黄門侍郎の趙剛という図式であるが、「已決」とあるところをみると、趙剛はこの議論に直接は参加していなかったのかもしれない。しかし、一連の対梁交渉の舞台に立ったのは趙剛であり、その活動については次節で検討する。ともあれ、版図を奪われて何ら反抗しないわけにはいかない、というメンツの問題も多分にあったのであろう。朝議は派兵を決定し、司令官は行台・梁州刺史に除された主戦派の董紹及び南岐州刺史の張献であった。

董紹については『魏書』巻七九及び『北史』巻四六に伝がある。「少くして学を好み、頗る文義有り（『魏書』董紹伝・一七五八頁）」という人物で、孝武帝の薨じて後、宇文泰の指示で南陽王元宝炬（文帝）への勧進の上表文を作成したこともある。文官職として給事中、洛州刺史、梁州刺史・山南行台などを歴任した一方で、武将としても蕭宝夤の討伐に功績があり、車騎将軍を加えられている。一方の張献は、孝武帝西遷の直前に南岐州刺史（固道郡）に任じられた人物という以上のことは不明である。[20]しかしながら、同時に涇州刺史に任じられたのが賀抜岳の死後、その余衆の盟主に推されたこともある寇洛であり、また秦州刺史に任じられたのが後のいわゆる八柱国の李弼ということを鑑みれば、史料上の事跡の欠落はあるものの、その宇文泰軍閥内における位置が決して低くなかったことは推定できる。派兵を主張した本人であるばかりでなく、かつて梁州刺史として現地に赴任し、「頗る清称有り（『魏書』董紹伝・一七五九頁）」とされた董紹と、関中から漢中への交通路上にある南岐州の刺史張猷が主将に据えられたことは、非常に妥当な人選であったといえるだろう。

迎え撃つ側となった梁は、梁州刺史杜懐宝[21]が、南鄭回復の立役者で衡州刺史への配転が決まっていた蘭欽に対して赴任する前に救援を要請し、再び魏梁間の戦闘が起こった。その結果は西魏にとって惨憺たる有様で、董紹・張猷は高橋城[22]において大敗して、斬首は三千余り。西魏軍は敗走したものの、斜谷道に追いつめられて潰滅したと『梁書』蘭欽伝は伝えるが、これに従うならば、『周書』趙剛伝の「（董）紹、竟に功無くして還る」とは、些か表現が手ぬるいともいえるだろう。

戦後処理に移ろう。蘭欽伝中の「西魏相宇文黒泰」が西魏丞相宇文泰であることは言うまでもない[23]。宇文泰は馬二千匹を送ることで講和を求めた。西魏では、派兵の提唱者にして敗軍の将となった董紹が庶人に落とされ、派兵に反対者した趙剛は潁川郡守に除され、通直散騎常侍・衛大将軍を加えられたが、その時期については後段で触れる。

一方、梁では「百日の中、再び魏軍を破り、威は鄰国を振わ[24]」した蘭欽が、散騎常侍を加えられて、再び任地である衡州に赴いていった。

第二節　西魏・梁通交の成立——趙剛伝の検討——

1　条件の確認

先節では西魏・宇文泰が梁に対して講和の求めたところまで述べたが、実のところ藺欽伝の記述には、漢中における戦役の講和成立を証明する直接の内容までは記載されていない。しかしながら、その後の両国の決して多くはない交渉の一端を挙げることによって、とりあえずの証明とすることができるであろう。

検討すべき記事は、先にも引いた『周書』巻三三・趙剛伝の董紹出兵失敗記事の直前にある。ところで、戦後の状況を考察するにあたって、その前に置かれている記事を用いるという点に関して疑問を呈するのは当然であろう。そこで当該記事によって状況を分析すると同時に、これら趙剛伝中の二段の記事の記載位置に関して検討しておく必要がある。行論の便宜上、番号を振って引用する。

初①②め賀抜勝・独孤信、孝武西遷の後を以て、並に江左に流寓す。是③に至り、(趙)剛、魏文帝に言いて、追いて之を復さんと請う。乃④ち剛を以て兼給事黄門侍郎と為し、梁の魏興に使いし、移書を齎らし其の梁州刺史杜懐宝等と隣好を論じ、幷せて勝等を請うの移書を致さしむ。宝、即ち剛と盟歃し、移を受け建康に赴き、仍お行人を遣して剛の報命するに随わしむ。是⑤の年、又た剛に詔して三荊に使せしめ、在所に便宜従事するを聴す。使、還り、旨に称《かな》い、爵を武城県侯に進め、大丞相府帳内都督に除さる。復⑥た魏興に使し、前命を重申す。尋⑦⑧いで梁人、賀抜勝・独孤信等を礼送す。

頃⑨之、御史中尉董紹、策を進めて、梁漢を図らんと請う。紹を以て行台・梁州刺史と為し、士馬を率いて漢中に向わしむ。剛、以て不可と為すも、而して朝議已に決し、遂に出軍す。紹⑩、竟に功無くして還り、免ぜられて庶人と為る。剛⑪を潁川郡守に除し、通直散騎常侍・衛大将軍を加う。(五七三頁)

趙剛は孝武帝が高歓と衝突するに際して、孝武帝側への同心勢力を確保すべく東荊州に派遣され、紆余曲折を経て翌大統元年（五三五）に長安に帰参したところで、先に東魏に敗れて梁に逃れていた賀抜勝・独孤信等、有力将帥の帰還工作を文帝に奏上したのである。当該箇所の記述は、「初賀抜勝」以下の記事の続いて、「頃之」という時間関係上、些か曖昧な語を挟んで「御史中尉董紹、策を進め、梁漢を図らんと請う」以下の前節引用記事につながっている。そこで個々の出来事の年代を明らかにした上で配列して、状況を再構成することが必要になる。

賀抜勝[25]と独孤信が荊州において東魏に敗れ、梁に亡命をしたのは同時にではなく、賀抜勝が永熙三年（五三四）の九月（①）、独孤信が同年の末、閏一二月である（②）[26]。趙剛が両名の復帰を願い出たのは大統元年（五三五）の八月であるが（③）[27]、趙剛の第一次魏興派遣（④）については、時期を決定するために、先に杜懐宝＝梁州刺史という図式に関する問題などを含めて検討する必要があるので、ひとまず措く。賀抜勝と独孤信が西魏に帰参したのもまた同時にではなく、賀抜勝が大統二年（五三六）七月（⑦）、独孤信が大統三年（五三七）七月である（⑧）[28]。続いて、『南史』巻六一・蘭欽伝によれば、西魏が漢中に反撃進攻して失敗したのは大統元年一一月より以降、約百日後までのことであることから[29]、遅くとも大統二年（五三六）の三月半ばより以前であることが決定できる（⑨・⑩）。

ここで、趙剛伝の記述があくまでも時系列に沿っているものであると仮定してみると、賀抜勝・独孤信が帰参して後に董紹等が南鄭を攻め込んだことになり、その時点で成立しなくなる。逆に、二つの段落の記載順序が完全に入れ替わっているとすると、賀抜勝等が梁に亡命する以前に董紹等が南鄭を攻めたことになり、この時はまだ漢中地域自体が北魏（西魏）の勢力下にあったため、やはり成立しない。従って、「頃之」は「しばらくして」ではなく、「このころ」の意であり、同時進行という所にまで至ることは容易である。

そこで、趙剛の第一次魏興派遣（④）について整理することにしよう。引用した趙剛伝の記事と『資治通鑑』巻一五七・武帝大同元年（大統元年（五三五））八月条の、

　趙剛、蛮中より往きて東魏の東荊州刺史、趙郡の李愍と見え、勧めて魏に附かしめ、愍、之に従う。剛、是に由

りて長安に至るを得。丞相（宇文）泰、剛を以て左光禄大夫と為す。剛、泰に賀抜勝・独孤信等を梁より召さんと説き、泰、剛をして来たりて之を請わしむ。（四八六七頁）

という記述の後段では、趙剛は宇文泰に賀抜勝等の帰還を願い出て、すぐさま梁に派遣されているように読み取れる。その一方、『北史』巻八五・節義・乙速孤仏保伝には、先に触れた南鄭の攻防戦における乙速孤仏保の力戦後の自害を伝える記述に続いて、

黄門郎趙僧慶、時に漢中に使いし、聞きて、乃ち其の屍を収運し長安に致す。（二八五〇頁）

とあり、ここに趙剛（僧慶は字）が登場するのである。時期は前節で触れたとおり大統元年の一一月頃である。「使」とあるからには、前後二回の魏興派遣（④・⑥）のどちらかの延長と見て差し支えあるまいが、では前後どちらであろうか。『周書』趙剛伝によれば趙剛が帯びた職名は第一次魏興派遣の際は兼給事黄門侍郎、第二次は大丞相府帳内都督である。すると『北史』乙速孤仏保伝の黄門郎との一致から、第一次としてよかろう。またこれを第二次とするならば、趙剛は東魏支配地域より西魏に帰参した八月から一一月までの間に一度魏興に派遣されて梁の梁州刺史杜懐宝と盟歃を約して長安に戻り、さらに同年中に詔を奉じて三荊地方を巡視した上で、再度魏興に派遣されたこととなり、これはさすがに時間的に無理であろう。

2　梁州は何処か

それでは魏興に派遣されたはずの趙剛が漢中・南鄭に現れたのはなぜか。それを考えるには、対応した杜懐宝が梁州刺史であったことについて、些かの確認をしておく必要がある。『梁書』巻四六・杜崱伝には、

父懐宝、……天監中、稍く功績を立て、官は驍猛将軍・梁州刺史に至る。大同初、魏の梁州刺史元羅、州を挙げて内附す。（六四二頁）

とあり、杜懐宝が梁州刺史になってから元羅が梁に降ったとする。しかしその一方で『南史』巻六四・杜崱伝には、

> 父懐宝、少くして志節有り。梁の天監中、累ねて軍功有り、後又た功を南鄭に立て、位は梁・秦二州刺史。大同初、魏軍、復た南鄭を囲む。（一五五六頁）

とあり、杜懐宝は蘭欽の率いる漢中進攻軍に参加しており、その際の功績によって梁（秦二）州刺史になったことになっている。さらに蘭欽が漢中に進攻した際の肩書も、前引の『資治通鑑』には北梁州刺史とあり、『梁書』蘭欽伝には梁・南秦二州刺史とある上に、西魏の董紹等が漢中回復に赴いた際には、梁州刺史に杜懐宝が就任しているなど錯綜している。そこでこの点を整理せねばならない。

まず、梁州が何処を示したものであったかであるが、候補は漢中郡（南鄭県）と魏興郡（西城県）の二ヶ所が挙がるのである。ところで、南北朝抗争の最前線で支配者が頻繁に入れ代わった地域では、州郡の名称は絶えず変更され、あるいは頭に東西南北が附されるなど、厳密に比定することは甚だ困難である。当該地域についても、例えば乾隆『興安府志』巻二・地理志・興安府沿革考・北魏の条に、

> 当時、南北各おの版図を競い、北の幷せるは梁・益に及び、猶お南の侈《おお》きこと青・冀に紀《おさ》む。故に説多きも存るを詳らかにせず、可を論ぜざるなり。通志、北梁の領、西城の治を与にし、皆な地形志と異なる。存疑なり。
> （六a）

とあるように、地元編纂の地方志すら投げ出している観がある。これは清代興安府の治所が現在の安康市にあたるものの、当地が南北朝時代の安康郡・県ではなく魏興郡・西城県であったことが混乱に拍車をかけているようでもある。そこで蓋然性を保てる水準で簡単にまとめると以下のようになるであろう。

『宋書』巻三七・州郡志三・梁州刺史・安康太守の条に、

> 宋末、魏興の安康県及び晋昌の寧都県を分かち立つ。（一一五三頁）

とあるように、劉宋の末年以来、魏興郡と晋昌郡との間に安康郡が置かれるようになった。後に安康郡以西は夏侯道遷が北魏に降った際か、その後さほど時を経ぬうちに北魏の支配下に入り、孝昌三年（五二七）には北魏によって東梁州が置かれる。[30]一方の魏興には漢中の失陥により梁州が僑置された。これは『南斉書』巻一五・州郡志下・梁州の条に、

晋の永嘉元年、蜀賊、漢中を没し、刺史張光、魏興に治し、三年、漢中に還る。建興元年、又た氐の楊難敵の没する所と為る。桓温の蜀を平ぐるや、旧土に復す。後、譙縦の没する所と為り、縦、平ぎて旧に復す。漢中の失われる毎に、刺史、輒ち魏興に鎮す。（二八九頁）

とあるとおり、西晋末以来、梁州は基本的に漢中に置かれていたが、漢中が失陥すると魏興に僑置されることがしばしばあったことを受け継いでのことである。そして魏興は『魏書』・『梁書』や『隋書』巻二九・地理志上・西城郡の条、『通典』巻一七五・州郡五・古梁州上・安康郡・金州の条、また『読史方輿紀要』巻五六・興安州・西城廃県の条、楊丕復『輿地沿革表』等の地理書・表を瞥見する限りにおいて、北魏の支配下に入ることは無かったようである。[31]

以上の整理に基づいて大統元年（梁大同元年）時点に話を戻すと、魏興には梁の梁州が置かれており、杜懐宝が刺史を務めていた。漢中進攻の際にはこれから攻め取る漢中を北梁州として蘭欽が当地の刺史を拝し、魏興の梁州刺史杜懐宝もこれに従った。漢中を獲得すると、梁州は魏興から漢中に戻され、それとともに蘭欽は衡州刺史に転じ、杜懐宝が梁（・秦二）州刺史として漢中に移鎮したのである。以上から、南鄭における攻防の前後を通じて、杜懐宝は梁州刺史であったことについて確認が取れたとしてよかろう。

3　時期の確定

そこで、魏興に赴いた趙剛が漢中に現れたことに話を戻すならば、趙剛と杜懐宝が隣好を論じ盟歃を結んだ時期が

問題となり、それが漢中の陥落の前後どちらであったかに焦点が置かれよう。条件としては、『周書』趙剛伝にあるように、盟歃がなされた後、趙剛が西魏に報命する際に杜懐宝が使者を随行させたこと、及び趙剛が漢中に現れたことである。すると、魏興において両者の交渉がまとまり、趙剛は梁の使者を随えて魏興からそのまま西魏に報命したとは考えられない。趙剛は魏興に行こうとしたものの、[32]梁の漢中攻撃軍は既に進発しており、趙剛はこれを追ってか、あるいは同行する形で漢中に赴き、漢中での攻防戦の後に交渉がもたれ、しかる後に漢中から西魏に戻ったとみるのが妥当であろう。以上から、④の第一次魏興（→漢中）派遣は、大統元年の八月以後、一一月にかけてなされたものということになる[33]。

さて、趙剛は第一次魏興派遣を終え、両国間の通交への段取りを付け、賀抜勝等の帰還についても申し入れを済ませ、移書は建康に送られた。しかし話がこれで終わらなかったことは前述の通りである。趙剛が派遣された段階では漢中地域は北朝の版図であったが、既に漢中は梁に帰してしまっていたからである。そこで董紹による漢中回復のための出兵がなされたわけであるが、この出兵に対して、両国間の通交への段取りをとり結んできたばかりの趙剛が反対したのは当然のことであった（⑨）。ただし、趙剛伝に「朝議已決」とあるように、趙剛はこの時の出兵の可否をめぐる議論には参加しておらず、漢中から帰還したときにはすでに出兵が決定されていたのであろう。そして、実際の出兵との前後関係は不明ながらも、同年中に三荊地方の巡視に派遣されたのである（⑤）。

そこで最後に董紹による出兵（⑨）と趙剛の第二次派遣（⑥）の前後関係であるが、これは出兵を先において問題は無い。まず、三荊巡視に赴いた趙剛が長安に帰還するまで出兵が遅れては藺欽が再び魏軍を破ったという「百日」に間に合わないであろう。また、趙剛の第二次派遣では「重申前命」とあるからには、この時にも両国の通交と賀抜勝等の帰還が論じられているのであり、西魏と梁との間に通交が成立していない情況であるほうが相応しい。加えて前述の通り、董紹等が南鄭回復に失敗してのちに賀抜勝等が帰還していることから、第二次派遣が先では、派遣と賀

表18：西魏初年対蕭梁通交成立年表

西　暦	年　号	事　　　　項	
534. 9	永熙 3	賀抜勝等、梁に亡命	①
閏12		独孤信等、梁に亡命	②
535. 7	大統 1	蕭範、晋寿を攻め、傅敬和、梁に降る	
8		趙剛、賀抜勝等の復帰を願い出、魏興に派遣さる	③
11		蘭欽・杜懐宝、南鄭を攻め、元羅、梁に降る	
		蘭欽、衡州刺史に、杜懐宝、梁州刺史（治漢中）に就任	
		趙剛、漢中にて乙速孤仏保の屍を引き取る	
		趙剛、杜懐宝と隣好を論じ盟歃を約す	④
		趙剛、三荊を巡視す	⑤
	大統 2		
100日		董紹、南鄭を攻めて蘭欽に破れる	⑨
536. 2			
or 3			
		宇文泰、馬二千匹を致して和を請う ）同一交渉？	
		趙剛、重ねて梁・魏興に使いす ）同一交渉？	⑥
536. 7		賀抜勝等、西魏に帰参	⑦
537. 7	大統 3	独孤信等、西魏に帰参	⑧

抜勝等の帰還とが繋がらなくなるからである。つまり、第二次派遣は董紹の出兵によってこじれた両国間の関係を修復するためになされたのであり、この時の派遣が『梁書』蘭欽伝に記される「西魏相宇文黒泰致馬二千匹請結隣好」という交渉と同一であるかの確証はないものの、少なくとも一連のものであると理解して大過なかろう。そして、両国の講和を取りまとめた趙剛は潁川郡守に除され、通直散騎常侍・衛大将軍を加えられたのであった⑩。

以上から、趙剛伝に記載される西魏と梁との通交関係構築の過程をまとめれば、表18のようになる。董紹の出兵失敗の後に、三荊地域の巡視より戻り大丞相府帳内都督となっていた趙剛が再度魏興に派遣されたのは、前年に築かれた杜懐宝とのパイプがあったからであろう。また、派遣先が漢中・南鄭ではなく魏興と記された理由は、魏興が長安から秦嶺を越えて最も近い漢水沿いの主要都市であったからであろう。

一方、梁に逃れていた賀抜勝・独孤信の側からも帰国交渉が行われていた。しかし、外交交渉の過程を明らかにするものに乏しく、また趙剛による交渉との関連（それぞれの交渉が全く独立していたはずはない）を構築することが出来ないため、軽く触れるに留めておく。梁に降って当初は対東魏北伐軍の出征を願った賀抜勝等であったが、それが適わぬと見るや、西魏への帰還交渉にスタンスを移した。そしてともに梁に降ってきた史寧の言に従い、当時「朱异の言、梁主従わざる無し」と言われた寵臣朱异に接近して、武帝より帰還の許可を取りつけた。(34) 既に漢中地域を確保した武帝にしても、(35) 西魏との通交は望むところであったらしく、賀抜勝配下の崔謙を先んじて西魏に還らしめ、西魏との通交を通じさせた。(36) ただし、この時に北還を許されたのは西魏の永熙三年九月に賀抜勝とともに梁に降った者たちのみで、同年閏一二月に梁に降ってきた独孤信・楊忠等は含まれていない。ここまで見たように、西魏が帰還を要望したのは賀抜勝（及びその配下）に限ったものではないので、これら二つのグループは梁朝廷において厳密に区別されたようである。また在梁中の両グループの交流も史料上は見出せない。(37) 結果として、賀抜勝等の帰還は大統二年の秋となり、独孤信等は一年遅れて大統三年の秋となった。

結　語

最後に、この戦役の西魏史上における位置を確認するにあたって、当時の西魏が置かれていた状況を概観しておこう。

もっとも大きな事件は永熙三年（五三四）閏一二月の孝武帝の死と、翌年正月の文帝の即位であろう（同時に大統改元）。入関後間もない孝武帝の死は、関中の亡命政権を大いに揺さぶったに違いない。

対外的に見ると、北方の柔然に対しては大統元年に中書舎人庫狄峙を派遣して和親を約すことに成功し、ひとまず事なきを得ていたものの、対東魏の戦況は厳しいものであった。永熙三年末から時系列に沿って見ていこう。同年一二月に霊州刺史の曹泥が西魏政権に対抗し、西魏は趙貴・李弼・李虎等を派遣してこれを鎮圧する。同時期、荊州に出鎮していた独孤信・楊忠等は、永熙三年末に東魏の高敖曹・侯景等の攻撃を持ちこたえられず、梁に亡命している。翌大統元年（五三五）正月、東魏の司馬子如・竇泰等が潼関に攻め寄せ、華州刺史の王羆が撃退したが、この際に宇文泰も自ら迎撃のため出陣している。そして、漢中失陥の直後、翌大統二年正月というから董紹が漢中に派遣されたのと同時期であろう、高歓自ら万騎を率いて夏州を攻略し、加えて一度は平定された西・北方の霊州刺史曹泥・涼州刺史劉豊が反旗を翻して東魏に応じ、二月には秦州にまで迫る勢いであった。夏州といえば、宇文泰が賀抜岳の死後に関中の盟主となる以前に刺史として赴任していた土地である。そして五月、或いは六月[38]には秦州刺史万俟普、その子で太宰であった万俟洛（寿楽干）、豳州刺史叱干宝楽、右衛将軍破六韓常、及び督将三百人がこぞって東魏に奔る事態となっていた[39]。

このような状況下にあって、西魏としては漢中を奪回するための派兵に対してさらなる熱意を見せることはなかった。董紹等の敗北後に軍を増派することなく、すぐさま梁に対して和を請い、一連の交戦に速やかに終止符を打たざるをえなかったのは、つまるところ、成立後間もなく、関中地域の維持にすら汲々としていた西魏には、東魏の圧力を受けるさなかに秦嶺山脈を越えて漢中地方を奪回することに本腰を入れるだけの国力がなかったことを意味している。逆に西魏としては、再度の出兵を繰り返すことで抗争が泥沼化することを避け、漢中地域を切り捨てることによって、梁との間に講和を取り付け、南面の憂いを取り除くことに意義を見出したのであろう。

以上のように、大統年間の初期において、西魏と梁との通交は成立した。煩瑣な考証を重ねたが、主たる史料である『周書』趙剛伝の記事をそのまま記載順に把握すると、その後の西魏・梁関係の状況認識が一変してしまうためこだわらざるをえなかった。この両国の通交関係が、この後西魏にとってどのような意味を持ったのか、そしていかなる展開を経た上で、大統一五年以降の西魏の南進がなされるに至ったのかについては、引き続き章を改めて論じていくことにする。

注

(1) 逯耀東「北魏与南朝対峙期間的外交関係」(『従平城到洛陽』(台北：聯経出版事業公司・一九七九年、一九六六年初出))など。

(2) 竹田龍児「侯景の乱についての一考察」(三田史学会『史学』二九―三(一九五六年))。

(3) 梁満倉「南北朝通使芻議」(『漢唐間政治与文化探索』(貴陽：貴州人民出版社・二〇〇〇年、一九九〇年初出))。梁氏の論稿でも、南方進出を開始する以前の西魏と梁との関係には触れられていない。

(4) 本章で扱う西魏・梁間関係に関する史料、特に『周書』では概ねこの「隣好」という表現が用いられている。文字どおり隣国との友好的な関係と解せるが、本質的には第三国などを含めた国際関係での妥協の上に成り立つものであって、現代的な意味での友好関係と見做すことは早計であろう。しかし、隣接する勢力と敵対していない状況を構築し、境域を安定させていくことが、外交戦略として極めて重要であることはいつの時代も変わることがない。最低限、「交渉を通じて勢力相互にその存在と現状での国界を是認している状態」とでも規定できよう。以後、本章ではよりニュートラルな「通交」の語を用いておく。

(5) 呂春盛『北斉政治史研究――北斉衰亡原因之考察』(台北：国立台湾大学出版委員会・文史叢刊七五・一九八七年)、七五〜八〇頁。但し、これら周辺勢力が協力して西魏に対応した形跡は見出せない。

(6) 『周書』巻二〇・賀蘭祥伝。また『梁書』巻二二・鄱陽忠烈王恢附範伝に、

太清元年(五四七)、大挙北伐するに、範を以て使持節・征北大将軍・総督漢北征討諸軍事と為し、進みて穰城を伐たしむ。(三五二二頁)

とあり、『資治通鑑』巻一六〇・武帝太清元年六月戊辰の該当個所に胡三省が、「範をして魏の荊州を撃たしめ、以て侯景に応接せんと欲す」(四九五三頁)と註を附する記事がある。これらの記述を額面通りに受け取れば、鄱陽王蕭範は東魏に叛し

て梁に降った侯景と接するために、穰城（西魏荊州）を攻めようとしたこととなり、西魏・梁間の交渉記事としては賀蘭祥の事例の前年の、それも軍事的緊張を孕んだものとなる。しかし、許嵩『建康実録』巻一七・（梁）高祖武皇帝の同年月条には、

　雍州刺史鄱陽王範を以て征北大将軍と為し、縁辺の初めて附するの州を総督せしむ。（六八九頁）

とある。当時侯景は西魏にも救援を請い、西魏はこれを納れて侯景に大将軍等を与えるなど、それぞれに思惑があったとは言え、表面的には協調関係を保っていた。そして、このことが侯景から梁に伝えられていたことは、『資治通鑑』の前後の記事を瞥見するだけでも明らかである。つまり、この段階で侯景の敵は東魏・高澄政権のみであり、梁が侯景救援のために西魏に対して出兵する理由はなく、『建康実録』の記事の方が相応しい。加えて、このとき潁川・懸瓠地域にあった侯景と接するには、穰城は地域的にかなり西に外れている。よって『梁書』・『資治通鑑』に見える穰城は、「縁辺の初めて附するの州」に含まれる南潁川の襄城の誤りとするのが妥当であろう。結局、この北伐軍の動勢は全く伝わらず、八月になって貞陽侯蕭淵明・南康王蕭会理が総督する征東魏軍が組織され、北伐が敢行された。以上より、本件も西魏・梁間の交渉記事とは見做し得ない。

　もう一つ、『冊府元亀』巻一・帝王部・帝系・唐景皇帝虎条に、秦嶺山中の南岐州で起きた叛乱が梁の漢中に影響を及ぼしたという記事が見えるが、唐の皇祖李虎が関わる記事ということで誇張・修辞が多く施されている可能性が高く、かつ梁の具体的な動きを伝えるものではない。本書第三部第一章参照。

（7）後年、四川が北周の国力を支える上で重要な位置を担ったことについては、『周書』巻三九・辛慶之・附族子昂伝に保定年間のこととして「時に益州殷阜、軍国の資する所」（六九九頁）とある。北周の四川経営については本書第二部第七章参照。

（8）札奇斯欽『北亜游牧民族与中原農業民族間的和平戦争与貿易之関係』（台北：正中書局・一九七二年）・第三章第二節、第三節、潘国鍵『北魏与蠕蠕関係研究』（台北：台湾商務印書館・一九八八年）・第二章第三節「北朝動乱屈辱於蠕蠕時期（A.D.五二四～五五五）的北朝与蠕蠕関係」など。

（9）郭允蹈『蜀鑑』巻六・梁魏争漢中条。

天監四年、漢中の魏に入りてより、凡そ三十年して梁に帰す。（二一〇b）

（10）前者については、『梁書』巻二二・太祖五王・鄱陽忠烈王恢附範伝に、

出でて益州刺史と為り、剣道を開通し、華陽を剋復す（三五二頁）

とある。ここでいう華陽とは、『魏書』巻一〇六下・地形志下・東益州・梓潼郡条・二六一四頁（北魏が僑置したもので、剣閣の南に位置するいわゆる梓潼郡とは別）に見える華陽県のことで、『読史方輿紀要』巻六八・保寧府・広元県・嘉川城条・三二一〇頁に見える華陽廃県がこれに当たると考えられる。後者、東からの進攻については後述。

（11）梁の年号、大通は三年（五二九）までで、同年一〇月に中大通に改元される。またこの記事に拠ってか、晋寿地域が梁に復したのを中大通六年とする史料も散見するが（例えば乾隆『広元県志』巻二・沿革）、『梁書』本紀にしても、漢中回復は大同元年（五三五）に繫年する。

（12）『北史』巻八五・節義・沓龍超伝・二八五〇頁にも戦況を伝える記事がある。なお、傅敬和について前引の『資治通鑑』では東益州刺史とし、『魏書』巻七〇及び『北史』巻四五の本伝ではともに益州刺史とする（それぞれの一五六〇頁・一六七三～一六七四頁）。晋寿において降ったことを鑑みれば、益州が正しいかと思われるが、その場合、漢中で元羅とともに梁に降った薛懐儁と重なることになるため、結論は出せない。

（13）『魏書』巻一二・孝静紀・天平四年四月条・三〇一頁。

（14）『南史』巻六四・杜崱伝・一五五六頁、『北史』巻八五・節義・乙速孤仏保伝・二八五〇頁にも、戦況を伝える記事がある。

（15）『南史』巻七・梁本紀中・大同二年五月癸卯条・二一二頁では「南郡王」を「東郡王」に作る。

（16）『北史』巻一六・道武七王・元羅伝・六〇〇頁、及び『周書』巻四・明帝紀・明帝二年九月甲辰条・五五～五六頁、巻五・武帝紀上・天和三年八月乙丑条・七五頁。なお、元羅の降伏・奔梁については、『隋書』巻七五・儒林・元善伝に、

祖の叉、魏の侍中。父の羅、初め梁州刺史と為り、叉の誅さるるに及び、梁に奔り、官は征北大将軍・青冀二州刺史に至る。（一七〇七頁）

と、父・元叉が誅された事によってその子、元羅が梁に奔ったとする記事があるが、これは採れない。まず、元叉と元羅は

兄弟であって親子ではない。特に『魏書』巻一六・京兆王・元叉伝には「元叉、本名夜叉、弟の羅、実名羅刹。」（四〇七頁）とある。そして、専権した元叉が除名・誅殺されたのが孝昌元年（五二五）であり、元羅が梁に下ったのが大統元年（五三五）であるから、これら二つの事件に因果関係を見出しえない。元叉には元穎、字稚舒という庶長子がいることから（『漢魏南北朝墓誌集釈』（北京：科学出版社・一九五六年）図版七八・元叉墓誌銘、『魏書』巻一六・中華書局標点本校勘〔一〇〕参照）、『隋書』元善伝の「羅」は「稚」の誤りで、両者の記事が混入しているものと考えられる。

(17)　霊州刺史曹泥はその典型である。永熙三年一二月に西魏朝廷は趙貴等を派遣し、翌大統元年初頭にはこれを降したが、曹泥は翌年の正月には高歓の夏州攻略に応じるかたちで涼州刺史劉豊と結んで再び叛し、東魏からの援軍を得て部衆を率いて東魏に帰していった。また、東魏の援軍が霊州にまで至り得たことも、当時の西魏政権の勢力の限界を物語っている。また、孝武帝の入関前のこととして、宇文泰が関西大都督に除され、それにともない張猷を南岐州刺史に任じた際にも、在任者盧待伯が交替を拒んでおり、討伐されている（『周書』巻一・文帝紀上・永熙三年四月条・一〇頁）。

(18)　東西両魏の抗争地域における豪族層の動向を追った論稿として、谷川道雄「東西両魏時代の河東豪族社会――「敬史君碑」をめぐって――」（礪波護編『中国中世の文物』（京都大学人文科学研究所・一九九三年））、宋傑『両魏周斉戦争中的河東』（北京：中国社会科学出版社・二〇〇六年）がある。

(19)　『北史』巻八五・節義・乙速孤仏保伝・二八五〇頁。

(20)　『周書』巻一・文帝紀上・永熙三年四月条・一〇頁。

(21)　『梁書』蘭欽伝のみは「杜懐瑤」に作るが、『梁書』巻四六・『南史』巻六四・杜崱伝、及び『周書』巻三三・趙剛伝に従う。

(22)　管見の限り、南鄭から褒谷・斜谷への途上に高橋城なる地名を見出し得ないが、『水経注疏』巻二七・沔水上に、

（南鄭）大城、周四十二里、城内、小城有り。……皆漢の脩築する所なり。……晋の咸康中、梁州刺史司馬勲、小城の東面三分之一を断ち、以て梁州漢中郡南鄭県治と為すなり。宋より斉・魏、咸な相い仍る。（二三一二～二三一三頁）

とあるように、いくつかあった小城の一つであったのかもしれない。また乾隆『南鄭県志』巻二・輿地・水利・山河大斜堰・第二堰水条に「高橋洞」という地名を見出せ（一四b）、この地は南宋の嘉定二年（一二〇九）に西方に移った県城よりみて

東北に位置するのだが、この位置に小城があったとまでするには証左が不足である。或いは、南鄭よりも漢水の下流に位置するものの、『水経注疏』同条に、

門水、右して漢水に注ぎ、之を高橋溪口と謂う。漢水、又た東し、黒水、之に注ぐ。水、北山より出で、南流して漢に入る。庾仲雍曰く、黒水、高橋を去ること三十里。（二三二六頁）

と見える高橋がこれに該当する可能性もあろう。

(23) 宇文泰は字が黒獺である。銭大昕は『廿二史考異』巻二六・梁書蘭欽伝条で「本名黒獺、獺・泰、声相い近し」（五八四頁）と指摘している。なお、この「宇文黒泰」という表記の混乱は、『梁書』巻四五・王僧弁伝・六三二頁や、道宣『続高僧伝』巻一・魏南台永寧寺北天竺沙門菩提流支伝・四二九頁中等にも見られる。

(24) 『南史』巻六一・蘭欽伝・一五〇四頁。

(25) 賀抜勝は宇文泰以前に関西軍閥を率いた賀抜岳の兄。孝武帝が入関した時点で荊州に出鎮しており、太傅を授けられていた重要人物。『周書』巻一四・『北史』巻四九に列伝がある。西魏における賀抜勝の活動と西魏の対梁外交姿勢との関連については次章参照。独孤信はその娘が北周宇文氏・隋楊氏・唐李氏に嫁いでおり、いわゆる武川鎮軍閥の中枢メンバーとして著名。

(26) 『資治通鑑』巻一五六・武帝中大通六年九月条・四八五四頁、及び同閏一二月条・四八五九頁。

(27) 『資治通鑑』巻一五七・武帝大同元年・四八六七頁。

(28) 『資治通鑑』巻一五七・武帝大同二年七月条・四八七四頁、及び同三年七月条・四八七九頁。

(29) 『南史』巻六一・蘭欽伝に、

欽、百日の中、再び魏軍を破り、威は鄰国を振るわす。（一五〇四頁）

とある。

(30) 『魏書』巻七一・淳于誕伝・一五九三頁。

(31) 『太平寰宇記』巻一四一・金州条所引の『梁州記』には、

西魏大統元年、梁将蘭欽、東伐して南鄭を取り、其の魏興等諸郡、梁に還る。（二七二八頁）

とあるが、蘭欽が漢水を西に遡って進軍したことも合わせれば、蘭欽の東伐によって南鄭回復とともに魏興も梁に帰したとするのは誤りである。

（32）恐らく趙剛は、子午道を抜けて東梁州安康に出て、魏興に向かおうとしたのであろう。

（33）趙剛が最初に梁へ派遣されるに際して、晋寿失陥の情報が既に西魏朝廷に達していたか否かは、西魏がどの段階で対梁通交を志向したかという黙過しえない問題にかかわるが、今次の抗争の結末にまでは直接影響はない。史料上では、趙剛が請うたのは賀抜勝等亡命将帥の帰参のみで、殊更に梁との通交を挙げてはいない。

（34）『周書』巻二八・史寧伝・四六六頁。

（35）『北史』巻四六・董紹伝に、

戦争多年、人物塗炭、是を以て先言を恥じず、魏朝と通好せんと欲す。卿、宜しく此の意を備申すべし。若し通好せんと欲さば、今、宿豫を以て彼に還し、彼、当に漢中を以て見帰すべし。（一七〇六頁）

という梁武帝の発言がある。これは董紹が、かつて永平元年（五〇八）に予州で反乱軍に捕らえられて梁に送られた際のもので、武帝は董紹の送還を通じて北魏との通交を申し出て、併せて建康にも近い東方の宿豫と、遥か西方の漢中との交換を提案している。この交渉は北魏朝廷の同意を得られずに終わったが、この言より、武帝が漢中地域の確保に相当の意を払っていたことが窺えよう。

（36）『周書』巻三五・崔謙伝・六一二頁。

（37）呂春盛『関隴集団的権力結構演変――西魏北周政治史研究』（台北：稲郷出版社・二〇〇二年）・第二章「西魏政権的成立及其結構」（一九九四年初出）は西魏政権を構成した人々を幾つかのカテゴリーに分けて分析するが、出自背景と西魏政権への参加の仕方という次元の異なる区別の基準を同一のレベルで用いている点は問題がある。その中でも「随賀抜勝自梁入関中者」という一団に独孤信・楊忠等が含まれるのは事実誤認であり、少なくともこの両者は孝武帝に付き従って入関した一団に含めるべきであろう。

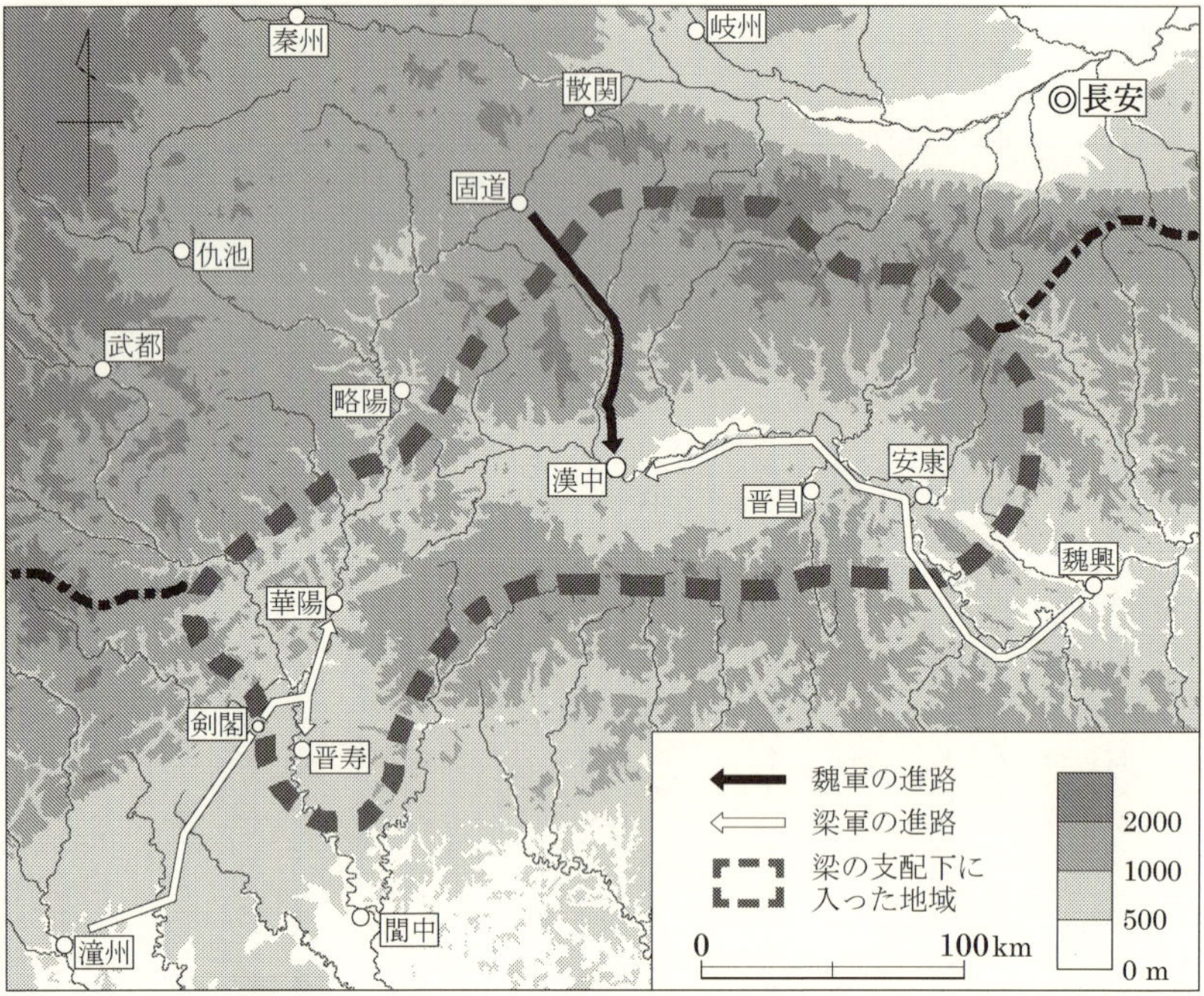

図８　西魏初年漢中における抗争　概略図

(38)『資治通鑑』巻一五七・武帝大同二年五月条・四八七三頁の注を参照。

(39) また、『周書』巻三七・韓褒伝に、

(大統)二年、梁人、北して商・洛を寇し、東魏、復た樊・鄧を侵し、是に於いて褒を以て鎮南将軍・丞相府従事中郎と為し、淅酈に出鎮せしむ。居ること二年、徴されて丞相府司馬を拝し、爵を進めて侯と為る。(六六一頁)

と、大統二年に梁が商洛(洛州・上洛郡)に、東魏が樊・鄧(荊州方面)に攻め込んだとする記述がある。前者は本章で検討した戦役全体を指すであろう。また後者については、管見の限り他に大統二年に東魏が荊州に軍を進めた形跡は無い。従って、この記事の「二年」とは、あくまでも韓褒が淅酈に出鎮した年であって、同年に梁・東魏が西魏に攻め込んだ記録ではないと考える。

第二章　西魏前半期の対梁関係の展開と賀抜勝

緒　言

前章で検討したとおり、西魏と梁とは漢中地域をめぐる抗争の果てに、大統二年（五三六）にひとまず通交を成立させた。それでは、その後、西魏の南方進出がなされる大統一五年（五四九）までの間、西魏と梁との関係はどのように展開していたのであろうか。前章緒言で述べたように、この間の情況を明らかにするための史料は、ほぼ皆無である。とはいえ、国際関係が激しく変動する状況下で、和・戦の両面において一〇年以上もの間、決して短くはない境を接した勢力が単に「疎遠」という表現で済まされるように没交渉であったとは考え難い。さらに、東魏を中心とし、柔然・吐谷渾・梁までも含めた対西魏包囲網の存在を指摘する向きもあるが(1)、梁が頻繁に使者を交わしていた東魏に協力して西魏を攻めることがなかったことからすると、俄には首肯しがたい。

また、西魏政権の中枢たる宇文泰軍閥は、既にその形成当初より、関東を占めた高歓と対峙していくにあたって、南方に進出することを必須のものとして視野に入れていたのであるから、梁に対するなにかしらの関心は、常に意識の裡にあったはずである。しかし、結果として、西魏の南進は一〇年以上を経た大統一五年（五四九）より、特に西南の巴蜀方面に関しては更に遅れて大統一七年に漸く開始される。かねてよりの懸案であった南進戦略の実行がここまで引き延ばされた要因の一つが、東魏の圧力が強く、南方へ軍を振り向ける余裕がなかったことであるのは間違いない。だがそれだけでは、当時、西魏と梁とが敵対していたとする従来の認識を形成することはできないし、西魏・梁間の交渉が見出し得ない理由にはなるまい。

かかる問題意識に立って西魏の対梁通交姿勢を考えていくと、そこに賀抜勝という人物の存在が浮かび上がってくる。そこで本章では、西魏成立より南方進出が開始された大統一五年までをその前半期とし、その時期の対梁通交姿勢の推移を検討し、ついで西魏政権内における賀抜勝の位置づけを明らかにした上で、この二点の関連について論じてみたい。

第一節　漢中をめぐる攻防と通交の成立

まずは前章で述べた、西魏と梁との間で通交が成立した経過をおさらいをして、以後の検討の土台としておこう。西魏と梁との関係は、西魏成立後間も無い頃の漢中地域をめぐる抗争から始まる。大統元年（梁大同元年、五三五）の七月、魏の益州刺史傅敬和の失政につけ込む形で、梁は益州刺史蕭範等を派遣して晋寿を陥とした。[2]同八月、先に東魏に敗れて梁に亡命していた賀抜勝・独孤信等有力将帥を帰還させるべく、西魏は趙剛を梁の魏興に派遣した。ただし、趙剛が派遣された段階で、晋寿失陥が西魏朝廷に伝わっていたかは不明である。

梁は続けざまに梁州民の叛乱に呼応する形で蘭欽・杜懐宝を派遣し、一一月には漢中を降して秦嶺山脈以南を回復した。趙剛と杜懐宝との交渉は漢中陥落後に行われ、講和と亡命将帥の帰還などについて一応の進展が見られた。しかし、西魏としては漢中の失陥という大きな情勢の変化を容認し難く、同年の末から翌年にかけて董紹・張猷を派遣して漢中の奪回を目指した。董紹はかつて梁州刺史として漢中に在任したこともあり、出兵を主張した張本人であったが、蘭欽によって大破され、この出兵は失敗に終わった。

関西地域の確保にすら汲々としていた西魏は、再度の出兵を困難と判断し、この段階における梁との対決を避けて関係改善を優先し、再び趙剛を派遣して通交を申し入れた。この時、西魏朝廷は交渉に入るにあたって、馬二千匹を梁に送っている。漢中地域を確保した梁武帝としても、西魏との通交成立は望むところであったらしく(3)、亡命中の賀抜勝配下にあった崔謙を先んじて西魏に還らしめ、通交の意志を伝えさせた(4)。賀抜勝・独孤信等、亡命将帥も大統二年七月から順を追って西魏に帰参した。こうして両国の交渉の結果として戦争状態は終結し、通交が成立した。西魏としては事実上、全面的な敗北であり、南進戦略もまた凍結を余儀なくされたのであった(5)。

第二節　西魏の荊州

西魏・梁二国間の通交状態のその後はどのようなものであったろうか。両国間の具体的な交渉として史料上に挙がるのは、前章緒言でも触れた『周書』巻二〇・賀蘭祥伝の、

（大統）十四年、都督三荊南襄南雍平信江随二郢淅十二州諸軍事・荊州刺史に除され、爵を博陵郡公を進む。（中略）州境、南のかた襄陽に接し、西のかた岷蜀に通じ、物産の出る所、諸の珍異多し。時既に梁と通好し、行李往来するも、公私の贈遺、一として受くる所無し。梁の雍州刺史・岳陽王蕭詧、其の節倹を欽し、乃ち竹屛風・絺綌の属を以て、及び経史を以て之に贈る。祥、其の意を違え難く、取りて諸所司に付す。太祖、後に之を聞き、並びに以て祥に賜う。（三三六〜三三七頁）

という記述であり、舞台は西魏の荊州（穰城）と梁の雍州（襄陽）との間に移る。この地域が両国の交渉の最前線となったのは、もとより襄陽が南北交通の要衝であり(6)、加えて両国の都を結ぶ線上に位置し、また間を秦嶺の如き険し

い山岳によって隔てられることもないことからすれば必然であったろう。

前章で述べたように、両国の通交成立は大統二年（五三六）から三年にかけてのことであるが、荊州地域がその舞台となったのは、西魏が東魏と争っていた荊州地域を確保した後で、それは沙苑の戦い勝利の余勢を駆って洛州刺史李顕が荊州に進出した大統三年の末以降のことである(7)。それでは南に梁と対峙し、東面でも抗争の正面から外れるとはいえ、宿敵東魏に接するこの東南地域に対し、西魏はいかなる姿勢で臨んだであろうか。大統一五年までに荊州に鎮した人物としては郭鸞・長孫倹・王思政・泉仲遵・賀蘭祥・楊忠等を挙げうる(8)。その中でも大統六年より一二年までの足かけ七年の長きにわたって刺史・行台僕射として荊州に鎮し、東南を固めたのが長孫倹であった。

では、この重要地を委任された長孫倹とはいかなる人物であったろうか。『周書』巻二六・『北史』巻二二の列伝や『庾子山集』巻一三・「周柱国大将軍長孫倹神道碑」（八一二～八三三頁）によれば、その為人は胆力に優れ、戦略家・行政官・外交家としても非常に有能であるものの、個人的な武芸や用兵術などについての記述は無く、前線指揮官としての活躍は見出せない。つまり長孫倹は文官的であって、必ずしも軍事の現場に立つ人物ではなく、敵国との最前線指揮官というには些か適性が合わないのである。これは、荊州にあって梁に対応する人物にまず期待された能力が軍事的能力ではなかったことを意味している。

長孫倹の荊州滞在時期についても、具体的な対梁通交記事は見出すことはできない。しかしながら「神道碑」には、

楚城鄰境して、実に譲田有り、呉人対営して、薬を贈るを妨げる無し。（八一七頁）

とあり、劉向『新序』雑事第四・梁大夫有宋就者に見える梁・楚通交の故事や、西晋・呉の羊祜・陸抗の故事を引き、西魏と梁との国境地帯が穏やかで友好的な様を表している（八一八頁、倪璠による注参照）。そしてこのかなり茫洋とした記事が、管見の限りにおいて、通交成立以後、大統一四年までの西魏・梁間関係を示す唯一の記述なのである。列伝や碑誌などにおいて、前線指揮官としての実績を称揚するのであれば、「威を境域に振るう」とか「善く孤塁を守

る」といった辺寇に対する戦功を挙げた方がより輝かしいものになろう。しかしこの「神道碑」にはそのような記述は無く、これも両国が険悪な関係にあったことを否定し、却って安定した通交関係が成立していたことを意味していると見做せよう[9]。

これに加えて、長孫倹出鎮期と続く王思政出鎮期においては、東南道行台が設置されたことにも注目される。そもそも行台とは、親征等の大規模な出兵の際に軍に随行する形で臨時に置かれた小型の尚書省であったが、北魏末には軍事機構として一般的に見られた都督某州諸軍事在職者等に、より幅広い権能を附与するために置かれた、民・軍両方を統べる地方最高の行政・軍政機構となっていた。東魏・北斉で広域地方行政・軍政機構として一般化していったのに対し、西魏ではその存在はほぼ前半期に限られ、なおかつ基本的に常置されず、軍事出動に伴って設置され、その行動が終われば廃されていた[10]。そのような中で、宇文泰の（関西）大行台以外で唯一長期にわたって存続したのが東南道行台であった。西魏は荊州の地に殊更に行台を置いて梁に対応したわけである。それでは行台が有した権能とはいかなるものであったろうか。先行研究では、一般に地方最高の軍事機構となっていた都督諸州軍事等と比べてさらに大きな職権として、直接敵国と交渉する権限、つまり外交が挙げられている[11]。西魏は東南道行台を通じて、梁との交渉を行っていたのであろう。そして両国間の交流を示す記事が残っていないことから、その規模はあくまで小さく、かつ中央が乗り出さねばならぬような重大な事態が起こらない、安定した状況を保ったのであろう。

以上、荊州を舞台とした西魏と梁との関係を見てきたが、大統二年（五三六）の通交成立より本章で対象とする一五年まで、概ね安定していたと見做してよかろう。だが、前章緒言で示した西魏の南進策は、決して放棄されたわけではなかった。西魏成立以来の東魏・北斉に対する東進戦略の頓挫が決定的となったのは、大統一六年の大規模な東伐作戦が失敗に終わり、洛陽・平陽以東の在地勢力が西魏を見限ったことによる。一方、西魏の梁疆域への進攻は、大統一五年に梁の岳陽王蕭詧からの救援要請のもと、随・安陸といった漢水下流の東部地域に対してなされた。つまり、西魏の南進戦略は、梁の混乱に誘われるかたちで、いまだ東魏の圧力強かりし時分に既に発動されていたのであり、その姿勢は通交勢力に対して兵を貸すのではなく、占領という形が採られた。そこには既に通交関係に基づく安定した関係は存在しなかったのである。この姿勢の転換は、西魏成立時当初の戦略への復帰でもある。であれば、一〇年間強の対梁通交の時期こそが、西魏としてはイレギュラーな時期であったこととなる。では、なぜこの時期になるまで、西魏は梁に対して完全な自重を続けたのであろうか。東魏からの圧力と梁の勢力としての安定といった相対的なパワーバランスの問題に比すれば副次的なものかもしれないが、西魏の政権内において、梁との通交を志向し続けた要因が求められよう。それはつまり、梁から帰参した賀抜勝の存在である。

第三節　太師賀抜勝

従来、賀抜勝に関しては、西魏政権の中枢を担った宇文泰以下の一団のかつての主将であった賀抜岳の兄という以上の関心は払われていない。ことに賀抜勝が西魏に帰参して後については、宇文泰に対して拝礼しなかったという逸話以外、全く等閑視されてきたといってよい。そこでひとまず、『魏書』巻八〇・『周書』巻一四・『北史』巻四九の列伝等をもとに、賀抜勝の生涯を概観しておこう。

賀抜勝、字は破胡、神武・尖山の人で、その先祖は拓跋氏とともに陰山より出るといい、民族的には高車・勅勒の一部落であろうとされる(12)。六鎮の乱が勃発した当時、武川鎮の地域社会において、父度抜・兄允・弟岳とともに知られた存在であった。中でも賀抜勝は武芸に優れ、走る馬の上から飛ぶ鳥を射て、一〇の五、六をあてたという弓の名手であった。

その後、賀抜三兄弟は懐朔鎮将楊鈞・広陽王元淵等の下を経て、爾朱栄の配下におさまったが、その間に武川鎮出身の郷兵集団を糾合していった。後に西魏・北周において政権を担った所謂武川鎮軍閥の形成の最初期にあたる。建義年間（五二八〜五三〇）に関西地域で万俟醜奴により反乱が激化すると、爾朱天光を主将とする征西軍が派遣され、弟の賀抜岳はその副将となり、宇文泰等武川鎮出身者の多くがこれに従っていった。永安三年（五三〇）、爾朱栄が殺害されると、次いで高歓が台頭し、関東に残っていた賀抜勝も高歓に降った。高歓は爾朱氏を平らげたものの、すぐに自らが擁立した孝武帝と衝突するようになった。その際に孝武帝が晋陽にあった高歓への対抗馬として重用したのが「北土の望」と称された賀抜勝・岳の兄弟であった。賀抜勝は南道大行台尚書左僕射等を拝命して荊州に出鎮し、反乱鎮圧後も引き続き関西に残っていた賀抜岳も関西大行台を帯びた。荊州に赴いた賀抜勝は梁の襄陽を目指して南伐を敢行したが、盧陵王蕭続等が防衛に務めたので、一定の成果を上げたところで引き返した。その功績によって大行台尚書令・琅邪郡公に進んでいる。またこの時武帝が蕭続に下した詔では、「賀抜勝は北間の驍将なれば、爾、宜しく之を慎み、与に鋒を争う勿かるべし」と評されている。

永熙三年（五三四）、高歓の意を受けた秦州刺史侯莫陳悦によって賀抜岳が殺害されると、遺された配下の者たちは善後策を協議し、その中では賀抜勝を迎え入れるという方針も出された。実際、李虎（唐李淵の祖父）が荊州に赴いて説得したものの、賀抜勝は関中入りを受け容れず、配下にあった独孤信を派遣して賀抜岳の余衆を撫さしめようとしたが、既に関中の覇権は宇文泰に帰していた(13)。

孝武帝が長安の宇文泰のもとに西遷すると、賀抜勝は使者を長安に派遣して表を奉った。さらに所部を率いて関西に赴く途上、淅陽で孝武帝からの詔をうけて太保・録尚書事を拝したが、高歓が潼関を陥としたことにより道を絶たれ、荊州に引き返した。ところが、荊州にも高歓の武将侯景等が攻め込んでいた。賀抜勝はこれと戦ったものの利あらず、流れ矢にあたったこともあり、やむなく麾下五〇〇騎余りを率いて梁に降ったのであった。

亡命してきた賀抜勝を、梁武帝は厚遇をもって迎え入れた。南北朝抗争期においては、相互の亡命者に対しては基本的に「来る者は拒まず」といった態度で、相応の官職を与えるなどの待遇で応じるものであり、つい先年に梁に攻め込んできた賀抜勝に対しても、武帝は寛容だった(14)。在梁中、賀抜勝は高歓を討つための出兵を願い出たが、これは遂に容れられなかったため、西魏に帰還することを請うた。この時、武帝に信任されていた朱异に接触することで武帝の許可を引き出しえたという。無論、漢中地域での和平交渉の影響もあったであろう。武帝は親ら宴を催して賀抜勝等を送り出した。在梁中の厚遇や餞別に感激した賀抜勝は、以後、弓矢を持していても鳥獣の南に向かうものは決して射ることなく、武帝への懐徳の志を表したという。大統二年（五三六）の秋、賀抜勝は長安に帰参した。

翌大統三年（五三七）、西魏と東魏は激しい戦闘を繰り返した。まず正月に東魏が三道より攻め寄せた。賀抜勝は宇文泰が竇泰軍を小関に撃ち破り、竇泰を自害せしめたのに従い、中軍大都督を加えられた。五月には実権を伴わない名誉職ではあるが、太師を拝している(15)。同時に広陵王元欣が太宰を拝しているが、元欣は宗室代表者ともいうべき人物であるため同列には扱えず、これによって賀抜勝は群臣の中では最高の処遇を受けることになった(16)。それにも拘わらず、以後も賀抜勝は西魏の一将帥として活動する。八月には宇文泰の弘農方面への東伐に従い、東魏の将の高干を捕らえ、邵郡を下すなどの活躍を見せた。一〇月には沙苑の戦いで奮戦し、引き続き李弼とともに蒲坂から河東に進出し、汾州・絳州を下した。大統四年八月の河橋の役では東魏軍を大破し、降卒の収容も担当した。大統八年一〇月、王思政の守る玉壁城を高歓が囲むと、援軍の前軍大都督として宇文泰に従った。

大統九年（五四三）三月の邙山の役では、敢勇の士三千人を従えて敵陣に突入し、高歓に肉迫したが、乗馬が敵将の段孝先が射た矢にあたってしまったために取り逃がした。戦場で追いまわされた怨みもあったのであろう、この年、高歓は関東にあった賀抜勝の諸子を皆殺しにした。賀抜勝は憤恨より病を発し、翌大統一〇年五月に薨じた。太宰・録尚書事等の官を贈られ、貞献と諡され、琅邪郡公の爵位は賀抜岳の子の仲華が嗣いだ(17)。飾り気がなく、義を重んじ財を軽んじる性格から、遺した物は愛用の武器と晩年より読むようになった千巻余りの書のみであったという。

賀抜勝が宇文泰に宛てた遺言には、

勝、万里に杖策し、身を闕庭に帰し、公と逋寇を掃除せんと冀望す。不幸にも殞斃し、微志、申《かさ》ねず。願わくば公、内は協和を先とし、時に順いて動かん。若し死して知る有らば、猶お魂の賊庭に飛び、以て恩遇に報いるを望むのみ。（『周書』賀抜勝伝・二二〇頁）

とあり、宇文泰とともに高歓を滅ぼすことがかなわぬことを嘆く一方で、以後の政権運営のありようにも触れている。宇文泰はこの書を読んで、久しく流涕したという。

ところで、この両者の信頼関係は、容易に築かれたものではなかった。賀抜勝は梁より帰参して当初、かつて弟の部将であり若輩でもあった宇文泰に対して拝礼せず、これに対しては宇文泰も当然銜むところがあったのである。加えて、宇文泰以下の西魏の武将たちの多くが嘗ての賀抜岳の部下であり、遡ればその兄である賀抜勝のもとで活動したことのある者も少なくなかったに違いない(18)。従って、西遷する以前の孝武帝によって既に太保を授けられていた賀抜勝の存在は、決して小さくはなかったのである。しかし、東魏という強大な敵を前面に迎える情勢下にあって、賀抜勝は自らが宇文泰と不仲であることの危険を察した。西魏が内紛で隙を見せてはならない、西魏国内が一つにまとまっていくために、自分自身が内訌の要因になってはならないと判断したのであろう。昆明池での宴を機に、賀抜勝はそれまでのわだかまりを捨て、自ら辞を低くして宇文泰に従う道を選んだ。宇文泰への遺言に「願くば公、内は協和を先とし」とあるのが賀抜勝が自身を置いた立場を鮮明に表現しているといえよう。これを受けた宇文泰もまた、

諸将敵対するに、神色、皆な動じるも、唯だ賀抜公のみ陣に臨みて平常の如し、真の大勇なり。（同前）

と絶賛した賀抜勝が自分の権威に屈伏したと考える筈はなく、賀抜勝の意図を察し、両者の信頼関係が成立したのだった(19)。以後、賀抜勝は太師として最上級の待遇を受けながらも、決して閑職にまつり上げられることにとどまらず、一武将としては丞相宇文泰の指揮下にあるという、ある種の捻れ現象を帯びることとなった。だが、太師の座を占めた

賀抜勝すら宇文泰の主導権の下で黙々と一武将として働いていることが、宇文泰政権の安定に大きく寄与したことは想像に難くない。『周書』巻四・明帝紀・二年十二月辛巳条に、

功臣の琅邪貞献公賀抜勝等十三人を以て太祖の廟庭に配享す。（五六頁）

とあるように、後日、太祖宇文泰の廟庭に北周建国の功臣十三名を配享した際に、代表として第一に名が挙がるのが当時の評価を示しているだろう。

ここで西魏の対梁通交姿勢に話が戻る。賀抜勝は狩りを好みながらも、獲物が南に向かうものであれば射ることをやめたり、また『周書』巻一四・史臣曰条に「梁朝の顧遇を感じ」とあるように、西魏に帰参の後も、日頃より梁朝・武帝に対する恩を強く標榜していた。宇文泰としても、辞を低くして政権の安定に力を尽くした重鎮賀抜勝の、この意向は無視できなかったのではあるまいか。

第四節　西魏の対梁通交と賀抜勝

西魏が梁との通交を成立させた大統二年（五三六）当時、淮河方面では東魏と梁との戦闘が続いていた。西魏では、この通交成立によって梁を当面の敵から外すとともに、梁と連繋して東魏と対抗することも、戦略上有効な選択肢の一つとして期待されたかも知れない。だが翌年、東魏も梁との抗争を回避して通交を成立させたため、西魏は単独で国力のまさる東魏とまさしく正面から対決しなければならなくなった。北朝が分裂・混乱状態であることこそ望ましい梁が、東西両魏の一方に殊更に肩入れする戦略を採るはずはなかったのである。(20)

北魏末の叛乱が最後まで猖獗を極め、荒廃しきっていた関西地域のみを基盤としていく限り、西魏が東魏と対決していくことは甚だ困難であり、その限界も次第に明らかになっていった。所謂府兵制の整備に代表される一連の改革

を進めさせた一因が、ここにあったことは論を俟たない。絶対的に国力の劣る西魏としては、後背地として西南「巴蜀の饒」の確保が望まれたのは当然のことであったろう。だが、政権内には梁に対する恩義を強く標榜していた賀抜勝がいたのである。つまり西魏にとって梁との通交成立は、敵対勢力を減らすという効果をもたらしたが、その後の賀抜勝の存在は、時が経つにつれて新規に開拓できる領域、進攻方向が無くなってしまうというジレンマをも生み出したのであった。大統一五年（五四九）以後、漢水東岸地域・漢中・四川と、西魏の南進戦略は甚だ順調に進んだように見えるが、それでも宇文泰はその遅れを歎息したのである[21]。宇文泰の歎息は上記の如き情況を想い描いてのことだったのかもしれない。

長らく東南道行台僕射として梁と対した長孫倹は、大統一二年（五四六）に中央へ徴還された。長孫倹以後、荊州に鎮して東南方面を管轄した者として王思政・賀蘭祥等が確認できる。彼等も知勇兼備と称するに足る将帥であったが、殊に矢石を犯して戦う歴戦の武将でもあった点が長孫倹とは決定的に異なる。特に王思政は大統八年に玉壁において高歓率いる大軍を撃退するという赫々たる軍事的実績を誇った人物であり、より軍事的な要請に従った人事であるといえる。その王思政が荊州に着任して行ったのは、『周書』巻一八・王思政伝に、

十二年、特進・荊州刺史を加う。州境は卑湿、城塹多く壊る。思政方めて都督藺小歓に命じ、工匠を督し之を繕治しむ。（二九五頁）

とあるように、州境の城濠の修理であった。この記事の本来の主旨は、王思政が作業中に発見された黄金を私せずに中央に送り廉潔を賞された、と続く点にあるのだが、ここでは荊州地域の城濠が多く修理を要する状況であったことに注目される。前任者長孫倹は行政官として有能であったし、荊州は梁の襄陽と接して経済的にも潤っていたであろうから、本来であれば隣国に対する防備が蔑ろにされるはずはない。従ってこれは、長孫倹出鎮期には対梁最前線の城郭の整備が必ずしも重要視されなかったことを意味し、それまでの国境の平安を示し、或いは西魏の梁に対する自

重姿勢をも示すものであるかもしれない。しかし、王思政の出鎮時には、侯景の内属要請に応じて王思政が荊州から潁川に出撃したように（大統一三年夏）、軍事的要請に即応できる体制が構築されているのである。そして賀蘭祥出鎮期には改めて荊州に行台は置かれず[22]、従って荊州鎮守者の権限は従来より後退した。これは侯景が東魏に背いて以後の国際情況の激変を予測し、必ずしも通交一辺倒ではなくなった対梁通交における判断に際して、中央に指示を仰がせる形を採ったのであろう。

長孫倹から王思政への交代時期、東魏ではまだ高歓が健在で、侯景も叛乱を起こしていない。従って華北において東西両魏が抗争し、華南の梁がそれを傍観しているという従前の基本構造のままである。そのような情勢下にあって、西魏・宇文泰政権は賀抜勝の死後、俄に南方・対梁通交の姿勢を変え始めていたのである。

結　語

以上の検討の結果明らかになった点に従って、西魏の対梁通交姿勢の変化を時系列に沿ってまとめれば以下のようになろう。

①西魏・宇文泰政権では、東魏と対峙していく戦略上、南方の四川地域を後背地として確保することが早くから望まれていた。

②大統元年（五三五）、梁が漢中地域に進攻したが、成立当初で多難を極めていた西魏にはこれをただちに回復する力はなかった。翌年、西魏は講和を求め、両国の抗争は終息し、通交が成立した。このため西魏の南進戦略も凍結を余儀なくされた。またこれを機に、賀抜勝等亡命将帥が梁より西魏に帰参した。

③西魏が関西地域のみを地盤として東魏と抗争を続けるには限界があったが、新規に後背地を得るべく梁に進攻す

ることはせず、自重姿勢を固持した。これは東魏からの軍事的圧力の他にも、宇文泰政権の安定に協力する一方で、梁に対する恩義を標榜した重鎮賀抜勝の存在が影響していたと考えられる。その間、西魏は荊州に東南道行台を設置して対梁通交を委ね、両国間は安定した通交関係を保った。

④大統一〇年（五四四）に賀抜勝が没して以後も、表面上は対梁通交は維持されたが、西魏の南進戦略は復活し、同一二年頃より荊州の軍備を強化する傾向が明らかになる。そして折良く起きた侯景の乱にともなう梁の崩壊に乗じて、西魏はその勢力を南方に拡大させていった。

本章では賀抜勝の存在を媒介として、西魏と梁との二国間関係を西魏の側から展望したが、通交関係というものが少なくとも二つの勢力の間で行われるものであり、加えて周辺諸勢力の動向によって大きく左右されるものである以上、一方からの分析では不充分な検証に留まらざるをえない。加えて、『周書』・『北史』の宇文泰執政前期においては、周辺諸国からの軍事行動以外の通交記事の欠如は明らかであるため、梁との通交記事が残っていないことは史料的な限界として受け容れざるを得ない。従って、西魏と梁とが通交関係にあった、控え目に言っても軍事的緊張関係にはなかった、という情況を当時の国際情勢の中に位置付け、総体として俯瞰するためには、梁が置かれていた状況や判断をも考察せねばならないのは当然である。しかし、梁朝社会総体としての中原回復の意志の消長や、武帝個人の志向の変化、或いは西魏以外の周辺諸勢力との関係、南方をはじめとした国内の叛乱や辺寇といった情況など、当時梁が置かれていた状況を各方面より概観して対西魏通交姿勢を述べるには、やはり相応の紙幅を必要とするため、稿を改めて論じる必要があろう。その結果として、梁の対西魏通交姿勢と密接に関係するであろう、梁側の記事の欠落についても明らかとなる点が得られよう。

大統年間の初期に梁より帰参した者のうち、独孤信については後に所謂八柱国の座を占め、三人の娘がそれぞれ北周宇文氏・隋楊氏・唐李氏に嫁いだことなどから武川鎮軍閥の中核として重視されてきた。しかし、独孤信は西魏に帰還の後、長らく隴西に出鎮したため、西魏政界に自らの主張を述べる機会は少なかった。隋文帝の父であることによって知られる楊忠にしても、その存在は西魏時期にあってはまだ一武将に過ぎず、政策に対する影響力を持っていたとは思われない。

彼等に比して、賀抜勝については凡そ注目されることはなかった。これは従来の研究が、成立後の西魏政権を宇文泰の全くの独裁政権と認識したことから、政権への参加が遅れた上に、所謂八柱国・十二大将軍体制の成立を前にして没した賀抜勝を、何ら注目するに値しない人物と見做したからであろう。無論、軍事・通交といった重大な事象が一将帥の意向によって決定されるわけではないが、それでも賀抜勝の西魏政界における位置を認識することによって、はじめて従来の研究における西魏・梁関係の空白を埋め、一連の流れとして提示しうるのである。

では、南進戦略を抑え込まれたことは西魏にとって障害であったのか否か。結果的に梁と事を構えなかったからこそ、侯景の乱とともに梁が自壊していく過程に乗り、短期間で四川を確保するまでに至りえたともいえよう。しかし、それは賀抜勝が志向したものではないため、安易な評価を下すことは差し控えたい。ただし、上記のような研究の対象とされるものの偏りは、唐代になって隋唐代への影響を視野に入れて編纂された『周書』・『北史』といった基本史料の性格にも由来するものであろう。従って今後の西魏・北周から隋・唐に至るまで、これらの史料に基づいて研究をする限り、一層の史料批判を加えた上で検討する必要が痛感されるのである。

注

（1）　呂春盛『北斉政治史研究――北斉衰亡原因之考察』（台北：国立台湾大学出版委員会・文史叢刊七五・一九八七年）、七五～八〇頁。

（2）　傅敬和は北魏が分裂する以前から益州・晋寿郡に赴任している。北魏分裂直後の時期における地方と中央の関係は複雑かつ流動的であり、梁州・漢中地域まで含めて、この地域が西魏朝廷の確固とした統制下にあったかは極めて疑わしいため、「魏の」と表記した。

（3）武帝が漢中地域の確保に相当の意を払っていたことについては、前章注（35）参照。

（4）梁に亡命していた賀抜勝も、西魏への帰還を願い出ていたことについては第三節で触れる。

（5）本節で述べた情勢の展開は、『魏書』巻七〇・傅敬和伝、『周書』巻三五・趙剛伝、同巻三五・崔謙伝、同巻四四・楊乾運伝、『梁書』巻三二・蘭欽伝、及び『資治通鑑』などに基づく。ただし、西魏・梁間の交渉経過を伝える趙剛伝の記事には、事態の展開と記載順序に齟齬が認められる。検証の詳細は前章第二節参照。

（6）傅楽成『漢唐史論集』（台北：聯経出版事業公司・一九七七年）・「荊州与六朝政局」（一九五二年初出）、稲葉弘高「南朝に於ける雍州の地位」（『集刊東洋学』三四（一九七五年））参照。

（7）稲葉氏は前掲注（6）論稿において、この賀蘭祥出鎮時期の荊州地域における通交情況を、『魏書』巻一一〇・食貨志の「自魏徳既広」以下の文章（二八五八頁）を引いて、延昌三年（五一四）以後より続いていたものとする。しかし北魏末年における梁との間では、永安年間（五二八〜五二九）の北海王元顥の北伐をはじめ、河南・湖北方面では永熙二年（五三三）に賀抜勝による襄陽進攻があり、陝西・四川方面では大統元年（五三五）に梁が漢中を攻略するまで、淮河方面では梁の大同三年（五三七）に東魏と梁との和平が成立するまで、各方面で戦争状態が続いており、南北朝廷間の通交関係が断絶していたことは明らかである。無論、国同士の通交と一般の交易とは必ずしも同一ではなく、戦時下においても南北間の交易が潜在的に行われたことは否定しないが、交易の盛行は両国の安定した関係によって保証されるものであろう。

（8）呉廷燮『東西魏北斉周隋方鎮年表』西魏・荊州条・二四a〜二五b。

（9）頻繁に外交使節を往来させるという行為には、絶えず相互の関係を確認し合う必要があるという、ある意味で不安定な状況を補完する機能も含まれているのではなかろうか。なお、『北斉書』巻四六・循吏・蘇瓊伝に、「旧制、淮禁を以て商販の輒ち度るを聴さず」（六四五頁）とあり、北斉末期から見ての「旧制」として、淮水における一般の往来が禁じられていたことが伝わる。必ずしも東魏時代のこととは断定できないが、国策としての使者の往来や互市の設定と、一般の往来は区別されていたことが想像される。

(10) 行台については本書第一部第二章参照。

(11) 牟発松「北朝行台地方官化考略」(『文史』三三(一九九〇年))参照。

(12) 姚薇元『北朝胡姓考』(北京：科学出版社・一九五八年)一一六～一一七頁。

(13) 賀抜氏を中心とした所謂武川鎮軍閥の動向については、谷川道雄『増補隋唐帝国形成史論』(筑摩書房・一九九八年)・補編第一章「武川鎮軍閥の形成」(一九八二年初出)、直江直子「『魏書』の時代と『北史』の時代」(『富山国際大学紀要』七(一九九七年))を参照。

(14) 蔡幸娟「北魏時期南北朝降人待遇——客礼——研究」(成功大学歴史学系『歴史学報』一五(一九八九年))。賀抜勝に与えられた官位などの記録がないため、「厚遇」の内容を制度の運用面から検証することは出来ない。

(15) 『周書』巻一四・念賢伝に、同じ大統三年に念賢が太師を拝している記事があるが(二二七頁)、賀抜勝の太師就任に関しては『北史』本紀の記事以外にも、崔謙がその太師長史に任じられたことでも裏付けが取れるため(『周書』巻三五・崔謙伝・六一二頁)、誤りは無かろう。なお武樹善『陝西金石志』巻七・孟顕達碑に、

大統元年十月、魏武帝の勅使を被り、元帥賀抜太師の沙苑・河橋・弘農・豆軍・北郢等五処を討平するに随う。(七a)

とあるのは、「大統三年」であり、「魏文帝」の誤りである。

(16) 実権者宇文泰は大丞相の職こそ占めたが、大統一四年五月の官制改革まで三師上公の位に就くことはなかった。その間、三師上公には孝武帝とともに入関した宗室や側近の者たち、或いは北鎮出身者の中で宇文泰よりも年長で相応に衆望のあった者たちが就いていた。このような人事上の配慮は宇文泰が比較的若年であったこと(卒年齢の記事により差が生じるが、永熙三年に孝武帝を奉迎した時点で二八もしくは三〇才であった)に起因するものであろうが、宇文泰政権の構造を特徴付ける一例であろう。大統一四年の官制改革の性格については本書第一部第三章参照。

(17) 賀抜勝には後に尉遅運(呉国公尉遅綱の子)に嫁いだ女子がある(「隋故上柱国盧国公夫人賀抜氏墓誌」、『中国北周珍奇文物』(西安：陝西人民美術出版社・一九九三年)所載)。墓誌銘の記述より生年が大統八年(五四二)と判り、賀抜勝の長安

帰参後に生まれたこととなる。

(18) 例えば侯莫陳順（『周書』巻一九・侯莫陳順伝）が挙げられる。

(19) 『周書』・『北史』の本伝では、賀抜勝が帰参し文帝に謝罪した一連の流れで太師を拝したかの如く記述されるが、太師就任は本文に示したように翌大統三年五月のことで、帰参後一〇ヶ月程の間隔がある。この間に賀抜勝と宇文泰との協調が成立したのであろう。

(20) 前掲注（1）所掲論稿における呂春盛氏の情勢把握には、疑問があると言わざるをえない。

(21) 本書前章緒言に引いた宇文泰と長孫倹の対話参照。

(22) 大統一五年に楊忠が都督荊州等諸軍事・荊州刺史として漢水東岸地域に進攻した際に、長孫倹も東南道行台僕射として荊州に赴任している（本書第一部第二章参照）。この時の人事は従来の体制とは異なり、楊忠が都督として軍事の現場に立ち、東南道行台はより戦略的な視点からこれを支援及び監察するものであったと考えられる。

第三章　梁武帝死後の西魏・梁関係の展開

緒　言

大統一五年（五四九）以降の「南進期」ともいうべき時期に西魏が獲得した漢川・四川地域は、おしなべて南朝・梁の疆域であり、その獲得の過程は、おおよそ次の四段階によってなされたといえる。

①岳陽王蕭詧の附庸と楊忠による漢東制圧（五四九・一一～五五〇・二）
②湘東王蕭繹による漢川割譲と達奚武・王雄による進駐（五五一・四頃～五五三・二）
③武陵王蕭紀の東下と尉遅迥による四川進攻（五五二・八～五五三・八）
④于謹による江陵討伐（五五四・一〇～五五五・一）

このうち②達奚武・王雄による漢川進駐、及び③尉遅迥による四川進攻については、西魏の領域が大きく拡大した点で重要でありながら、事態の詳細をまとめた先行研究が無い。そこでそれぞれ別に章を設けて詳述することとして、本章ではごく簡単に発端と結果を提示しておくに留める。残りの①楊忠による漢東制圧、及び④于謹による江陵討伐に関しても、梁の滅亡に直結する点で重要であることは勿論である。しかしながら、舞台が荊州湖北地域にあって本第二部で主として述べんとする地域からは外れ、また梁の滅亡への軌跡を追う際や、附庸国後梁国を述べる際には必ず触れられる出来事であり、[1]経過をかなり詳しく述べた著述もすでに一般書のかたちで公刊されていることから、[2]改めて詳述することはしない。ただし、それら先行研究の視点は梁の側に寄り、あくまで六朝時代の終焉を著す流れにあるものであって、隋唐統一時代への流れを追ったものでないため、北朝・西魏側の戦略事情については踏み込まれてはいない。そこで、本章では経過については概略に留め、西魏及び梁の諸勢力の置かれた状況についてポイントを指摘することに重点を置くこととし、以上によって西魏の南進についての流れをまとめることとする。なお、西魏と梁の諸勢力との関係を図示した年表（図9）を附してあるので、理解の一助とされたい。

第一節　梁の分裂

1　西魏・梁通交史料の空白期

南進期に至るまでの西魏・梁関係の概略を見ておこう。ここまでの本書第二部第一・二章で述べてきたように、西魏の大統三年（五三七）七月に、独孤信・楊忠等が梁より帰参してより後、西魏と梁との間の通交に関する史料は、絶えて姿を見せなくなる。ようやくに現れる記事は、『梁書』巻二二・鄱陽忠烈王恢附範伝の、

太清元年（五四七）、大挙北伐するに、範を以て使持節・征北大将軍・総督漢北征討諸軍事と為し、進みて穰城を伐たしむ。（三五二頁）

という、一〇年後のものである。『資治通鑑』巻一六〇・武帝太清元年六月戊辰条の同内容記事には、

範をして魏の荊州を撃たしめ、以て侯景に応接せんと欲す。（四九五三頁）

と注が附され、穰城すなわち西魏の荊州に進出し、以て東魏に反した侯景に応接せんとした行動ということとなるが、

当時の状況からして、この「穰城」が南潁川の「襄城」であろうことは、第二部第一章注（6）で指摘したとおりである。したがって、本記事を西魏と梁との交渉記事とは見做し得ない。その結果、西魏と梁との交渉が確認できるのは、今暫く時を下ることとなり、西魏の荊州刺史賀蘭祥に対して、隣接する梁の雍州刺史蕭詧がその節倹を嘉して贈り物をした事例が挙げられるが、これも大統一四年（五四八）から遡らない。

この西魏の年号でいえば大統三年から一四年までの間、『梁書』においては「魏遣使来聘」の類の記事はしばしば見られ、これだけでは東魏からのものであるか、西魏からのものであるかの区別はし難いのであるが、同書巻四・簡文帝紀以後では東魏の行動については「魏」、西魏の行動については「西魏」と使い分けられていることを鑑みれば、たびたび来聘した記事の動作主体は東魏であったと見るべきであろう。ひるがえって『周書』を見てみても、梁との交渉記事は全く途絶えており、また、『資治通鑑』にしても、東魏の行動を「東魏」、西魏の行動を「魏」と使い分けられており、これに基づけば、やはり西魏・梁間の交渉記事は見あたらない。ただし、このことによって西魏・梁間の通交が一切途絶え、臨戦態勢にあったとまで判ずるのは早計であろう。本書第二部第一章で述べた大統初年の漢中をめぐる戦役の後に和平が結ばれ、亡命した将帥たちが帰参して以後、通交の記事も無いものの、交戦の記事もまた無いのであるから。確かに使者往来の記録さえもないというのは解せない点であるが、西魏は東魏相手で余裕が無いため、梁との争いを避けるというのは当然であり、この間の西魏・梁間の関係については、「敵対してはいなかった」とでも規定することができるであろう。

2　梁の諸王たち

梁の太清三年（五四九）三月、東魏からの降将、侯景の叛乱によって建康・台城を陥れられ、同年五月、武帝という大黒柱を失った梁は、宗室同士が相討つ内乱状態に陥る。武帝を継いで帝位に就いたのは皇太子であった武帝の三

図9：西魏・梁関係年表（549—555）

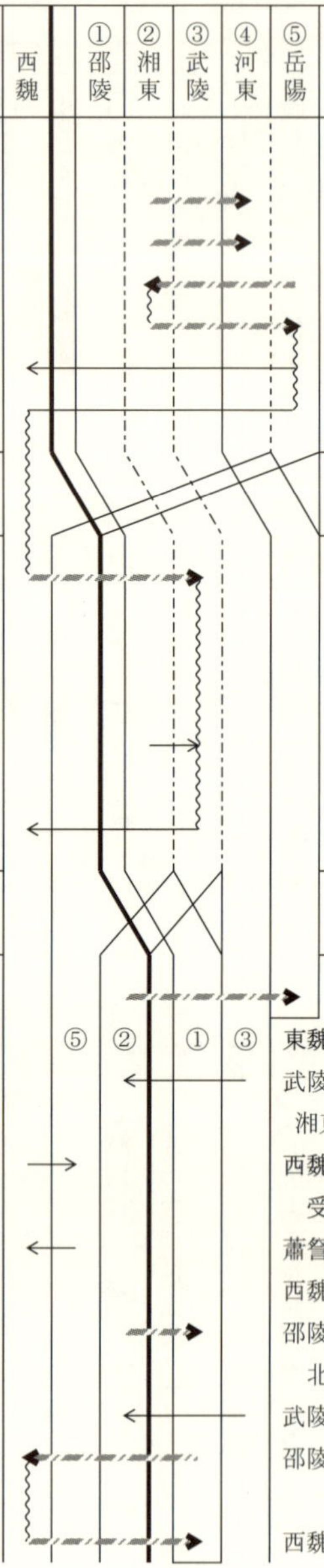

549. 5	梁武帝崩じ、簡文帝即位
6	湘東王繹、世子を派遣し河東王誉を攻めて敗れる
8	湘東王繹、再び河東王誉を攻め長沙を囲む
9	岳陽王詧、湘東王繹を江陵に攻めて河東王誉を救い 湘東王繹、別して襄陽を攻め、岳陽王詧、退く
11	**岳陽王詧、西魏に附庸を請う**
	西魏、楊忠を派遣し、漢東を席巻（～550.2）
12	この頃、三呉悉く侯景に没す
550. 1	邵陵王綸、江夏で推されて百官を置く
	邵陵王綸、河東王誉を救わんと宗藩の団結を説くも 湘東王繹容れず
2	**湘東王繹、西魏に和を請い、西魏、許す**
5	湘東王繹の部将王僧弁、河東王誉を破り斬る
	東魏高洋、禅を受け北斉建国
	武陵王紀、世子を派遣して湘東王繹の節度を受けしむも 湘東王繹、留める
6	**西魏、岳陽王詧を梁帝に即けようとするも、岳陽王詧 受けず。梁王と為す**（以後、**蕭詧**）
7	蕭詧、西魏に入朝（～10）
9	西魏宇文泰、東伐（～11）
	邵陵王綸、湘東王繹の部将王僧弁に破れて北斉を頼り、 北斉、邵陵王綸を梁王に封ず
11	武陵王紀、東下するも、湘東王繹、書して止む
12	邵陵王綸、西魏の安陸を攻めて敗れる
551. 2	西魏楊忠、邵陵王綸を殺す

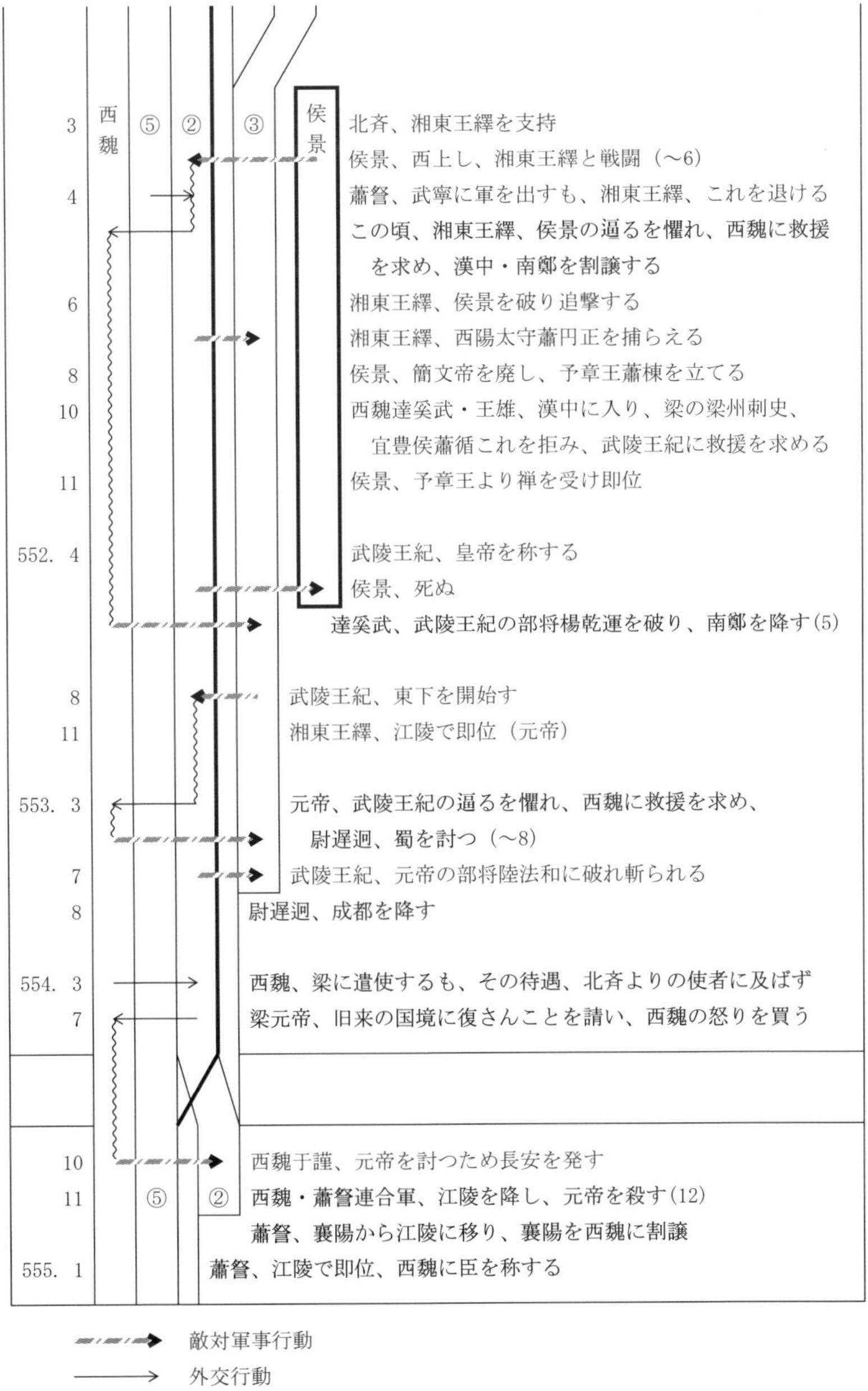
西魏
⑤
②
③
侯景
3 北斉、湘東王繹を支持
侯景、西上し、湘東王繹と戦闘（～6）
4 蕭詧、武寧に軍を出すも、湘東王繹、これを退ける
この頃、湘東王繹、侯景の逼るを懼れ、西魏に救援を求め、漢中・南鄭を割譲する
6 湘東王繹、侯景を破り追撃する
湘東王繹、西陽太守蕭円正を捕らえる
8 侯景、簡文帝を廃し、予章王蕭棟を立てる
10 西魏達奚武・王雄、漢中に入り、梁の梁州刺史、宜豊侯蕭循これを拒み、武陵王紀に救援を求める
11 侯景、予章王より禅を受け即位
552. 4 武陵王紀、皇帝を称する
侯景、死ぬ
達奚武、武陵王紀の部将楊乾運を破り、南鄭を降す(5)
8 武陵王紀、東下を開始す
11 湘東王繹、江陵で即位（元帝）
553. 3 元帝、武陵王紀の逼るを懼れ、西魏に救援を求め、尉遅迥、蜀を討つ（～8）
7 武陵王紀、元帝の部将陸法和に破れ斬られる
8 尉遅迥、成都を降す
554. 3 西魏、梁に遣使するも、その待遇、北斉よりの使者に及ばず
7 梁元帝、旧来の国境に復さんことを請い、西魏の怒りを買う
10 西魏于謹、元帝を討つため長安を発す
11 西魏・蕭詧連合軍、江陵を降し、元帝を殺す(12)
蕭詧、襄陽から江陵に移り、襄陽を西魏に割譲
555. 1 蕭詧、江陵で即位、西魏に臣を称する
⑤
②
敵対軍事行動
外交行動

男蕭綱（簡文帝）であり、これ以上はない順当な後継ではあった。しかしながら、これが諸王共通の仇敵である侯景の主導によるものであったため、諸王としても受け入れがたいものであり、武帝七男の湘東王蕭繹などは簡文帝の年号「大宝」を使わず、「太清」を使い続けたのである。簡文帝を擁する侯景の支配地域は、生前の武帝との謁見の際の、「率土の内、己の有つに非ざる莫し」(3)という発言とは裏腹に、建康を中心としたごく限られた地域ではあったが、その軍事力を背景に勢力を伸張させつつあった。これに対して、建康以外の地方各地の反侯景勢力は宗室の人物を旗頭としてまとまってゆくのだが、そこで諸王同士で侯景討伐の主導権争いを繰りひろげることになる。

梁では皇子たちを地方の重要地に配置し、刺史として地方行政を任せ、さらに都督某州諸軍事としてより広域な地域での軍事権を委ねていた(4)。このような皇子たちは、もとより行政・軍事権を有していたためにリーダーとして立つ自覚を持ち、その一方で担ぎ出した臣僚たちの側での主導権争いが起きにくかったので、何の権限も地盤もない宗室の一員を反侯景の旗頭に担ぎ出すよりは、集団全体としてまとまりやすいという利点があったろう。しかしながら、この時にはきわめて格の高い皇子達が各地に並び立つように配置されていたことが、かえって武帝という大黒柱を失った状況下で、それぞれが独立した動きをとることを助長したともいえる。

ここで、西魏・梁間の交渉に顔を出すことになる梁の宗室の人物たちを簡単に紹介していこう。

①邵陵王蕭綸（?～五五一・二）

武帝の六男。『梁書』巻二九・高祖三王、及び『南史』巻五三・梁武帝諸子に伝があり、字は世調、母は丁充華。人となりとして『南史』巻五三・邵陵攜王綸伝には、

　聡穎、博学にして文を属《つづ》るを善くし、尤も尺牘を工《たくみ》にす。（一三二二頁）

　財を軽んじ士を愛し、人利を競わず、府に儲積無し。（一三二六頁）

とある。天監一三年（五一四）に邵陵郡王に封じられ、寧遠将軍・琅邪彭城二郡太守から官歴を進めていくものの、軽率な振る舞いもあって、二度ほど免官されたこともある。太清二年（五四八）に中衛将軍・開府儀同三司となり、翌年侯景の乱にあっては征討大都督を加えられるも、侯景討伐には失敗する。大宝元年（五五〇）一月、かつての任地でもあった郢州・江夏まで逃れたところを郢州刺史南平王蕭恪に迎えられ、仮黄鉞・都督中外諸軍事に推され、承制、百官を置いた。

②湘東王蕭繹（五〇八・八〜五五四・一二）

武帝の七男にして、すなわち元帝である。[5] 帝紀が『梁書』巻五、及び『南史』巻八にあり、字は世誠、母は阮脩容。その才は『梁書』巻五・元帝紀に、

　聡悟俊朗、天才英発。（中略）群書を博総し、筆を下さば章を成し、言を出ださば論と為り、才弁の敏速なること、一時に冠絶たり。（一三五頁）

とあり、とりあえず「文」の領域においては非の打ち所が無い。帝紀には著述も多数が載せられ、その分野もヴァリエーションに富み、なかなかに壮観であるので、以下に列挙しよう。

『孝徳伝』三〇巻・『忠臣伝』三〇巻・『丹陽尹伝』一〇巻・『注漢書』一一五巻・『周易講疏』一〇巻・『内典博要』一〇〇巻・『連山』三〇巻・『洞林』三巻・『玉韜』一〇巻・『金楼子』一〇巻・『補闕子』一〇巻・『老子講疏』四巻・『全徳志』一巻・『懐旧志』一巻・『荊南志』一巻・『江州記』一巻・『貢職図』一巻・『古今同姓名録』一巻・『筮経』一二巻・『式賛』三巻・『文集』五〇巻[6]

一方で、その性格については、『南史』巻八・梁本紀下に、

　性、矯飾を好み、猜忌多く、名に於いて人に仮す所無し。微かにも己に勝る者有らば、必ず毀害を加う。（二四三頁）

とあり、これが諸皇子たちの対侯景の足並みを乱さしめた要因であることは間違いない。天監一三年（五一四）に湘東郡王に封じられ、寧遠将軍・会稽太守から官歴を始め、普通七年（五二六）から大同五年（五三九）までの間、都督荊湘郢益寧南梁六州諸軍事・西中郎将・荊州刺史として一度荊州に出鎮している。その後石頭戍軍事や江州刺史を経て、太清元年（五四七）に再び都督荊雍湘司郢寧梁南北秦九州諸軍事・荊州刺史として荊州・江陵に鎮している。太清三年三月に侯景によって京師台城が陥ちると、翌四月に太子舎人・上甲侯蕭韶によってもたらされた密詔により、侍中・仮黄鉞・大都督中外諸軍事・司徒・承制とされ、対侯景の盟主となった。

③武陵王蕭紀（五〇八～五五三・七）

武帝の八男。列伝は『梁書』巻五五、及び『南史』巻五三にあり、字は世詢、母は葛脩容。人となりとしては、『梁書』巻五五・武陵王紀伝に、

少くして学に勤め、文才有り、辞を属るに軽華を好まず、甚だ骨気有り。（八二五頁）

とあり、『南史』巻五三・武陵王紀伝には、

少くして寛和、喜怒するも色に形《あらわ》さず。（一三二八頁）

といった記述もある。前記二人のほぼ同年の兄たちとともに武陵郡王に封じられ、やはり寧遠将軍・琅邪彭城二郡太守から官歴をスタートさせ、大同三年（五三七）に都督益梁等十三州諸軍事・安西将軍・益州刺史に除され、鼓吹一部を加えられて、成都に鎮した。この成都出鎮は、『南史』巻五三・武陵王紀伝に、

大同三年、都督・益州刺史と為る。路の遠きを以て固辞するも、帝曰く、「天下、方《まさ》に乱れんとするも、唯だ益州のみ免る可し。故に以て汝を処《お》く。汝、其れ之に勉めよ」と。紀、歔欷し、既に出でるも復た入る。帝曰く、「汝、嘗て我老いたりと言う。我、猶お再び汝の益州より還るを見んや」と。紀、蜀に在りて、建寧・越巂を開き、貢献せる方物は、前人に十倍す。朝、其の績を嘉し、開府儀同三司を加う。（一三二八頁）

とあるように、蕭紀の才覚を知った武帝の強い意向によるものであり、同じく『南史』巻五三・武陵王紀伝に、

蜀に在ること十七年、南のかた寧州・越嶲を開き、西のかた資陵・吐谷渾に通ず。内に耕桑塩鉄の功を修め、外に商賈遠方の利を通じ、故に能く其の財用を殖やし、器甲は殷積す。（一三二二頁）

とあり、その政績からみても、或いは諸皇子の中でも文武にわたって最も高い水準でバランスのとれた人物であったかもしれない。また、『続高僧伝』（大正新修大蔵経第五〇巻・史伝部二）巻六・釈慧韶に、

武陵、政を蜀に布き、毎に大乗及び三蔵等の論を述ぶ。沙門の宝彖・保該・智空等、並びに後進の峰岫、撰集に参与す。巻を勒して既に成る。王、銭を賜うこと十万。（四七一頁上）

とあるように、経典撰集に資金を出すあたり、武帝の子らしく仏教にも篤かったことが知られる。侯景が台城を陥れて後には、湘東王繹同様、蕭詔のもたらした密詔によって侍中・仮黄鉞・都督征討諸軍事・驃騎大将軍・太尉・承制となっている。(7) 湘東王繹が司徒であるから、太尉である武陵王紀の方がより上位に位置づけられたと見ることもできる。

④河東王蕭誉（?～五五〇・五）

昭明太子蕭統の第二子、字は重孫。列伝は『梁書』巻五五・『南史』巻五三にある。前者には、

幼くして驍勇、馬上に弩を用う。兼ねて膽気有り、能く士卒を撫し、甚だ衆心を得たり。（八三〇頁）

とあり、武勇に優れた面が知られるが、「文」の分野については特に記事はない。普通二年（五二一）に枝江県公に封じられ、中大通三年（五三一）に昭明太子が薨ずると河東郡王に改封されている。その後、湘州刺史に任じられ、長沙に鎮した。太清三年（五四九）四月、湘東王繹からの台城救援軍の徴発指令を拒否したため、両者の間には隙が生じている。

⑤岳陽王蕭詧（五一九～五六二・閏二）

図10：梁（蕭氏）略系図

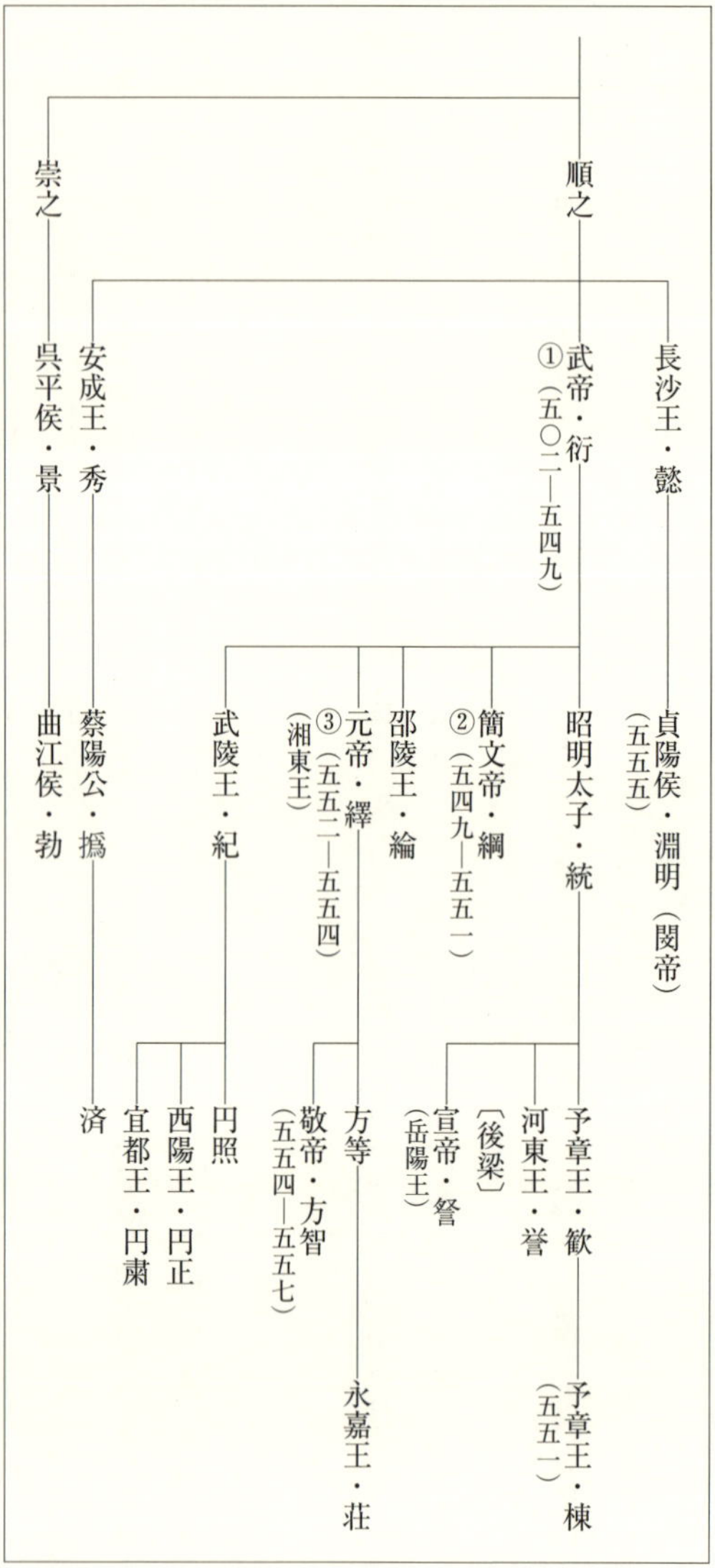

昭明太子の第三子、字は理孫。列伝は『周書』巻四八・『北史』巻九三にある。前者には、

幼くして学を好み、文を属るを善くし、尤も仏義に長ず。（八五五頁）

とあり、文集一五巻・内典華厳・般若・法華・金光明義疏四六巻といった著作も伝わったことが知られ、また、

猜忌多きと雖も、人を知り任使を善くし、将士を撫して恩有り、能く其の死力を得たり。（八六二頁）

と、疑い深いながらも人を使うことには長けていた。普通六年（五二五）に曲江県公に封じられ、中大通三年（五三一）に岳陽郡王に改封されている。朝政の疲弊を見て戦乱を予感し、貨財をばらまいて私兵数千を蓄え、中大同元年（五

四六）に都督雍梁東益南北秦五州・郢州之竟陵・司州之随郡諸軍事・西中郎将・領寧蛮校尉・雍州刺史に任じられて襄陽に鎮した。

右記の五人の中でも特に勢力として有力であったのは、職名からも察せられるとおり、湘東王繹と武陵王紀であり、こと都督諸軍事権という観点からすれば、河東王誉（湘州刺史）と岳陽王詧（雍州刺史）の両名は、制度上は湘東王繹に従属するものであった。

第二節　西魏の南進

1　第一段階　岳陽王詧の附庸と楊忠による漢東制圧

梁宗室内で最初に顕在化した争いは、湘東王繹と河東王譽・岳陽王詧兄弟によるものであった。もとより、台城救援の援軍の徴発に際して問題が生じていたのではあるが、張纘という人物が問題をいっそうこじらせた(8)。彼は武帝の母張太后の一族の出身で、文章が巧みで武帝の覚えもめでたい貴公子であり、河東王誉の前任としての湘州刺史を務め、岳陽王詧の後任として雍州刺史に任じられた。しかし、その双方で驕傲な性格から問題を引き起こし、兄弟を恨み、かねて親しかった湘東王繹に、

河東、起兵し、岳陽、米を聚め、共に不逞を為し、将に江陵を襲わんとす。（『梁書』巻五五・河東王誉伝・八二九頁）

と告げ口したのである。これを真に受けた湘東王繹が河東王誉を攻撃して、宗室の内紛が始まる。その最中、信州刺史であった桂陽王蕭慥(9)が巻き添えを喰って、湘東王繹に殺されている。

岳陽王詧は、湘東王繹との争いに際して自立していくことの困難を鑑み、西魏に附庸と救援を求める。『周書』巻

四八・蕭詧伝に、

大統十五年（五四九）、乃ち使を遣わして藩を称し、附庸と為るを請う。太祖、丞相府東閤祭酒栄権をして焉に使せしむ。詧、大いに悦ぶ。（八五八頁）

とある通りだが、果たしてどの様な想いで「大いに悦んだ」かは定かではない。使者の往来の後、交渉がまとまる。湘東王が軍を襄陽に派遣すると、岳陽王詧はさらに妃と世子を人質として西魏に差し出して協力を求める。そこで宇文泰は都督三荊二襄二広南雍平信随江二郢淅十五州諸軍事として穣城に鎮していた驃騎大将軍・開府儀同三司の楊忠に兵二〇〇〇を授け、岳陽王詧を援護させた。『周書』巻一九・楊忠伝には、

梁の雍州刺史・岳陽王蕭詧、藩附すと称すると雖も、尚お貳心有り。忠、樊城より兵を漢浜に観るに、旗を易えて逓進し、実に騎二千なるも、詧、楼に登り之を望み、三万也と以為《おも》い、懼れて服す。（三一六頁）

とあり、楊忠は閲兵の際に旗差し物を換えて繰り返し行進することで二〇〇〇の騎兵を三万に見せかけ、なお西魏を信頼し切らぬ岳陽王詧を懼れ服従せしめたのである。

その頃、かつての地盤である郢州・江夏にいた邵陵王綸は、周囲に推されて臨時政府を樹立し、また長沙で湘東王繹に攻囲されている河東王誉を救おうと、宗藩の団結を説く書簡⑽を湘東王繹に送るものの一蹴されて泣く。梁の宗室がまとまらないまま、その間に楊忠は穣城から義陽、随郡を経て翌大宝元年（＝西魏大統一六年（五五〇））には安陸・竟陵までを支配下に収め、石城まで至る。ここにきて、湘東王繹は人質を送って西魏と和を請うことになるのであるが、この点に関する史料を並べると、『周書』巻一九・楊忠伝に、

梁の元帝、使を遣わして子の方畧を送り質と為し、幷せて載書を送り、請ふらくは魏は石城を以て限と為し、梁は安陸を以て界と為さんと。乃ち師を旋す。（三一六頁）

とあり、『資治通鑑』巻一六三・簡文帝大宝元年二月条には、

繹、忠と盟して曰く、「魏は石城を以て封と為し、梁は安陸を以て界と為し、同に附庸するを請い、幷せて質子を送り、有無を貿遷して永く鄰睦を敦くせん」と。（五〇三六頁）

とあり、『周書』巻二・文帝紀上・大統一六年三月条には、

楊忠の（柳）仲礼を擒うるに及び、繹懼れ、復た其の子の方平を遣わして来朝せしむ。（三二頁）

とあり、『南史』巻八・梁本紀下・元帝紀・太清四年（＝大宝元年）正月条には、

正月、少子方畧をして魏に質せしむるも、魏、質を受けずして結びて兄弟と為す。（二三五頁）

とあるように、交渉の時期や内容、人質として派遣された人物の名が一致しない。時期については、一月から二月にかけて停戦し、三月になって人質が長安に至ったということにするほかあるまい。人質として派遣された人物については、『南史』巻五四・元帝諸子・始安王方略伝に、

侯景の乱すや、元帝、好を魏に結び、方略、年数歳なるも便ち遣されて入関す。（中略）長安に至り即ちに還るを得、贈遺は甚だ厚し。（一三四七頁）

とあるのに従って、湘東王繹の第一〇子蕭方略を採り、交渉結果としては、湘東王繹は西魏に附庸することにはならず、西魏優位の不平等の盟約が結ばれ、西魏長安に至った蕭方略もすぐに梁に帰還することとなったということであろう。

湘東王繹は北方の憂いを屈辱的な同盟によってではあるもののひとまず取り除いたことで、軍を南に進め、湘州・長沙の河東王誉への攻撃に専念する。そして同年五月に王僧弁の活躍によりこれを打ち破って斬り、南方の憂いも取り除くことが出来た。

西魏の大統一六年（五五〇）六月、西魏は岳陽王詧に対して、武帝の喪を発し、これを嗣いで帝位に即くよう求めたが、これが傀儡政権としてであることは云うまでもない。『周書』巻四八・蕭詧伝に、

（大統）十六年、楊忠、仲礼を擒え、漢東を平らぎ、詧、乃ち安を獲る。時に朝議、詧をして喪を発し位を嗣がしめんと欲するも、詧、未だ璽命有らざるを以て、辞して敢えて当たらず。栄権、時に詧の所に在り、乃ち馳せ還り、具さに其の状を言う。太祖、遂に仮散騎常侍鄭穆及び栄権をして節を持し詧を策命して梁王と為さしむ。詧、乃ち襄陽に於いて百官を置き、封拝を承制す。（八五八〜八五九頁）

とあり、岳陽王詧は辞退し、両者妥協の結果、岳陽王詧を梁王に封ずることとなった。そして自ら長安に入朝した。(11) ここでは、西魏が南方制御のパートナーとして湘東王繹ではなく、岳陽王詧を選んだことに注目しておけばよい。西魏にかかる判断をなさしめた事象としては、率先して岳陽王詧が西魏に来附したこと、岳陽王詧が地理的に西魏により接近していること、そして湘東王繹の勢力が後に侯景を滅ぼすように、附庸として抱え込み、管理するには大きすぎることなどが挙げられるだろう。またこの両者間で争いが起こった場合には、西魏がこれを調停する必要が出てくるが、その際には両者の待遇に差がつけてある方が、つまり岳陽王詧がより西魏に親しいという立場を明確にしておいたほうが、何かと対処しやすく、湘東王繹の動静もかえって予測をつけることが容易になるという利点もあるのではなかろうか。

ところで、先に湘東王繹に宗藩の団結を訴えて一蹴された邵陵王綸は、軍を整えて侯景と対決しようとしていた。しかし、いざ出陣という際に、その軍の勢いを恐れた湘東王繹が、河東王誉を斬った王僧弁を派遣し、八ないし九月に邵陵王綸は打ち破られた。(12)『周書』巻一九・楊忠伝を引いておこう。

（大統）十七年、梁の元帝、其の兄の邵陵王綸に逼る。綸、北度し、其の前西陵郡守の羊思達と随・陸の土豪の段珍宝・夏侯珍洽を要《す》べ、合謀して質を斉に送り、来りて寇掠せんと欲す。汝南城主の李素、綸の故吏なり。開門して焉を納む。梁の元帝、密かに太祖に報じ、太祖、乃ち忠をして衆を督し之を討たしむ。詰旦、陵城し、日昃《かたむ》きて剋つ。蕭綸を擒え、其の罪を数めて之を殺す。（中略）忠、間歳再挙し、尽く漢東の地を定む。（三一六〜三

一七頁）

邵陵王綸は北斉を頼り、梁王に封じられ、汝南に拠って西魏の安陸を狙った。しかし、湘東王繹がこれを西魏に通報したため、大将軍に昇進していた楊忠の攻撃を受け、西魏の大統一七年（五五一）の二ないし三月に殺された(13)。これ以後、漢東は西魏領として安定する。先年結ばれた西魏と湘東王繹との同盟関係は、機能しているようである。

2　第二段階　漢川割譲と達奚武・王雄による進駐

次章にて詳述するため、ごく簡単に済ませる。侯景の西上を恐れた湘東王繹は西魏に救援を求め、代償として漢川を割譲する。『資治通鑑』の繫年は簡文帝大宝二年一〇月（五〇七三〜五〇七四頁）、『周書』巻二・文帝紀下も大統一七年一〇月（三三頁）で、これらは同年（五五一）同月であるが、実際に湘東王繹が救援を求めたのは夏頃のことと思われる。

梁の梁州刺史・宜豊公蕭循は先に登場した鄱陽王範の弟で武帝の甥にあたる。宜豊公循は湘東王繹からの召還命令を拒み、武陵王紀に救援を求めた。それを受けた武陵王紀は潼州刺史楊乾運を派遣する。西魏は大将軍達奚武・大将軍王雄を派遣。達奚武は三万を率いて散関から南鄭を目指す。王雄は子午谷から上津へ向かうがこちらは兵力は不明。翌西魏廃帝元年（五五二）四月、楊乾運は達奚武に敗れ、宜豊公循も降り、王雄もまた任務を遂行し、漢川は西魏の領するところとなる。

3　第三段階　武陵王紀の東下と尉遅迥の四川進攻

同じく後章で詳述するため、簡単に済ませることとする。武陵王紀は四川の経営を順調にこなしていた。その後、梁の大宝三年（五五二）四月に皇帝を称した武陵王紀は、同八月に永豊侯（秦郡王）蕭撝に後事を託し、侯景討伐を名分に水路東下するが、これは「侯景討たれる」の報を握りつぶした、武陵王の世子蕭円照の策謀によるものであった。引っ込みがつかなくなった武陵王紀は東下を続け、結局は敗死する。

湘東王繹改め元帝は当時、軍の主力たる王僧弁・陳霸先は遠く東の彼方にあり、加えて湘州・長沙で反乱が起こっていたため、自力で武陵王紀を押さえる見込みが立たなかった。そこで、同盟国西魏に救援を求めることになる。

西魏廃帝二年（五五三）三月、西魏は元帝の救援要請を受けて大将軍尉遅迥に兵一万二〇〇〇を預けて出兵させる。その際、衆議はおおむね出兵に反対で、積極策を支持したのは宇文泰と尉遅迥のみであった。尉遅迥は、途中五月に潼州で楊乾運を降し、順調に成都に侵攻。東下した武陵王紀からの援軍をも打ち破り、八月には成都の守将蕭撝を降伏させた。この時に四川全土が西魏領となったわけではないが、支配者であった武陵王紀が元帝に敗れて死に、四川の後事を託された蕭撝が降伏し、武陵王紀の東下に兵力を徴発されて抵抗力を奪われ個々に孤立した各州郡は、順次西魏領に組み込まれてゆく(14)。

4　第四段階　于謹による江陵討伐

梁元帝の承聖三年（＝西魏恭帝元年（五五四））三月、元帝のもとに西魏・北斉の両国から使者が訪れ、元帝は北斉の使者を優遇した。また、『周書』巻二・文帝紀下・魏恭帝元年七月条に、

梁の元帝、使を遣わして旧図に拠りて以て疆界を定めんと請い、又た斉に連結し、言辞は悖慢なり。太祖曰く、「古人、『天の棄つる所、誰か能く之を興さん』と言う有り。其れ蕭繹の謂いか」と。（三五頁）

とあるように同年七月、元帝は西魏に使者を派遣し、領土境界を嘗ての通りに戻そうと請願し、また言葉遣いも甚だ不遜であった。これが西魏・宇文泰の怒りを買う。また常々元帝が北斉とも使者を交わしていたこともあって、江陵討伐が敢行される。『梁書』巻五・元帝紀・承聖二年八月庚子条にある詔に、

> 頃《このごろ》、戎旃、既に息み、関柝、警する無し。（中略）仍お瀟・湘の乱を作し、庸・蜀の兵を阻むを以て、将に命じ律を授け、期を指して克定す。今、八表は乂清し、四郊は壘無し。（一三三頁）

といった、いささか調子の良い言辞が見られるように、元帝は東の侯景、南の湘州の叛乱、西の武陵王紀が除かれたことに安心したようで、西魏に対する遠慮もなくなっていたようである。

西魏の言い分は、『太平御覧』巻三〇四・兵・征伐中に『三国典略』より引かれた檄文にまとまっている。

> 夫れ国を作す者、礼信を以て本と為さざるなし。惟だ尓の今主、往《さき》に侯景逆乱の始に遭い、実に我が国家と結ぶに隣接を以てす。今揔べて徳に背き、賊高洋に党し、厥の使人を引き、之を堂宇に置き、我が王命を傲り、我が辺人を擾がす。我が皇帝、天の意を襲ぎ、敢えて寧を以てせず、衆軍に分命し、廟略を奉揚し、凡そ衆十万、直ちに江陵を指さん。（三a〜三b）

侯景の乱以後の同盟関係を損ない、北斉と結び、西魏を蔑ろにすることは信義に悖るというわけである。ただし、衆一〇万とは所謂「号して」というもので、『周書』巻二・文帝紀下・魏恭帝元年冬一〇月壬戌条にある「五万」（三五頁）というのがより実兵力に近い数字であろう。西魏が派遣した主将は柱国大将軍の于謹、これに大将軍宇文護・楊忠・韋孝寛が続く豪華な布陣で、兵力五万は、西魏時代、数字として現れる最大兵力である。[15] 襄陽で蕭詧の軍と合流し、陸路より江陵を攻め、これをまたたくまに陥れ、元帝を捕らえ、一二月にはこれを殺す。引き上げに際しては一〇万あまりの捕虜を関中に連れ帰っており、その他の物産・財貨も関中に持ち運ばれた。

なお、この戦役に際して北斉は清河王高岳を主将とする江陵救援軍を派遣したものの、間に合わずに引き返している。

西魏は梁王としていた蕭詧を襄陽から江陵に移し、襄陽は西魏に割譲される。蕭詧は江陵で帝位に即き、これが後梁と称される国である。西魏・北周は後梁を介することで一時期は湖南までも控制下に置いた。

梁朝は建康において晋安王（敬帝）蕭方智と北斉が支持した貞陽侯蕭淵明とが王僧弁・陳霸先の主導権争いの具に供されたが、王僧弁が敗れ去り、しばらくの混乱の果てに敬帝から陳霸先に禅譲されて滅亡することとなる。(16)

以上のような展開を経て形成された国境線は、後梁が支配していた湖南が陳の疆域に移るなどの変転はあるものの、この後二〇年前後維持されるのであるが、荊州地方に関しては本第二部で述べんとするものではないため、措くことにする。西魏・梁間の関係と西魏の南進についての総括は、漢川・四川進出の状況の詳細を追った後に、第六章で示すこととする。

注

（1）山崎宏「北朝末期の附庸国後梁に就いて」（『史潮』一一―一（一九四一年））など。

（2）吉川忠夫『侯景の乱始末記』（中央公論社・中公新書・一九七四年）が過不足無く事情を記す。本章は前掲注（1）山崎論文と本書に拠るところが大きい。また、西魏の対梁戦争を概観したものとしては、趙文潤「西魏宇文泰伐蜀滅梁戦役述略」（殷憲主編『北朝研究』第一輯（北京：北京燕山出版社・二〇〇〇年））が出ている。

（3）『南史』巻八〇・侯景伝・二〇〇七頁。

（4）厳耕望『中国地方行政制度史　乙部　魏晋南北朝地方行政制度』（台北：中央研究院歴史語言研究所・専刊四五B・一九六三年）上冊・第二章　都督与刺史（一九九〇年三版）。ただし、後章で触れる北周の総管よりは控制力が低い。

（5）蕭繹の湘東王・元帝については、各状況における立場を明確にするため、本書では敢えて表記を統一せず、時期に応じて使い分ける。また、武陵王蕭紀については、後に即位したものの皇帝としての諡なども無いため、武陵王紀という表記で通す。

（6）『梁書』と『南史』で些か出入りがある。

（7）湘東王繹・武陵王紀両名に対して仮黄鉞・承制を与えた蕭詔の奉じた密勅については、「ばらまいた」という印象が拭えず、少々信の置けない所があるというべきであろう。
（8）『梁書』巻三四、及び『南史』巻五五に列伝がある。
（9）武帝の長兄の長沙宣武王蕭懿の孫に当たる人物。
（10）『梁書』巻二九・邵陵王綸伝・四三三～四三五頁。
（11）蕭謍の入朝について、『周書』巻四八・蕭謍伝は大統一七年とし（八五九頁）、『資治通鑑』は巻一六三・簡文帝大宝元年七月辛酉、すなわち大統一六年に繫年する（五〇四九頁）。二者択一であるのか、両者共であるのかは判じがたい。
（12）『梁書』巻四・簡文帝紀は八月に繫け（一〇七頁）、『資治通鑑』は九月に繫ける（五〇五二頁）。『梁書』巻五・元帝紀には記事なし。
（13）『梁書』巻四・簡文帝紀は二月に繫け（一〇七頁）、『資治通鑑』は更に詳しく二月乙亥に繫ける（五〇六一頁）。一方、『周書』巻二・文帝紀は三月に繫ける（三三頁）。
（14）この旧梁勢力を西魏・北周勢力が四川から掃討していく過程を「第五段階」とすることもできるが、既に政権間の外交戦略・国際関係といった要素も稀薄なため、本章では触れない。概略については本書第二部第七章参照。
（15）西魏の出征の記録に際しては、具体的な数字が記されることは少なく、「大兵」・「大軍」といった表記が多い。そのため、西魏の動員兵力の限界を測ることが難しい。例えば大統一六年に宇文泰が北斉に対して東討した際にしても、西魏の総力を挙げるに近い兵力が動員されたことは疑いないが、「大軍」という表現に留まっている。逆に尉遅迥の伐蜀軍二万二〇〇〇についても「大軍」という表記が使われもする（『周書』巻二九・達奚寔伝・五〇三頁）。
（16）蕭淵明は長沙宣武王蕭懿の第五子。『北斉書』巻三三、及び『南史』巻五一に列伝があり、『南史』で「蕭明」に作るのは、唐代の避諱による。侯景が梁に降り、これに応じて梁が北伐軍を起こした際に従軍し、慕容紹宗に破れて捕らわれていた。

第四章　西魏の漢川進出と梁の内訌

緒　言

西魏の末年になされた漢川・四川地域への南進の成功は、宇文泰時代の功績の重要項目の一つであり、西魏を承けた北周は四川を後背地とすることによって、『周書』巻一一・晋蕩公護伝に、

（保定四年九月）是に於いて二十四軍及び左右廂の散隷、及び秦隴巴蜀の兵、諸蕃国の衆、二十万人を徴す。（一七四頁）

とあるように、他の地域とも合わせて二〇万の軍を整えることが可能となり、北斉に対して攻勢に転じることができるようになった。しかしながら、西魏・北周時代における事件史・政治動態史的な研究は立ち後れており、やがて隋の統一へと続く重要な意味を持つこの西魏の南進については、これまで概説的に触れられることはあっても、西魏・梁の当事国双方のいかなる条件・構想・判断の結果なされたものであるかについての専論は、管見の限りにおいて、未だ嘗て提出されていない。従って、些か迂遠ではあるが、先ずは状況を理解するための基盤を作るために、事態の推移を整理することより始めなければならない。

前章でまとめたように、大統一五年（五四九）以降の「南進期」とも言うべき時期に、西魏は四つの段階を踏んで

南朝・梁の疆域であった漢川・四川地域を獲得した。本章ではこのうち第二段階である、大統一七年（五五一）冬から廃帝二年（五五三）春にかけての足かけで三年、実質で一五ヶ月にわたる達奚武・王雄等による漢川進出を検討することとする。『周書』巻二・文帝紀下では僅かに、

（大統）十七年冬十月、太祖、大将軍王雄を遣して子午より出で、上津・魏興を伐たしめ、大将軍達奚武は散関より出で、南鄭を伐たしむ。

（中略）

魏廃帝元年春、王雄、上津・魏興を平らげ、其の地を以て東梁州を置く。夏四月、達奚武、南鄭を囲み、月余り、梁州刺史・宜豊侯蕭循、州を以て降る。武、循を執えて長安に還る。秋八月、東梁州の民、叛し、衆を率いて州城を囲み、太祖、復た王雄を遣して之を討たしむ。

（魏廃帝二年）二月、東梁州平らぎ、其の豪帥を雍州に遷す。（三三頁）

とあるだけの軍事行動ではあるが、東面に宿敵東魏・北斉を控えていた西魏にとっては、後背地形成の第一歩として重要である。そこで、本章ではまず全体状況を窺うのに比較的便利な『資治通鑑』を軸に、正史、その他の史料の記述をもって確認と肉付けを行い、事態の推移をまとめる。その上で、全般的な政治や外交上の情勢や問題点等について整理し、当時西魏が置かれていた状況を、その進出先であった梁の状況を鑑として明らかにしていく。

第一節　戦役の発端

ことの発端は『資治通鑑』巻一六四・簡文帝大宝二年（五五一）一〇月条に見られる。

侯景の江陵に逼るや、湘東王繹、援を魏に求め、梁・秦二州刺史宜豊侯循に命じ南鄭を以て魏に与えしめ、循を

表19：西魏漢川進出年表

西　暦	年　号		
551. 4	大統17	侯景、西上し、湘東王繹と戦闘（～6）	
		湘東王繹、西魏に求援、漢川を割譲、蕭循に召還命令（※蕭循拒否）	
6		湘東王繹、侯景を破り追撃に転じる	
10		達奚武、散関より南鄭を攻める	王雄、子午谷より上津・魏興を攻める
552. 1	廃帝1		王雄、上津・魏興を降す
		王悦、武興・白馬を降す	
4		達奚武、南鄭を囲む	
		蕭循、降伏を請い、達奚武、包囲を解く	
		楊乾運、剣北に至り白馬にて会戦	
		劉璠、執われ長安に送られる	
5		柳帯韋、南鄭城に入り降伏を説く	
		蕭循、杜叔毗を宇文泰のもとに派遣	
		蕭循、降る	
8			安康黄衆宝、反す。魏興を陥し東梁州に進む
553. 2	廃帝2		王雄、東梁州を平らぐ

召して江陵に還らしむ。循、故無くして城を輸《いた》すは、忠臣の節に非ざるを以て、報じて曰く、「請うらくは命を改むるを待たん」と。魏の太師泰、大将軍達奚武を遣して兵三万を将い漢中を取らしめ、又た大将軍王雄を遣して子午谷より出で、上津を攻めしむ。循、記室参軍、沛人の劉璠を遣して援を武陵王紀に求め、紀、潼州刺史楊乾運を遣して之を救わしむ。（五〇七三～五〇七四頁）

梁簡文帝の大宝二年、西魏の大統一七年、湘東王蕭繹（後の元帝）はまだ太清の年号を用い続けてその五年の夏頃、侯景の西上に懼れを抱いた湘東王繹は西魏に救援を求め、援助との引き替えとして漢川を割譲することとし、梁・秦二州刺史宜豊侯蕭循[1]に対して南鄭を西魏に与え、江陵に帰還せよとの命令を下した[2]。しかし蕭循は「故無くして城を輸《いた》すは忠臣の節にあらず」としてこれを拒み、命令を改めるよう返答した。一方、西魏の側は一〇月に大将軍の達奚武に三万の兵を預けて散関より漢中・南鄭を取りに、同じく大将軍の王雄にも兵を預けて子午谷より上津及び魏興を取りに進発させた。蕭循は記室参軍の劉璠を成都に赴かせ、武陵王蕭紀に救援を求め、武陵王紀はそれに応えて潼州刺史の楊乾運を派遣した。

蕭循については『南史』巻五二に列伝があり、字は世和、武帝の弟である鄱陽王蕭恢の子である。九歳にして論語に通じ、一一歳にしてよく文をつづったという。梁においては、宗室の子弟は近畿の小郡を任されることで行政能力を試され、能力に応じて周辺の州刺史に赴任していくのが常であるが、武帝は蕭循の力量の宏達なるをもって、衛尉から鍾離郡守を経て梁・秦二州刺史に抜擢したのであった。そして梁州刺史に赴任した蕭循は、「漢中に在ること七年、移風改俗し、人、慈父と号す」と称される治世を敷き、頌徳碑が立てられたともあるが、残念ながら既に伝わらない。

以下、西魏軍の達奚武・王雄の二つの軍の動きについて、それぞれを順に見ていくことにするが、当面の任務を先に達成した王雄の方から見ていくことにする。

第二節　王雄の魏興・上津平定

王雄による魏興・上津等漢川東部の経略は結果的に二つの段階によってなされたが、本節ではその前半を取り上げ、後半については第五節で述べることとする。

王雄については『周書』巻一九・『北史』巻六〇に列伝がある。列伝には字は胡布頭、太原の人とあるが、三文字の字を鑑みれば本貫については鵜呑みにはできまい。賀抜岳の入関に従い、征西将軍に除されて後順調に武勲を重ね、大統一六年（五五〇）後半までに爵は武威郡公、官は大将軍に列しており、すなわち所謂十二大将軍の構成員の一人である。(3) この戦役で王雄に付き従った兵力は史料を全く欠くため不明であり、人員としても表20に挙げた人物を挙げ

表20：王雄軍従軍者

姓　名	官　　職	出　　典
宇文虬	驃騎大将軍・開府儀同三司	周書29・宇文虬伝
泉仲遵	驃騎大将軍・開府儀同三司	周書44・泉企附仲遵伝
崔謙	車騎大将軍・儀同三司	周書35・崔謙伝
柳檜	撫軍将軍	周書46・柳檜伝
陽雄	冠軍将軍	周書44・陽雄伝

うるにとどまる。(4)

さて、一〇月に出撃した王雄率いる軍は子午谷を抜けて漢川に入ったが、これに対して魏興で迎え撃ったのが李遷哲である。李遷哲については『周書』巻四四・『北史』巻六六に伝があり、字は孝彦、安康の人、代々山南の豪族で江左に仕えたとあるから、地元の著姓である。梁の太清四年（五五〇）(5)に持節・信武将軍・散騎常侍・都督東梁洵興等七州諸軍事・東梁州刺史として赴任してきていたが、『周書』本伝に、

侯景の簒逆し、諸王の帝を争うに及び、遷哲、外は辺寇を禦ぐも、自守するのみ。（七九〇頁）

とあるように、故郷から出て積極的に戦乱に身を投じることはなかった。そこに王雄率いる西魏軍が侵攻してきたのである。李遷哲は所部を率いて応戦したが、あえなく敗れ去り、降伏したのは『資治通鑑』では翌元帝承聖元年＝西魏廃帝元年（五五二）正月に繫年されている（五〇七七頁）。また同伝には、

軍敗れ、遂に武に降る。然れども猶を意気は自若たり。武、乃ち執えて京師に送る。（七九〇頁）

とあり、達奚武に降り、達奚武によって京師に送られていることになっているが、『資治通鑑』巻一六四・元帝承聖元年正月条の、

魏将王雄、上津・魏興を取り、東梁州刺史、安康の李遷哲、軍敗れ、之に降る。（五〇七七頁）

という記述や『周書』巻三五・崔謙伝の、

討ちて李遷哲を魏興に平らげ、並びに功有り。（六一三頁）

という記述を参照しても李遷哲が降ったのは魏興（東梁州の治所）においてであり、また達奚武が魏興に赴いた形跡は見られないことから、李遷哲は王雄に降ったとするべきであろう。

もう一人、扶猛という人物がいる。『周書』巻四四・『北史』巻六六に伝があり、字は宗畧、上甲黄土の人で、その種落は白虎蛮と号し、世々渠帥であったという人物である。当時は上庸・新城二郡守・南洛北司二州刺史に任じられていたが、侯景の乱以後の混乱に際しては、李遷哲と同様に自守を決め込んでいた。『周書』扶猛伝に、

　猛、其の衆を率い険に拠り堡を為し、時に使を遣わして微かに餉饋を通じるのみ。（七九五頁）

とあるように、王雄の魏興平定に際しては、衆を率いて要害に拠り、西魏に遣使して密かに軍糧を供給していたが、はっきりと西魏の軍門に降ることはなく、とりあえずは自守を通し得た。[6]

ここで王雄軍については戦後処理まで述べておくことにする。速やかに任務を達成した主将の王雄は関中に引き上げた。魏興の地に東梁州が置かれたことは『周書』本紀を初めとして方々に記述されているが、その東梁州刺史には劉孟良なる人物が赴任したことと、上津には南洛州が置かれて泉仲遵が刺史となったこと、加えて魏興・華陽二郡に柳檜が郡守として赴任したことが確認できる。[7][8][9]

その一方で、京師長安に送致された李遷哲は、『周書』李遷哲伝にある、

　太祖、之に謂いて曰く、「何ぞ早く国家に帰せず、乃ち師旅を労せん。今俘虜と為り、亦た愧じざらんや」と。答えて曰く、「世よ梁の恩を荷うも、未だ報効すること有らず、又た節に死すること能わず、実に此を以て愧と為すのみ」と。（七九〇頁）

という対話によって宇文泰に深く嘉され、使持節・車騎大将軍・散騎常侍を拝し、沌陽県伯に封じられ、以後、西魏・北周の武将として活躍することになる。

表21：達奚武軍従軍者

姓　名	官　職	出　典
楊寛	驃騎大将軍・開府儀同三司・行台（長官）	周書22・楊寛伝
賀蘭願徳	驃騎大将軍・開府儀同三司	周書22・楊寛伝
王傑	驃騎大将軍・開府儀同三司	周書22・楊寛伝
赫連達	車騎大将軍・儀同三司・広州刺史	周書27・赫連達伝
楊紹	車騎大将軍・儀同三司・司農卿	周書29・楊紹伝
王悦	車騎大将軍・儀同三司・宇文泰大行台の尚書	周書33・王悦伝
柳帯韋	輔国将軍・中散大夫・治行台左丞	周書22・柳慶附帯韋伝
李雄	輔国将軍	隋書46・李雄伝
楊休		楊休墓誌
宇文虬	驃騎大将軍・開府儀同三司（王雄軍から転戦）	周書29・宇文虬伝

第三節　達奚武の南鄭平定

話を主たる達奚武の南鄭平定に移す。達奚武については『周書』巻一九・『北史』巻六五に伝があり、字は成興、代の人である。少くして才気衆に優れ、馳射を好み、賀抜岳の知るところとなってその別将となった。賀抜岳の害されて後は、宇文泰の翊戴に参し、以後順調に戦功を重ね、大統一六年（五五〇）の秋までに大将軍・高陽郡公に除されている。いうまでもなく、所謂十二大将軍の一人である。(10)

動員兵力は後に引く『周書』達奚武伝によれば三万。付き従ったと確認できる人物は表21にまとめたとおりである。なお、『元和郡県図志』巻二二・鳳州廻車戍条には、

西魏、雍州刺史達奚武もて大都督と為し及び行台楊寛を遣わして衆七万を率い、陳倉路由り廻車戍を取り斜谷関に入り、白馬道に出でしむは、此を謂うなり。（五六八頁）

とあるが、七万という数字は前後の西魏の動員兵力と比してもあまりにも大きすぎるため、ここでは採らない。また、この記事から行台が設置されていることが確認される。ただし「及」が結んでいるのが達奚武と楊寛なのか、大都督と行台なのかが不明瞭である。本章では前者で採り、行台を帯びたのは楊寛と

して論を進めることにする。(11) その行台に所属した人物として、治行台左丞柳帯韋が確認できる。本書第一部第二章で述べたように、西魏における行台の設置はその前期に集中し、長らく存在したのは宇文泰の（関西）大行台と、荊州に置かれた東南道行台の二つであり、それ以外の中央から派遣されるかたちでの行台は、軍事行動等の設置当初の目的が達成され次第、順次廃止されている。この事例は、新規に置かれた恐らくは最後期の行台であろう。なお、王悦の大行台尚書は宇文泰の大行台での官である。

さて、王雄と同じく大統一七年一〇月に出撃した達奚武率いる三万の軍勢は、散関より漢川に侵入した。ここで事態の流れを示すために『周書』達奚武伝より引用しておこう。

（大統）十七年、武に詔して兵三万を率い、漢川を経略せしむ。梁将楊賢、武興を以て降り、梁深、白馬を以て降り、武、兵を分ちて其の城を守らしむ。梁の梁州刺史・宜豊侯蕭循、南鄭を固守し、武、之を囲むこと数旬、循乃ち服さんと請い、武、為に囲みを解く。会たま梁の武陵王蕭紀、其の将楊乾運等を遣わし兵万余人を将い循を救わしむ、循、是に於いて更めて城に拠りて出でず。援軍の至り、表裏に敵を受けるを恐れ、乃ち精騎三千を簡び、逆《むか》えて乾運を白馬に撃ち、大いに之を破る。乾運、退走す。武、乃ち蜀軍の俘級を城下に陳ぬ。循、援軍の破らるるを知り、乃ち降り、所部男女三万口を率いて入朝し、剣より以北、悉く平らぐ。（三〇四頁）

最初の衝突は武興で起き、(12) 武興攻略は王悦の説得によってなされた。(13) 王悦については『周書』巻三三・『北史』巻六九に列伝があり、字は衆喜、京兆藍田の人で、少くして気幹があり、州里の称するところであった。爾朱天光の西討の際に引かれて府騎兵参軍となったのを皮切りに、宇文泰配下にあっても文武の両面で活躍し、当時は将軍としては車騎大将軍・儀同三司、文官としては宇文泰の大行台で尚書を務めていた。王悦の書状は功を奏し、城主楊賢は西魏に降った。王悦はさらに達奚武に対して、

白馬は要衝、是れ必争の地なり。今、城守は寡弱、易く図るべきなり。若し蜀兵更に至らば、之を攻むること実

に難からん。（『周書』王悦伝・五八〇頁）

と進言し、これを納れた達奚武は、すかさず王悦に軽騎七〇〇を率いて白馬に赴かせ、王悦はここでも守将の梁深を説き伏せて降伏させた。この読みは的中していた。任奇率いる梁武陵王紀からの援軍歩騎六〇〇〇が、先んじて白馬に拠らんと進行してきていたのだが、関城(14)に至ったところで白馬が西魏に降ったことを聞き、引き返したのである。この任奇率いる援軍は、後に登場する楊乾運軍の先鋒に当たるものであろう。

武興・白馬と順調に降した達奚武率いる西魏軍は、四月には南鄭を包囲した。包囲して数旬（いささか長すぎるとも思われる）の後には固守していた蕭循が降伏を請い、達奚武もまたこれを受けて包囲を解いたのであったが、楊乾運率いる武陵王紀からの援軍の至ったことによって蕭循は再度対決姿勢をとり、籠城を続けた。

ここで、楊乾運が派遣されるに至った過程を見ておくことにする。達奚武の侵攻を受けた蕭循は、先に引いた『資治通鑑』や、『南史』巻五二・宜豊侯脩（蕭循）伝に、

承聖元年、魏の将達奚武の来攻するや、脩、記室参軍劉璠を遣して益州に至り、救を武陵王紀に求めしめば、将楊乾運を遣して之を援けしむ。（一二九九頁）

とあるように、記室参軍の劉璠を成都の武陵王紀のもとに派遣して救援を求めた。武陵王紀については『梁書』巻五五・『南史』巻五三に列伝があり、武帝の八男で、梁朝危急の際にも四川だけは全うせんとする武帝の強い意向によって成都に鎮した人物である。その政績等を鑑みても、武帝諸子の中でも文武にわたって最も高水準でバランスのとれた人物であったようである。『南史』の記事からは、劉璠の派遣が梁湘東王繹の承聖元年（ただし承聖は一一月より）＝西魏廃帝元年（五五二）であり、達奚武の長安出立が前年の一〇月であるから、救援要請をするまでに些かの間があり、蕭循としても武陵王紀に救援を求めるに際して多少の逡巡があったと見ることができる。

劉璠については『周書』巻四二・『北史』巻七〇に伝があり、字は宝義、沛国沛の人。九歳にして孤となったが、

喪にあって礼に合し、また読書を好み、文筆を善くしたという。蕭循が北徐州刺史を務めていたとき以来の付き合いで、梁州に遷る際にも共に遷ってきていた。また、蕭循配下にありながらも、湘東王繹から、

鄧禹は文学なるも、尚お或いは戈を執る。葛洪は書生なるも、且つ賊を破ると云う。前修遠きに無く、属望良《まこと》に深し(15)。

といった書を賜るなど目をかけられていた。ところで列伝では、劉璠が成都の武陵王紀のもとに赴いた記述はかなり詳細ではあるが、この行動が援軍の要請であったとは記されてはいない。『周書』劉璠伝より以下に引用しよう。

武陵王紀の蜀に称制するに及び、璠を以て中書侍郎と為し、屢しば遣して璠を召さしめ、使者八返し、乃ち蜀に至る。又た以て黄門侍郎と為し、長史劉孝勝をして深く腹心を布かしむ。工をして「陳平度河帰漢図」を画かしめ以て之に遺る。璠、苦《はなは》だ還らんと求む。中記室韋登、私かに曰く、「殿下、忍びて憾みを蓄う。足下留らざれば、将に大禍を致さんとす。脱《も》し盗をして葭萌に遮らしめば、則ち卿、殆うし。共に大厦を構え、身名をして倶に美ならしむに孰若ぞ」と。璠、正色して曰く、「卿、頬を我に緩めんと欲するか。我と府侯、分義已に定む。豈に寵辱夷険を以て、其の心を易えんや。丈夫、志を立つれば、死生に当たり之を以てするのみ。殿下、方《まさ》に大義を天下に布かんとするに、終に志を一人を逞しくせず」と。紀、心に己の用と為らざるを知り、乃ち其の贈を厚くして之を遣る。別れるに臨み、紀、又た其の佩刀を解き璠に贈りて曰く、「物を見て人を思うを想う」と。璠対えて曰く、「敢えて威霊を奉揚し、姦宄を剋剪せず」と。紀、是に於いて使を遣わし就きて循を拝して益州刺史と為し、随郡王に封じ、璠を以て循の府の長史と為し、蜀郡太守を加う。（七六二頁）

これによれば、武陵王紀もまた、劉璠を配下に加えたいと考えていたことが知られる。使者を八度にわたって派遣し、さらには「陳平度河帰漢図」なる絵を描かせて贈ったというから、その執心ぶりは尋常ではない。さらに韋登の善意の忠告（或いは武陵王紀の差し金による脅し）もあったものの、結局のところ劉璠は蕭循（府侯）との義を重んじて

武陵王紀の招きを肯んぜず、武陵王紀も諦めたのであった。そして、劉璠が南鄭に戻るにあたって、武陵王紀は蕭循に益州刺史・随郡王を授けた、というところで先に引いた『南史』蕭脩伝や『資治通鑑』と話が重なるのであるが、楊乾運の話は出てこない。しかしながら、（誇張があるにせよ）八度にわたって招諭を蹴り続けた劉璠が成都に赴いた理由が、蕭循の救援要請のためであったと見て間違いないだろう。武陵王紀の命を受けた楊乾運は（恐らくは任地である）潼州より進発し、劉璠に先んじて剣閣を北に越えていったのである。

ところで、武陵王紀が皇帝を称したのが元帝（湘東王繹）の承聖元年＝簡文帝大宝三年＝西魏廃帝元年の四月乙巳であり、劉璠が成都に赴くまでに使者が八返していることや、この記事では蕭循が益州刺史を拝していながら、武陵王紀が皇帝即位した際には、永豊侯蕭撝が益州刺史を拝するなどの人事が行われていることを鑑みると、この記事はまだ武陵王紀が皇帝を称する以前のことと考えられる。しかし、劉璠の「殿下（武陵王紀）方に大義を天下に布かんとす」の語から感じ取れるように、皇帝即位の準備はかなり早くから進められていたようである。(16)(17)

ここでまた、事態の流れを示すために、『資治通鑑』巻一六四・元帝承聖元年から引こう。

（四月）楊乾運の剣北に至るや、魏の達奚武、逆えて之を撃ち、乾運を白馬に大破し、其の俘馘を南鄭の城下に陳ね、且つ人を遣して宜豊侯循を辱めしむ。循、怒り、兵を出して与に戦うも、都督楊紹、兵を伏せて之を撃ち、殺傷すること殆んど尽く。劉璠、還りて白馬の西に至り、武の獲えて長安に送る所と為る。太師泰、素より其の名を聞けば、之を待すること旧交の如し。時に南鄭、久しく下らず。武、之を屠らんと請い、泰、将に之を許さんとす。璠、之を朝に請うも、泰、怒りて許さず。璠、泣きて請いて已まざれば、泰曰く、「人に事うること当に是の如くなるべし」と。乃ち其の請に従う。（五〇八七～五〇八八頁）

さて、剣閣を越えた楊乾運と、籠城する蕭循という、表裏に敵を受けることを恐れた達奚武は、両軍の連絡を阻止すべく、楊乾運軍を迎え撃つことになった。この時、精騎三〇〇〇を率いて一万を越える楊乾運軍と戦い、大破した指揮官は当時開府であった楊寛である。『周書』巻二二・楊寛伝には次のようにある。

朝議、漢川を経略せんと欲するも、而して梁の宜豊侯蕭循、南鄭を固守す。十七年、寛、大将軍達奚武に従い之を討つ。梁の武陵王蕭紀、将楊乾運を遣し兵万余人を率いて循を救わしめ、武、寛をして開府王傑・賀蘭願徳等を督して之を邀撃せしむ。軍、白馬に至り、乾運と合戦し、之を破り、俘斬すること数千人。（三六七頁）

楊寛は大統五年（五三九）に驃騎大将軍・開府儀同三司に除されており、これは達奚武に遅れること僅か一年であり、十二大将軍の楊忠や豆盧寧に先んじていた。このことはそれ以後の働きがさほどではないともいえるのではあるが、それはともかく、同格である二将、開府の王傑・賀蘭願徳を督することになったのは、やはり実績によってであろうし、結果として数倍する敵と戦って数千人を俘斬するという戦果を挙げたのも、やはり実力のゆえといえるであろう。また、楊寛は今次の出兵で行台を帯びたことから、武に偏らない能力を有していたと考えられる。(18) なおこの時、王雄に従って魏興・上津を平定していた宇文虯が、達奚武軍に合流して白馬で楊乾運を破るのに加わっている。(19)

両面に敵を受ける危機を脱した達奚武軍は、南鄭で固守を続ける蕭循に対して力攻めこそ避けるものの、様々な圧力を加えていくが、(20) そのころ、成都に赴いていた劉璠が南鄭に戻る途上、白馬の西の嶓冢で西魏軍に執われた。再び『南史』巻五二・蕭脩伝、及び『周書』巻四二・劉璠伝を引こう。

璠、還りて嶓冢に至り、乃ち魏に降り、乾運、師を班《かえ》す。璠、城下に至り、城中に魏に降るを説く。脩、之を数めて曰く、「卿、節に死する能わず、反って説客と為るか」と。命じて之を射たしむ。（蕭脩伝・一二九九〜一三〇〇頁）

還り白馬の西に至り、属たま達奚武軍、已に南鄭に至り、璠、城に入るを得ず、遂に武に降る。太祖、素より其の名を聞き、先に武に誡めて曰く、「劉璠をして死なしむる勿からんや」と。故に武、先ず璠をして闕に赴かしむ。璠至り、之を見ること旧の如し。僕射申徽に謂いて曰く、「劉璠、佳士なり。古人、何を以て之に過ぎん」

と。徽曰く、「昔、晋主、呉を滅すに、利は二陸に在り。明公、今、梁漢を平らぎ、一劉璠を得るなり」と。時に南鄭、尚お拒守して未だ下らず、達奚武、之を屠らんと請い、太祖、将に許さんとし、唯だ璠一家を全うせしむるのみ。璠、乃ち之を朝に請うも、怒りて許さず。璠、泣きて固請し、時を移すも退かず。柳仲礼、側に侍りて曰く、「此れ烈士なり」と。太祖曰く、「人に事うるに当に此の如くなるべし」と。遂に之を許す。城、竟に全きを獲るは、璠の力なり。（劉璠伝・七六二～七六三頁）

頼みの援軍であった楊乾運が敗れ、還る先であった南鄭城が包囲を受け、進むも引くもできなくなった劉璠は、西魏軍に囚われの身となった。しかし、達奚武は出撃する際に宇文泰より、劉璠を死なせてはならない旨を戒められており、捕らえた劉璠を長安に送ることとなったが、その前に一仕事させることとした。すなわち、城下より蕭循に降伏するよう説得させたのである。しかしながら、この策は成功せず、「卿、節に死する能はず、反って説客となるか」と射かけられたのであった。長安に移送された劉璠は、宇文泰によって古い友人に再会したかのように優遇され、申徽などは西晋が呉を滅ぼした際に「二陸」、すなわち陸機・陸雲兄弟を得たことを引き合いに出して、劉璠を高く評価したのであった。

さらにこの頃、達奚武が南鄭屠城の許可を宇文泰に求めていた。屠城は前線指揮官の決裁事項を越えていたようである。宇文泰は劉璠一家さえ無事ならばと屠城の許可を下そうとしたが、劉璠がこれには頑強に反対した。先には矢を射かけられた蕭循に対する劉璠の忠義は、些かも減じてはいなかったのである。先に梁より降っていた柳仲礼なども、劉璠を「烈士」と讃え、宇文泰もまたかくあるべしとして、遂に屠城の許可は取り下げられ、劉璠はその評価を一層高めたのであった。

翌五月に入る。さらに『資治通鑑』巻一六四・元帝承聖元年から引いておこう。

（五月）魏の達奚武、尚書左丞柳帯韋を遣して南鄭に入り、宜豊侯循に説かしめて曰く、「足下の固める所は険、恃む所は援、保つ所は民なり。今、王旅深く入り、憑る所の険は固めるに足らざるなり。白馬に破走し、酋豪は進まず、望む所の援は恃むべからざるなり。長囲四合し、部する所の民は保つべからざるなり。且つ足下の本朝は喪乱し、社稷は主無ければ、誰が為に忠を為さんと欲するや。豈に禍を転じて福と為し、慶をして子孫に流しむるに若かんか」と。循、乃ち降らんと請う。帯韋、慶の子なり。開府儀同三司賀蘭徳願《ママ》、城中の食尽きるを聞き、之を攻めんと請うも、大都督赫連達曰く、「戦わずして城を獲る、策の上なる者なり。豈に其の子女を利し、其の貨財を貪りて、民命を愛さざるべけんや。且つ其の士馬の猶お強つ、城池の尚お固きを観るに、之を攻めて縦《たと》い克てども、則ち彼此倶に傷つき、困獣の猶お闘えば則ち成敗未だ知る可からざるが如きなり」と。武曰く、「公の言、是なり」と。乃ち循の降るを受け、男女二万口を獲て還る。是に於いて剣北、皆な魏に入る。（五〇九〇～五〇九一頁）

一時期は、達奚武の降伏勧告に対して、「之を守るに死を以てし、誓ふに断頭将軍たらん」(21)という程に強硬であった南鄭城の抵抗にも翳りが見え始めたところで、達奚武は降伏を勧めるために、柳帯韋を使者として城内に入れた。その説得(22)によって蕭循も遂に降る方針を固めたが、その行動が速やかではなかったため、敵味方の両陣営で一悶着が起こることになった。

西魏陣営では、攻城案が浮上した。蕭循が降伏の意志を示して後、達奚武が諸将に事後策を問うと、賀蘭願徳等が、城内の糧食の尽きていることを理由に攻城を主張した。これに対して赫連達は「戦わずして城を獲ることこそ上策」とし、達奚武も赫連達の意見を是とし、他の将帥の意見も聞いた上で、降伏の受諾を決定した(23)。

一方の蕭循陣営では、内部抗争が流血の事態を呈していた。『周書』巻四六・杜叔毗伝を引こう。

大統十七年、太祖、大将軍達奚武をして漢州を経略せしむ。明年、武、循を南鄭に囲む。循、叔毗をして闕に詣り和を請わしむ。太祖、見えて之を礼す。使、未だ反らずして循の中直兵参軍曹策・参軍劉暁、城を以て武に降らんと謀る。時に叔毗の兄の君錫、循の中記室参軍たり、従子の映は録事参軍、映の弟の晰は中直兵参軍、並びに文武の材略有り、各おの部曲を領すること数百人。策等、之を忌み、己と同《とも》にせざるを懼れ、遂に誣するに謀叛を以てし、擅に害を加う。循、尋いで策等を討ち、之を擒え、暁を斬るも策を免ず。循の降るに及び、策、長安に至る。（八二九頁）

蕭循は講和＝降伏を請う使者として直兵参軍の杜叔毗を宇文泰のもとへ派遣した(24)。宇文泰はこれに対して礼をもって見え、講和は成立した。ところが、杜叔毗が南鄭に戻る前に一騒動起こった。中直兵参軍曹策・参軍劉暁の両名が、城をもって達奚武軍に降ろうとしたのである。既に降伏の方針が定まっているとはいえ、現実に敵兵に包囲されているという圧迫感、何時攻め込まれるかという恐怖感に耐えられなかったのであろうか。両名は城内でも勢力のあった杜叔毗の兄の中記室参軍杜君錫、従子である録事参軍の杜映とその弟で直兵参軍の杜晰等が、彼らの敵に回ることを恐れ、謀反の罪で誣告し、殺害してしまったのである。蕭循は直ちに事態の収拾に乗り出し、両名を捕らえ、そのうち劉暁を斬に処したものの曹策は免じられ、騒動は落着となった。同伝にはその後の杜叔毗の「仇討ち篇」についても記述されているが、本章では省く。

第四節　戦後処理

西魏の廃帝元年（五五二）、梁の湘東王繹ではいまだ太清を用い続けてその五年、武陵王紀の天正元年の五月、蕭循と宇文泰との間で交渉がまとまり、蕭循は南鄭を包囲する達奚武に降伏し、漢中・南鄭を巡る西魏・梁間の戦役は終息した。

蕭循は所部の男女三万口(25)を率いて西魏に入朝したが、初めに引いた『周書』文帝紀下に「武執循」とあるように、自らの意志によるものではなく、蕭循本人については移送である。では、男女三万口はどうなったか。蕭循は長安に到着後は甚だ優遇せられ、さほど時を経ずして梁に帰参することを許されたのだが、(26)『南史』宜豊侯脩（蕭循）伝には、

安定公、之を礼すること甚だ厚く、未だ幾ばくならずして江陵に還らしめ、厚く之に遣り、文武千家を以て綱紀の僕と為す。元帝、其の変を為すを慮り、中使の覘伺すること、道に絶えず。至るの夕、命じて之を劫窃せしむ。旦に及び、脩、表して馬仗を輸して後、帝、安んず。脩、入覲し、閤を望み悲みて自ら勝えず、元帝も亦た慟《なげ》き、朝を尽くして皆泣く。（一三〇〇頁）

とある。引用中の「綱紀之僕」である「文武千家」が先の「男女三万口」であるならば、蕭循は部するところを全うして梁に帰還し得たこととなる。一方、これが西魏が蕭循につけた護衛であり、監視であり、湘東王繹（元帝）への使者であり、威嚇であるならば、「男女三万口」は、後年西魏の江陵侵攻の際に虜掠された人々と同様、奴婢に落とされに長安に赴いたということになる。しかし、前者であれば「所部」という記述で事足りるはずであり、また湘東王繹が必要以上に警戒した点にも疑問が残る。一方、後者であった場合でも、湘東王繹が劫掠を命じたり蕭循が武装解除を指示できるとは考え難い。従って、本章段階では男女三万口の処遇については保留とせざるを得ない。

劉璠は蕭循に同行して梁に帰参することを願ったが許されず、宇文泰の中外府記室に任じられ、ついで黄門侍郎・儀同三司に遷った。甥の劉行本が共に長安に残り、新豊に寓居したという。(27)

達奚武は翌廃帝二年（五五三）になって長安に帰還した。朝議は達奚武に柱国大将軍を贈ろうとしたが、これは達奚武が「我の柱国と作《な》るは、まさに元子孝の前にあるべからず」として固辞し、大将軍のままで玉壁に赴任していった。(28)彼が柱国大将軍に除されたのは、西魏から北周に遷った孝閔帝元年（五五七）の正月辛丑、すなわち宇文覚が天王に即位した日の記念人事においてである。

梁州刺史には大丞相府右長史の鄭孝穆が任じられたが、疾をもって赴任せず、当面は王悦が行刺史事として州務に当たり、「招攜して初めて附するに、民吏之を安んず」という治績を上げている。(29)

その他の昇進などの事例としては、楊寛が南豳州刺史を経て尚書左僕射・将作大監に進み、赫連達が驃騎大將軍・開府儀同三司に昇って侍中を加えられ、藍田県公に進み、楊紹が輔国将軍・中散大夫に昇り、楊休が儀同三司に昇ったことがそれぞれの列伝・墓誌銘から知られる程度である。(30)

また、直接戦闘があった形跡はないが、剣閣に接する南安の豪族である任果が、所部を率いて西魏に来降している。任果は宇文泰に見えて蜀を取る策を述べ、使持節・車騎大将軍・儀同三司・大都督・散騎常侍・沙州刺史・南安県公、邑一千戸を授けられている。(31)

第五節　王雄の魏興・上津再平定

廃帝元年（五五二）八月、平定して間もない東梁州で反乱が起こった。首謀者とされるのは安康の人、黄衆宝で、豪族と思われる。ところで本章で取り上げているのは、漢川・四川における対梁の外交・戦役であるので、この民衆叛乱については少々範囲から外れてはいる。しかし、その発端が先にまとめた王雄等の戦後処理のまずさにもあり、加えて鎮圧に派遣されたのが再び王雄・宇文虬という構成であることから、これを一連の戦役と認めて本節でまとめることとする。

とりあえず事態の流れを掴むために『資治通鑑』の記事を引いておこう。

巻一六四・元帝承聖元年（五五二）

八月、魏の安康人の黄衆宝、反し、魏興を攻め、太守柳檜を執え、進みて東梁州を囲む（梁、南梁州を西城郡に置き、西魏改めて東梁州と曰う。西城、古の魏興郡の治所なり」。檜をして城中を誘説せしむるも、檜、従わずして死す。檜、蚪の弟なり。太師泰、王雄と驃騎大将軍、武川の宇文虬を遣して之を討たしむ。（五〇九一頁）

巻一六五・元帝承聖二年（五五三）

（二月）王雄、東梁州に至り、黄衆宝、衆を帥いて降る。太師泰、之を赦し、其の豪帥を雍州に遷す。（五〇九七頁）

さて、ことの発端であるが、黄衆宝が兵を挙げるに至った直接の原因については、厳密には不明である。しかし、その一端は、魏興に置かれた東梁州の新任の刺史に帰することができそうである。『周書』巻四四・泉企附子仲遵伝を引こう。

大将軍王雄、南のかた上津・魏興を征し、仲遵、部する所の兵を率い雄に従い討ちて之を平らぐ。遂に上津に於いて南洛州を置き、仲遵を以て刺史と為す。仲遵、情を留めて撫接し、百姓、之に安んじ、流民の帰附せる者、相継いで至る。初め、蛮帥の杜清和、自ら巴州刺史と称し、州を以て入附す。朝廷、其の拠る所に因りて之に授け、仍お東梁州都督に隷《した が》わしむ。清和、仲遵の撫御に善きを以て、仲遵に隷わんと請う。朝議、山川の便に非ざるを以て、之を許さざるなり。清和、遂に安康の酋帥黄衆宝等と結び、兵を挙げて共に東梁州を囲む。復た王雄を遣して討ちて之を平げしむ。巴州を改めて洵州と為し、仲遵に隷わしむ。是より先、東梁州刺史劉孟良、職に在りて貪婪なれば、民、多く背叛す。仲遵、廉簡を以て之を処し、群蛮、率服す。（七八九頁）

南洛州刺史に赴任した泉仲遵は、「流民の帰附するもの相継ぎて至る」という成果を上げていたが、問題は東梁州刺史の劉孟良であった。劉孟良は大統一六年（五五〇）の宇文泰の大軍東討に際して大丞相府諮議参軍として従軍し、右長史鄭孝穆・左長史長孫倹・司馬楊寛・尚書蘇亮等と衆務を分掌したこともある人物である。(32) その劉孟良が州刺史に出ては貪婪となり、多くの民衆叛乱を呼び起こしたのであった。その中で有力であったものが黄衆宝であったのであろう。これに加えて、当時洵陽において巴州刺史を自称していた蛮帥の杜清和(33)が西魏に帰附し、その管轄について杜清和は泉仲遵の南洛州を望んだのであるが、これを西魏朝廷がより山川の便の良い東梁州の管轄としたために、杜清和が安康で挙兵した黄衆宝と連結して大規模な挙兵となったのである。杜清和もまた東梁州の管轄となったことで、劉孟良の不手際の被害を受けていたであろうことは想像に難くない。さらに、唐州蛮の田魯嘉なるものが叛して、予州伯と号したことが確認できるが[34]、具体的な位置までは不明である。

さて、安康で挙兵した黄衆宝は進撃して東梁州城を攻囲するのであるが、それに先立って魏興郡[35]を攻め、太守柳檜を捕らえることに成功した。『周書』巻四六・柳檜伝を引こう。

安康の人の黄衆宝、謀反し、党与を連結し、将に州城を囲まんとす[36]。乃ち相い謂いて曰く、「嘗て聞くならく、柳府君は勇悍、其の鋒当たるべからず、と。今既に外に在り、方《まさ》に吾が徒の腹心の疾と為らん。先んじて之を撃つに如かず」と。遂に檜の郡を囲む。郡城は卑下にして、士衆は寡弱、又た守禦の備え無し。連戦して積むこと十余日、士卒、僅かに存する者有るのみ。是に於いて力は屈し城は陥り、身は十数創を被り、遂に賊の獲う所と為る。既にして衆宝等、進みて東梁州を囲み、乃ち檜を縛り城下に置き、檜をして城中を誘説せしめんと欲す。檜、乃ち大呼して曰く、「群賊は烏合、糧食已に罄く。行ゆく即ちに退散せん。各おの宜しく之に勉めるべし」と。衆宝、大いに怒り、乃ち檜に臨むに兵を以てして曰く、「速く汝の辞を更めよ。しからずんば便ち戮に就かん」と。檜、節を守りて変えず。遂に之を害し、屍を水中に棄つ。城中の人、皆之が為に流涕す。衆宝の囲みを解くの後、檜の兄子の止戈、方《はじ》めて檜の屍を収めて長安に還る。（八二八頁）

黄衆宝は柳檜の武勇を恐れ、その指揮する兵力が少ないうちにこれを撃たんとし、そして成功したわけである。陣頭に立って指揮をとり、自らも十数ヶ所の傷を負った柳檜は、黄衆宝等が東梁州に進軍するのに同行させられ、城下で縛り上げられ、降伏をするよう説得させせられる。しかしながらその発言は、反乱軍が烏合の衆であり、糧食も僅かであるので、固守せよと告げるものであった。黄衆宝は発言のやり直しを要求したものの、柳檜は肯んぜず、黄衆宝は遂に柳檜を殺し、その屍を水の中（州城をめぐる堀であろうか）に投げ捨てたのであった。後年、柳檜の子の柳雄亮が黄衆宝を長安において斬り、復讐を果たした件については『隋書』巻四七・柳機附従弟雄亮伝に記述されているが、ここでは省く。

また、「楊叉暨妻武氏墓誌銘」(37)にも関連記事があるので引いておこう。

魏興太守に除され、助けて金州に鎮す。属たま山民黄衆宝、境内の衆を帥い、反噬して城を攻む。時に援兵の至らざるを以て、外賊の土山は日び高く、内軍は戸を負いて汲む。君、領する所を帥い、陵晨に劇戦し、身に数瘡を被り、戦所に殞元す。

「金州」で戦死した楊叉が「魏興太守」であった点で、前引の『資治通鑑』等の記事と衝突するが、本章ではひとまず措く。この「金州」は東梁州のことで(38)、ここまでに引いた史料の「州城」に該当するであろう。

この反乱に対して、西魏は再び大将軍王雄及び驃騎大将軍宇文虬を派遣した。またこの戦役には、当時車騎大将軍で、後に四川における軍務で重きをなした陸騰が、子午谷から漢川に入って活躍している(39)。平定の過程については史料を欠くが、翌廃帝二年（五五三）二月に東梁州に至った王雄は、これを平らげ、黄衆宝や杜清和も降伏した。ただし、反乱の発生が前年八月であるから、王雄率いる討伐軍が東梁州に到着し、鎮圧を開始したのは二月よりも遡ると思われる。新領土ということもあり、討伐に際しては誅滅ではなく、降伏を受け入れるという方針を採ったのであろう。

黄衆宝はその勢力ごと雍州に移され、北周武帝の時代まで信任された。杜清和については、巴州を洵州と改め、当初の願い通り泉仲遵の管轄に遷した。予州伯と称した田魯嘉も前後して平定された。また、先に触れた白虎蛮の扶猛もまた、この機に衆をもって西魏に降った。西魏はこれを優遇し、車騎大将軍・儀同三司・宕渠県男を授け、本拠に羅州を置き、扶猛を刺史に任じたのである(40)。

平定した側では、宇文虬が東梁州改め金州の刺史に任じられ、かつ大将軍に登った(41)。陸騰は帰還の後に龍州刺史を拝したことが確認できる(42)。しかし、王雄についてはこの段階では特に賞されたという記事は見あたらず、王雄が柱国大将軍に昇ったのは北周時期になってからのことである(43)。

結　語――各陣営の情況の整理――

以上で経過を述べ終えたことになるが、西魏の側としては特に問題となる点は無いと思われる。西魏が南朝勢力を同盟国とまではいわずとも、あくまでも敵国としない方針を採るならば、漢川の地は対北斉戦略上、有効な後背地となりうる。『周書』巻一九・宇文貴伝に、

（廃帝）二年、大都督・興西蓋等六州諸軍事・興州刺史を授かる。是より先、興州の氐、反し、貴の州に至りてより、人情稍《ようや》く定まる。貴、表して梁州に於いて屯田を置くを請い、数州豊足す。（三一三頁）

とあるように、梁州の屯田によって、数州分の収穫を得ることも可能であったのである。大統一六年（五五〇）の東征失敗以後、東方への進路を失っていた西魏にとって、本戦役はかねて望んでいた本格的南進の第一歩であり、また漢川は西魏成立の当初に失陥した地域でもあったから、失地回復という意義からも、軍事行動を起こすにあたっての障害は少なかったに違いなく、西魏朝廷内における本出征の可否に関する議論も史料上見出すことはできない(44)。湘東王繹からの割譲の申し出は、西魏としてはまさに渡りに船であったのである。将帥の選定という面でも、既に十分な実績のある大将軍クラスが二名と順当であり、また動員兵力の面から見ても、当時の西魏の置かれていた状況に特に問題となるような点は無かったとしてよかろう。

一方の湘東王繹や蕭循の立場については、考えるべき点が積み残されている。湘東王繹は侯景の西上を懼れて西魏

に救援を求め、見返りとして漢川を割譲したわけであるが、漢川地域はかつては北・西魏の疆域であり、梁の疆域となったのは梁大同元年＝西魏大統元年（五三五）のことである。つまり、梁代約五〇年間にあっては半ばを過ぎてから獲得した地域であり、創業の地といった思い入れもなく、従って湘東王繹にして見れば、当面の安全確保のためならば切り捨てるもやむなしとし得る地域であったに違いない。

ところで、侯景が西上し、湘東王繹と戦闘状態に入ったのは梁簡文帝大宝二年＝西魏大統一七年（五五一）の三月のことで、六月には王僧弁等の活躍によって撃退され、逆に王僧弁等が敗退する侯景を追撃する状況になっている。従って、湘東王繹から西魏への救援要請は、どんなに遅くとも六月以前でなければならない。ところが、『資治通鑑』にしろ『周書』にしろ、湘東王繹の西魏への救援要請と達奚武等の出征は、遅れて九月・一〇月のこととされている。これは湘東王繹が西魏に使者を派遣したのが六月（以前）、それを受けて西魏が出征の準備を始め、実際に軍を動かしたのが九月から一〇月とすれば一応の説明は付く。王雄・達奚武の東西両軍で兵力は五万前後と想定されるが、それだけの軍勢を揃え、糧食を集め、補給体制を整えるには、四ヶ月程度の時間がかかったということであろう。また、この間に漢川の引き渡しに関する軍事行動を伴わない交渉が西魏と蕭循との間でなされ、不調に終わっていることは想像に難くない。

次に問題となるのは、西魏が漢川を受け取るだけの代償を対侯景戦に際して払ったかという点である。蕭循が、「故無くして城を輸すは忠臣の節に非ざるを以て、報じて曰く、『請うらくは命を改むるを待たん。』」としたことを勘案すると、少なくとも蕭循の判断では、西魏に漢川を割譲するだけの理由が無かった、西魏の行動と漢川一地域とは釣り合わなかったことになる。そして、当時西魏の東南地方を指揮していたのは楊忠か侯莫陳順であろうと思われるが、(45) 彼らの列伝をはじめとしてこの時期に西魏が湘東王繹に協力して軍を出した記録は、管見の限りにおいて見出せないのである。せいぜいの妥協点として、「西魏は荊州・随州・安州・沔州といった東南端の地方から軍を出して湘東王繹に協力した。しかし占領後間もない地域から軍を徴発して出征させることは危険であるから、その規模は小さかったのだが、それでも先年西魏と劣位の同盟を結んだ湘東王繹としては、[46]西魏の協力を否定し得なかった」と想定することには、さほどの無理はないと思われる。

西魏の協力の有無はともかくとしても、湘東王繹は西魏の漢川進駐を認め、蕭循の請願に従って召還命令を撤回することも援軍を出すこともしなかった。ということは、自己の勢力の保存のためには、漢川の切り捨ても止む無しという状況にあったということを意味する。そこで、湘東王繹の置かれていた状況を検証することとする。

たとえ西魏が湘東王繹に協力することがなかったにしても、実際に侯景を撃退し、王僧弁等の軍主力が追撃に移って本拠である江陵を空けていた折りである。この際に軍事的に手薄となった江陵を窺う勢力は、正面で対峙する侯景以外に少なくとも三つ認められる。

第一は西魏であり、北斉の圧力があるとはいえ、その軍勢が空虚と化していた江陵に向かってくる事は恐るべきことである。湘東王繹としては手薄となった江陵を突かれることに比べれば、漢川一地域は安い物であった。その発想は、大統元年（五三五）に漢川一地域を切り捨てることで梁と通交した西魏と同様のものである。[47]

第二は成都の武陵王紀である。西魏の漢川進駐は、湘東王繹が西陽太守蕭円正（武陵王紀の第二子）を捕らえたことにより対立が表面化した[48]武陵王紀に対しても、牽制となることは必定であった。つまり漢川一地域の損失によって、武陵王紀の江陵に対する動きを抑える効果も期待できたわけである。

そして第三が襄陽の蕭詧（梁岳陽王改め西魏梁王）である。蕭詧については『周書』巻四八・『北史』巻九三に列伝があり、梁昭明太子の第三子であるので湘東王繹からは甥にあたる。前章で述べたとおり、先年来湘東王繹と争っていたが、情勢の不利を鑑みて西魏に降ってその附庸国となり、これに応じた西魏は楊忠を派遣して漢東を席巻し、湘東王繹はその勢を恐れて西魏と盟約を結ばざるを得なくなっていた。さて、『資治通鑑』巻一六四・簡文帝大宝二年

（五五一）四月条に、

岳陽王詧、侯景の郢州に克つを聞き、蔡大宝を遣して兵一万を将い進みて武寧に拠らしめ、使を遣わして江陵に至り、詐りて援に赴くと称せしむ。衆議、侯景の已に破れるを以て、其れをして軍を退かしめよと答えんと欲す。湘東王繹曰く、「今、語るに退軍を以てせば、是れ之に進ましむるを趣《うなが》すなり」と。乃ち大宝に謂わしめて曰く、「岳陽、累りに啓して連和し、相い侵犯せず。卿、那んぞ忽ち武寧に拠る。今、当に天門太守胡僧祐を遣わし精甲二万・鉄馬五千もて澧水に頓せしめんとす。時を待ちて進軍せよ」と。詧、之を聞き、其の軍を召して還らしむ。（五〇六六頁）

とあり、蕭詧が対侯景戦の援軍と詐称して軍を武寧に遣わしてこれを窺い、湘東王繹が共に進むべしとしたら引き返したとある。蕭詧には湘東王繹と共に侯景を討つ意志は無く、それよりもかねて争っていた湘東王繹こそが討つべき敵であったわけである。これを抑えるには、その附庸主である西魏に働きかけることこそが効果的である。(49) 西魏が湘東王繹に敵対しないことを鮮明にすれば、蕭詧もまた、湘東王繹に対しては敵対行動はとれないからである。湘東王繹は西魏の動向を抑制することで、最も危険な蕭詧を封じることに成功したわけである。

湘東王繹の動機は以上で説明がついたとしてよいだろうが、その場合、蕭循の召還命令拒否、対西魏抗戦の動機が弱くなることは否めない。当時、蕭循に控制力を発揮しうる存在は、形の上では武帝の皇太子であった建康の簡文帝、及び承制を帯びた江陵の湘東王繹と成都の武陵王紀の三人であるが、蕭循が支持していたのが湘東王繹であったことは、敗戦後に西魏より帰国するにあたって、援軍を派遣してくれた武陵王紀ではなく、自身を切り捨てた湘東王繹の江陵を選択したことより明らかである。湘東王繹もまた自己の判断した状況と方針について説明したであろうが、直接に西魏との交渉を持たなかった蕭循にしてみれば、何の相談もなく自身の任地を割譲されることに憤りを覚えることは当然であり、領民を捨て置いて自身のみ帰還することを、慈父と号された彼の性格が許さなかったゆえといえるかもしれない。ただし、このような事態の説明に、中心人物の個人的性格をどこまで関連させるべきかは判断の難しい問題で、本章ではこの程度にとどめる。

本章では一つの戦役を西魏・梁の二ヶ国（但し四勢力）間関係で見てきた。その中でも、事態の推移を示すことに追われ、枝葉的な出来事や地名の比定等に委細を尽くし得なかった点が多々あることは否めない。加えて、分裂期における戦役を当事者間のみの関係で分析することが視野の狭窄を将来し、大局的な状況の把握を見失わせることにもなろう。しかしながら、東魏・北斉や北方・西方の諸異民族なども視野に入れた国際情勢については、この一年あまりの戦役においてのみ分析を試みても意味をなさないと考えられるので、より大局的な情況分析は、後章であらためてまとめることとする。

注

（1）『周書』・『梁書』は「蕭循」に作り、『北史』・『南史』は概ね「蕭脩」に作り、『隋書』は「蕭修」に作る。「蕭翹墓誌」（趙万里編『漢魏南北朝墓誌集釈』（北京：科学出版社・一九五六年）・図版五〇五）に、「太保公宜豊王循第四子」とあることから、本書では引用部を除いて「蕭循」で統一する。

（2）蕭循への召還命令が出された時期については、後節で検討する。

（3）王雄の大将軍叙任時期については、列伝などからも明らかにはし得ない。従来の研究（例えば濱口重國『秦漢隋唐史の研究』（東京大学出版会・一九六六年）・第一部第四「西魏の二十四軍と儀同府」（一九二八・九年初出）等）では所謂八柱国十二大将軍の形成時期を、大統一六年（五五〇）秋の東討までに置く説が定説となっているとしてよいだろう。但し、十二大将軍個々の叙任時期についてはばらつきが認められ、その不明な者の時期の上限については従来不明とされているが、筆者としてはその上限を大統一四年五月に定めて大過無いと考えている。その理由として、この時に大将軍という官の性格が職事官から散官へと移行されたと考えられることを挙げておく。詳しくは本書第一部第三章を参照。

（4）ただし、陽雄の冠軍将軍は沙苑の役（大統三年（五三七））での戦功を承けて拝されたものであり（『周書』巻四四・陽雄伝・七九七頁）、すでに一五年余を経ているため、この当時はさらに上位に位置していた可能性が高い。
（5）太清は梁武帝最後の年号で三年までとされるが、江陵で承制した湘東王繹は簡文帝の大宝を排して太清を用い続け、即位及び承聖に改元した時点では太清六年一一月であった。
（6）『周書』・『北史』では「白獣」と作っており、これは中華書局標点本の注（八〇三頁）によれば、唐の皇祖李虎の諱を避けたものであるという。
（7）『隋書』巻二九・地理志上では、西魏が東梁州を置いた記事は西城郡条に見え（八一七頁）、また後に起きた黄衆宝の反乱では、反乱軍が魏興を攻めて後に東梁州を攻囲している（『資治通鑑』巻一六四・元帝承聖元年八月条・五〇九一頁）ことから、従来の魏興郡と、東梁州（＝西城郡）の治所が同一ではないことを附記しておく。
（8）『周書』巻四四・泉企附仲遵伝・七八九頁。劉孟良の東梁州出鎮が、魏興方面に対して再度の出征を要する原因の一つとなったことについては、第五節で後述する。
（9）『周書』巻四六・柳檜伝・八二八頁。
（10）達奚武についても、大将軍叙任時期は明らかではない。
（11）『元和郡県図志』の原文は、
　西魏遣雍州刺史達奚武為大都督及行台楊寛率衆七万、由陳倉路取廻車戍入斜谷関、出白馬道、謂此也。

行軍の際に行台が置かれ、行軍指揮官以外の人物が行台長官に任じられる形態については、本書第一部第二章参照。
（12）現在の陝西省褒城県北の青橋駅付近か。厳耕望『唐代交通図考』（台北：中央研究院歴史語言研究所・専刊八三・一九八五年）第三巻・七一七〜七一八頁。
（13）『周書』巻三三・王悦伝に説得の際の書簡が引かれているが、ここでは省く。
（14）『周書』巻三三・王悦伝は「闕城」に作るも、『北史』巻六九・王悦伝は「関城」に作る。『周書』中華書局標点本・五八六頁には、『水経注』巻二七・沔水注に拠って白馬城を陽平関であるとし、「闕城」を「関城」とすべきとする注記がある。

(15)『周書』巻四二・劉璠伝・七六二頁。
(16)『梁書』巻五五・武陵王紀伝・八二六頁。ちなみに『資治通鑑』巻一六四・元帝承聖元年四月条・五〇八四～五〇八五頁のように、武陵王紀即位の後に劉璠招諭の記事を置き、これを時系列に沿ったものとして解釈すると、「四月の乙巳（八日）以後、その四月中に成都・南鄭間を使者が八往復し、さらに劉璠が成都に赴き、楊乾運が出撃して西魏軍に破れた」となる。たとえ八往復が額面通りではなかったとしても、これはさすがに受け入れがたいものであり、本文に示したように、劉璠の成都行は、蕭紀の皇帝即位以前とすべきである。
(17)『資治通鑑』巻一六四・簡文帝大宝二年一一月条に、
　　益州長史劉孝勝等、武陵王紀に帝を称するを勧め、紀、未だ許さざると雖も、而して大いに乗輿車服を造る。（五〇七五頁）
とある。
(18)『周書』巻二二に楊寛とともに立伝されているのは周恵達と柳慶である。両名とも尚書僕射を歴任し、文武でいえば文の面で活躍した人物である。『周書』に限らず、正史列伝は類似した人物を同じ巻に収録する傾向があるので、楊寛も将帥というよりは彼らと同様の文臣として、より高く評価された可能性が高かろう。
(19)『周書』巻二九・宇文虬伝・四九二頁。
(20)『周書』巻二九・楊紹伝などに見られる。
(21)『南史』巻五二・宜豊侯脩伝・一三〇〇頁。
(22)説得の内容が『周書』巻二二・柳慶附柳帯韋伝・三七四頁により詳しく記載されている。
(23)『周書』巻二七・赫連達伝・四四〇頁に、引用部よりもやや詳細な記述がある。
(24)具体的な時期については掴み得ないが、宇文泰が達奚武からの屠城請求を不許可とした後のことであることは間違いない。というのは、宇文泰は当初は屠城を許可するつもりであり、それ以前に講和が成立していたとは考え難いからである。従って、この位置に置くこととする。

(25)『周書』巻一九達奚武伝・三〇四頁。前引の『資治通鑑』では、「二万口」とする。
(26)『梁書』巻五・元帝紀は、大宝三年（太清六年）一〇月乙未に繫年する（一三一頁）。
(27)『隋書』巻六二・劉行本伝・一四七七頁。
(28)『周書』巻一九・達奚武伝・三〇四頁。
(29)『周書』巻三三・王悦伝・五八〇頁。
(30)『周書』巻二二・楊寛伝・三六七頁、同巻二七・赫連達伝・四四〇〜四四一頁、同巻二九・楊紹伝・五〇一頁、「楊休墓誌銘」（周暁薇等編『隋代墓誌銘彙考』（北京：線装書局・二〇〇六年）第二冊・二七六）。
(31)『周書』巻四四・任果伝・七九九頁。
(32)『周書』巻三五・鄭孝穆伝・六一〇頁。
(33)『周書』巻四九・異域・蛮伝・八八八頁は「杜青和」に作り、「寇奉叔墓誌」（趙万里編『漢魏南北朝墓誌集釈』・図版三六二）は「杜清和」に作る。本章では後者に従っておく。
(34)『周書』巻四九・異域・蛮伝・八八八頁。
(35)『隋書』巻四七・柳機附従弟雄亮伝・一二七四頁には華陽郡であるとする。柳檜は魏興・華陽二郡太守に任じられているため、どちらとは断定しがたい。
(36)『周書』では「攻囲州城」に作るも、黄衆宝が魏興（或いは華陽）と東梁州を攻めた順序や、『北史』巻六四・柳虯附弟檜伝・二二八〇頁、及び『冊府元亀』巻四五〇・将帥部・失守・八aで「将囲州城」と作るのに鑑みて、ここでは改めた。
(37)『隋代墓誌銘彙考』第一冊・〇七一。
(38)東梁州が金州に改められたのは、本戦役の後、廃帝三年（五五四）正月のことである（『周書』巻二・文帝紀下・三四頁）。
(39)『周書』巻二八・陸騰伝・四七〇頁。
(40)『周書』巻四四・扶猛伝・七九五頁。
(41)『周書』巻二九・宇文虬伝・四九二頁。

図11：西魏漢川進出概要図

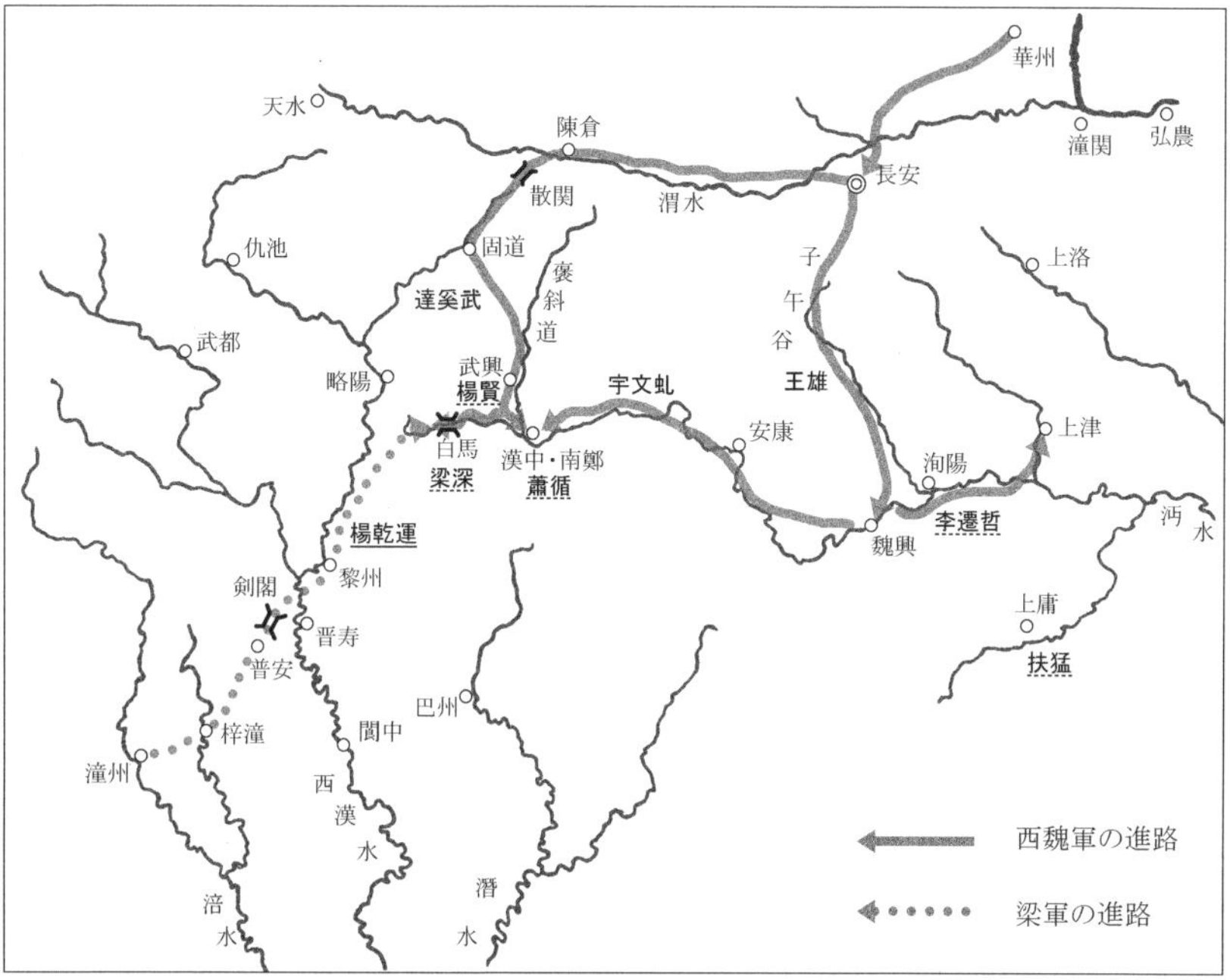

(42)『周書』巻二八・陸騰伝・四七〇頁。

(43)『周書』巻四・明帝紀・二年九月辛卯条・五五頁。

(44)南進準備の一例として『周書』巻一一・叱羅協伝より引く。

初め、太祖、漢中を経略せんと欲し、協をして行南岐州刺史とし、幷せて東益州の戎馬の事を節度せしむ。魏の廃帝元年、即ち南岐州刺史を授かる。(一七八頁)

(45)楊忠は同年初頭に邵陵王蕭綸を当該地域で討っており(『周書』巻一九・楊忠伝・三一六～三一七頁)、侯莫陳順は大統一六年に山南道五十二州諸軍事・荊州刺史に除されている(同侯莫陳順伝・三〇八頁)。

(46)大統一六年春、西魏の楊忠の侵攻を受けた湘東王は和を請い、湘東王側が一方的に人質を送る等の西魏優位の盟約を結んでいる。前章参照。

(47)本書第二部第一章参照。

(48)『資治通鑑』巻一六四・簡文帝大宝二年(五五一)六月条・五〇六九頁。

(49)蕭詧の西魏への入朝は、『周書』巻四八・蕭詧伝は大統一七年とし（八五九九頁）、『資治通鑑』は巻一六三・簡文帝大宝元年七月辛酉、すなわち大統一六年に繋年する（五〇四九頁）。二者択一であるのか両者ともであるかは判じかねるが、大統一七年にも認められるのであれば、この時の入朝によって蕭詧の動きを封じることも可能であろう。また、『資治通鑑』巻一六五・元帝承聖二年一一月丙寅条には、

太師（宇文）泰、陰かに江陵を図るの志有り、梁王詧、之を聞き、益ます其の貢献を重くす。（五一〇七頁）

とあり、元帝に対する蕭詧の念が窺われる。

第五章　西魏の四川進攻と梁の帝位闘争

緒　言

西魏はその末年、南朝梁の混乱に乗じて漢川・四川へと重ねて軍を派遣し、これを領有することに成功した。これら梁の内訌に起因する軍事行動の成功によって、西魏・北周は東魏・北斉の圧力に抗するのみならず、逆に攻勢に転じることができるだけの国力を手にし、ついには北斉を滅ぼすまでに至る大きな要因となったことは広く認められていることとしてよかろう。しかしながら、当時の西魏が如何なる条件・判断のもとに軍事行動を起こし、梁の防衛対策を打ち破り、そして勝ち得た成功がいかなるものであったか、という点にまで追求した専論は、管見の限りにおいて、未だ提出されてはいない。本書前章では、先に西魏の漢川進出について述べ、錯綜した梁朝の内部抗争との深い関係を示した。そこで本章ではさらに時期を進め、西魏の南方進出における中核ともいえる、尉遅迥による四川進攻をとりあげる。この戦役についてもやはり専論は見出せず、従ってその理解も、恐らくは岡崎文夫氏の、

かねて王位の野心を抱いた成都の武陵王は侯景討滅に名をかり、大挙東下して元帝とその位を争うに至った。この遠征は無謀の甚だしきもので、久しくその北辺より成都を窺って居た西魏の将尉遅迥は機を逸せず成都を取り、（中略）その地は空しく西魏の有となるに至った。(1)

という記述や、宮崎市定氏の、

蕭紀が蜀から軍を出して江陵を攻めると、元帝は西魏に救援を求めた。時機をうかがっていた西魏の宇文泰は、まっていましたとばかり、蜀に兵を出して成都をくだし、益州を占領してしまった(2)。

という記述の域を脱してはいないと思われる。しかし武陵王紀が四川を空け、尉遅迥がその隙をついてこれを領有したという概略まではともかく、一歩踏み込んで状況を説明する段になると、少なからず問題点があることに気付かされる。例えば、尉遅迥個人の判断で出兵したのか、元帝が西魏に救援を求めた背景はどのようなものであったのか、武陵王紀は江陵を攻めるに当たって、北に接する西魏に対してなんら備えをほどこさなかったのか、といった疑問がすぐに浮かぶであろう。そこで本章では先ずことの経過を述べ、次いで当事者たちが置かれた状況を分析し、旧来の認識に対して些かの補足を加えることによって、当時の錯綜した国際情勢を検証し、前章とあわせて西魏の南進全体を俯瞰するための基礎を整えたい。

第一節　梁の分裂——湘東王（元帝）繹と武陵王紀——

まず関連年表（表22）を示し、年月の確認をしておこう。年表中の※印の記事は『梁書』巻五・元帝紀・承聖二年（五五三）春正月条・一三二頁に拠るが、これは月に誤りがあるか、或いは湘東王改め元帝蕭繹が西魏に救援の使者を発した月であって、実際に尉遅迥が長安を発した日時ではあるまい。『南史』も当記事を採用しておらず、『資治通鑑』では巻一六五・承聖二年三月条のなかの『考異』に「『三国典略』が「正月戊辰」とする」とあるものの（五〇九八頁）、やはり採用してはいないので、本章でも採らずにおく。前章で触れた、西魏王雄の東梁州再鎮定が終わったのが同じ西魏廃帝二年の二月であるから、西魏としては立て続けの出兵ということになる。

表22：西魏四川進攻関連年表

西　暦	西魏年号	西　魏　軍	武陵王紀 対 湘東王繹（元帝）
552. 4	廃帝 1		乙巳、武陵王紀、成都にて即位 湘東王繹、侯景を滅ぼす
5		（達奚武、南鄭を降す）	
8			武陵王紀、外江より東下
11			丙子、湘東王繹、江陵で即位（元帝）
553. 1	廃帝 2		元帝、武陵王紀の逼るを懼れ、西魏に援を求む
		※尉遅迥、四川を襲う	
2		（王雄、東梁州を平ぐ）	
3		尉遅迥、長安を出発	
4		（宇文泰、吐谷渾を討つ）	
5			武陵王紀、巴郡に至り、譙淹を成都救援に派遣
		甲戌、潼州刺史楊乾運、降る	己丑、武陵王紀、西陵に至る
6		尉遅迥、成都を包囲	
			乙卯、元帝、湘州の乱を鎮圧
7			武陵王紀、蕭済を成都救援に派遣 辛未、武陵王紀、敗死
8		戊戌、尉遅迥、成都を降す	

『周書』巻二文帝紀・『梁書』巻五元帝紀・『資治通鑑』などより構成。

さて、以下に発端から述べるにあたり、粗筋は『通鑑紀事本末』巻二四上／一三九に「西魏取蜀」として纏められているのに基づくが、長文であるので引用はせず、特にポイントとなる点については、極力原典に近いものより引用する方針を採ることとする。

梁武帝の死後に繰り広げられた湘東王（元帝）繹と、邵陵王綸・河東王誉・岳陽王詧との抗争の経緯については煩瑣になるのでここでは割愛し、[3] 四川の支配者であった武陵王紀（武帝八男）と湘東王繹（武帝七男）との関係からまとめておこう。湘東王繹の将、王僧弁が河東王誉を長沙に破り、これを斬ったのが梁簡文帝大宝元年・太清四年・西魏大統一六年（五五〇）五月で、同月中に湘東王繹は大挙侯景を討つの檄を飛ばす。これを受けた武陵王紀は、「七官は文士なり。豈に能く匡済せんや」[4]とかねて思ってはいたものの、その世子蕭円照に兵三万を授け、湘東王繹の節度を受けしめるべく東下させた。しかし、巴水（重慶）まで至ると、湘東王繹は蕭円照に信州剌史を授け、白帝に駐屯させたものの、そこで進軍を止めさせた。さらに同年一一月には武陵王紀自ら軍を率いて成都を発したが、湘東王繹は書を送ってこれを止め、この間に湘東王繹は邵陵王綸を排除する事に成功している。ここまでは外見上は武陵王紀は湘東王繹に協力する姿勢を見せ、湘東王繹がこれを押しとどめている構図である。従って、両者の間には協力関係こそ成立していないものの、いまだ表面上は大きな軋轢は生じてはいない。ただし、少なくとも湘東王繹の側には武陵王紀の動きに対する警戒の色が濃いことは看取される。

両者の間にはっきりと対立の構図が生じたのは、翌年（五五一）六月、湘東王繹が王僧弁の活躍により侯景の西上をくい止め、逆に追撃に移った時期のことである。当時、武陵王紀の第二子江安侯蕭円正が西陽太守として現在の鄂城付近に鎮して一万の兵を擁していたのだが、湘東王繹がこれを目障りとし、謀って拉致したのである。加えて、『北斉書』巻三二・陸法和伝に、

湘東王に謂いて曰く、「侯景、自然と平ぐ。慮るべきに足る無し。蜀賊、将に至らんとすれば、法和、請うらくは巫峡を守り之に待せん」と。乃ち諸軍を総べて往き、親ら石を運び以て江を塡め、三日にして、水、遂に分流し、之に横するに鉄鎖を以てす。（四二八頁）

とあるように、湘東王繹の将陸法和も、武陵王紀対策として巫峡口に駐屯して迎撃体制を固めていた。

さらに翌大宝三年・太清六年・西魏廃帝元年（五五二）四月、武陵王紀は成都で皇帝を称し（本章中は武陵王紀の表記で通す）、天正と改元し、八月に岷江より東下を開始、或いは東下の意思を表明した。[5] なお、西魏達奚武が漢中・南鄭を陥としたのはこの年の五月である。

一方の湘東王繹は漢川を切り捨てることで侯景討伐に集中し、[6] 武陵王紀の即位と前後して侯景を滅ぼすと、一一月には江陵で即位し（元帝）、承聖と改元した。威令の及ぶ範囲は、

巴陵より以下、建康に至るまで、長江を以て限と為し、荊州の界は北は武寧を尽くし、西は硤口を拒む。嶺南は復た蕭勃の拠る所と為る。(7)

ということになる。

武陵王紀の東下については、その世子蕭円照の計略によるものとしてよいだろう。当時巴東に鎮していた蕭円照は、湘東王繹・元帝からの「侯景平定」の報を武陵王紀に伝えず、逆に、

侯景、未だ平がず、宜しく急ぎ征討すべし。已に荊鎮、景の滅する所と為ると聞く。疾く大軍を下せ。(8)

と、武陵王紀の出兵を促した。これを真に受けた武陵王紀は侯景討伐を旗印に東下を開始した。東下するにあたっては、成都には武陵王紀が秦郡王に封じた蕭撝を残して留守を任せ、これに息子の宜都王蕭円粛を添え、また北方の備えとして潼州に楊乾運を配置していた。

さて、武陵王紀の東下に懼れを抱いた元帝は、西魏に救援を求めることとなるのだが、その背景にはもう一点示しておくべき状況があった。即ち、元帝（正確にはいまだ湘東王であった頃に）が湘州刺史王琳を執えたことによって、その長史陸納が長沙で反乱を起こしたのである。元帝はこの反乱の鎮圧に手を焼き、南に陸納、西に武陵王紀と二面作戦をとらざるを得なくなっていたのである。

第二節　尉遅迥の四川進攻

元帝から救援を求められた側である西魏に視点を移す。『周書』巻二一・尉遅迥伝に、

侯景の江を渡るや、梁の元帝、時に江陵に鎮し、既に内難の方に殷んなるを以て、隣好を脩めんと請う。其の弟、武陵王紀、蜀に在りて帝を称し、衆を率いて東下し、将に之を攻めんとす。梁の元帝大いに懼れ、乃ち書を移し

て救いを請い、又た蜀を伐つを請う。太祖曰く、「蜀、図るべし。蜀を取り梁を制するは、茲の一挙に在り」と。乃ち群公と会議するも、諸将多く異同有り。唯た逈のみ以為らく、紀既に鋭を尽くして東下し、蜀必ず空虚、王師、之に臨まば、必ず征有るも戦無からん、と。太祖、深く以て然りと為し、逈に謂いて曰く、「蜀を伐つの事、一に以て汝に委ねん。計、将に安くに出でんとするか」と。逈曰く、「蜀、中国と隔絶すること百有余年。其の山川の険阻なるを恃み、我が師の至るを虞れず。宜しく精甲鋭騎を以て、星夜して之を襲うべし。平路なれば則ち倍道兼行し、険途なれば則ち兵を緩め漸進し、其の不意に出で、其の腹心を衝かん。蜀人、既に官軍の臨速を駭き、必ず風を望みて守らざらん」と。是に於いて乃ち逈をして開府元珍・乙弗亜・俟呂陵始・叱奴興・綦連雄・宇文昇等六軍、甲士一万二千、騎万疋を督し、蜀を伐たしむ。魏の廃帝二年春を以て、散関より固道に由り白馬に出で、晋寿に趣き、平林の旧道を開く。(三四九〜三五〇頁)

とある。元帝からの救援要請を受けた西魏では、宰相宇文泰は「蜀を取り梁を制するは、茲の一挙にあり」と大層乗り気ではあったが、衆議はこれに反対した。その中で尉遅逈のみが今ならば戦わずして蜀を取れると宇文泰に賛同し、結局伐蜀については尉遅逈に一任することとなった。これは宇文泰が衆議を押し切ったとみなせるだろう。尉遅逈の述べた方針については、特別な作戦が示されているわけでもなく、特に触れるべき点はない。

伐蜀軍の主帥を拝命した尉遅逈について触れておこう。『周書』巻二一・『北史』巻六二に伝があり、字は薄居羅、代の人で、その先祖は北魏・拓跋氏の別種で尉遅部を号していたという。父の尉遅俟兜が宇文泰の姉の昌楽公主を娶り、尉遅逈・尉遅綱兄弟を生んでいることから、宇文泰にとっては尉遅逈は甥にあたり、貴重な身内の一人であった。[10] 尉遅逈自身は西魏文帝の娘の金明公主を娶り、尚書左僕射兼領軍将軍を経るなどして大統一六年には大将軍に列していたが、前章の達奚武や王雄等よりもやや遅れていたようで、所謂十二大将軍の構成員には含まれてはいない。[9]

尉遅逈が率いた兵力はとりあえず歩騎合わせて二万二〇〇〇。[11] 付き従ったと確認できる将吏を表23に示す。司馬裔

表23：西魏伐蜀軍従軍者表

姓　名	官　職	出　典
叱羅協	驃騎大将軍・開府儀同三司・大将軍府長史	周書11・晋蕩公護附叱羅協伝
元珍	驃騎大将軍・開府儀同三司	周書21・尉遅迥伝
乙弗亜	驃騎大将軍・開府儀同三司	周書21・尉遅迥伝
俟呂陵始	驃騎大将軍・開府儀同三司	周書21・尉遅迥伝
叱奴興	驃騎大将軍・開府儀同三司	周書21・尉遅迥伝
綦連雄	驃騎大将軍・開府儀同三司	周書21・尉遅迥伝
宇文昇	驃騎大将軍・開府儀同三司	周書21・尉遅迥伝
郭賢	車騎大将軍・儀同三司・広州刺史	周書28・権景宣附郭賢伝
裴果	車騎大将軍・儀同三司・司農卿	周書36・裴果伝
元偉	車騎大将軍・儀同三司・行軍司録	周書38・元偉伝
李棠	車騎大将軍・儀同三司・給事黄門侍郎	周書46・李棠伝
達奚長儒	撫軍将軍・通直散騎常侍	隋書53・達奚長儒伝
柳敏	吏部郎中・行軍司馬	周書32・柳敏伝
蔡沢	丞相府兼記室・宣威将軍・給事中	周書27・蔡祐附弟沢伝
辛昂	丞相府田曹参軍	周書39・辛慶之附族子昂伝
宋忻	威烈将軍・奉朝請	宋忻暨妻韋胡磨墓誌銘
任岱		周書44・任果伝
任悛		周書44・任果伝
司馬裔	撫軍将軍・通直散騎常侍・宋熙郡守	周書36・司馬裔伝、神道碑
楊法深	黎州刺史	周書49・異域上・氐伝
任果	車騎大将軍・儀同三司・沙州刺史	周書44・任果伝

と楊法深の両名は、進攻軍の行軍ルートの途上にある任地からの出征である。任果は兵二〇〇〇を率いて援軍として続き、その途上で驃騎大将軍・開府儀同三司に除されている。

また、『周書』巻二九・達奚寔伝に、

　大軍の蜀を伐つや、寔を以て南岐州の事を行い、兼ねて軍糧を都督せしむ。是より先、山氏生獷にして、賦役に供さず、歴世羈縻するも、能く制御する莫し。寔、之を導くに政を以てし、氏人感悦し、並びに賦税に従う。是に於いて大軍の糧餼、咸な取給せり。（五〇三頁）

とあり、達奚寔が後方支援として南岐州（固道郡）にあって氏族の部落を治め、もって軍糧の補給を円滑ならしめたことが知られる。

さて、尉遅迥率いる伐蜀軍は、散関より固道を通過し、秦嶺山脈を抜けて白馬に出、晋寿を経て剣閣に進む。これを待ち受ける梁の主将は楊乾運であり、剣閣にはその甥の楊略、安州南安郡には娘婿の楽広が配置されていた。伐蜀軍が剣閣に至ったところで、楊乾運の西魏への投帰が明らかになる。『周書』巻四四・楊乾運伝を引こう。

時に紀、其の兄の湘東王繹と帝を争い、遂に兵を連ねて息まず。乾運の兄子の畧、乾運に説きて曰く、「侯景の逆乱してより、江左沸騰す。今、大賊初めて平らぐも、生民離散し、理は宜しく心を同じくし力を戮《あわ》せ、国を保ち民を寧んずべし。今乃ち兄弟親ら干戈を尋《もち》いるは、敗を取るの道なり。朽木の雕《え》ず、世衰の佐け難しと謂うべし。古人に『危邦は入らず、乱邦は居らず』と言い、又た『機を見て作し、終日を俟たず』と云う有り。今、若し彼の楽土に適《ゆ》き、款を関中に送らば、必ず当に功名両つながら全うし、慶を後に貽すべし」と。乾運、深く之を然りとし、乃ち畧をして二千人を将い剣閣に鎮せしむ。又た其の婿の楽広を遣わして安州に鎮せしむ。仍お畧等に誡めて曰く、「吾、関中に帰附せんと欲するも、但だ未だ由有らざるのみ。若し使の来たる有らば、即ち宜しく礼を尽くして迎接すべし」と。会たま太祖、乾運の孫の法洛及び使人の牛伯友等をして至らしめ、畧、即ち夜に之を送る。乾運、乃ち使人李若等をして関に入り款を送らしむ。太祖、乃ち密かに乾運に鉄券を賜い、使持節・驃騎大将軍・開府儀同三司・侍中・梁州刺史・安康郡公を授く。尉遅迥の開府侯呂陵始をして前軍と為し、剣南に至らしむるに及び、畧、即ちに退きて楽広に就き、謀りて城を翻さんと欲す。其の軍将任電等の同にせざるを恐れ、先んじて之を執え、然る後に城を出で始に見ゆ。始、乃ち入りて安州に拠り、広・畧等をして往きて乾運に報ぜしむ。乾運、遂に迥に降る。（七九四頁）

楊乾運は列伝に拠れば、字は玄邈、儻城興勢（南鄭の東、現在の洋県）の人で、当地の豪族である。かつては北魏に仕え、安康郡守を務めていたが、西魏の大統元年（五三五）に梁将蘭欽が西魏から漢中を取った際に梁に降った。(12) 以後、梁の武将として、西魏に帰附した黎州刺史楊法深を討つなどの功績を上げた。(13) 前章で触れたように漢川を経略した達奚武には破れたものの、その後も武陵王紀には信任され、車騎将軍・十三州諸軍事・梁州刺史に任じられていた。(14)

さて、引用の前半は楊乾運と甥の楊略との対話である。西魏への帰順を主張する楊略の言を是とした楊乾運は、剣閣と安州という西魏軍の通過してくるであろう要地に甥と娘婿を配置し、西魏に帰附する方針を徹底し、いずれ至るであろう説誘の使者への対応を戒めたのであった。そこに折良く（必然でもあるが）、宇文泰が楊乾運の孫の楊法洛と使者の牛伯友等を派遣してきたため、これを剣閣で迎接した楊略は、すかさずこれを潼州の楊乾運のもとへ送り、楊乾運もまた、李若等を西魏に派遣して降伏の段取りが附いたのである。この交渉が、尉遅迥軍進発のどれほど前かは判らないが、侯呂陵始率いる伐蜀軍の前軍が至ると、楊略は安州に撤退して楽広と落ち合い、さらに西魏への降伏に反対することが懸念された同僚の任電等を捕らえて後に、開城・降伏した。楊乾運もまた、『北史』巻六二・尉遅迥伝に、

紀の梁州刺史楊乾運、時に潼水に鎮し、先んじて已に使を遣わして闕に詣り、密かに誠款を送らしむ。然れども其の下の従わざるを恐れ、猶お潼水の別営に拠り拒守す。迥、元珍・侯呂陵始等を遣わし之を襲わしめ、乾運、還りて潼水を保つ。珍等、遂に之を囲み、乾運降る。（二二一〇頁）

とあるように、配下の軍勢が降伏に肯んじないことを恐れて、ひとまず一戦して退き、しかる後に降伏するという手続きを採った。これが五月甲戌（一三日）のことである。また、ここに述べた以外に、西魏伐蜀軍と楊乾運の直接影響が及んでいない梁軍との戦闘があったのは当然で、裴果が前軍となって梁将李慶保を破るという戦闘が確認できる[15]。

こうして、武陵王紀が北方西魏への備えとした楊乾運は西魏に降り、残るは成都のみという状況になったわけだが、ここで東下していった武陵王紀の状況に触れておこう。楊乾運の降伏に先立ち、巴郡に進んでいた武陵王紀は西魏の侵入を聞くと、譙淹を成都に援軍として派遣し、自身はさらに東下を続ける。巴東（信州）まで至ったところで、侯景がすでに討伐されていることを知り、偽りの情報をもたらして出兵を勧めた世子蕭円照を責めたが、蕭円照は更に、

「侯景誅さると雖も、江陵未だ服さず、宜しく速やかに平蕩すべし」[16]と、東下を主張した。武陵王紀もまたすでに皇帝を称し、江陵の元帝とは並び立たないことを覚悟して進軍を続けることになった。無論、成都に帰って西魏軍を追い払い体勢を立て直すべしという意見もあったが、蕭円照や尚書僕射劉孝勝等によって封殺された。武陵王紀もまた「敢えて諫むる者は死せん」と宣言して東下を続け、西陵に至ったのが五月己丑[17]（二八日）のことである。その軍勢はなお甚だ盛んであった。

対する元帝側は、陸法和が防御の任に当たっていたが戦況は芳しくない。その間、元帝は武陵王紀に「皇帝敬問仮黄鉞太尉武陵王」で始まる書を送り、四川の支配権を認めることで招諭に努めるも、武陵王紀は応じない。六月も後半になって元帝は、反乱側の要求を完全に受け入れて王琳を釈放することで長沙・陸納の乱を鎮めることに成功し、王琳に陸法和と協力させて武陵王紀に対抗させることで、戦況は元帝に傾くことになる。

話を尉遅迥の伐蜀に戻し、『北史』巻六二・尉遅迥伝を引く。

迥、潼州に至り、大いに将士を饗し、涪江を度り、青溪に至り、南原に登り、兵を勒して講武し、約束を修繕し、器械を閲し、開府より以下、金帛を賞すること各おの差有り。時に夏中、連雨し、山路は険峻、将士の疲病せる者、十に二三。迥、親しく自ら労問し、加うるに湯薬を以てし、之を引きて西す。紀の益州刺史蕭撝、嬰城自守すれば、軍を進め之を囲む。初め、紀の巴郡に至るや、前の南梁州刺史史欣景・幽州刺史趙跋扈[18]等を遣わして撝の外援と為さしむ。迥、分ちて元珍・乙弗亜等を遣わして之を撃破せしめ、跋扈等、遁走し、欣景、遂に降る。

（二二一〇頁）

尉遅迥が前軍の侯呂陵始・元珍に続いて潼州に到着したのは、六月になってからである。[19]潼州でひとまず将士を労い、恩賞を与え、青溪・南原で演習をして軍令を整え、[20]装備の再点検を行っている。この夏は雨が多く、その上傷病者が全軍の二、三割に達するというから、もとより二万二〇〇〇の軍勢なれば、この段階で実兵力は一万七〇〇〇を割り込んでいる勘定になる。後日、成都を包囲しているさなかに任果率いる兵二〇〇〇が援軍として到着するが、援軍の要請はこの頃になされたものであろう。

潼州に叱羅協、安州に郭賢を配置し、尉遅迥は成都攻略に進撃する。成都の留守を預かるのは、武陵王紀によって秦郡王に封ぜられた蕭撝である。蕭撝については、『周書』巻四二・『北史』巻二九に列伝があり、字は智遐、梁武帝の弟安成王蕭秀の子である。性格は温裕で儀容が良く、一二歳で国学に入り、経史を博観し、文章が巧みで草隷書を善くしたという。梁にあって封爵は永豊県侯、官は給事中に始まり、中書侍郎・黄門侍郎・巴西梓潼二郡守などを歴任した。将軍号も寧遠将軍・軽車将軍などに除されているが、戦歴については記述がない。武陵王紀の承制に際して領益州刺史・軍防事とされ、武陵王紀が尊号を称して後は、蜀にいる数少ない宗室出身者として優遇され、侍中・中書令・秦郡王を拝し、武陵王紀の東下に際しては尚書令・征西大将軍・都督益梁秦潼安瀘青戎寧華信渠万江新邑楚義十八州諸軍事、益州刺史となっていた。

さて、『周書』巻四二・蕭撝伝に、

蜀中、是に因りて大駭し、抗拒の志を復する無し。迥、長駆して成都に至り、撝、兵の万人に満たず、而も倉庫の空竭し、軍の資する所無きを見て、遂に城守の計を為す。（七五二頁）

とあるように、潼州失陥の衝撃は強く、蜀・成都ではすでに抵抗の意志も吹き飛んでいた。しかしながら、蕭撝は一万に満たない兵力と乏しい物資状況のなか籠城作戦を採り、状況は膠着する。力攻めを避けたい西魏軍としては、まずは説得して降伏させることを試みる。李棠が志願して成都に入城して説得に当たったが、不首尾に終わり、かえって蕭撝によって殺されてしまう[21]。相前後して、両軍にそれぞれ援軍が到着する。西魏軍には任果率いる二〇〇〇の兵。一方の梁軍には譙淹が派遣した南梁州刺史史欣景・幽州刺史趙跋扈等、兵力は三万[22]。これによって数の上では圧倒的に有利になった梁軍であったが、史欣景・趙跋扈の率いる援軍が西魏軍の元珍・乙弗亜・任果等によって大破されてしまい、趙跋扈等は遁走し、史欣景は降伏という事態となり、再び戦況は膠着する。

ここで、東下した武陵王紀とこれを迎え撃つ元帝との最終局面に触れておこう。成都包囲の報を受けた武陵王紀は、さらに蕭撝の子蕭済を救援に向かわせるも、結局これは手遅れに終わる。長沙の反乱を収束させ、軍を対武陵王紀に集中できるようになったことで、戦況は元帝側の優位が確立している。そこで七月になって元帝が再び書を送り、自らの優位を主張して停戦を呼びかけたところ、武陵王紀もまた使者を返してこれに応じる動きを見せたのである。これによって元帝は勝利を確信し、逆に停戦を受け入れず、総攻撃に転じた。七月辛未(23)（一一日）、東下軍は潰滅し、武陵王紀は討ち取られた。皇帝を称して一年三ヶ月後のことである。出兵を扇動した世子蕭円照は弟二人と共に囚われ、後日、江陵の牢で餓死させられた。

成都の攻囲戦も、さほど時を経ずして終了する。五旬に及ぶ包囲のさなか、蕭撝も幾たびか兵を出して交戦したが、尉遅迥はことごとくこれを退け、遂に蕭撝は降伏を乞うたのであった。降伏を許さざるべしという意見が出るのは、先年の達奚武の南鄭攻城の際と同様であるが、尉遅迥もやはりここで軍を全うすることと、以後の支配の便宜を鑑みて受諾を採っている。八月戊戌（八日）になって成都は開城し、蕭撝・蕭円粛以下文武官等が軍門に降り、城北に壇が設けられて盟約が執り行われ、戦役は終息したのである。

第三節　戦後処理

戦後処理を述べるにあたって、先に降伏した側の動静から話を進める。成都で西魏に降った蕭撝と蕭円粛は、それぞれ長安に赴き、帰国の功を以て驃騎大将軍・開府儀同三司・侍中を授けられた。その後、蕭撝は文を以て西魏・北周に仕え、建徳元年（五七二）に少傅に除され、その翌年に五九歳で卒した。蕭円粛も郡守・刺史を歴任し、大象末

（五八〇）に大将軍に除され、隋の開皇四年（五八四）に四六歳で卒した。成都救援に引き返しながらも間に合わなかった蕭撝の子蕭済も父と共に西魏に降り、後に車騎大将軍・儀同三司まで昇った。その他に、武陵王府で参軍を務めた褚該なる人物が平東将軍・左銀青光禄大夫を授けられている(24)。

成都における攻防戦では、城内側に所謂武将と判断しうる人物は登場せず、また、降伏した者の中にも認められないことから、武陵王紀の東下軍がその勢力を挙げてのものであったことがうかがわれる。その中で、降伏した者たちに対する西魏・北周の待遇はかなり寛容で良好なものであるといえるであろう。彼らが先の宜豊侯蕭循と異なって西魏・北周に仕えたのは、元帝に対抗し、賊として葬られた武陵王紀の臣下であったという点によっている。世子蕭円照をはじめとする武陵王紀諸子の江陵での無惨な最期が伝わっていたかは定かでないが、伝わっていたとすれば、江陵の元帝のもとに帰参することはなおさら決心しかねたことであろう。

早々に降った楊乾運は、長安に至り、宇文泰にその忠款を嘉され礼遇されるも、程なく卒した。子の楊端が嗣ぎ、楊乾運の帰附の功を以て梁州刺史・車騎大将軍・儀同三司を拝した。甥の楊畧は車騎大将軍・儀同三司を拝し、楽広もまた車騎大将軍・儀同三司・安州刺史を拝し、安康県公に封じられている(25)。

勝った側の西魏に目を転じよう。この戦役で獲得した地域は剣閣以南から成都周辺にかけての決して広いとはいい難い範囲ではあるが、以後、武陵王紀という主人を失った四川地域は、新参者である西魏と江陵の元帝との草刈り場と化し、広義の蜀＝四川地域全体が西魏・北周宇文氏政権のもとに帰するには今少しの時を必要とする。新領土は伐蜀軍の主将たる尉遅迥が大都督・益潼等十二州諸軍事・益州刺史に除されて、剣閣以南における承制封拝及び黜陟の権を附され、翌廃帝三年（五五四）には六州を加えて通前十八州諸軍事となった(26)。尉遅迥の治政は賞罰が明らかで、恩威を布いたため、計略の軍を出さずとも、帰附する者が華夷の別無く続いたというが、廃帝三年の内に、鎮蜀の任は大将軍宇文貴と交代となった。また、尉遅迥の平蜀の功を以て、子の尉遅順が安固郡公を拝している。父の勲功によって子が封爵を得ることは珍しくないが、それが「郡公」である例は西魏代においては他の類例は殆ど無いように思われる(27)。

驃騎大将軍・開府儀同三司クラスの人員には、特に記すべき昇進や異動は見られない。何もなかったということはないにしても、大将軍への昇進はさすがに壁が高いようである。それ以下の異動について各人の列伝よりごく簡単に列挙すると、潼州に留められた叱羅協は、当地での氐酋趙雄傑等による抵抗を鎮圧し、恭帝三年に中央に徴還された際に姓宇文氏を賜り、合わせて増邑された。安州に留め置かれた郭賢は、爵を安武県伯に進めて五〇〇戸を増邑されている。李慶保を破るなどした裴果は、龍州刺史・冠軍県侯を拝した。司録として檄文を書するなどした元偉は増邑五〇〇戸を受けた。開城交渉のため成都城に入って殺された李棠は、子の李敞が後を嗣いだ。常に先鋒となって攻城・野戦と勝ち続けた達奚長儒は、車騎大将軍・儀同三司に除された。行軍司馬として作戦立案に活躍した柳敏は、驃騎大将軍・開府儀同三司に昇り、侍中を加えられた。蔡沢は帥都督・安弥県男を拝した。辛昂は輔国将軍を授けられ、龍州長史・領龍安郡事を拝し、恵政を施して吏民から畏れ愛された。宋忻は明威将軍に昇った。司馬裔は、叱羅協と共に潼州周辺での抵抗を平定した功によって龍門県子を賜り、行蒲州事に遷った。援軍を率いてきた任果は、本貫地である始州（南安）の刺史に除された(28)。

本戦役で西魏が得たものに、領土や人材以外の戦利品として楽器がある。『太平御覧』巻六一二・学部六博物に引く『三国典略』に、

> 周、蜀を平らぎ還りて楽器を得る者、皆之を識る莫し。太常少卿斛斯徵、之を見て曰く、「此れ錞于なり」と。人、之を信ぜず。徵、遂に干宝の周礼注に依り芒筒を以て之を捋《と》り、其の声、極振し、衆、乃ち歎服す。徵、取りて以て楽を合わす。（七b）

とある。斛斯徵（澂）は西魏初に太傅を務めた斛斯椿の子で、五歳にして『孝経』・『周易』を誦し、長じては三礼に

精通した人物である。蜀よりもたらされた誰も正体を知らない楽器をただ一人錞于と見抜き、芒筒でこすって大きく鳴らして周囲を驚かせたという。当時の西魏の支配階層内での楽に関する知識の水準がうかがわれる。

第四節　情況の整理

本節では西魏・宇文泰政権がいかなる姿勢で本戦役に臨んだかという点を突き詰めることで、当時の西魏・梁間の国際情勢を整理する。ただし、北斉や北方異民族をも含めた国際情勢や、西魏の南進全体を俯瞰することは次章で改めてまとめることとする。

1　出征の可否

まず確認すべき点は、この出征が江陵の元帝からの要請によるものであるということである。西魏としては元帝と武陵王紀の両名をあえて別個の政治勢力と見做す必要はなく、一つの「梁」として見做せば、西魏が支持するのが元帝である以上、救援要請を受けて四川の梁の領域に軍を進めることに大義名分が立つ(29)。そして何より進攻先の四川は武陵王紀が大軍を率いて東下したため手薄となっていたのであるから、西魏としては確かに千載一遇の好機であった。

ところが、西魏が出征するに際して宇文泰がその是非を諮ったところ、衆議の反対にあっていることには注目すべきである。当時、出征を躊躇させる要因にはいかなるものが挙げられるであろうか。

第一に、最大の問題が東方からの北斉の圧力であることはいうまでもない。史料を瞥見する限り、当時北斉の対外的な関心は南方の淮南地方経略と北方の異民族討伐に向かっており、西魏への圧力はかなり低下していたようではあるが、その国力・軍事力を鑑みれば、西魏が安易に国を空にして大挙伐蜀するというわけにはいかなかったのは当然であろう。

第二に、行軍距離の長さが挙げられる。遠征先は漢川を越え剣閣を越えた先であり、その行程は険しい山谷地帯であり、地図上の距離とはかけ離れた行軍上の困難が待ち構えている。古来そして以後にかけても、四川の一隅しか保ち得なかった勢力が、それにもかかわらず勢力として多少の年月にわたって存立し得た要因が、この周囲の地形の険しさにあることは言を俟たない。東下していった武陵王紀が元帝と講和を結ぶか、またそうではなくとも大部分の軍をそのまま引き返してきて防戦に務めたとき、遠征軍は引くこともままならずに潰滅する可能性は高い。より四川に近い地域で兵を徴発しようにも、前章で見たように、漢川の東部、東梁州・魏興郡においてはつい先だって民衆反乱が起こっており、この時は鎮圧からまだ二ヶ月と経っていない状況であった。この時期に新規占領地域である漢川地域から兵を徴発して征旅を行うことは不可能である(30)。

第三には、今触れたように漢川東部の反乱の出征の直後であるから、立て続けの出征となり、あまつさえ四川を取るに十分な大軍を組織することは困難であったことが挙げられる。

2　吐谷渾の動向

ここでもう一つ視野に入れておくべき勢力が吐谷渾である。尉遅迥の伐蜀と同時期に、西魏は吐谷渾を討っている。『周書』巻二・文帝紀下・廃帝二年から記事を拾えば、

夏四月、太祖、鋭騎三万を勒し西のかた隴を踰え、金城河を度り、姑臧に至る。吐谷渾、震懼し、使を遣わして其の方物を献ず。

秋七月、太祖、姑臧より長安に至る。（ともに三四頁）

とあり、さらに前後の西魏・吐谷渾関係を示すものとしては、『周書』巻五〇・吐谷渾伝に、

大統中、夸呂、再び使を遣わして馬及び羊牛等を献ず。然れども猶お寇抄止まず、縁辺、其の害を被ること多し。魏廃帝二年、太祖、大兵を勒し姑臧に至り、夸呂、震懼し、使を遣わして方物を貢ぐ。（九一三頁）

とある(31)。金城河とは金城、すなわち現在の蘭州付近における黄河の呼称であり、姑臧は涼州武威郡である。従来、縁辺において吐谷渾の被害を受けていた西魏が、何故この時期に大兵三万を発し、そして宇文泰自らがそれを率いる必要があったのかということが問題となる。そこで、吐谷渾主の夸呂が自ら姑臧にまで寇掠に現れたということと、宇文泰が自ら軍を率いて進み、吐谷渾が震懼したこととを鑑みれば、今回の吐谷渾の寇掠が従来のそれとは全く異なる要素を含んでいると考えてしかるべきであろう。

3　武陵王紀の対西魏対策

そこで次に見るべきは、吐谷渾と武陵王紀との関係である。『南史』巻五三・武陵王紀伝に、

蜀に在ること十七年、南のかた寧州・越嶲を開き、西のかた資陵・吐谷渾に通ず。内に耕桑塩鉄の功を修め、外に商賈遠方の利を通じ、故に能く其の財用を殖やし、器甲は殷積す。（一三三二頁）

とあり、『梁書』巻五四・河南王伝にも、

天監十三年、使を遣わして金装馬瑙の鍾二口を献じ、又た益州に九層仏寺を立てんと表し、詔もて焉を許す。十五年、又た使を遣わして赤舞龍駒及び方物を献ず。其の使、或いは歳ごと再三至り、或いは再歳に一たび至る。其の地、益州と隣し、常に商賈を通じ、民は其の利を慕い、往きて之に従うこと多し。其の書記を教え、之が辞訳を為し、稍や桀黠なり。普通元年、又た方物を奉献す。（伏連）籌死し、子の呵羅真立つ。大通三年、詔して以て寧西将軍・護羌校尉・西秦河二州刺史と為す。真死し、子の仏輔、爵位を襲ぎ、其の世子、又た使を遣わして白龍駒を皇太子に献ず。（八一〇～八一一頁）

とあるように、吐谷渾と梁との関係が非常に良好であることが知られる。天監一三年（五一四）から大通三年（五二九）までということで、現在検討している時点からは些か遡った記録であり、以後については記述がないものの、武陵王紀伝にも「吐谷渾と通ず」とあることから、引き続きこの関係は継続され、またその利益も武陵王紀によって占められていたと考えて大過あるまい。ここで武陵王紀という人物について立ち戻る。『南史』巻五三・武陵王紀伝に、

大同三年、都督・益州刺史と為る。路の遠きを以て固辞するも、帝曰く、「天下、方に乱れんとするも、唯だ益州のみ免る可し、故に以て汝を処く。汝、其れ之に勉めよ」と。紀、歔欷し、既し出でるも復た入る。帝曰く、「汝、嘗て我老いたりと言う。我れ猶お再び汝の益州より還るを見んや」と。紀、蜀に在りて、建寧・越巂を開き、貢献の方物、前人に十倍す。朝、其の績を嘉し、開府儀同三司を加う。（一三二八頁）

兄の邵陵王綸、屢しば罪を以て黜せられ、心毎に平らかならず。紀の征西と為るを聞くに及び、綸、枕を撫で歎じて曰く、「武陵、何の功業有りて、位、乃ち我に前《さき》んずる。朝廷憒憒にして、人を知らざるに似たり」と。武帝、之を聞き、大いに怒りて曰く、「武陵、恤人拓境の勲有り。汝、何の績有るか」と。（一三三二頁）

とあるように、武陵王紀の鎮蜀は、蜀さえ無事であるならば梁朝は存続できようとの武帝の強い意向によるものであり、そして武陵王紀はそれに応えるだけの成果を政・軍の両面にわたって示してきた人物である。確かに江陵への東下に際しては世子蕭円照の情報操作に踊らされたとはいえ、西魏軍来襲の報を受けて送った援軍も（西魏軍の兵力も報告されたはずである）、西魏伐蜀軍を大きく上回る三万に達している。これは結果はともかくとして、兵力の逐次投入の愚を避け、一気に勝敗を決するという意味からしても、極めて正しい判断であったといえるであろう。以上のように、決して無能、いや平凡とさえいい難い人物であるからには、成都を空けるにあたっても相応の備えを施したと見るべきであり、本章冒頭で引いたように、「この遠征は無謀の甚だしきもの」という一言で切って棄てるのは乱暴に過ぎると思われる。

そこで武陵王紀の東下進攻にあたっての防備戦略を簡単に考証してみる。仮想敵は勿論西魏である。西魏が置かれている状況は、東方の北斉の圧力を受け、大兵力を動員して四川に侵攻してくるとは考え難い（この状況認識は直後に元帝によっても踏襲され、その滅亡を招くことになるのではあるが）。西魏は先年漢川を取った際には、南鄭に向かった達奚武軍だけで兵力三万を動員していることから、魏興・上津に向かった王雄の軍と併せて五万前後は動員したと考えられる。これが四川までとなるとさらに進攻距離が伸び、加えて連年の外征ともなることから、大兵力の動員と維持は極めて困難である[32]。そこで具体的な防備対策をとることになるが、対西魏最前線に配置されたのが、先年に漢川への援軍に失敗したとはいえ、北方の地理に明るく相応の実績もあった楊乾運であったのは必然であったろう。そしてより積極的な防御として、友好的な勢力である吐谷渾をして西魏の辺境を侵させ南進に対する注意をそらしめるという選択は、極めて効果のあるものであったと考えられるのである。しかし武陵王紀にとって予想外であったのは、楊乾運の背反と、多数を擁した譙淹等援軍の惨憺たる敗北であったのである。

4　西魏・宇文泰の戦略

一方、西魏・宇文泰は武陵王紀と吐谷渾の連係に完全に対応した。尉遅迥を伐蜀に進発させた翌月には、自ら鋭騎三万を率いて姑臧にまで赴き、吐谷渾を震撼させている。これは吐谷渾の入寇に対応したものとするには規模が大きく、事前に入念な準備がなされていなければ不可能である。また、この二つの軍事行動に何らかの関連性を示唆するものとして、『北史』巻六二・王思政附子康伝の、

　魏廃帝二年、尉遅迥の蜀を征するに随い、天水郡に鎮す。（二二〇九頁）

という記事を挙げることが出来る。この記事から王康[33]（秉）の天水郡駐屯が尉遅迥の伐蜀と関連するものであるとすることに問題はないだろう。しかしながら天水は散関から固道・白馬を経るという伐蜀進路の途上にはなく、かといっ

て王康が別道の軍として仇池や武都といったより西方のルートから四川に進攻したということでもない。あくまで天水に「鎮」したことに意義を見出すならば、それは天水が四川に向かった尉遅迥と、姑臧・涼州に向かった宇文泰と、さらには長安・華州との中心点にあるということに行き着くのではなかろうか。つまりことさらに一軍を配置することで付近の氐・羌といった諸異民族の動きを牽制し、両遠征軍及び京師の中間にあってその連絡を確保し、事あらば遊軍としてこれに当たるわけである。以上のことから筆者は、この二つの軍事行動を一つの戦略の枠組みで捉え得ると考えるのである。

さらに、伐蜀軍の主帥の選定と兵力についても考えてみよう。武陵王紀の四川における動員兵力は、一〇万前後にはなったと考えられるが、(34)その軍の大半が四川を空けているという千載一遇の好機に、四川に入り込み何らかの戦果を挙げることは、今後の対南方戦略に大きな利益をもたらすであろうことは間違いのないことであった。しかしながら、先にも述べたように、当時の西魏朝廷の衆議は四川出兵には否定的であった。そこで実権者宇文泰は横車を押す形で伐蜀軍を起こすことになり、その中身が尉遅迥率いる二万二〇〇〇の兵力だったということになる。尉遅迥は所謂十二大将軍には含まれていないものの、当時大将軍に列しており、その出世の速度が他の諸将に比してかなり早いことは、その有能さによることもさることながら、尉遅迥が宇文泰の甥であることに起因している。(35)つまり、尉遅迥は頼るべき親族に恵まれていなかった宇文泰にとっては貴重な手駒であったのである。衆議において宇文泰が四川進攻の是非を諮り、尉遅迥のみが賛成し、尉遅迥にその任が委ねられた背景には、尉遅迥に功績を挙げさせ、諸将帥の中における位置を確固たるものとし、これによって宇文泰の実権者たる地位をさらに強固にしようとする意志があったとみて大過あるまい。(36)

そして二万二〇〇〇という兵力について。これはたとえ一時的に空虚となっていたにしても、四川という広大な地域を新たに占領し、経営するにはあまりにも少ない兵力である。『北史』巻四三・邢巒伝に、昔、鄧艾・鍾会、十八万の衆を率い、中国の資給を傾け、裁《わず》かに蜀を平らぐを得。然りとする所以は、実力に闘《よ》るなり。況んや臣の才、古人に絶し、何んぞ宜しく二万の衆を請けて蜀を平らぐるを希むべけんや。（一五八二頁）

とある。これは北魏宣武帝の命を受けた邢巒が、正始二年（五〇五）から翌年にかけて漢川より四川に攻め込んだものの、二万の兵力ではどうすることもできず、援軍を求めた上表文の一節であるが、増援が認められなかったこの時の平蜀作戦が失敗に終わったことはいうまでもない。その後、延昌三年（五一四）に高肇が大将軍・平蜀大都督を拝して大挙四川に侵攻した際の兵力も、総勢一五万を数えているのである(37)。

そこで、二万二〇〇〇という兵力で現実的に可能なことを考えてみることにすれば、それは後々の四川侵攻の際のための橋頭堡を確保するといったあたりではなかろうか。具体的には、楊乾運の鎮していた潼州の確保である。ここで思い返すべきは、尉遲迥が潼州に入ったところで、大いに将士をねぎらい、演習を行い、装備の点検を行い、開府以下に（ということは全てにである）恩賞を与えていることである。これは潼州を占領したことに大きな節目が置かれていることを示すものである。もとより成都の占領から全四川の経略に至るまでを目標としておいているならば、潼州一つを抜いたところで全将兵に恩賞を与えることまでするのは不自然であろう。また急激な国土の膨張は、領土経営の観点からも甚だ危険である。先に漢川を取ったものの、時をおかずして反乱が起こりあわてて鎮圧した例があったのと同様、本出征の直後にも潼州・新州・始州を中心として氐酋趙雄傑等の反乱が起き、鎮圧に手を焼いているのである(38)。

結　語

以上から西魏側の本出征の当初の目的を纏めるならば、領土的にはとりあえず剣閣の南にある潼州を確保することであり、成都への進撃は付録にあたる。外交的には出征することで救援を求めてきた江陵の元帝に対する義理を果たすことができる。加えて宇文泰個人として、甥である尉遅迥に功績を立てさせることでその地位を確立せしめ、宇文泰の親近勢力を充実させること、ということになる。

そして、その目的は達成されたのであろうか。領土的目的については、完全に、いやそれ以上に達成されたといえるであろう。本戦役終了段階での西魏占領地域は、安州（→始州）・潼州・新州を経て成都に進んだ線上に限られてはいる。成都占領後には潼州を中心にして反乱が起こり、これが旧梁勢力や他の反西魏勢力と結ぶことで肥大化し、鎮圧に失敗した西魏伐蜀軍が本土を切り離されて全滅するという可能性もあったが、事なきを得たことで「成果」と成し得た。軍を出し、或いは来降を受けて西魏の領域が四川の東部に拡大していくのは、次の段階となる。

その一方で、対梁外交の面では、元帝は西魏の肥大化に怖れを抱き、より北斉へ接近する動きを強めることとなった。これが翌年冬の江陵征伐に繫がることから、成果の大きさが同盟者を離反せしめた側面があったといわざるを得ないであろう。

尉遅迥については、北周孝閔帝元年（五五七）正月に達奚武・豆盧寧・李遠・賀蘭祥という所謂十二大将軍の構成員たちと同時に柱国大将軍に列せられており、他に存命であった十二大将軍の宇文貴・楊忠・王雄を上回る地位に昇っていることが判る。尉遅迥はこの後、建徳四年（五七五）に上柱国が置かれるや、斉王宇文憲とともに最初にこれに除され、大成元年（五七九）正月（同年二月に大象改元）に四輔官が置かれるや、越王宇文盛の大前疑に次いで大右弼に除されているように、宗室を除いた臣下の第一人者、国家の元老として重きをなし続けた。もとより文武に有能であり、宇文泰の甥でもあった尉遅迥であれば、遅かれ早かれ人臣の頂点に上り詰め得たであろうが、彼の封爵が魏安公から寧蜀公・蜀国公へと遷っていったことからも判るように、これに本出征の成功が強く影響していることはいうまでもないことであろう。

注

（1）岡崎文夫『魏晋南北朝通史　内編』（平凡社・東洋文庫五〇六・一九八九年（一九五四年初出））、三〇一～三〇二頁。
（2）宮崎市定『大唐帝国』（中央公論社・中公文庫・一九八八年）、三〇二～三〇三頁。
（3）本書第二部第三章参照。吉川忠夫『侯景の乱始末記』（中央公論社・中公新書・一九七四年）は理解の助けとなる。
（4）『南史』巻五三・武陵王紀伝・一三三二頁。「七官」とは武帝第七男の湘東王繹を指すが、或いは「七宮」の誤りか。
（5）四川省彭山県に武陵寺という寺がある。曹学佺『蜀中広記』巻一二・名勝記第一二・上川南道・眉州彭山県条に、
　　碑目云えらく、彭山県の東三十里、宋師中碑有りて云えらく、「梁の武陵王蕭紀、此に寓りて練兵し、東下せんと欲す。故に後人、為に武陵寺を立つ」と。（二六b）
　とあり、武陵王紀の動勢を伝えている。
（6）前章参照。
（7）『資治通鑑』巻一六四・元帝承聖元年一一月条・五〇九四頁。
（8）『南史』巻五三・武陵王紀伝・一三三〇頁。
（9）『北史』巻六二・尉遅迥伝・二二一〇頁や『周書』巻四四・楊乾運伝・七九四頁は「侯呂陵始」を「侯呂陵始」に作る。本章ではひとまず侯呂陵始で統一する。
（10）同様の立場にあった者に、賀蘭祥が挙げられる。大統一六年段階において賀蘭祥は十二大将軍の構成員に列せられており、これは尉遅迥よりも上位にあったことを示す。
（11）人馬を合わせた騎兵に「疋」という量詞を用いることに若干の違和感があるが、出征軍を編成する段階になって兵士と馬をそれぞれ別個に動員するとも考えがたいので、「騎」を騎兵と読んでおく。
（12）本書第二部第一章参照。
（13）『資治通鑑』巻一六三・簡文帝大宝元年一二月条・五〇五八頁。楊法深は西魏に逃げ込み、逆に伐蜀軍に参加している。

(14) 「梁州刺史」とするか「潼州刺史」とするかについては混乱があり、関係各書の記載状況については中華書局標点本『周書』巻二一・三五六〜三五七頁の校勘記〔六〕にまとめられている。『南史』巻五三・武陵王紀伝に、

初め、楊乾運、梁州刺史と為るを求むるも得ず、紀、以て潼州刺史と為す。楊法深、黎州刺史と為るを求むるも又た得ず、以て沙州刺史と為す。二人皆に請う所を獲ざるを憾み、各おの使を遣わして西魏に通ず。（一三二九頁）

とある通り、楊乾運が武陵王紀に背くこととなった要因の一つに、梁州刺史を望んだものの、潼州刺史に任じられたために恨みをもったという一件があるのだが、その時期については「初」とあるだけではっきりしない。『周書』本伝より経歴の部分を引用すると、

梁の大同元年、飄武将軍・西益・潼（州）刺史に除され、尋いで信武将軍・黎州刺史に転ず。太清の末、潼・南梁二州刺史に遷り、鼓吹一部を加う。達奚武の南鄭を囲むに及び、武陵王蕭紀、乾運を遣わし兵を率い之を援けしむるも、武の敗る所と為る。紀、時に已に尊号を称し、乾運の巴・渝を威服するを以て、方面の任を委ねんと欲し、乃ち車騎将軍・十三州諸軍事・梁州刺史に拝し、潼州に鎮せしめ、万春県公に封じ、邑は四千戸なり。（七九三〜七九四頁）

とある。筆者としては、前記の一件については時期を少し遡った太清末年以前のこととし、本件に見える梁州刺史については、達奚武によって漢中＝梁州が失われ、梁州刺史蕭循が西魏に囚われて梁国内より去って後に、武陵王紀が楊乾運にすでに梁には存在しない梁州刺史を名のみ与えて、引き続き潼州に鎮せしめたものと解している。また『南史』の記述では、梁州刺史を得られなかったことからすぐに西魏と通じたと読めるが、もしそうであるならば達奚武が漢川を取った際に白馬まで援軍を進めても、互いに話は通じているわけであるから、実際に戦闘を展開したとしても、前章で述べたように「俘斬数千人」という一方的な大損害を出すとは考え難い。

(15) 『周書』巻三六・裴果伝・六四八頁。『北史』巻三八・裴果伝は「李慶保」を「季慶堡」に作る（一三九六頁）。

(16) 『南史』巻五三・武陵王紀伝・一三三〇頁。

(17) 『梁書』巻五・元帝紀・承聖二年五月己丑条・一三三頁、及び『資治通鑑』巻一六五・梁元帝承聖二年五月己丑条・五一〇〇頁による。『梁書』巻五五・武陵王紀伝は「丁丑」（一六日）（八二六頁）、『南史』巻五三・武陵王紀伝は「己巳」（八日）

（一三二九頁）とあり、いずれとも判じ難い。

(18)『周書』巻四四・任果伝は「趙跋扈」を「趙抜扈」に作る（七九九頁）。

(19)『周書』巻二一・尉遅迥伝・三五〇頁。

(20)「青溪」という地名は一般的に過ぎて特定は難しいが、同治『直隷緜州志』巻七・山川・緜州水に青溪条があり、治の東一百二十里、東郷五里、青蹊岡の下に在り。水、梓潼県の龍泉寺山より源流を発す。州の北、棗子樹の下に至り、鄧家溝・鳳凰菴を合わす。溪水、响水灘を過ぎ、宣化輔の青暉鎮を遶る。下流すること五十里、玉河場水に入り、又た曲流すること六里許り、青溪に至る。三里せずして潼川府三台県の界に入る。（二六b）

とあり、潼州巴西郡の南東方面に位置することになる。三台県は当時の新城郡（新州昌城郡）に当たる。仮に尉遅迥伝中の「青溪」がこれであるとすると、潼州・始州・新州では成都陥落直後に西魏に対して反乱（抵抗運動）が起きていることから、一度は西魏の占領下にあったことが知られ（『周書』巻一一・晋蕩公護附叱羅協伝・一七八～一七九頁）、そこから伐蜀軍は潼州から直接成都に向かう進路を南寄りに外し新州を経た可能性も考えられる。

(21)『周書』巻四六・李棠伝・八二七頁。

(22)『周書』巻四四・任果伝・七九九頁。

(23)『梁書』巻五・元帝紀（一三三頁）、『資治通鑑』巻一六五・梁元帝承聖二年（五一〇三頁）による。なお、『梁書』巻五五・武陵王紀伝は「丙戌」（二六日）とする（八二七～八二八頁）。

(24)以上、『周書』巻四二・蕭円粛伝・七五五～七五六頁、同蕭撝伝及び同附子済伝・七五二～七五三頁、同巻四七・褚該伝・八五〇頁。

(25)『周書』巻四四・楊乾運伝・七九四～七九五頁。

(26)十八州は武陵王紀から四川の留守を委ねられた蕭撝が管轄した州と数の上では同じであるが、実際の地域として一致するかは定かでない。

(27)北魏の封爵制を継承した西魏においては、王に次ぐのは郡公であり、実権者宇文泰にして、薨じるまでその封爵は安定郡公であった。父の功を以て子が郡公を拝した例として他に宇文泰の子等が挙げられるにとどまることに鑑みれば、一子をもって郡公に封じられることの意味の大きさがうかがえる。これに近い事例としては、翌年江陵征伐に成功した于謹が、自身郡公を別封されている（『周書』巻一五・于謹伝・二四八頁）。

(28)　『周書』巻一一・晋蕩公護附叱羅協伝・一七八～一七九頁、同巻二八・権景宣附郭賢伝・四八一頁、同巻三六・裴果伝・六四八頁、同巻三八・元偉伝・六八八頁、同巻四六・李棠伝・八二七頁、『隋書』巻五三・達奚長儒伝・一三四九頁、『周書』巻三二・柳敏伝・五六一頁、同巻二七・蔡祐附弟蔡沢伝・四四五頁、同巻三九・辛慶之附族子辛昂伝・六九八頁、「宋忻暨妻韋胡磨墓誌銘」（周暁薇等編『隋代墓誌銘彙考』（北京：線装書局・二〇〇六年）第一冊・〇六九）、『周書』巻三六・司馬裔伝・六四六頁、同巻四四・任果伝・七九九頁。

(29)　西魏の附庸たる「梁王」蕭詧の存在は無視しえないが、蕭詧の支配地域を現実に即して襄陽周辺（梁の雍州）に限定し、旧来からの梁から切り放すことで、四川問題への介入を防ぐことができる。

(30)　伐蜀軍の軍糧補給が関中からなされていることにも留意されたい。

(31)　宇文泰の吐谷渾討伐については、他の列伝等にこの出征に関わる記事を見出しえないため、これに帯同した将吏を挙げることができない。主帥が宇文泰（大丞相・柱国大将軍）であり、その兵力も三万とあるのであるから、大将軍・開府クラスも相当数参加していてしかるべきではあるのだが。

(32)　これらの想定が、西魏朝廷の衆議が伐蜀軍派遣に反対した理由と同一のものとなることは必然であろう。

(33)　『周書』巻一八・王思政伝は「王秉」に作るなどの混乱がある。中華書局標点本『周書』の校勘記〔一七〕（八九頁）では、唐の皇祖李昞の避諱に絡むものと説明されている。

(34)　東下した武陵王紀から派遣された成都救援の兵力が三万であることから、武陵王紀が率いた東下軍は少なくとも七万から一〇万前後には達していたものと想像される。また、南斉末に益州刺史劉季連が梁に抵抗した際、精甲一〇万を集めている（『南史』巻一三・営浦侯遵考附従父弟子季連伝・三六二頁）。

(35)　藤堂光順「西魏北周期における「等夷」関係について」（『名古屋大学東洋史研究報告』八（一九八二年））。

図12：四川進出概要図

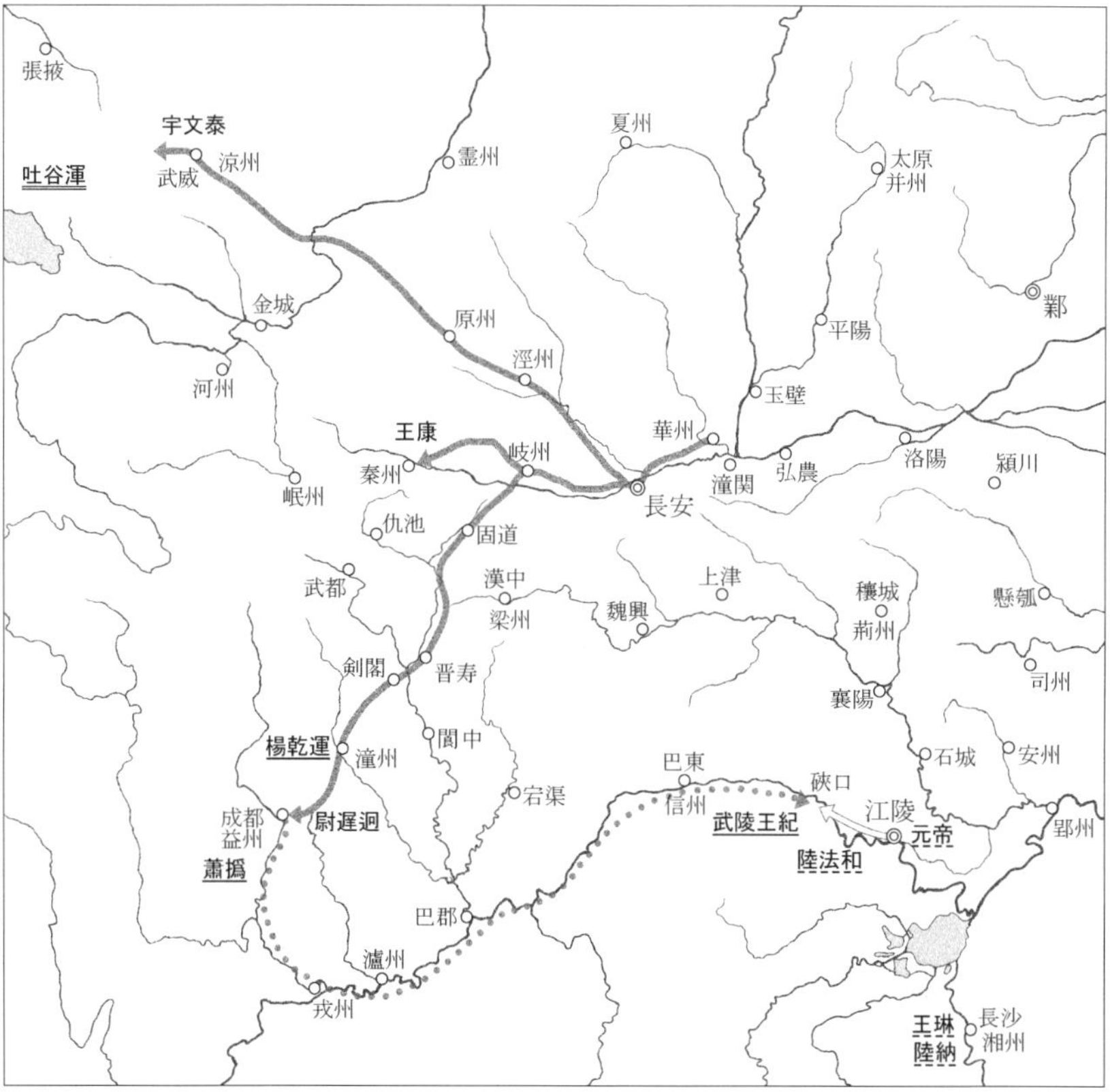

(36)　呂春盛『関隴集団的権力結構演変——西魏北周政治史研究』（台北：稲郷出版社・二〇〇二年）・第四章「宇文泰親信集団与魏周革命」（一九九四年初出）は、伐蜀軍の主帥人事において、尉遲迥が宇文泰の「親信」であったことが影響していることを示す。しかし、四川が容易に獲得されたことを強調する一方で、西魏朝廷の衆議が出征に否定的であったこととの懸隔を説明されておらず、政治・国際情勢が把握されているとは言い難い。

(37)　『資治通鑑』巻一四七・武帝天監一三年一〇月条・四六〇八頁。翌年の宣武帝の崩御によって撤退。

(38)　『周書』巻一一・晋蕩公護附叱羅協伝・一七八～一七九頁。

第六章　東魏・北斉等の情勢と西魏の南進戦略総括

第一節　東魏・北斉の情勢

ここまで、概ね西魏と梁との二ヶ国間関係で見てきたわけであるが、本書序に記したように当時の基本的な国際関係の構図として、西魏の第一の敵対勢力は大統一六年（五五〇）までは東魏であり、それ以降は北斉であった。東魏・北斉がはるかに大きな国力をもって西魏を圧迫していたという前提がある以上、その動向については確認しておかなければならない。

西魏が南方に出兵を重ねていた時期（五四九〜）に、その最大の敵であるはずの東魏・北斉は、西魏の行動に対して目立って掣肘を加えることはなかった。それでは当該時期の東魏・北斉には、西方に対する注意を逸らさせるいかなる状況が存在したのであろうか。西魏に有利に働いた点を挙げていこう。

①西魏は関中に押し込められたものの、防御に適した地形を有しており、国力の基礎体力差を補っていること。そして北斉成立の頃になると、西魏を関中に押し込めたということで、北斉は西方に対しては一段落付け、②項に挙げるように、南方に進路を変えたのである。また、その後の対西魏・北周戦略を見るに、北斉はその高祖神武帝高歓が、二度にわたって玉壁（勲州）に敗退し、その二度目の出征において発病し、そのまま崩じたこともあっ

てか、関中に正面から攻め込むことには消極的になっていたようである。(1)

②江南で梁が崩壊していくさなか、江淮地方は江南に割拠した侯景の占領地区を挟むことによって東魏・北斉と通交している梁（湘東王・元帝）の主領域とは切り離され、切り取り放題の状況となったこと。これによって北斉は軍を南方の経略に振り向けたのである。しかしながらその占領地では、北斉の支配に対する反発がことのほか強かったために大きな労力を費やすことを強いられていた。(2)北斉は元帝滅亡後の梁にも蕭淵明を送り込み、王僧弁を抱き込むなどして江南に介入したが、王僧弁が陳霸先に破れたことによって、結局失敗に終った。その後、また蕭荘を擁立した王琳を支援するなど工作は続けるが、それは先のこととして措くことにする。

③北方では突厥が強大化して塞北の秩序に大きな変化が見られたこと。西魏が大統一一年（五四五）に今まさに勃興せんとする突厥に使者を派遣して通交し、その突厥が東魏と繋がりの深かった柔然を駆逐していった。このため北斉の頃になると、塞北の情勢は一変し、それまで東魏・北斉に対して従順であった契丹や奚、山胡といった諸部族の蠢動や、西魏の廃帝元年（五五二）に突厥に破れて可汗阿那瓌を失い、崩壊して秩序を失っている柔然、さらにそれを追ってくる突厥にも対処する必要が生じたのである。(3)北斉文宣帝高洋はこの時期、毎年のように、それも年に一度といわず、北伐親征を繰り返し行っており、天保六年（五五五）七月には、自ら柔然を追撃して懐朔鎮から沃野にまで進出しているのである。これなどは結果的に突厥に目を付けた西魏の、先物買い的な外交の成功といえるだろう。

④東魏武定八年・西魏大統一六年（五五〇）に東魏が北斉に受禅されたこと。「天に二日無し」という「一つの中国」的な理想原則から見れば、分裂状態は解消されねばならないのであろうが、「魏」という一つの国号を二つの政権が称する状態ではなくなったことは、両国が対決する必然性の低下を意味する。ただし、西魏にとしては、「魏」である限り「旧領の回復」という命題が残っている。

第二節　西魏の南進戦略

本節は、第三章から当第六章までの全体の結語に相当する。

関中を占めた西魏にとって、四川への南進は既定路線の一つではあった。『周書』巻一五・于謹伝に、

> 関右、秦漢の旧都、古より天府と称し、将士は驍勇、厥の壌は膏腴、西に巴蜀の饒有り、北に羊馬の利有り。今若し其の要害に拠り、英雄を招集し、卒を養い農を勧むれば、事変を観るに足らん。且つ天子洛に在りて、群兇に逼迫せられ、若し明公の懇誠を陳べ、時事の利害を算じ、関右に都するを請わば、帝、必ず嘉して西遷せん。然る後、天子を挟みて諸侯に令し、王命を奉じて以て暴乱を討たば、桓・文の業、千載の一時なり。（二四六頁）

とある。これは于謹が宇文泰に進めた策であるが、この献策がなされたのは永熙三年（五三四）の春に賀抜岳が侯莫陳悦に害された折りであり、つまり西魏成立以前のことである。時に宇文泰は夏州刺史、于謹はその長史であった。秦・隴という西北地区に盤踞し、東方・中原地域に強大な宿敵をかかえた勢力としては、南方にある「天府の国」を後背地にすることは、将来への展望を切り開く前提条件であるとさえいってよい。遥かに遡って戦国時代に秦が司馬錯を派遣して蜀を取り、また下って唐・李淵が長安奪取の後、間をおかずして李孝恭を山南招慰に派遣し、詹俊・李仲袞をして巴蜀を取らしめた方針である。このような明確なビジョンを早くから持ちながら、西魏が南進することなく時を過ごさざるをえなかったのは、親梁姿勢を貫いた功臣賀抜勝の存在もさることながら[4]、やはり直接的には東魏の圧力のゆえである。秦の場合、中原は韓・魏・趙・斉などが覇を競っていたし、唐の場合も洛陽の越王楊侗・王世充が李密と激しい戦いを繰り広げており、関中に対する関心は決して高くはなかった。しかし、西魏の場合、西魏を第一の敵とする東魏がいたのである。

東魏からの圧力を減らすためには、直接東魏から領土を奪い取ることが、敵の力を削ぎ、自国の力を増大させる点からも効率が良いのはいうまでもない。しかしながら、もとより強力な東魏が第一の目標として西魏に対しているのであるから、そうそう上手くいくはずがない。実際、大統年間を通じて、西魏は東魏の隙をつく形で、或いは来降者に引きずられる形で出兵をし、幾ばくかの領土を奪い取ることはあったが、すぐさま数倍する兵力を投入する東魏の圧倒的な力の前に、それを維持し続けることはできなかった。そして、大統一六年（五五〇）の宇文泰の東伐である。この出兵は東魏から北斉に禅譲されたことに対してなされたものであり、また西魏二十四軍、ひいては府兵制の成立とも一括りにされることもある、兵制史上でも重要な出兵ではあるのだが、これが実は長雨にたたられて、何ら戦果を挙げることなく引き返す羽目に陥っており、加えて、その様を見た洛陽・平陽以東の豪族層がこぞって北斉に帰属する態度を示したのである。それまでは、当該地域の豪族層には親西魏の態度がみられ、しばしば西魏の出兵を促していたが、東魏・北斉がそれを軍事力で押さえ込んでいた。そこに（自称）大軍を率いてきた宇文泰が成すことなく退いたことによって、当地の世論は遂に西魏を見限ったのである。『資治通鑑』巻一六三・簡文帝大宝元年一一月条に、

魏の丞相泰、弘農より橋を為り、河を済り、建州に至る。丙寅、斉主、自ら将い出でて東城に頓す。泰、其の軍容の厳盛なるを聞き、歎じて曰く、「高歓死せざらんか」と。会たま久しく雨ふり、秋より冬に及び、魏軍の畜産、多く死し、乃ち蒲阪より還る。是に於いて、河南は洛陽より、河北は平陽より已東、皆な斉に入る。（辺民、魏師の功無く、斉の能く自立する見て、心に反側する無く、彊場、遂に定まる。」）（五〇五六頁）

とあるがごときで、これによって洛陽周辺は北斉の領域となり、西魏は東方への進出を断念せざるを得なくなったのである。(5)

その結果、南方への進出は、西魏にとって至上命題と化したのである。『周書』巻四四・席固伝に、

魏の大統十六年、地（梁の興州）を以て来附す。是の時、太祖、方に南のかた江陵を取り、西のかた蜀・漢を定めんと欲し、（席）固の至るを聞き、甚だ之を礼遇す。乃ち使を遣わして使持節・驃騎大将軍・開府儀同三司・大都督・侍中・豊州刺史を就拝し、新豊県公に封ぜられ、邑は二千戸。（七九八頁）

とあるのが好例で、興州は漢水流域の襄陽と東梁州との間にある地域で、侵攻目標先からの来附者への優遇ぶりは際だつ。そして『周書』巻一一・晋蕩公護附叱羅協伝に、

初め、太祖、漢中を経略せんと欲し、協をして南岐州刺史幷びに節度東益州戎馬の事を行わしむ。（一七八頁）

とあるように、西魏・宇文泰も南進に対する準備を始め、間もなく漢川の割譲という機会が転がり込んできたのである。さらに漢川を取りて後にも、『周書』巻四四・任果伝に、

任果、字静鸞、南安の人なり。世よ方隅の豪族の為り、江左に仕う。（中略）果、性は勇決、志は立功に在り。魏の廃帝元年、所部を率いて来附す。太祖、其の遠く至るを嘉し、待するに優礼を以てす。果、因りて蜀を取るの策を面陳し、太祖、深く之を納れる。乃ち使持節・車騎大将軍・儀同三司・大都督・散騎常侍・沙州刺史・南安県公、邑一千戸を授かる。（七九九頁）

とあり、四川奪取の策を練ることには余念がなかった。

元帝政権は成立のはじめからまことにこころもとない存在であった。西魏朝の圧力が重たくのしかかったからである。蕭詧はすでにその附庸となり、さらに五五二年には今日の湖北省と陝西省の省境ちかくに存在した上津と魏興が攻められて西魏朝はそこに東梁州をおき、ひきつづいて漢中の南鄭も陥ち、五五三年には蜀の全域がその領有に帰した。そして承聖三年（五五四）、元帝が旧図による国境の画定を要求したことから事態はにわかに紛糾し、先述したとおり、于謹の率いる西魏軍が江陵を制圧することをもって最終的な破局がおとずれたのであった(6)。この文は、前章までに述べてきた梁の崩壊と西魏の南進との展開を簡潔に記したものではある。しかしながら、西

魏の介入・南進に際するそれぞれの戦役の原因・発端が記されておらず、ゆえに、西魏の南進を一方的なものとして、かつ西魏の力を過大に印象づける。そこで、四次にわたる出兵を表にまとめると表24のようになる。

梁武帝の死後、分裂・自壊していく梁の各勢力の中で、岳陽王詧は、敵対勢力（湘東王）を政戦両略によって取り込む、或いは打ち倒して自身の勢力を拡大させる方針を採らず、自らを梁という勢力から切り離し、第三勢力（西魏）と結ぶことによって、自身の勢力のみの存続をはかる方針を採った。また湘東王繹は侯景という第一の仇敵を倒すために、第三勢力（西魏）と従属的な盟約を結んだ。侯景との戦闘で危機を感じては、漢川を切り棄てることで後方の安全を確保し、侯景を討ち果たして後、武陵王紀の東下にあたっては、四川を梁から切り捨てることで、自己の勢力を維持する方針を取った。

その結果、実を得たのが西魏であった。岳陽王詧が最初に附庸を請い（時期としては宇文泰の東征失敗以前である）、それを受けた西魏は速やかに楊忠を派遣したわけであるが、その際の軍勢は二〇〇〇に過ぎない。次いで漢川割譲については、西魏にとってはまさに願ったりかなったりのことであったろうが、元帝（湘東王）の救援要請を受けての尉遅迥の伐蜀については事情を異にする。西魏内での出兵積極派は宇文泰と尉遅迥のみで、その結果、宇文泰がごり押しで出兵を決定したものの、動員兵力は多くとも二万二〇〇〇と、四川を攻め取るには決して大兵力といえるものではない。付け加えれば、尉遅迥は宇文泰の姉の子であるから、突き詰めれば、積極派は宇文泰ただ一人といっても差し支えない。宇文泰の権力は諸将・群臣の反対を押し切れたとしても、その結果動かせる軍は二万二〇〇〇という数字が精一杯であったと見ることもできる。西魏・宇文泰としては、最低限軍を出せば元帝への義理を立てることができるという打算がはたらいていたに違いない。同時期、吐谷渾の入寇に対しては宇文泰自らが当たっており、西魏としての出兵の優先順位は、その動員兵力・主将の選定からも明らかであろうし、何よりも四川に大軍を派遣することと自体を、西魏を取り巻く環境が許さなかったのである。于謹による江陵討伐もまた、西魏軍の鮮やかな手並みが目

表24：四次戦役総括表

段階／時期	出兵の発端	指揮官・兵力	敵対勢力	結　果
第１ 549.11 ～551.2	岳陽王蕭詧より救援要請	驃騎大将軍楊忠 ↓　2,000 大将軍	湘東王蕭繹 邵陵王蕭綸	蕭繹、和を請い、西魏、許す 西魏上位の同盟関係 漢水東岸が西魏領となる
第２ 551.6 ～552.5	湘東王蕭繹より割譲	大将軍達奚武 30,000 大将軍王雄	梁州刺史蕭循 武陵王蕭紀	漢川が西魏領となる
第３ 552.8 ～553.8	元帝蕭繹より救援要請	大将軍尉遅迥 22,000	武陵王蕭紀	四川の潼州から成都にかけて西魏領となり、以後、四川全域が順次西魏領となる
第４ 554.3 ～555.1	元帝の背叛	柱国大将軍于謹 大将軍楊忠 大将軍宇文護 大将軍韋孝寛 50,000 梁王蕭詧	元帝蕭繹	元帝崩じ、江陵の梁政権滅ぶ 蕭詧、襄陽から江陵に移り、皇帝即位（いわゆる後梁） 襄陽が西魏に割譲される

参考：548年以後の、西魏の将軍号の序列は、柱国大将軍・大将軍・驃騎大将軍の順である。柱国大将軍には、549年末までに８人が連なっている。

立った戦役であったが、これらの将帥の功績を讃えたり、敗れ去った者たちの失策を挙げることは、本章の目的ではない。

西魏、そしてそれを受け継いだ北周が、北斉に対しての劣勢をはねのけるだけの国力を整備し得たことの大きな要因の一つに、この領土獲得があることは、すでに認識されているとおりである。それほどに、後背地としての四川の存在は大きかったわけであるが、それは苦労の末にこの新領土を経営して後のことであり、その点については次の第七章でその一端を述べることとする。

また、物質的側面以外の意義として、人材の獲得という側面がある。もとより人材の淵源である人口が少なく、特に文武のうちの文に人材を事欠いていた西魏としては、南朝における洗練された中華文化の担い手であった人士を獲得することは、西北の一隅に逼塞する分裂国家から、中華統一に向けて飛躍を果たすためには極めて重要な政治課題でもあったといえる。ただし四川への侵攻によっても劉璠などの人材を得たが、人士の獲得という点については、最後の江陵討伐によってより巨大な成果を上げているので、本章で専門的に取り扱うことはしない。

確かに、西魏の南進は、東魏・北斉という大敵を向こうにまわしている時期に、比較的に友好的な梁の崩壊という絶好の機会を得てのものではあったことは間違いない。しかし、その内実としては「待ってました」とばかりに攻め込んだものではなく、附庸・同盟勢力からの要請を受けるまでは、能動的・積極的に軍事力を動かすことはしなかった。唯一の積極的な出兵が、切り札ともいえる柱国大将軍を主将に据えて、元帝を江陵に討った際のものであった。これは、裏を返せば、要請を受けるような状況が生じない限り、滅多なことでは動けなかったということである。以上から、この時期、西魏は梁に対しては分裂した勢力を分裂させたままに制御下に置いて、敵対勢力を絞り込んで増やさないことに主眼を置き、その中で附庸・同盟国からの数少ない要請に対しては、東魏・北斉という最大の敵への対策から、かなり受動的・消極的な姿勢で、つまりは冒険に至らない範囲で応じ、その結果最大の成果を得たのであった、というのが一つの結論となる。ただし、現存史料によって梁の各勢力の状況を見る限り、西魏に救援を要請するだけの理由は認められるにしても、あまりにも西魏にとって都合良く出兵の大義名分が整いすぎてはいないか、という懸念は拭いきれないだろう。史料編纂の過程で何らかの操作が加えられている可能性が、決して低くないことを指摘しておきたい。

注

（1）『北斉書』巻四・文宣帝紀の末に、

嘗て東山に於いて遊讌するに、関隴の未だ平らざるを以て、杯を投げて震怒し、魏収を御前に召し、立ちどころに詔書

を為さしめ、遠近に宣示し、将に西伐を事とせんとす。是の歳、周の文帝殂し、西人震恐し、常に隴を度るの計を為す。（六七頁）

とあるが、遂に大挙西伐の軍を起こすことはなかった。

（2）『資治通鑑』巻一六四・元帝承聖元年六月条から七月条にかけて、

斉の政は煩、賦は重なれば、江北の民、斉に属するを楽しまず。其の豪傑、数しば兵を王僧弁に請うも、僧弁、斉と通好するを以て、皆許さず。秋、七月、広陵の僑人朱盛等、潜かに党を聚むること数千人、斉の刺史温仲邕を襲殺し、使を遣わして援を陳霸先に求めんと謀る。（五〇九一頁）

とあり、また同巻一六五・元帝承聖二年十二月条に、

斉の宿預の民東方白額、城を以て降り、江西の州郡、皆起兵して之に応ず。〔江、淮の民、斉の虐政に苦しみ、相い率いて江南に帰さんと欲す。〕（五一〇七頁）

とあるように、北斉に抵抗し南朝勢力に帰そうする地域の動きの記述が散見する。

（3）当時の塞北の情勢については、野村耀昌『周武法難の研究』（東出版・一九七一年）・第一二章「抬頭期における突厥の動向並びに蠕々の残党の北斉亡命について」・二五九～二七三頁を参照。

（4）本書第二部第二章参照。

（5）これら西魏の出兵は河南・洛陽方面に集中し、ことごとく成果が上がらず、北周代になっても宇文護と武帝がそれぞれ河南進出を目指して失敗している。建徳五年（五七六）以降の武帝の成功は、汾水沿いに晋州・太原を衝く戦略に転換した結果である。

（6）吉川忠夫『侯景の乱始末記』（中央公論社・中公新書・一九七四年）・一六五頁。

第七章　西魏・北周の四川支配の確立とその経営

緒　言

前章までの検討によって、四川は梁が自己崩壊していくさなかに、西魏の領するところとなっていったことが明らかとなった。それでは、西魏とほどなくしてそれを承けた北周にとって、四川という南方の領域はいかなる位置を占めていたのであろうか。そこで、第二部を締めくくるにあたって、西魏・北周がこの四川をいかにして経営したかを述べていくこととする。しかし残念ながら、本問題に関するまとまった史料は存在せず、断片的な記述から構成せざるを得ない。ことに経済的な側面については数値史料を欠き、農業や商業、そして四川に名高い塩業・鉱業といった産業面に関して論じることは、現在のところは筆者の準備が足りないこともあって割愛せざるを得ない。そこで、とりあえずのところ、当時の四川がいかなる状況の土地であったかを概観し（第一節）、さらに前章までに述べてきたこと以後の四川経略の展開を述べ（第二節）、しかる後に政治的側面から西魏・北周朝によって四川がどの様に位置づけられ、経営されたかを述べていくこととする（第三節）。

第一節　六世紀四川の概観

周囲を山脈に囲まれた広大な盆地という地理的条件から、四川という地域が必然的に有したその独立性・閉鎖性や、四川が俗に「天府の国」と称された沃饒なる天地であったことは、すでに周知のこととして問題ないであろう。その結果、分裂期においてはしばしば一群雄の拠って立つところとなり、ある程度の命脈を保ち得たことは、公孫述・蜀漢・成漢、下っては五代時期の孟蜀等、多くの例によって知られている。しかしながら、深い山谷に制限された比較的狭小な州・県といった地域社会を中心とした生活に満足し、四川全体といった広域的な政治・軍事に関しては関心が薄く、他人任せにしがちな傾向が見られたとされ[1]、このような傾向は、外部からの侵入に際してしばしばあっけないほどに脆く敗退し、新勢力の統治下に収まることがあったことと無関係ではないだろう。

本節では、時期を当該の六世紀前後にしぼって見ていくことになるが、その社会のありようについては、特に仏教史研究の分野では、仏教の隆盛を見た南朝・梁時代と、北周武帝の廃仏という、二つの大きな波を共に被った地域として重要である。加えて廃仏の一因となったとされる上書を奉った衛元嵩が、四川の中心である蜀郡の出身であることから、その社会に触れた研究も見られる[2]。また四川が道教発祥の地であることから、当地における仏教受容の独自性が注目されるなど[3]、社会史的な興味も持たれている。しかしながら本節ではそういった社会の内面には踏み入れることなく、後節での理解の足がかりとして、王朝経営上において四川に期待された点について概観することとする。

当時の四川の具体的な生産力については数量的な史料を欠き、論じることはできない。そこで『隋書』巻二九～三一・地理志記載の戸口数から、その周囲の地域とのバランスを見ることにしよう。表25で「漢」と付けた諸郡を漢川地域、「四」と付けた諸郡を四川地域として戸数を総計すると、概数として五二万戸であり、「西」と付けた漢川進駐以前の西魏の領域の一五〇万戸の約三分の一である（東魏の領域は約五三〇万戸。西魏南進以前の梁の領域は、「梁」「漢」「四」を加えた約二二〇万戸）。ただし、この西魏領域の戸数は隋という中国統一王朝の帝都を含む地域であって、多数の徒民がなされるなど分裂王朝時代のそれとは全く様相を異にするであろうことは容易に想像がつくところであるので、西魏時代で見れば、「西」の地域の人口はせいぜい四川の二倍を超える程度であったと思われる。

南斉末に益州刺史であった劉季連が梁武帝蕭衍に抗した際の記述として、『南史』巻一三・宋宗室及諸王・営浦侯遵考附従父子季連伝に、

既にして兵を召し之を算うるに、精甲十万。軍に臨み歎じて曰く、「天嶮の地に拠り、此の盛兵を握り、進まば以て社稷を匡く可く、退くも劉備と作《な》るを失わず、此を以て安くにか帰さんと欲するか」と。（三六二頁）

とあるように、管轄が四川全域に及ばぬ南斉の益州刺史にして、(4)（「号して」の類ではあろうが）一〇万の兵を集めたともあり、成立初期の西魏よりも人的資源は豊富である。

さらに、『資治通鑑』巻一四六・武帝天監四年（五〇五）一一月条に載せる北魏邢巒の上表には、

益州殷実、戸は十万を余し、寿春・義陽に比し、其の利、三倍なり。（四五五三頁）

とあるように、戸数を遥かに上回る利益の上がる土地であることが知られる。

梁代の四川の状況を象徴する記述は、先にも引いた『南史』巻五三・梁武帝諸子・武陵王紀伝の、

南のかた寧州・越巂を開き、西のかた資陵・吐谷渾に通ず。内に耕桑塩鉄の功を修め、外に商賈遠方の利を通じ、故に能く其の財用を殖やし、器甲は殷積す。（一三二二頁）

であろうが、その富を示すものとして、同じく、

黄金一斤もて餅を為り、百餅もて篷篋を為り、百篋を有つに至り、銀は之に五倍し、其の他の錦罽繒采も是に称《かな》う。戦う毎に則ち金帛を懸け以て将士に示す。（一三二二頁）

郡名	県	戸	所属
定襄	1	374	東
樓煩	3	24,427	東
太原	15	175,003	東
襄国	7	105,873	東
武安	8	118,595	東
趙	11	148,156	東
恒山	8	177,571	東
博陵	10	102,817	東
河間	13	173,883	東
涿	9	84,059	東
上谷	6	38,700	東
漁陽	1	3,925	東
北平	1	2,269	東
安楽	2	7,599	東
遼西	1	751	東
北海	10	147,845	東
斉	10	152,323	東
東莱	9	90,351	東
高密	7	71,920	東

〔巻31〕

郡名	県	戸	所属
彭城	11	130,232	東
魯	10	124,019	東
琅邪	7	63,423	東
東海	5	27,858	梁
下邳	7	52,070	梁
江都	16	115,524	梁
鍾離	4	35,015	梁
淮南	4	34,278	梁
弋陽	6	41,433	梁
蘄春	5	34,690	梁
盧江	7	41,632	梁
同安	5	21,766	梁
歴陽	2	8,254	梁
丹陽	3	24,125	梁
宣城	6	19,979	梁
毗陵	4	17,599	梁
呉	5	18,377	梁
会稽	4	20,271	梁
余杭	6	15,380	梁
新安	3	6,164	梁
東陽	4	19,805	梁
永嘉	4	10,542	梁
建安	4	12,420	梁
遂安	3	7,343	梁
鄱陽	3	10,102	梁
臨川	4	10,900	梁
盧陵	4	23,714	梁
南康	4	11,168	梁
宜春	3	10,116	梁
予章	4	12,021	梁
南海	15	37,482	梁
龍川	5	6,420	梁
義安	5	2,066	梁
高涼	9	9,917	梁
信安	7	17,787	梁
永熙	6	14,319	梁
蒼梧	4	4,578	梁
始安	15	54,517	梁
永平	11	34,049	梁

郡名	県	戸	所属
鬱林	12	59,200	梁
合浦	11	28,690	梁
珠崖	10	19,500	梁
寧越	6	12,670	梁
交趾	9	30,056	梁
九真	7	16,135	梁
日南	8	9,915	梁
比景	4	1,815	
海陰	4	1,100	
林邑	4	1,220	
南	10	58,836	梁
夷陵	3	5,179	梁
竟陵	8	53,385	梁
沔陽	5	41,714	梁
沅陵	5	4,140	梁
武陵	2	3,416	梁
清江	5	2,658	梁
襄陽	11	99,577	梁
舂陵	6	42,847	梁
漢東	8	47,193	梁
安陸	8	68,042	梁
永安	4	28,398	梁
義陽	5	45,930	梁
九江	2	7,617	梁
江夏	4	13,771	梁
澧陽	6	8,906	梁
巴陵	5	6,934	梁
長沙	4	14,275	梁
衡山	4	5,068	梁
桂陽	3	4,666	梁
零陵	5	6,845	梁
熙平	9	10,265	梁

表25：『隋書』巻29～31・地理志・戸数表

所属は譚其驤『中国歴史地図集』第４冊の国境線をもとに筆者が決定。

〔巻29〕

郡名	県	戸	所属
京兆	22	308,499	西
馮翊	8	91,572	西
扶風	9	92,223	西
安定	7	76,281	西
北地	6	70,690	西
上	5	53,489	西
雕陰	11	36,018	西
延安	11	53,939	西
弘化	7	52,473	西
平涼	5	27,995	西
朔方	3	11,673	西
塩川	1	3,763	西
霊武	6	12,330	西
楡林	3	2,330	
五原	3	2,330	
天水	6	52,130	西
隴西	5	19,247	西
金城	2	6,818	西
枹罕	4	13,157	西
澆河	2	2,240	西
西平	2	3,118	西
武威	4	11,705	西
張掖	3	6,126	西
敦煌	3	7,779	西
鄯善	2		
且末	2		
西海	2		
河源	2		
漢川	8	11,910	漢
西城	6	14,341	漢
房陵	4	7,106	梁
清化	14	16,539	四
通川	7	12,624	四
宕渠	6	14,035	四
漢陽	3	10,985	西
臨洮	11	28,971	
宕昌	3	6,996	西
武都	7	10,780	西

郡名	県	戸	所属
同昌	8	12,248	西
河池	4	11,202	西
順政	4	4,261	西
義城	7	15,950	四
平武	4	5,420	四
汶山	11	24,159	四
普安	7	31,351	四
金山	7	36,963	四
新城	5	30,727	四
巴西	10	41,064	四
遂寧	3	12,622	四
涪陵	3	9,921	四
巴	3	14,423	四
巴東	14	21,370	四
蜀	13	105,586	四
臨邛	9	23,348	四
眉山	8	23,799	四
隆山	5	11,042	四
資陽	9	25,722	四
瀘川	5	1,802	四
犍為	4	4,859	四
越嶲	6	7,448	四
牂柯	2		四
黔安	2	1460	四

〔巻30〕

郡名	県	戸	所属
河南	18	202,230	東
滎陽	11	160,964	東
梁	13	155,477	東
譙	6	74,817	東
済陰	9	140,948	東
襄城	8	105,917	東
潁川	14	195,640	東
汝南	11	152,785	東
淮陽	10	127,104	東
汝陰	5	65,926	梁
上洛	5	10,516	西
弘農	4	27,466	西
淅陽	7	37,250	西
南陽	8	77,520	西
淯陽	3	17,900	西
淮安	7	46,840	東
東	9	121,905	東
東平	6	86,090	東
済北	9	105,660	東
武陽	14	213,035	東
渤海	10	122,909	東
平原	9	135,822	東
信都	12	168,718	東
清河	14	306,544	東
魏	11	120,227	東
汲	8	111,721	東
河内	10	133,606	東
長平	6	54,913	東
上党	10	125,057	東
河東	10	157,078	西
絳	8	71,876	西
文城	4	22,300	西
臨汾	7	71,874	東
龍泉	5	25,830	東
西河	6	67,351	東
離石	5	24,081	東
雁門	5	42,502	東
馬邑	4	4,674	東

所属

西：西魏

東：東魏

梁：梁（漢川・四川を除く）

漢：漢川地域

四：四川地域

とある。膨大な金・銀といった貨幣的貴金属は、鉱工業によって採掘・精錬された物のみならず、発展した商業・流通によってもたらされるものでもある。『隋書』巻七五・儒林・何妥伝に、

何妥、字は栖鳳、西城の人なり。父の細胡、通商して蜀に入り、遂に郫県に家し、梁の武陵王紀に事え、金帛を主知し、因りて巨富を致し、号して西州大賈と為す。（一七〇九頁）

とあり、何妥の父何細胡が通商によって「西州大賈」と号したと伝えている。先の武陵王紀伝に引いたように、通商の方面は西と南である。梁を含めた南朝は、四川の西北方に盤踞した吐谷渾とのみならず、吐谷渾を仲介として、西域諸国と交易しており、[5]その様は『続高僧伝』巻二五・道仙伝からもうかがうことができる。

釈道仙、一名僧仙。もと康居国の人。遊賈を以て業と為す。呉蜀江海を往来し、上下して珠宝を集積す。故に其の獲る所の貲貨、乃ち両船に満つ。時に或る計りし者、「銭数十万貫に直《あた》う」と云う。既に瓌宝塡委し、貪附すること弥いよ深きも、惟だ恨むこと多からず、験を取り海を呑む。行賈して梓州新城郡の牛頭山に達す。（六五一頁上）

康居国の人というから明らかに西域人である。その生没年は明らかではないが、隋の開皇中（五八一～六〇〇）に百余才で卒したというから、交易に従事したのはいまだ南朝梁が健在の頃以前としてよいだろう。その商人が財貨を満載した船で長江を昇降していたという。

南に目を転じれば、寧州・越巂である。通商交易の記事ではないが、『梁書』巻四六・徐文盛伝には、

大同の末、以て持節・督寧州刺史と為る。是より先、州僻遠に在り、管する所の群蛮、教義を識らず、財賄を貪欲し、劫簒相い尋ぐも、前後の刺史、能く制する莫し。文盛、心を推して撫慰し、示すに威徳を以てせば、夷獠、之に感じ、風俗遂に改まる。太清二年、国難を聞き、乃ち召募して数万人を得て来赴す。（六四〇～六四一頁）

とあり、夷獠群蛮が威徳に感じて教化され、太清二年（五四八）の国難、つまり侯景の乱に際しては、徐文盛は召募

した数万を引き連れて救援に赴いたという。西南の僻地寧州にして数万を動員できるのであるから、表25における犍為・越巂・牂柯といった諸郡の戸数については、或いは僻地であるが故に、中原の諸郡と同一の物差しで見てはならないのかもしれない。少々時代が下るが、『隋書』巻三七・梁睿伝には、

南寧州、漢の世の牂柯の地なり。近代已来、分かちて興古・雲南・建寧・朱提四郡を置く。戸口は殷衆、金宝は富饒、二河に駿馬・明珠有り、益寧に塩井・犀角を出だす。（一一二六頁）

とあり、やはりその人口の多さと、財貨・産物の豊かさが強調されている。

第二節　四川平定の展開概略

西魏廃帝二年・梁元帝承聖二年（五五三）七月に武陵王蕭紀が滅びて後、四川は一時的にこそ西魏と梁元帝蕭繹との争奪の場となるものの、翌西魏恭帝元年末には元帝もまた江陵に滅び、四川を保有せんとする国家的勢力は西魏のみとなった。無論、梁を旗印に抵抗を示す小勢力もあったが、順次西魏によって掃討され、四川全土から梁・南朝勢力が駆逐されるまでにさほど時間はかからなかった。本節ではその過程、及び北周代のさらなる南方への勢力浸透の過程を述べるが、すでに外交戦略・国際関係といった要素も希薄であり、重要性も認めがたいため、簡単にまとめておくこととする。

梁元帝の承聖三年（五五四）になって、元帝の勢力はようやくに長江を遡り、四川の確保を開始する。『資治通鑑』巻一六五・元帝承聖三年三月丁亥条に、

長沙王韶、巴郡を取る。〔魏、成都を得るも、未だ東略に暇あらず、故に韶、乗じて之を取るを得たり。〕（五一一一頁）

とあるのがそれで、長沙王韶とはかつて台城陥落の後、方々に密詔をばらまいて回った蕭韶である。元帝が武陵王紀

を滅ぼしたのが前年の七月であるから、翌三月になって巴郡（重慶）に達するというのも決して迅速な処置とはいえまい。しかしながら、引用中の注にもあるように、西魏もまた尉遅迥が成都を陥れたものの、そこから軍を東に向けて四川全土の経略を進めるだけの余力はなかったのである。その要因は兵力の過小もさることながら、占領したばかりの潼・新・始の三州で叛乱が起こり、これの鎮圧に意を注がざるを得なかったためである。新規占領地での叛乱というものは、どうしてもつきまとうものであるらしい。ちなみに、この三月に元帝は西魏に対して国境を旧状に復さんことを請うたことで宇文泰の怒りを買い、滅亡への道を自ら踏み出している。

西魏の進出は、漢川から巴州へと進められた。恭帝初年（五五四）の洋州（西郷県）・直州（旧東梁州）の叛乱に際して、驃騎大将軍・開府儀同三司の田弘・賀若敦を助けてこれを鎮圧した李遷哲は、そのまま賀若敦とともに巴州・帰化郡に進み、梁の巴州刺史牟安民を降した。李遷哲はこの功によって侍中・驃騎大将軍・開府儀同三司に昇進している(6)。この年末、元帝が江陵で滅んでいる。

少し遡り、尉遅迥による成都陥落後より、巴西では武陵王紀の遺臣である譙淹や梁の西江州刺史王開業等が、州人や群蛮を扇動して西魏に対して抵抗活動を続けていた。恭帝二年（五五五）の末には鎮蜀の任にあった宇文貴が、譙淹に対してその従子である譙子嗣を派遣して招諭せしめたものの、譙淹はこれを容れずに譙子嗣を斬り、巴郡・墊江に退いて抵抗を続けた(7)。

翌恭帝三年（五五六）には再び李遷哲が出征し、并州（南晋郡）・畳州を降し、さらに田弘・賀若敦・趙文表・扶猛といった面々とともに信州・白帝に対して兵を進め、譙淹の扇動に応じた蛮酋向五子王等を退け、四川の東門を確保した(8)。ただし、この後しばらくは向五子王等の蠢動が続く。

北周孝閔帝元年（五五七）の正月には、剣南の陵井に陵州、武康郡に資州、遂寧郡に遂州が置かれている(9)。この年の末、長らく抗戦を続けていた譙淹もついに抵抗を諦め、水軍七千と老弱三万を率いて江を下りはじめた。

いまだ郢州・江夏で永嘉王蕭荘を奉じて勢力を保っていた王琳に就こうとしたのである。[10]しかし、信州・白帝まで下ったところで賀若敦・叱羅暉・扶猛等に迎撃され、蛮帥向白彪等を引き込んで抵抗したものの、遂に敗れ、斬られたのであった。[11]以上によって、西魏・北周外に背景を持つ対抗勢力は四川から駆逐されたといえるだろう。

武帝の保定元年（五六一）九月には、南寧州より滇馬及び蜀鎧が献上され、翌年一〇月には南寧州から恭州を分置したが、[12]この地方が直接北周の支配下にあったとはいい難いことは後述する。

天和五年（五七〇）一二月には大将軍鄭恪を派遣して越嶲を平らぎ、西寧州を置いている。[13]翌年になって、久しく四川で活躍してきた司馬裔が大将軍を拝し、西寧州刺史に除されたが、赴任を前にして卒している。北周代までの四川から西南方面への拡張は以上でほぼ述べたことになる。

第三節　都督益州等諸軍事・益州総管の拝受者

以上のような展開を経て、四川は西魏・北周の領するところとなったわけであるが、それでは四川に対する統治はどのようなものであっただろうか。南北朝時代においては、行政的な州刺史とともに、より広域を領する軍事的な都督某州諸軍事が配置されていたことは周知のこととしてよかろう。西魏もこれを踏襲したが、北周の明帝三年（五五九・同年八月に武成建元）の初めに総管と改められた。史料上は「初めて都督諸州軍事を改めて総管と為す」とあるのみであるが、内実としてはこの改革によって、都督・州刺史の領していた都督府・将軍府・州府を総管に整理・集中せしめ、さらに総管はその管区内の州刺史の上官としてあり、軍事権のみならず、行政面における監督・黜陟の権までも持たせるなど、権限の強化が図られたという。[14]その控制力の強大さを示す格好の事例が四川にあって、北周の末年に益州総管王謙が簒奪の意志を露にした大丞相・随国公楊堅に対して挙兵した際に、所管の一八州（益・潼・新・

始・龍・邛・青・瀘・戎・寧・汶・陵・遂・合・楚・資・眉・普）に加えて周囲の一〇州（嘉・渝・臨・渠・蓬・隆・通・興・武・庸）が付き従った例が挙げられる。また、同時期に相州総管であった尉遅迥が楊堅に対して挙兵した際にも、所管の各州（相・衛・黎・毛・洺・貝・趙・冀・瀛・滄）が従い、加えて甥の青州総管尉遅勤の統括する諸州（青・膠・光・莒）もまたこれに従った例を挙げることができる。[15]つまり、その相手が中央の大丞相であったとしても、総管が軍を起こしたのであれば、管内の州刺史等もまたこれに従う、或いは従わざるを得ない程に、総管の州刺史に対する控制力は強かったのである。このように強力な控制力下に組み込まれるというのであればこそ、新参の来降者たちも、新たに直接の上官となる総管に対しては神経質にならざるを得なかった。総管と名称変更される以前の例となるが、本書第二部第四章に登場した、巴州刺史を自称し西魏に帰附した蛮帥の杜清和が、貪婪なる東梁州都督劉孟良を避け、廉簡なる南洛州刺史泉仲遵の所管とならんと請願したのも、この故であったろう。それがさらに強力な総管となればなおさらであったに違いない。

さて、その総管府は漢川では東西に二箇所、梁州（南鄭）・金州（西城郡、旧東梁州）に置かれ、これは南朝時代の梁・秦二州に相当する。四川では益州（蜀郡成都）・利州（義城郡晋寿）・信州（巴東郡白帝）・潼州（巴西郡）・隆州（盤龍郡閬中）・瀘州（東江陽郡）・西寧州（越嶲郡）に置かれたことが確認しうるが、その置廃や統括範囲についてはかなり流動的な側面もあり、ここで個々に詳論することは避ける。これらのうち、四川経営の中心となったのは、いうまでもなく蜀郡成都に置かれた益州総管である。その他の総管のうち、潼州と瀘州の両総管は大象二年（五八〇）に王謙の叛乱の鎮定後に益州総管府管内より分置されたものであるので、概ね益州総管区内にあったと見做せる。また隆州総管についても、保定元年（五六一）に陸騰が総管について以後の消息が不明なことから、梁州か利州の総管府に組み込まれた可能性が高い。[16]信州総管については、対陳戦略上重要な地点であるが、本章では後背地としての四川を論ずるため、議論からは省き、利州についても、梁州・益州という重要な総管区の間を繋ぐ存在で、その規模の少なる故に議論から省くこととする。

益州総管の任免に対する基本方針を象徴する記述が、『周書』巻一二・斉煬王憲伝にある。

初め、平蜀の後、太祖、其の形勝の地なるを以て、宿将をして之に居らしむるを欲さず。諸子の中より推択有らんと欲す。（一八七〜一八八頁）

太祖宇文泰は、四川という形勝の地を獲得した時点ですでに、その閉鎖性・独立性を鑑み、統治に際して宿将を置くことを嫌い、諸子の中からこれに鎮する者を選ぼうとしていたのである。ここで尉遅迥による伐蜀以後、益州に鎮して四川を統括する任に当たった者と、その拝命・就任時期をまとめると、表26のようになる。ただし、本紀などに記される日時が叙任の詔勅の下された日付であるのか、実際に成都に着任し政務を執り始めた日時であるのかは必ずしも明確ではない。また、就任期間の下限を省いたのは、他職への転任時期などについては概して史料を欠くためであり、従ってそれぞれの就任者の間には時間的空白があることも当然予想されるが、この点についてはいかんともし難いことを断っておく。先ずは順を追ってその人物と、任官時の状況を述べ、これに付随する記述から四川経営のありようを見ていくこととしよう。

1　尉遅迥

最初の鎮蜀者はいうまでもなく尉遅迥である。第二部第五章での記述と重複する点も多々あるが、ここでは繰り返しを厭わずに進めることとしよう。尉遅迥は『周書』巻二一・『北史』巻六二に伝があり、字は薄居羅、代の人で、その先祖は、北魏の別種で尉遅部を号していたという。尉遅迥自身は宇文泰の姉の子、つまり甥にあたり、宇文泰にとっては貴重な身内の一人であった。西魏文帝の娘の金明公主を娶っており、文武に渉って有能で、尚書左僕射兼領軍将軍を経るなどして大統一六年（五五〇）には大将軍に列していたが、所謂十二大将軍の構成員には含まれてはいない。少くして聡敏、長じては大志有り、施を好み士を愛し、また母の昌楽大長公主によく仕えたという。

伐蜀に成功した尉遅迥は、そのまま大都督・益潼等十二州諸軍事・益州刺史に除されて新領土の経営を任され、剣閣以南における承制封拝及び黜陟の権を附された。尉遅迥の治政は賞罰が明らかで、恩威を布いたため、計略の軍を出さずとも、帰附する者が華夷の別無く続いたとあり、翌廃帝三年（五五四）に都督する州を六州を加えられて通前十八州諸軍事となったのは、これによる支配地域の拡大によるものであろう。しかしながら、尉遅迥の在任中、早ければ成都陥落の直後頃にはすでに、進軍してきた経路にあたる潼州・新州・始州で民衆の叛乱が起こってもいる。これらが連結して関中との交通が遮断される様相も呈したが、叱羅協・司馬裔・伊婁穆等の活躍によって鎮圧されている。新規占領地での叛乱の発生は、なかなかに抑えがたいものであるようで、尉遅迥としても東方へ経略の軍を出すだけの余裕は無かったのが実状であろう。尉遅迥の鎮蜀は、この廃帝三年には終わり、実質的には二年に満たなかった。尉遅迥はこの後、二度と四川に莅職することなく、長安に徵還されると、まもなく薨じた章武郡公宇文導(17)の役回りを引き継ぎ、秦州・隴西に鎮したのであった。

この時期に四川で活躍したその他の人物も見ておこう。隴西の著姓出身の辛昂は、伐蜀にも参加し、一度は龍州長史・領龍安郡事に赴任していた。俗の生梗なる山谷の地に恵政をもって莅み、吏民に畏れ敬愛されていたが、尉遅迥はこれを再び成都県令として引き抜いた。『周書』巻三九・辛慶之附族子昂伝には、

成都、一方の会にして風俗舛雑なり。迥、昂の従政に達するを以て、復た昂を行成都令に表す。昂、県に到り、即ち諸生と文翁の学堂を祭り、因りて共に歓宴す。諸生に謂うに、「子は孝、臣は忠、師は厳、友は信、立身の要、斯くの如きのみ。若し斯の語を事とせざれば、何を以て名を成さん。各おの宜しく自ら勉め、克く令誉を成すべし」と。昂の言は切、理は至なれば、諸生等、並びに深く感悟し、帰りて其の父老に告げて曰く、「辛君、教誡すること此の如し、之に違うべからず」と。是に於いて井邑粛然とし、咸な其の化に従う。（六九八頁）

表26：西魏・北周代鎮蜀者任免表

拝命・就任時期	封爵・姓名	職名	前・後職	出典
廃帝二年（五五三）八月以後	魏安郡公尉遅迥	益潼等十二州諸軍事・益州刺史→加六州	前 尚書左僕射・兼領軍将軍 後 恭帝三年小宗伯	周書二一・北史五八
廃帝三年（五五四）	化政郡公宇文貴	都督益潼等八州諸軍事・益州刺史→二十州 ※八州は十八州か？	前 興西益等六州諸軍事・興州刺史 後 御正中大夫	周書一九・簡州周文王廟碑
明帝初（五五七）	安豊郡公厙狄峙	都督益潼等三十一州諸軍事・益州刺史→益州総管 ※三十一州は二十一州か？	前 小司寇 後 保定四年宜州刺史	周書三三
武成元年（五五九）八月壬子	安城郡公宇文憲→斉国公	益州総管・益寧巴瀘等二十四州諸軍事・益州刺史	前 後 雍州牧	周書四・一二
保定二年（五六二）一一月丁卯	趙国公宇文招	益州総管	前 後 建徳元年大司空	周書五・一三
天和五年（五七〇）七月辛巳	譙国公宇文倹→譙王	益州総管 ※益州刺史は漢王宇文賛	前 後 建徳六年大冢宰	周書五・一三
建徳四年（五七五）閏一〇月	代王宇文達	益州総管	前 荊淮等十四州十防諸軍事・荊州刺史 後 大象元年大右弼	周書五・一三
建徳六年（五七七）七月	庸国公王謙	益州総管（所管十八州） ※益州刺史は達奚惎	前 敗死	周書六・二一
大象二年（五八〇）六月庚辰	蔣国公梁睿	益州総管	前 涼安二州総管	周書八・隋書三七

とある。蜀郡の学校といえば、前漢の太守文翁以来の、絶えざるとはいえぬまでも伝統があり[18]、辛昂もまた文翁を祭り学生たちに説諭し、舛雑なる風俗を感化せしめていったのである。後に、恭帝年間になってからであろうが、辛昂は梓潼郡守に遷り、恭帝三年（五五六）以降は中央に徴還せられたが、武帝時になって再び四川において活躍する。その他には、広漢郡守の馮遷が、擾動常なる地で簡恕をもってあたり、これを安んじたことが知られる[19]。

2　宇文貴

尉遅迥に代わった宇文貴は、『周書』巻一九・『北史』巻六〇に伝がある。字は永貴、先は昌黎大棘の人で、後に夏州に徙ったというから、宇文泰と同じ宇文姓でも、その系統は異なるようである。しかしながら伝中に、

大統の初め、右衛将軍に遷る。貴、騎射を善くし、将率の才有り。太祖、又た宗室を以て、甚だ之に親委す。

ともあることから、一族に準じるかたちで重用されたようである[20]。大統一六年（五五〇）に大将軍を拝しており、所謂十二大将軍の一人である。少きより師について学んだが、男子たるもの武によって公侯の位を取るべしと戦陣に立ち、勇をもって知られ、またその一方で音楽を好んだともいう。

宇文貴が興西益等六州諸軍事・興州刺史をもって四川に入った折りに、隆州人李光賜が塩亭（隆州・閬中と新州・新城郡の間にある）に叛し、これに応じる者多数が隆州を攻めた。李光賜や追随して挙兵した張遁[21]は開府であったというから、かなり大規模な叛乱であったようであるが、宇文貴は叱奴興・成亜等を派遣して鎮圧に成功している。この後に宇文貴は正式に都督益潼等八州諸軍事・益州刺史に除され、小司徒を加えられている。

宇文貴の施策としては『周書』本伝中に、

是より先、蜀人、劫盗多し。貴、乃ち任侠傑健の者を召し、署して遊軍二十四部と為し、其れをして督捕せしむ。是に由り頗る息む。（三一三頁）

とあるように、任侠傑健なる者を召しだして遊軍二十四部を組織し、盗賊等の追捕にあたらしめ、大いに効果を上げた。これらの要員は地元出身者であったろうと考えられ、統治にあたっての土着勢力の積極的な利用の様が浮かび上がる。陵州・資州・遂州の三州が置かれたのは西魏から北周に移って孝閔帝元年（五五七）の正月のことであり、これも宇文貴の時代のことである。また、宇文泰が崩じると内外に動揺が走り、四川でも始・利・沙・興・信・合・開・楚の諸州で叛乱が起こっており[22]、梁州刺史崔猷や信州刺史李遷哲とともに、宇文貴もまた平定に奔走したであろう。

宇文貴時代のものとしては、簡州に建てられた「周文王廟之碑」が知られている[23]。「周文王」とはいうまでもなく宇文泰のことである。これは強独楽[24]によって北周孝閔帝元年（五七七）に建てられたもので、その碑文中に、

柱国大将軍・大都督・廿州諸軍事・化政郡開国公宇文貴

とあって、宇文貴が都督として軍事を所管した州の数が「廿（二十）」とある[25]。ここから、前述の三州設置の件と併せて、列伝にある「都督益潼等八州諸軍事」は前任の尉遅迥と同じ「十八州」の誤りではないかとも考えられる。それはともかくとして、当時資州が置かれて間もなくに、そのすぐ内側、益州寄りの簡州に宇文泰の廟が建てられたことは、単に強独楽や碑文中に姓名の見える協力者たちの宇文泰を慕う気持ちによるものというよりは、新たなる支配者を浸透させようという、多分に政治的な意図によるものと見做したほうがよいと思われる。

この時期に宇文貴を助けた属僚としては、行寧蜀郡事・兼益州長史の郭賢が挙げられる[26]。郭賢も尉遅迥の伐蜀に従った一人であった。

3　庫狄峙

北周第二代明帝の世になり、宇文貴に代わって鎮蜀の任に就いた庫狄峙は、『周書』巻三三・『北史』巻六九に伝があり、徒何の段匹磾の後裔で、代に遷って後は世々豪右であった。庫狄峙自身は騎射をよくし、謀略も有ったという。

北魏末年に高陽郡守を務め、孝武帝の西遷を追って棄官入関し、中書舎人を拝し、恭謙をもって称された。以後、文官・外交官的分野で活躍し、特に柔然・突厥との交渉では重きをなした。戦功については記録がないものの、西魏恭帝の末年までには大将軍を拝し、孝閔帝の践阼に際して小司寇となっている。明帝の初め（五五七）、都督益潼等三十一州諸軍事[27]・益州刺史として莅職した厙狄峙は、寛和にして清静なるをもって政務にあたり、甚だ夷獠の安んじるところとなったと両正史列伝は語るが、そうとばかりもいってはいられない。『周書』巻二八・陸騰伝には、

世宗の初め、陵・眉・戎・江・資・邛・新・遂の八州の夷夏及び合州の民の張瑜兄弟、幷びに反し、衆数万人、攻めて郡県を破る。騰、兵を率いて之を討つ。潼州刺史に転ず。（四七一頁）

とあり、実に九州にわたっての大叛乱も起きているのである。これを鎮圧したのが陸騰で、陸騰はこの後、四川における軍事部門の中心人物となる。

4　宇文憲

通常、最終封爵に基づいて斉王憲と呼ばれる人物であるが、就任当時の封爵は安城郡公である[28]。宇文泰の第五子で、字は毗賀突、母は達歩干妃。列伝は『周書』巻一二、『北史』巻五八・周室諸王にある。性は通敏、度量有り、童齓にあって神彩嶷然としていたという。幼少より兄武帝とともに詩経・左伝を学ぶなど、学問への造詣も深く、一方で軍事に関しても大規模な出征の度に一軍を率いて軍功を重ね、宇文護時代・武帝時代を通じて国家の柱石として重きをなし、建徳四年（五七五）には尉遅迥と共に最初の上柱国叙任者となった。後に唐代の建中四年（七八三）に、顔真卿の上奏を受けて武成王（太公望）廟に配享すべき古今の名将六四名が考定された際にも、錚々たる顔ぶれの中に選定されている[29]。

さて、都督某州諸軍事が総管に改められたのが武成元年（五五九）正月のことであるので、同年八月に赴任した宇

文憲が、益州総管として四川に赴任した第一号である。(30) 在任期間は丸三年前後と決して長くはないが、益州総管といえばまず第一に彼の名が挙がる所以は、最初に益州総管として赴任したことと、それに先立つエピソードの故であろう。『周書』巻一二・斉煬王憲伝より引こう。

世宗即位するや、大将軍を授かる。武成の初め、益州総管・益寧巴瀘等二十四州諸軍事・益州刺史に除され、封を斉国公に進め、邑は万戸なり。初め、蜀を平らぐるの後、太祖、其の形勝の地なるを以て、宿将をして之に居らしむるを欲せず。諸子の中より推択有らんと欲す。徧く高祖已下に問ふに、誰か能く此れ行かんと。並びに未だ対うるに及ばざるに、而して憲、先んじて請う。太祖曰く、「刺史、当に衆を撫し民を治むべし。爾の及ぶ所に非ざるなり。年を以て授くるは、当に爾の兄に帰すべし」と。憲曰く、「才用殊有り、大小に関わらず。試して効無くんば、甘んじて面欺を受けん」と。太祖、大いに悦ぶも、憲の年、尚お幼なきを以て、未だ之を遣わさざるなり。世宗、先旨を追遵し、故に此の授有り。憲、時に十六、撫綏を善くし、心を政術に留め、辞訟輻湊するも、聴受して疲れず。蜀人、之に懐き、共に碑を立てて徳を頌う。尋で位を柱国に進む。（一八七〜一八八頁）

宇文泰の四川に対する方針自体はすでに述べた。そこで高祖（＝武帝宇文邕）以下に往かんとする者を募ったところ、宇文憲の、宇文憲が真っ先に立候補したわけである。宇文泰は刺史の任務を説明し、若年を理由に退けたが、これに対する宇文憲の、能力は年齢に関わらず、失敗すれば罰を受けるという応対も振るっている。結局のところ、この時は宇文泰が退けたが、武成元年（五五九）八月、遂に宇文憲は益州総管として赴任したのであった。時に一六才というから、先の対話が具体的に何時のことかは判らないが、成都を陥れた廃帝二年（五五三）とすれば、当時宇文憲はまだ一〇才である。

宇文憲の治政の様子も、先の引用で尽くされている。慈しみに溢れ、政術に通じ、訴訟の取り調べにおいても疲れを知らなかったといい、これに懐かしんだ蜀人によって頌徳碑が建てられたという。(31) 南寧州が遣使し、北周に服したのも宇文憲在任中である。在任三年ほどで徴還された宇文憲は、雍州牧を拝している。

宇文憲を助けて四川支配に貢献した人物としては、軍事部門では先に挙げた陸騰がいる。『周書』巻二八・陸騰伝に、

武成元年、詔して騰を徴し入朝せしめ、世宗、之に面勅して曰く、「益州は険遠、親に非ざれば居る勿し。故に斉公をして作鎮せしむ。卿の武略、已に遐邇に著わる。兵馬鎮防、皆当に卿の統摂に委ぬるべし」と。是に於て隆州刺史に徙り、憲に随い蜀に入る。趙公招の憲に代るに及び、復た請いて之に留まる。（四七一頁）

とあり、明帝自らが宇文憲の総管就任にあたって、軍事を陸騰に委ねる旨を伝えている。ときに陸騰は驃騎大将軍・開府儀同三司であると思われる。陸騰は宇文憲が徴還され、趙公宇文招に代わって後も、引き続き益州総管府管内の軍事を統括し、叛乱鎮圧などに活躍している。

属僚では、宇文憲が最初に幕府を開いた際に司録となり、益州総管に就任した際には益州総管府中郎となった裴文挙を挙げよう。河東聞喜の著姓の出で、『周書』巻三七・裴文挙伝に、

蜀土は沃饒にして、商販は百倍なり。或いは文挙に勧むるに利を以てする者有るも、文挙、之に答えて曰く、「利の貴と為るは、身を安んじるに若くは莫し。身安んずれば則ち道隆く、貨の謂いに非ず。是を以て為さざるは、財を悪むに非ざるなり」と。憲、其の貧窶を矜れみ、毎に之に資給せんと欲す。文挙、恒に自ら謙遜し、辞すこと多く受くること少なし。（六六九頁）

とあり、商業の発達した蜀にあっても、自らの利益を追うことなく、清廉さを貫いた名官吏である。ついで、隆州刺史・兼治益州総管府長史の薛善は、先だって同州夏陽で冶監を務めて武器製造にあたっており、鉱産物の豊富な四川においてもその知識と経験は大いに活かされたに違いない。(32) その他、益州総管府長史として高賓がいる。(33)

5　宇文招

保定二年（五六二）一一月に宇文憲に代わって益州総管に就任した趙国公宇文招は、宇文泰の第七子で、宇文憲との間には衛国公宇文直がはさまる。字は豆盧突、母は王姫。列伝は『周書』巻一三・文閔明武宣諸子伝、『北史』巻五八・周室諸王伝にあり、幼少より聡明で群書を渉り、文を綴ることを好み、庾信の体を学んだ。恭帝三年（五五六）に正平郡公に封じられており、宇文憲が安城郡公に封じられたのが恭帝元年であるから、年齢差が二歳前後であると推定して大過無いであろう[34]。つまり、前任者同様、一〇代半ばの少年である。しかしながら、その在任期間は長く、後任の譙国公宇文倹の就任が天和五年（五七〇）七月であるから、この間フルに在任していたとなれば、ざっと八年弱といった期間になる[35]。徴還されて後は、建徳元年（五七二）に大司空を拝している。

宇文招在任時期におけるトピックスとしては、保定四年（五六四）九月の宇文護による東征に兵を出したことであろう。『周書』巻一一・晋蕩公護伝に、

（保定四年九月）是に於いて二十四軍及び左右廂の散隷、及び秦隴巴蜀の兵、諸蕃国の衆、二十万人を徴す。（一七四頁）

とあるように、二〇万人の動員を達成せしめたのは、巴蜀の兵・諸蕃国の衆による加算がものをいっていることは確かであろう。もとより、本拠地である秦隴地区における戸籍整備の努力によってなされた把握戸口数の増加とそれに伴う兵力増強こそ、国家の経営上重要であることは言を俟たず、加えて、この二〇万を額面通りに受け止めるわけにはいかないものでもある。しかし、それまで史料上に現れる最大動員数が号して一〇万、実数でせいぜい五万であったことを考えれば、軍事力整備における四川の貢献は決して無視することはできないものであるといえよう。そして『周書』巻三九・辛慶之附族子昂伝の、

時に益州殷阜、軍国の資する所なり。艱険に塗れるを経て、毎に劫盗に苦しむ。昂に詔して梁・益に使いし、軍民の務、皆委決せしむ。昂、荒梗を撫導し、城鎮を安置し、数年の中、頗りに寧静を得たり。（六九九頁）

という記事である。これもまたこの時期のものであるが、軍事力とは兵力とそれを支える補給物資によって支えられるものである以上、「軍国の資するところ」である殷阜なる益州は、この時期すでに、北周の政権、軍事力にとって欠くことのできない地域となっていたのである。

宇文招時期の施策と活躍した人物については、期間の長さに比べて史料が手薄である。軍事部門を預かっていたのは相変わらず陸騰であり、前述の宇文護の東征に際しては斉公宇文憲の請求によって一時的に副将として借り出さたことがあるものの、天和四年（五六九）に江陵総管に遷るまで、四川で叛乱の討伐に明け暮れた。なお、史料が欠けていて時期は不明であるが、陸騰の大将軍昇進もこの頃のことである。[36]他に、益州総管府長史としては郭彦、[37]柱国総（管）府司馬として賀婁慈（張慈）、[38]益州長史としては韓伯儁[39]の名を挙げうるに留まる。

6　宇文倹

譙国公宇文倹もまた太祖宇文泰の子であり、第八子。前任者である趙国公宇文招のすぐ下の弟である。列伝はやはり『周書』巻一三・文閔明武宣諸子伝、『北史』巻五八・周室諸王伝にあり、また墓誌銘も発見されている。[40]大統一七年（五五一）の生まれで、字は侯幼突（墓誌銘では「侯紐突」）、母は不明。人となりについての記述はない。益州総管就任が天和五年（五七〇）七月で、[41]当時二〇才。後任の代王宇文達の就任が建徳四年（五七五）閏一〇月であるから、在任期間は五年ほどである。在任中の建徳三年（五七四）正月に譙王に進んでおり、徴還されて後、建徳六年（五七七）に大冢宰を拝している。この間の北周政治史上最大の事件は、何をおいても天和七年（五七二）三月の宇文護の誅殺であるが（直後に建徳改元）、これが北周の四川支配に対して与えた影響はあったであろうか。

武帝の親政に移ったことにより、北斉討伐が国家の基本戦略として再浮上したわけであるから[42]、軍備に対する要求が強まり、その結果、収奪が強化されたとも想像できるが、管見の限り総管の異動もなければ政策の変化も看取し得ない。北周の国家戦略上における四川の役割には変化がないということであろう。しかしながら、宇文倹の益州総管在任時期においては、益州刺史には漢王宇文賛（武帝の第二子[43]）の名を見出すことができる。『周書』巻一二・柳慶附子帯韋伝に、

時に譙王倹、益州総管たり、漢王賛、益州刺史たり。高祖、乃ち帯韋を以て益州総管府長史と為し、益州別駕を領し、二王を輔弼し、軍民の事を総知せしむ。（三七五頁）

とあるように、益州総管と益州刺史とのそれぞれに別人が就任しているのである。従来、総管と中心となる州の刺史は兼任となっていたが、これ以後、それぞれに専任となる例を見出すことができるようになる。総管府長史としては、他に衛玄の名を挙げることができる[44]。

その他にこの時期の四川における出来事を拾うと、天和五年一二月に、大将軍鄭恪が越巂を平定し、西寧州を置いたことが挙げられる。ここに至るまで越巂に関する記述が見出せないことから、越巂における反北周活動が激しかったというよりも、それまで北周は越巂という遠隔地にあえて軍を派遣しなかった、或いはする必要がなかった、というのが実状ではなかろうか。いずれにしても大した障害ではなく、この時期になってなにかしら北周が派兵するような機会がおとずれ、北周としても派兵するだけのゆとりが多少なりとも出てきたということであろう。また鄭恪は、建徳三年一〇月に始州で起きた王鞅の率いる民衆叛乱を平定してもいる[45]。

7　宇文達

代王宇文達は太祖宇文泰の第一一子。列伝はやはり『周書』巻一三・文閔明武宣諸子伝、『北史』巻五八・周室諸

王伝にあり、字は度斤突、母は不明である。果決にして騎射を善くし、また節倹を好み、資産を営まずというから、よくできた人物である。建徳年間には荊州総管を務めて政績があり、武帝自ら勅を記して褒めたたえている。建徳四年（五七五）閏一〇月に益州総管に就任したが、翌年の武帝の東伐に際して徴還されて平斉戦役に参加し、おそらくそのまま益州には戻っていないと思われる。大象元年（五七九）に大右弼を拝している。総管府司馬として元孝矩が挙げられるのだが、『隋書』巻五〇・元孝矩伝に、

其の後、周の太祖、兄子晋公護の為に孝矩の妹を娶り妻と為し、情好甚だ密なり。閔帝の受禅し、護の百揆を総ぶるに及び、孝矩の寵、益ます隆し。護の誅さるるに及び、坐して蜀に徙る。数載して京師に徴還せられ、益州総管司馬を拝し、司憲大夫に転ず。（一三一七頁）

とあるように、元孝矩は宇文護の誅殺に連座して蜀に流された経験がある。四川はその閉鎖性と辺境性から、流刑の地としても活用されていたのであり、これも古くは秦代からの伝統とでもいえるものである。他に北周時代では、孝閔帝元年（五五七）に誅された独孤信の家族が蜀に流されており(46)、また、建徳年間に平定された北斉の皇族も多く徙されている(47)。

8　王　謙

宗室出身者が四代続いた後に益州総管に就任したのは、上柱国・庸国公の王謙である。列伝が『周書』巻二一・『北史』巻六〇にあり、字は勅万、所謂十二大将軍の一人で魏興・上津を占領した王雄の子である。性格こそ恭謹なれど、他に才能無しという人物で、実際、父の功によって驃騎大将軍・開府儀同三司となり、その父が戦死したために柱国大将軍を授けられ、と自らの功績に拠らずに柱国にまで昇っている。ただし上柱国となるに際しては、皇太子（後の宣帝）に従っての吐谷渾討伐や、平斉戦役に参加して力戦したことに拠っている。

就任は建徳六年（五七七）七月で、すでに北周が北斉を滅ぼした後である。治績については特に述べる点はない。益州刺史は兼任ではなく、大象の末年段階では達奚惎が務めている。(48) 随国公楊堅が丞相となって北周の実権を握り、大象二年（五八〇）六月に後任の益州総管として梁睿を送り込んでくると、交代することを肯んぜずして挙兵し、これに所管の一八州及び周囲の一〇州が加わり、その動員兵力は一〇万に達した。しかしながら二〇万の軍を整えてきた梁睿の前に破れ、同年一〇月には斬られた。この動乱における状況認識の一つとして、『隋書』巻六六・柳荘伝に、

　今、尉迥、旧将と曰うと雖も、昏耄すること已に甚だしく、消難・王謙、常人の下なる者にして、匡合の才有るに非ず。況んや山東・庸・蜀、従化せるの日は近く、周室の恩も未だ洽《あまね》くせず。（一五五一頁）

とあり、庸・蜀、つまり漢川・四川もまた、いまだ北周の統治が浸透していない地域であるとする、厳しい指摘がある。

9　梁　睿

北周最後の益州総管梁睿は、『周書』巻一七・『隋書』巻三七・『北史』巻五九に伝があり、字は恃徳。賀抜岳亡き後、宇文泰の翊戴に参加し、大統四年（五三八）に薨じた際には太尉・尚書令を贈られた梁禦の子である。功臣の子ということで優遇され、武帝時代に涼安二州総管を務めて政績をあげ、柱国に昇っていた。

前述の通り、大象二年（五八〇）六月に益州総管を拝命し、交代を拒絶した王謙を同年一〇月に行軍元帥として打ち滅ぼして、着任した。翌大定元年（五八一）二月に北周から隋に禅譲されたため、施策・治績などについては特に述べることはないが、南寧州の状況について『隋書』梁睿伝に記述があるためここで触れておく。

　睿、時に西川に威振し、夷・獠帰附するも、唯だ南寧の酋帥、爨震のみ遠きを恃みて賓《したが》わず。（中略）土民爨瓚、遂に一方に窃拠し、国家、刺史を遥授す。其の子の震、相い承けて今に至る。而れども震、臣礼は虧くこと多く、

貢賦は入れず、毎年の奉献も、数十匹の馬に過ぎず。（一一二六頁）

前節で触れたように、保定元年（五六一）に北周に遣使朝貢した南寧州は、土民爨瓚の拠るところであり、北周としても南寧州刺史を与えて羈縻政策を敷くに留まっていた。子の爨震に代替わりしても、その状況は変わらず、梁睿は王謙を平定した勢いをかってさらに南進せんと、長安の大丞相楊堅に奏上したが、ひとまずは留められた。後に史万歳によって爨氏が平定されたのは、隋開皇一七年（五九七）のことである。

第四節　都督益州等諸軍事・益州総管の任免より見たる西魏・北周における四川の位置

前記九人の都督益州等諸軍事と益州総管に就任した者たちの状況から、西魏・北周代における四川の位置づけを見ることにしよう。彼ら九人は大きく三つのグループに分けることができる。すなわち、（A）①尉遅迥～③厙狄峙、（B）④宇文憲～⑦宇文達、（C）⑧王謙・⑨梁睿という分け方である。以下に、順番に見て行こう。

（A）の時期は、いまだ四川における西魏・北周支配が安定せず、創業期ともいうべき時期である。伐蜀軍の司令官であった①尉遅迥はともかくとして、②宇文貴については、宿将中の宿将ともいうべき所謂十二大将軍の一人であるから、宇文泰が「宿将をしてこれに居らしむるを欲せず」としたものの、その意向は全く果たされてはいない。これには両面の理由がある。一方は今述べたように、四川がいまだ不安定で、梁元帝との領土争いと叛乱・抵抗が頻発する最中にあり、これらを制するためには、実績と名望を兼ね備えた有力な将帥を派遣せざるを得なかったこと。もう一方は、宇文泰が欲した諸子の中に、適任者がいなかったことである。長子宇文毓（明帝）にしてからが永熙三年（五三四）の生まれであるから、尉遅迥の伐蜀がなされた時点（廃帝二年（五五三））でようやく二〇歳を越えたところであり、その能力についてはともかく、いまだ戦火の止まぬ地域に出鎮させるには実績・経験の面では心許ないものがあったに違いない。かつて宇文泰の親族内でその両腕として活躍したのは甥の宇文導・宇文護兄弟であったが、恭帝元年（五五四）に宇文導が薨じたことは、重要地出鎮者を失ったという意味でも痛手であった。そういった状況下で宇文貴が選出されたのは、その能力と、宗室に準じる扱いを受けていたことから考えても妥当であったと思われる。

③厙狄峙の時期となると、事態の沈静化はそれなりに進んでいる。厙狄峙自身、騎射をよくし、大将軍を拝した武人でもあるわけだが、史料上で確認できるその活躍は主に外交官・文官としてのそれであり、宿将というには物足りない面がある。従って、宗室出身者就任までの繋ぎとしての意味合いが強いだろう。

（B）の時代こそ、北周の益州総管の時代であり、宇文泰の諸子が連なって就任した時代である。④宇文憲から⑦宇文達まで、宇文泰の第五・七・八・一一子である。宗室出身者が連なって出鎮した例としては、前代梁の益州刺史もまた同様であったし、[49]後代隋の初めの益州総管もまた、文帝楊堅の第四子である蜀王楊秀であった。[50]北周における他の総管府では秦州[51]・蒲州[52]などの状況がこれに近いが、このうち地方出鎮という観点からすれば長安に近く、近隣に同州・勲州といったより重要な軍事拠点がある蒲州は性格が異なるとすべきである。従って、益州と秦州とが、北周にとって最重要の出鎮地であったと見做せるわけである。ただし、そこにはあくまでも「後方の」という但し書きがつくことはいうまでもない。

さて、総管府内における総管の在りようとしては、④宇文憲が一六才で出鎮し、以後その弟たちが連なったわけであるから、いずれにしても若年であり、総管・刺史として行政・軍事に自ら主体的に腕を振るったとは考え難い。ゆえに、彼らはあくまでも看板であり、実際に行政を取り仕切ったのは総管府長史であり、軍事面を支えたのは総管府司馬と、実戦指揮官としての陸騰のような人物であった。そしてその看板が多少なりとも内実を伴うようになった段階で中央に徴還されるなどし、そこへ次なる年少者が就任したのである。これは、例えば梁の武陵王紀が一七年にわたって四川に鎮し、政績も挙げた一方で、独立の様相を呈していったことを省みてのことでもあろうが、逆に宗室出身者が若年層に集中し、実用に耐えうる者がそれだけ少なかったことの裏返しでもあった。確かに、⑤宇文招の在任約八年というのが、他と比べて長さという点で目立つものの、宇文招が徴還された時も、いまだ二〇代半ばであった。(53)そして、徴還された彼らが、宇文憲を除いて、次の官に就くまでしばらくの間があるということにも注目すべきである（表26参照）。これは益州総管から次の官に遷るために徴還されたのではなく、次の益州総管を送り込むために徴還されたことを意味している。つまり、彼らは機械的に益州総管として送り込まれ、そして益州総管としての政績によって評価されて徴還されたのではなかったのであった。

（C）の時期の⑧王謙・⑨梁睿両名は、実のところ個人としては全く異なる役回りではあるのだが、北周における益州総管としての在りようとして、（B）の時期とは決定的に異なるために設けた、いわば「その他」の区分である。建徳六年（五七七）七月の王謙就任に至って、益州総管に宗室外の人物が採用された理由は、ひとえに同年初頭に北斉を滅ぼし、華北の統一に成功したがゆえであり、北周全土における四川の重要性が低下したためである。とはいいながらも、王謙は建徳五年一二月に武帝が北斉の幷州・太原を平定した折りに、趙王宇文招・梁国公侯莫陳芮等七人とともに上柱国に列した、宇文憲・尉遅迥の両名に次ぐ上柱国第二期生ともいうべき重臣であったから、(54)さほどの下降ではない。梁睿については、拝命当時はいまだ上柱国に届かぬ柱国であって、格の低下は明らかではあるが、これは敵対者を排除せんとする大丞相楊堅の意向により、楊堅個人が信頼していた人物を採用したためで、任用の目的自体が上記八名とは全く異なるのである。

結　語

以上から、本章の結論として西魏・北周代における四川及び益州総管の位置を求める。四川は北周全体における「軍国の資するところ」であり、それは戸口数による軍事動員力への貢献もさることながら、豊かな生産力と発達した商業に基づく物資の供給の面において顕著であった。この最重要の後背地に置かれた益州総管府には、独立的な傾向が生じることを防ぐために、高位の宗室出身者、すなわち太祖宇文泰の諸子を機械的に就任させ、なおかつ長期の在任を避け、さらに若年者を起用することで行政・軍事一体となった強権の発動を防いだ。後年、総管と刺史の兼職を廃したのは、この方針を徹底化させたものである可能性が高く、その一方で武帝がその子を益州刺史に充てたことは、次世代への布石として見ることもできるだろう。総管のもとで軍事を掌握し、叛乱の鎮定や西南地方への外征にあたった人物の格でみれば、その時々の最高級将帥層たる柱国・上柱国拝受者が見られない。このことから四川には敢えて中央より最高級将帥を派遣しない方針があったとも考えられる。北周が北斉を滅ぼして華北を統一すると、四川の重要性は相対的に低下し、宗室出身者の総管就任こそ停止したが、臣下の中ではいまだかなりの高位にある者が充てられており、まだ相応の重要性を保っていたといえるだろう。

注

（1）松井秀一「唐代前半期の四川」（『史学雑誌』七一―九（一九六二年））。

（2）諏訪義純『中国南朝仏教史の研究』（法蔵館・一九九七年）・第一〇章「梁武帝の蜀地経略と仏教――益州刺史の任免を中心として――」（一九七〇年初出）。石田徳行「六世紀後半の巴蜀と仏教」（『東方宗教』四八（一九七七年））。北周代の四川に触れたものとしては、塚本善隆『塚本善隆著作集第二巻・北朝仏教史研究』（大東出版社・一九七四年）・第八「北周の廃仏」四「蜀僧衛元嵩とその廃仏案」（一九四八年初出）を挙げておく。

（3）丸山宏「仏教受容に関する接触論的考察」（野口鐵郎編『中国史における乱の構図』（雄山閣出版・一九八六年））。

（4）厳耕望『中国地方行政制度史　乙部　魏晋南北朝地方行政制度』（台北：中央研究院歴史語言研究所・専刊四五B・一九六三年）上冊・魏晋南朝・第一章「行政区画」・六七頁によれば、南朝宋・斉の頃の益州都督区は益・寧二州を督したという。なお、劉季連の職名には、益州都督を見出し得ないが、益州刺史は概ね益州都督を兼ねるようである。

（5）松田壽男「吐谷渾遣使考」（『松田壽男著作集』（六興出版・一九八七年）第四巻（一九三七年初出））。

（6）『周書』巻四四・李遷哲伝・七九一頁。

（7）『資治通鑑』巻一六六・敬帝紹泰元年・一二月条・五一三九頁。

（8）『周書』巻四四・李遷哲伝・七九一～七九二頁、『周書』巻四九・異域上・蛮・八八八頁、その他該当人物の列伝による。

（9）『周書』巻三・孝閔帝紀・元年正月丙寅条・四七頁。

（10）蕭荘は元帝の長子である武烈世子蕭方等の子。梁陳革命の後に北斉の助けを得て即位するも、国運は回復せず。

（11）『資治通鑑』巻一六七・陳武帝永定元年一二月条・五一六九～五一七〇頁、『周書』巻二八・賀若敦伝・四七四～四七五頁など。

（12）『周書』巻五・武帝紀上・保定元年九月甲辰条・六五頁、及び保定二年冬十月戊午条・六七頁。

（13）『周書』巻五・武帝紀上・天和五年十二月癸巳条・七八頁。なお、『元和郡県図志』巻三二・巂州の条には、

周の武帝の天和三年、越巂の地を開き、巂城に於いて厳州を置く。（八二二頁）

とある。

（14）前掲注（4）厳耕望著書・下冊・北朝地方行政制度・第三章「都督総管与刺史」。中村淳一「北周明帝期の兵制改革と宇文護について」（『立正大学東洋史論集』四（一九九一年））。

（15）『周書』巻二一・王謙伝・三五三頁、及び同尉遅迥伝・三五一頁。

(16) 前掲注(4)厳耕望著書・下冊・第二章「州郡県与都督総管区」・四六九頁参照。
(17) 宇文導は宇文泰の長兄の邵恵公宇文顥の子。信頼できる身内の少なかった宇文泰のもとで、弟の宇文護と共に両輪となって活躍し、いわゆる十二大将軍に列した中でも西魏宗室三名を除いた筆頭格に置かれた。恭帝元年(五五四)に四四才で薨じている。『周書』巻一〇・邵恵公顥附子導伝。
(18) 梁代でも益州太守蕭憺が天監九年(五一〇)に学校を起こすとともに文翁を祀っており、人々の支持を取り付けている。『南史』巻五二・梁宗室下・始興忠武王憺伝・一三〇二頁。
(19) 『周書』巻一一・宇文護附馮遷伝・一八一頁。
(20) 宗室宇文氏は頼れる親族が少なかったが、そのような状況下でも宇文貴とその一族は王爵を得てはいないので、一般的な宗室の範疇には含まないと判断すべきであろう。
(21) 『北史』巻六〇・宇文貴伝・二一三九頁は「李光賜」を「李光易」に、「張道」を「張道」に作る。
(22) 『周書』巻三五・崔猷伝・六一六頁。
(23) 咸豊『簡州志』巻一三上・芸文志、『金石苑』、『八瓊室金石補正』巻二三、『十二硯斎金石過眼録』巻七等に収録される。ただし、『金石苑』は「北周高祖文帝廟碑」、『十二硯斎金石過眼録』も「高祖文帝廟碑」としていて、王と帝については追尊があったのでともかくとしても、廟号を誤っている。なお、『輿地碑記目』巻四・簡州碑記・八四頁には「周文王廟之碑」とともに、「後周宇文泰紀功碑」なるものが見えるが、残念ながら伝わらない。ただし、王仲犖『北周六典』(北京：中華書局・一九七九年)は両者を同一のものとしている。
(24) 強独楽については不明。碑文中の記述からは「強独」が姓であるととれるのだが、強独姓の人物は管見の限りにおいて他に見出し得ていない。ただし、『元和姓纂』巻五・強氏条の岑仲勉校によれば、麟徳元年(六六四)建立の「軽車都尉強君墓誌銘幷序」に誌主の曾祖父として後魏車騎大将軍強楽という人物が出てくるので(五八九頁)、こちらも検討の余地があるかもしれない。
(25) この「甘州」は従来「甘州」と録文されてきたもので、中華書局標点本『周書』の校勘記などでも「甘州」として宇文貴の履歴の補足に用いられている（巻一九、校勘〔三五〕）。しかしながら、拓本を見ると中央の横棒と見做されてきたものは字画ではなく傷であり、またこの時期に甘州諸軍事という役職が置かれることが極めて不自然であることともあわせて、「甘」ではなく「廿」であると判断される。詳細は拙稿「「周文王廟之碑」の試釈と基礎的考察」（中央大学人文科学研究所編『档案の世界』（中央大学出版部・二〇〇九年）参照。

(26)『周書』巻二八・権景宣附郭賢伝・四八一頁。

(27)前後の就任者との兼ね合いから、この「三十一」は「二十一」の誤りである可能性がある。

(28)宇文憲が斉国公に進んだのは益州総管拝命の翌月の武成元年（五五九）九月乙卯。斉王に進んだのは建徳三年（五七四）正月壬戌。（ともに『周書』本紀・五八頁及び八三頁）

(29)『大唐郊祀録』巻一〇・釈奠武成王条・一一a。ちなみに同時代人を並べてみれば、北周では于謹・韋孝寛、北斉では慕容紹宗・斛律光、梁の王僧弁、陳の呉明徹がいる。なお、これら六四人の上位に十哲がおり、君主及びそれに類する者は外されている。

(30)厙狄峙が宇文憲赴任まで蜀にいたとすれば、武成元年正月の段階で厙狄峙の都督益潼三十一州諸軍事の職が益州総管に換わり、厙狄峙こそが益州総管第一号となる。そして、筆者もおそらくはそうであろうと考えているために、些か迂遠な表現になっているのである。

(31)『輿地碑記目』巻四・成都府碑記・八一頁にみえる「摠管大学碑」がその頌徳碑であるというが、すでに伝わらない。

(32)『周書』巻三五・薛善伝・六二四頁。

(33)『周書』巻三七・裴文挙附高賓伝・六七〇頁。

(34)宇文泰諸子の生年と郡公に封じられた時期をまとめると左記のようになる。譙王倹以下は、武成初以降に国公に封じられたのが初封であるので省く。

表27：宇文泰諸子郡公拝受表　※各人の本紀・列伝に拠る。

封爵・姓名	生年	郡公受封年	封郡
明帝宇文毓	永熙三年（五三四）	大統一四年（五四八）	寧都
宋公宇文震	不明	大統一六年（五五〇）	武邑
孝閔帝宇文覚	大統八年（五四二）	大統一六年（五五〇）	略陽
武帝宇文邕	大統九年（五四三）	恭帝元年（五五四）	輔城
斉王宇文憲	大統一〇年（五四四）	恭帝元年（五五四）	安城
衛王宇文直	不明	恭帝三年（五五六）	秦
趙王宇文招	不明	恭帝三年（五五六）	正平

(35)　野村耀昌氏は『周武法難の研究』（東出版・一九七一年）・第四章「宇文泰・宇文護時代における仏教の地位」において、宇文倹に蜀への同行を請われた闍那崛多の訳経作業の終了が天和六年（五七一）であることから、宇文倹の益州総管赴任は同年後半であろうとされる（九九～一〇〇頁）。しかしながら、訳経の終了を待って総管赴任を一年も延ばすとは考え難く、また、何も一緒に連れ立って行く必要はないわけで、闍那崛多は作業終了次第、後を追って蜀に赴いたとすればよいのではなかろうか。よって、筆者は宇文倹の益州総管就任時期については、『周書』本紀の記述を挙げるに留めておく。

(36)　『周書』巻二八・陸騰伝。陸騰が江陵総管に遷った折りに陳の攻撃があり、その際に大将軍であった趙誾・李遷哲が陸騰の節度を受けている。また、同六年には柱国に進んでいる（四七一～四七二頁）。

(37)　『周書』巻三七・郭彦伝・六六八頁。

(38)　『庾子山集』巻一四・賀婁公碑・八六五頁。

(39)　『隋書』巻六〇・于仲文伝・一四五〇頁。安固太守于仲文による牛を巡る訴訟の名裁定の逸話を載せる。なお、于仲文は于謹の孫である。

(40)　「北周宇文倹墓清理発掘簡報」（『考古与文物』二〇〇一―三）、羅新・葉煒『新出魏晋南北朝墓誌疏証』（北京：中華書局・二〇〇五年）二八五～二八七頁参照。

（41）宇文倹の就任時期に関する議論については前掲注（35）を参照。

（42）宇文護の執政期は対北斉戦略に和戦両面で柔軟に臨んでおり、この間の対北斉出兵は突厥からの出兵要請に付き合わされた側面が強かった。

（43）母は李皇后で、宣帝の同母弟。列伝は『周書』巻一三・文閔明武宣諸子伝、『北史』巻五八・周室諸王伝中にあるが、列伝中に益州刺史についての記述は無い。後に楊堅が専権を振るうと、右大丞相として官界の頂点に祭り上げられるも、実権がなかったのはいうまでもない。

（44）『隋書』巻六三・衛玄伝・一五〇一頁。

（45）『周書』巻五・武帝紀上・建徳三年十月丙辰条・八六頁。

（46）独孤信が誅されて家が廃されると、子の独孤陁は連座して蜀郡に徙され、宇文護が誅されて後に長安に戻っている（『隋書』巻七九・外戚・独孤羅附弟陁伝・一七九〇頁）。その一方、同じく独孤信の子の独孤善は、家を廃されて後、保定三年には龍州刺史を拝している（『周書』巻一六・独孤信附善伝・二六七頁）。

（47）四川に徙された北斉の皇族を表にまとめると左記の通り。

表28：北斉宗室徙蜀者表

姓名	旧封爵	続柄	事跡	出典（『北斉書』）
高亮	襄城王	孝昭帝子	龍州に卒す	巻一〇・襄城景王淯附亮伝
高正礼	河間王	河間王高孝琬子	綿州に遷り卒す	巻一一・河間王孝琬伝
高紹義	范陽王	文宣帝第三子	蜀に死す	巻一二・范陽王紹義伝
高百年	楽陵王	孝昭帝第二子	蜀に徙り死す	巻一二・楽陵王百年伝
高仁英	高平王	武成帝第六子	蜀に徙り、後に高氏の本宗祭祀を修める	巻一二・高平王仁英伝
高仁雅	安楽王	武成帝第一一子	蜀に徙る	巻一二・安楽王仁雅伝

（48）『周書』巻一九・達奚武附惎伝・三〇七頁。

（49）前掲注（2）諏訪論文によれば、梁代の延べ一〇人の益州刺史就任者のうち、初代を除いた九人までが宗室出身者である。

ただし、筆者自身正確に数えたわけではないが宗室出身者の数そのものが梁の方が多く、また都督諸州軍事の管区の数が少ないことに留意するべきではある。すなわち、北周の益州総管は、多くの管区がある中で、数少ない宗室出身者が集中的に配されたという点が特徴的なのである。

(50)　益州は并州・荊州・揚州とともに四大総管府とされ、最重要の地方出鎮地であった（『通典』巻三二・職官一四・州郡上・都督・八九四頁）。

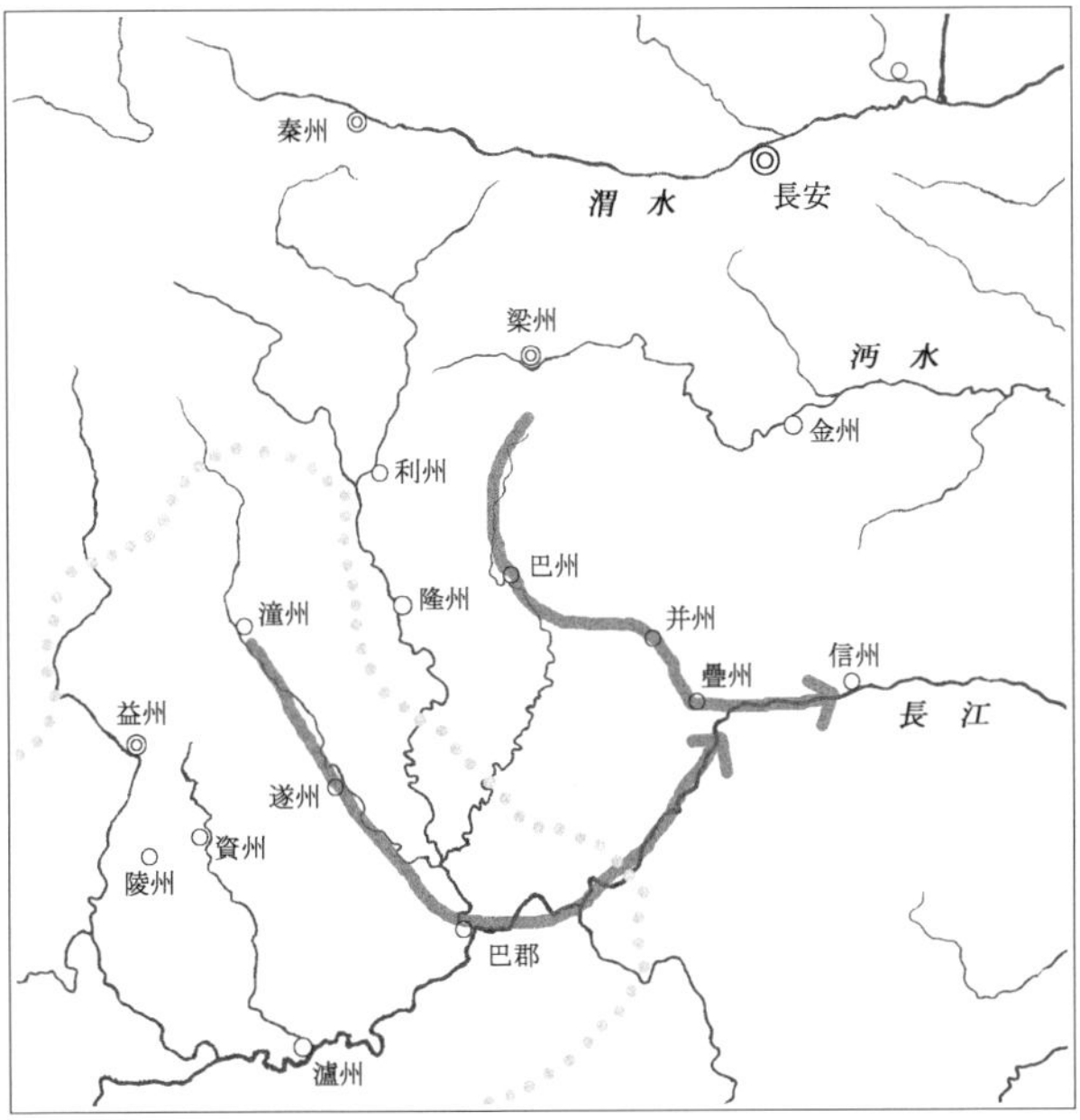

図13：西魏・北周軍の進路と北周時期益州総管の管轄地域
譚其驤主編『中国歴史地図集』第四冊、厳耕望『中国地方行政制度史』乙部・下冊を参照して作成。

(51)　武帝在位中まで、宇文広（宇文導長子）・尉遅迥・宇文広（再任）・宇文純（宇文泰第九子）・宇文亮（宇文導第二子）・侯莫陳瓊と連なる。

(52)　建徳の初年まで、宇文邕（武帝）・宇文直（宇文泰第六子）・宇文会（宇文護子）・宇文広・宇文訓（宇文護世子）と続く。前注と共に、呉廷燮『東西魏北斉周隋方鎮年表』による。

(53)　表27より、宇文招は宇文憲よりも二年以上は年少であろうことは推定され、仮に生年が大統一二年（五四六）であったとしても、後任の宇文倹が就任した天和五年（五七〇）で二五才である。

(54)　ただし、并州陥落直前に、北斉より降伏した韓建業が上柱国・郇国公に除されている例がある。『周書』巻六・武帝下・建徳五年一二月丙辰条・九七頁。

第三部　人物研究

第一章　李虎の事跡とその史料

緒　言

本章で取り扱う李虎とは、唐朝の初代皇帝李淵の祖父にあたる人物である。北魏末年から西魏にかけて活躍して柱国大将軍という最高級将帥層にまで昇りつめ、没後に唐国公を追贈されたとされる。到達した地位から考えれば、当該時代でもそれなりに重要な人物であったと見做せるし、なにより李虎の「唐」国公がそのまま「大唐帝国」の「唐」に繋がったのであるから、唐朝成立前史においても、極めて重要な役割を果したといえる。[1] ところが、『周書』や『北史』といった李虎が活躍した時代・地域の基本史料においては、その事跡を伝える記事は極めて零細である。それは、『周書』や『北史』が唐朝によって編纂されたものであることと、李虎が唐朝成立とともに追尊されて太祖景皇帝とされたことに拠っている。すなわち、追尊ながらも皇帝であるとした人物を、列伝に置くわけにはいかなかったからであり、その結果、諸正史では本紀や他者の列伝中に断片的な記述が散見するに留まるのである。それら正史上の記述については、本書第一部第三章（以下先稿と表記）で検討しており、李虎が他者とともに列挙される際には、皇祖を人後に置くわけにいかないことから李虎が先頭に記載されること、李虎よりも高位にいたものが含まれる場合には、上下関係を隠すために彼らの官職名が省略されること、といった記述上の配慮が強く施されていることを指摘した。

さて、正史上では記述が乏しい李虎ではあるが、個人の伝記としてはある程度まとまった分量の記事が、『冊府元亀』巻一・帝王部・帝系に残されている。これは従来研究にも活用されてきたし、清代に謝啓昆が撰した『西魏書』巻一八・李虎伝もこれをもとにしている。また他の史料からも僅かながら事跡を補強できる。これらの史料群もまた成立年代を考慮すれば、唐朝による潤色を経たものであることは容易に推測されるところではあるものの、充分な史料批判はなされてこなかった。そこで本章ではこれらの史料の検討を通じて、李虎の事跡とその史料の記述のされ方を展望する。それに先立ち、第一節で近年公刊された、ある墓誌を利用して李虎に関する史料を検討したとする論稿を紹介し、そこに含まれる看過し得ない問題点について検討する。なお、李虎以前の唐朝帝室の先世については、中国史研究史上の重要課題であり、長年の研究が蓄積されていながらも結論に至っていないが、新史料が出現したわけでもないので、本章では基本的に触れずにおく。

第一節　清水李虎墓誌について

『冊府元亀』等の文献史料群について検討する前に、一つの墓誌をめぐる議論について触れておくことにする。

北周の建徳六年（五七七）に没した李虎という人物の墓誌がある。一九三五年に甘粛省清水県から出土したもので（以下、本節では誌主を清水李虎と表記し、唐の皇祖とされている李虎を唐公李虎と表記する）、早くから録文や拓本写真が方々に掲載されているので、[2]新出の史料というわけではない。

誌文から簡単に抜き書きすると、清水李虎は、字は威猛、隴西成紀の人で、祖父李爵は（北）魏の隴西行台、父李宝は（北）周の隴東郡守。本人は地元の清水太守から、開府儀同三司・慎政県公・都督上州諸軍事・上州刺史に至った。建徳六年（五七七）、七二才で長安の邸宅で没した。子孫についての記述はない。この「李虎墓誌」は隋の大業二年（六〇六）に清水県に埋葬（改葬）された際に製作されたものなので、タイトルは「大隋使持節驃騎大将軍開府儀同三司慎政公上州刺史李府君之墓誌銘」とある。[3]

一方、唐公李虎は北魏末から西魏の時代に活躍して柱国大将軍に至り、最高級将帥群の一翼を担い、西魏大統一七年（五五一）に没したとされている。その後、北周の時代になって唐国公を追贈され、その爵位は子の李昞に受け継がれた。そしてその政治・社会的土台に基づいて、孫の李淵が唐国公・太原留守、そして煬帝の母方の従弟という最高門閥階層から群雄争覇戦に参加しえた、と唐朝成立史へと繋がっていくのであるから、清水李虎との懸隔は大きい。

それでは、本章で扱う唐公李虎とこの清水李虎とは、果たしてどのような関係にあるのか。この問題に言及した論説は多くないが、大方の研究者は杜光簡氏や岳維宗氏の所説に同調するであろう。[4] より論点の簡明な後者の所説に基づけば、文献史料に見える唐公李虎と誌主の清水李虎とでは、

①貫籍（唐公：隴西狄道／清水：隴西成紀）[5]
②先祖（李暠……熙―天錫―虎／李爵―宝―虎）
③官職（太尉・柱国大将軍・尚書左僕射・隴右行台・隴西郡公等／驃騎大将軍・上州刺史・慎政県公）
④卒年（大統一七年（五五一）／建徳六年（五五七））
⑤事跡（戦功多く西魏の佐命の功臣／具体的な記述無し）

と全てが異なっており、従って唐公李虎と清水李虎は全くの別人であると結論づけられる。

筆者もまた、細かい点で注文はあるものの、この両者は別人であるとする岳氏等の説に同調する。清水李虎墓誌は誌主本人の事跡については、死亡および埋葬に関するもの以外では具体的な年月が記載されず、また名が挙がる祖父と父についても、他の史料で該当者が見あたらず、それ以外の人名も出てこないため、そこから内容を吟味すること

もできない。文献史料との接点がなにも無いので、唐朝云々と切り放したとしても、現段階ではこの墓誌を研究の対象とすることは難しいだろうと筆者は考えていた。

それでは、なぜ殊更にこの清水李虎墓誌を本章で採り上げたかといえば、近年に清水李虎がすなわち唐公李虎であるとする論稿、楊希義・劉向陽「従《李虎墓誌》看李唐皇室対其氏族与先世事迹的杜撰」(6)が公刊されたからである。

ごくおおまかに内容を要約すれば、

①清水李虎墓誌の誌主は唐公李虎である。

②墓誌の記述と、文献史料に見える唐朝の先世に関する公式見解は全く異なっている。

③墓誌が正しく、従来の文献史料はすべて偽造されたものである。

となり、研究者は編纂された文献史料を軽々しく信じてはならない、と締め括られる。清水李虎＝唐公李虎が成り立つのであれば、その唐朝成立史への影響は計り知れないほど大きい。それではこの楊・劉氏の論は成立するのであろうか。今一歩、踏み込んで見ていこう。

楊・劉論稿は、清水李虎の父李宝を、『魏書』巻三九に列伝のある李宝に比定する。こちらの李宝は隴西狄道人で涼王李暠の孫であるから、唐朝の公式見解（楊・劉論稿は「自撰譜牒」と称する）とも接点は見出しうる。『魏書』李宝伝は子孫の代まで充実しており、六世代以上にわたる系図を復元しうる。ここから楊・劉氏は、

李暠――翻――宝――承――虔――昞

という系図を構成し、これと唐朝の公式見解である、

李暠――歆――重耳――熙――天錫――虎――昞

という系図と、さらに墓誌の、

李爵――宝――虎［――昞――淵――世民］

という系図(7)を突き合わせた結果、墓誌の李爵＝『魏書』の李翻、という結論に至る。

この論証が大きな問題を抱えていることは楊・劉氏も認識されていて、以下の三点を挙げている。第一は李宝の年代が合わない点である。『魏書』の李宝の生卒年は、列伝の記事から西暦四〇七～四五九年と定められる。清水李虎の生卒年は墓誌から五〇六～五七七年であるから、この二人は親子とは見做しがたい。第二は李昞という名について。清水李虎は『魏書』の李宝の曾孫李昞と同世代（四九一～五二八年）であるが(8)、清水李虎の子も（楊・劉氏の構想では）李昞であり、自分の同輩の名を子に付けるのは不自然である。第三は、李宝の一族が名族中の名族として扱われた存在であったにもかかわらず(9)、唐朝が公式見解においてこの名族の本流から外して、わざわざ辺境の守備にまわされたような李重耳・李熙親子に繋げたのかが不可解であること。楊・劉氏は以上のような疑問点を挙げてはいるものの、論稿ではこれらに対する回答は一切示されない。

楊・劉氏が挙げられた、極めて根本的な問題が解決されない時点で、筆者としてはこの説が成立しないとするに充分であると考えるのだが、それ以外の点から挙げると、最大の問題点は、清水李虎＝唐公李虎という図式が、何の根拠も説明も無く前提条件とされていることである。墓誌の父李宝＝『魏書』李宝という比定もまた、何ら根拠が無いまま論証の前提とされている点で同様である。

確かに、李虎という姓名と活躍した時代、属した政権、そして（唐公李虎に関しては唐朝の公式見解に過ぎないものの）隴西出身というところまでは一致する。しかしながら、それら以外の全てが大きく異なっている両者を結び付けるものは、最後まで示されないのである。

墓誌を研究材料とする時、既存の文献史料と関連付けて、系図の復元を試みるのは基本的な方策である。その中では、周辺の事象を積み上げて帰納的に系図を構築できる場合もあれば、先に前提を定めて演繹的に全体を説明しうる場合もある。楊・劉論稿は主に後者の方法で事象を説明しようとしているが、成功してはいない。前提自体に充分な根拠が示されず、その前提に基づく事象の説明も成しえていないのである。

まず先世について言えば、墓誌の父李宝と『魏書』の李宝は同一人物たりえない。両者の共通点として隴西という貫籍と宝という諱があるのは確かであるが、同一人物であることを否定する材料は多い。楊・劉氏が問題点として挙げるように、年代の違いだけでも決定的であろう。さらに両者の経歴から見ても、河西回廊にいた『魏書』の李宝が北魏に帰附したのは太武帝の時代で、王都平城に入って後には外都大官、鎮南将軍・幷州刺史、内都大官を務め、最後には鎮北将軍として懐荒鎮に鎮し、没後に本官を贈られている。一方、清水李虎の父は北周の隴東郡守である。両者に繋がりは見出しがたい。さらに遡って、『魏書』李宝の父李翻は北魏には仕えていないので、清水李虎の祖父李爵の官として記される北魏隴西行台たりえない(10)。

『魏書』の李宝と清水李虎との関係を父―子ではなく、祖―孫、或いは曾祖―曾孫とし、墓誌の記述に誤りがあるのだと説明することは不可能ではない。何世代か遡ったところでの世代数の誤りは、文献史料・墓誌を問わず散見するものである。父と祖父・曾祖父を誤るというのもお粗末な話ではあるが、清水李虎の墓誌は彼が最初に埋葬されて後、三〇年近く経って改葬された際に作られたものであるから、その際に誤りが生じたのだと強弁すれば、一概に否定はできないだろう(11)。しかし否定できないことと肯定することとは表裏ではない。本件の場合、墓誌の李宝と『魏書』李宝とは、ここまでに挙げた点から別人とするのが妥当である。従って、清水李虎の先世に関して、文献史料群と関連付けることはできていないのである。

より根本的な清水李虎＝唐公李虎という前提はどうか。

実はこの点については、いくら否定的な材料を連ねても論証とするに不充分としてしまう特殊な事情が、比定対象とする人物と文献史料の両側にある。すなわち、唐公李虎が唐朝の皇祖であること、そして唐公李虎に関する文献史料群が唐朝によって編纂されたものであることである。

歴史上、先世記述の潤色・捏造というものは実にありふれたものである。遡れば西涼武昭王李暠に繋がるという唐朝の公式見解を、信頼に足るものとする研究者はいないだろうし、その先世記述に、捏造・改竄ともいうべき書き換えが施されていることは、史学上の共通認識である。従って、「唐朝公式の先世記述は改竄された内容が含まれている」ということは、大前提として思考の片隅に留めておかねばならない。この点では、楊・劉氏の姿勢は尊重されるべき点を含んではいる。

しかしながら、先世記述に改竄された部分が含まれているというのと、全てが完全に捏造であるというのは同義ではない。その改竄がどの世代まで施されているのかが問題になるのである。先稿で検討したように、唐朝によって編纂された史料群の唐公李虎に関する記述には、潤色が加えられていることは確かである。ただ、これらの記述が、ある程度事実に基づいた内容に、先祖を美化すべく多少の潤色が加えられたものなのか、或いは全くの創造物であるのか、となると容易には結論が出ず、さらなる検討を加える必要が生じる。

ところが、楊・劉氏は唐朝公式の唐公李虎に関する記述の性質や、両者が同一人物であるか否かについての検討もせずに、いきなり清水李虎＝唐公李虎とし、両者の事跡における多くの相容れない相違点は、「唐朝公式の先世記述は改竄されたもの」という「大前提」によって一切捨象してしまっている。このような姿勢に対して、両者が同一人物たり得ないという材料をどれほど積み上げようとも、「唐朝公式の先世記述は改竄されたもの」という「大前提」の前には無力で、両者が別人であることは証明できないのである。

そこで、逆に清水李虎＝唐公李虎であったならば、そこから生じる多くの矛盾を「唐朝公式の先世記述は改竄されたもの」という大前提のもとで説明できるのか、すなわち唐朝にとって清水李虎から唐公李虎へと書き換える必然性があったのか、という視点から考えてみよう。

唐朝の公式見解では、唐朝の建国者たる李淵の祖父である李虎が没後に唐国公を追贈され、その「唐」が李昞・李淵へと受け継がれ、そのまま新王朝の国号となったとされる。つまり、唐朝成立の過程での重要な役割を李虎に担わせているのである。仮に墓誌の内容の通り、李淵の祖父の李虎が慎政県公で終わっていたのであれば、「唐」という国号の由来は全くの不明となる。さらには、唐国公という最高級門閥としての基盤が存在しなくなるのであるから、李淵の政治上の地位も、文献史料の記述よりもっと低いところから始まったこととなり、従って、新旧『唐書』等における李淵に関する記述も潤色どころではない、全くの捏造に拠るものということになる。その規模は、ただ高祖本紀に留まるものではなく、文献・石刻を問わず唐の建国を記述する全ての史料にまで横断的に及ぶことになる。それほどの捏造が果たして可能であろうか。

家系の捏造・改竄は、先世を史上の著名人・名族に繋げるのが通例であるが、どこかでその名族の本流からは離れ、本来の家系に繋げなければならない。そこでは改竄が露見しないための工夫がこらされる。世代数を飛ばして記述したり、低い官位に甘んじた時代や、戦乱により移動を強いられた時期（それも南北朝間とか中国外への王朝を越えた移動となればなおよい）を設定して、家系の追跡を不可能たらしめるのである。つまり、唐朝公式の先世記述がその典型である。清水李虎＝唐公李虎であったとして、そのさらなる先世を西涼武昭王李暠に繋げるのは理解できる。それでは、州刺史・県公の家柄を柱国大将軍・国公に書き換える必要はあるのだろうか。

王朝樹立への起点となる社会的地位が低ければ低いほど、創業者の功績は大きく、成功物語としても劇的に仕立てうる。にもかかわらず、わざわざ二世代前の（清水）李虎に架空の大きな功績を附与して唐公李虎を作り上げ、その結果、李淵については唐国公・太原留守にして煬帝の従弟といった極めて高い地位に起点を設定して、その功績を相対的に小さくする必然性はあるのだろうか。

また、世代が近いほど大幅な書き換えが難しくなるのは自明である。李淵・李世民の時代から見て、李虎の時代は近いのか遠いのか。個人的な印象・感覚によって差はあろうが、架空の大物を作り上げるには二世代前というのは近すぎるのではなかろうか。清水李虎の没年は西暦で五七七年、唐建国は六一八年であるから、その間四一年。清水李虎であれば、唐初の段階でも彼と面識があった人物は残っていたと思われる。身分階層意識の強い時代である。唐国公に比べれば格が落ちるとはいえ、清水李虎は州刺史・県公の家柄であり、名もない庶民ではない。それをさらに「その他大勢の官僚・将軍」とはわけが違う西魏の柱国大将軍に書き換えるほどに露骨な改竄が通用するだろうか。実態を知っている層は確実に存在する。唐朝建国後にこのような書き換えをすることで、帝室李氏の社会的・政治的地位が上がったり、政権への支持が拡がったりするだろうか。それよりも露骨な改竄に対して異論が出てこないとは考え難く、たとえ王朝権力を憚って表立っては出てこなくとも、人の口に戸は立てられない。必ず内外で語り継がれ、書き留められたであろう。いかに唐朝が強力な王朝であったとしても、その全てを抹消することは不可能である。

最後に、清水李虎から唐公李虎に書き換えるに際して、没年を五七七年から五五一年まで二六年も遡らせた理由はどのようなものであろうか。北周建国以前、西魏の時代に没したことにしなければならなかった理由についても説明が必要だろう。

すなわち、清水李虎から唐公李虎に書き換えられたとするのは、その必要性が感じられないこと、それを僅か二世代前に施されたこと、などの点から、およそ首肯しがたいことであるといえよう。史料を材料とするとき、そこにはなにかしらの潤色・改竄がある、という意識は常に持っていなければならない。ただし、その史料が潤色・改竄されたものとするならば、利用するにせよ排除するにせよ、その潤色・改竄の意図を説明できなければなるまい。以上の観点から、筆者は楊・劉氏の所説を誤りと判断するのである。

第二節　『冊府元亀』の李虎の記述

緒言で述べたように、李虎に関する最もまとまった記述は『冊府元亀』に残されているので、本節ではそれをもとに李虎の事跡とその史料の書かれ方について検討する。

記述を検討するにあたり、まずはその史料的性格を明らかにしなければならない。周知の通り『冊府元亀』は新たに撰述されたものではなく、正史等の先行諸史料から記事を抜粋して編纂したものである。唐・五代の記事に関しては、正史以外には当時残存していた実録・国史、詔勅奏疏といった公的な史料群からも引かれているが、基本的に雑史・小説の類は用いられていないという[12]。李虎の伝記に関しては先行する史料が現存せず、『冊府元亀』も引用元を明記しないため、いかなる史料から引かれたかは明らかにしえない。

巻一・帝王部・帝系に記される唐朝の先世記事は、遠く顓頊から書き起こされ、老子や前漢の将軍李広、西涼の武昭王李暠などを経る、いわゆる隴西李氏の先世記述を踏まえた上で、李虎・李昞に至る。『新唐書』巻七〇上・宗室世系表冒頭の記述と比べると、一切の枝葉が省かれており、さらに簡略にされたものといえる。また、李暠から李虎までの記述から判断すると、『新唐書』巻一・高祖紀の冒頭は『冊府元亀』が材料とした記述をより簡略にしたものであり、『旧唐書』巻一・高祖紀が材料とした史料とは若干系統が異なるようだが、いずれにしても齟齬といえるほどのものはなく、唐朝の公式見解に沿った記述といえる。また、『冊府元亀』の記事中で、李虎の祖父、李熙に関しての記述に見える「良家の子なるを以て武川に鎮す」という表現は、正史では『周書』に集中的に見られるもので、唐初の正史編纂事業とも非常に近い記述であることを想起させる。従って、以下の李虎に関する記述も唐朝の公式見解を踏まえたものとして差し支えないだろう。ということは、李虎に対しては唐朝特有の潤色が含まれているということであるので、より慎重な史料批判が求められるわけである。

それでは、以下に『冊府元亀』巻一・帝王部・帝系の唐朝先世記事のうち、李虎に関わる部分について内容ごとに区切って検討していく。訓読文を掲載することで訳出に代え、記述に問題が無いと判断される部分については特に言及しない。テキストには北京：中華書局が一九六〇年に影印刊行した明崇禎刊本（二五b～二八a）を用いた(13)。

①（天錫生）太祖、景皇帝、虎、少くして倜儻、大志あり。読書を好むも、章句に存せず。尤も射をよくし、財を軽んじ義を重んじ、雅《つね》に名節を尚ぶ。深く太保賀抜岳の重んじる所となる。

一般の列伝と同様に、冒頭ではその為人を述べる。生年は明らかでない。文彬という字が『新唐書』宗室世系表に残っている（一九五九頁）。他に対照できる史料は見出せないものの、当たり障りのない内容であり、李虎本人については特に問題とすべき点はないだろう。ただし、賀抜岳の太保という肩書には注意を要する。周知の通り、賀抜岳は武川出身で、北魏末の戦乱のさなかに形成され、後の西魏宇文泰政権へと発展したいわゆる武川鎮軍閥のリーダー格であった人物であるが、彼の太保は死後の贈官である(14)。李虎と賀抜岳の関係は武川において結ばれたものであろうから、両者が武川で知りあった段階では、賀抜岳の官職をとりたてて挙げるほどのものはなかったはずである。それにもかかわらず敢えてここに太保と記したのは、李虎が若い時から太保という極めて高位の人物から重用されるほど優れた人物であった、と読ませるための修辞であろう。

②元顥の入雒するや、岳の撃ちて之を平らぐるに従い、功を以て晋寿県開国子に封じられ、食邑は三百戸、寧朔将軍・屯騎（較）〔校〕尉を拝す。

爾朱栄の専権を恐れて梁に奔り、魏王に封じられていた北海王元顥が、梁軍を率いて洛陽に攻め込んだのは、永安二年（五二九）五月のことである。李虎は賀抜岳に従って、元顥平定に活躍したという。楊・劉氏は、元顥を撃ち破ったのは爾朱兆・賀抜勝（岳の兄）の二人であり、「賀抜岳に従って」という『冊府元亀』の記事を杜撰な捏造の類とする。確かに、『魏書』や『資治通鑑』などを見れば、爾朱栄に命じられて大いに活躍したのは爾朱兆・賀抜勝である。しかしながら、『周書』巻一四・賀抜岳伝にもごく簡単にではあるが、「元顥を平ぐるに従う（二二二頁）」とあり、またこれを否定するような史料も見出せないので、賀抜岳もなんらかのかたちで元顥平定に関わったようである。であれば、李虎が賀抜岳に従って元顥平定に参加した可能性は充分にあるといえるだろう。なお、寧朔将軍は従四品、屯騎校尉は五品である。

③復た岳とともに万俟醜奴を破り、留りて隴西に鎮し、東雍州刺史に累遷し、尋いで衛将軍に転ず。賀抜岳の既に隴右に鎮するや、太祖を以て左（相）〔廂〕大都督となし、委ぬるに内外の軍事を以てす。

関西を荒らしまわり天子を僭称するまでに至っていた万俟醜奴を平定すべく、爾朱天光を主将とする軍が派遣されたのは、元顥が平定されて間もなくのことである。賀抜岳は爾朱天光軍の主力として万俟醜奴平定に大いに活躍した。爾朱天光が洛陽に戻ることになると、関西の後事を委ねられ、隴右行台を経て永熙年間（五三二〜五三四）には関西二〇州を都督し関中大行台を構える大軍閥となっていた。これが後の西魏宇文泰政権の中核となったいわゆる武川鎮軍閥であり、李虎は賀抜岳のもとでその片腕ともいえる位置を占めていた[15]。

衛将軍は二品であるが、この段階で拝するには高すぎると思われること、後段④でも拝していることとあわせると、ここは左右衛将軍（三品）か、武衛将軍（従三品）の誤りではないかと推測される。

④岳の尋いで侯莫陳悦の害する所となるや、太祖、之を哭し甚だ慟き、陰かに復讐の志を懐く。時に岳の兄勝、荊州にあり。太祖、星夜赴きて告げ、勝に入関し岳の衆を収めんと勧むるも、勝、従うことあたわず。俄かにして周文帝起兵し、悦を図る。太祖これを聞き、荊州より還る。閿郷に至り、高歓の将の獲うる所となり、送られて雒陽に詣る。魏武帝、将に関右を収めんとするに、太祖と見えて甚だ喜び、拝して衛将軍となし、賜うに金帛を以てし、関中に鎮し、周文帝とともに、侯莫陳悦を平らがしむ。

この部分は、『資治通鑑』巻一五六・梁武帝中大通六年（五三四）二月条に同じ内容が若干簡略化されたかたちで記される(16)。賀抜岳が高歓と通じていた侯莫陳悦に暗殺されたのは、永熙三年（五三四）のはじめのことである。長を失った軍閥の崩壊を防ぐため、後継者に誰を据えるかが問題となり、李虎は当時荊州に鎮していた賀抜勝に引き継がせるべく、荊州に向かった。しかし、賀抜勝は入関要請に応じず、その間に関西の武川鎮軍閥は宇文泰（周文帝）が率いることとなっていた。賀抜岳の暗殺は、関西の覇権が宇文泰のもとに帰し、併せて軍閥内における李虎の発言力が低下した、重要な転換点である。

李虎が荊州から関西に戻る際、丹水沿いに武関・上洛郡を抜ける最短経路を採らず、まず北上して黄河に出て、閿郷を経て潼関から関西に入る経路を選択したのには、なにかしら意図があったはずであるが、伝わるものはない。孝武帝が洛陽に送られてきた李虎と見えて甚だ喜んだとあるのは、潤色が施されている感がある。賀抜岳の片腕であった李虎を孝武帝が貴重な戦力と考えたのだ、という意味のみならず、孝武帝が喜ぶほど李虎が知られた存在であったのだ、と読ませる意図が含まれているように感じられるのである。ともあれ、金帛を賜り衛将軍に拝された李虎は、再び入関した。

⑤高歓の入雒するに遇い、太祖、師を帥いて魏武帝を潼関に迎え、功を以て驍騎将軍を拝し、儀同三司を加えらる。

永熙三年八月、宇文泰の命を受けて、入関する孝武帝を出迎えるべく長安を発し東に向かった人物として名が挙がるのは、梁禦と趙貴であるが(17)、他にも怡峯や李賢なども参加していた(18)。従って、この『冊府元亀』の記事にあるように、李虎もまたこれに加わっていた可能性はあるが、その場合でも、「その他大勢」的なものであったのだろう。

驍騎将軍は四品上である。先に衛将軍（左右・武衛将軍であったとしても）を拝していたことを踏まえると、『資治通鑑』にあるように驍騎大将軍（二品）か(19)、或いは驃騎将軍（二品）かの誤りであろうと推測される。

⑥霊州刺史曹泥の兵を擁して乱をなすに遇い、太祖、兵を率いてこれを撃つ。時に破野頭の賊の塞下に屯聚するあ

り。太祖、遣使してこれを諭し、皆来りて降服す。遂に其の衆を徴し、力を并せ泥を攻むること四旬、而して尅ち、霊州平らぐ。会たま阿至羅部、別道を落とし、其の帰路を断つ。太祖、親ら驍鋭を率い、襲撃し大いにこれを破り、悉く其の衆を虜とす。封を長安県侯に進め、食邑五百戸とされるも、太祖受けず、兄子康生に譲らんとす。周文帝これを許す。

永熙三年末から翌大統元年にかけての霊州（寧夏霊武）討伐は、『周書』の本紀や他者の列伝にも記されており、李虎の事跡としてよく知られるものである。[20] これらの史料では李虎が主将として派遣されたかのように記されるが、筆者が先稿で指摘したように、この時の行軍を都督したのは趙貴であり、李虎は趙貴の配下として従軍したのである。[21] とはいえ、北族系の費也頭（破野頭）の衆を引き込み協力せしめたり、高車阿至羅部を撃ち破ったことなどには、李虎にも功績があったのだろう。[22]

『新唐書』巻七〇上・宗室世系上では、李虎には起頭という兄（長安侯）がおり、起頭の子に達摩（後周羽林監・太子洗馬・長安県伯、其後無聞）がいる（一九五七頁）。兄子の康生には達摩が該当することとなろうが、長安県という封地は一致するものの、父起頭にも長安侯とあり、達摩は県伯ということで爵位が合わない。康生と達摩とを同一人物と断じるには今一つ決め手に欠ける。

⑦後、文帝の高歓を沙苑に破るに従い、斬級は多きに居す。

沙苑の戦いは、大統三年（五三七）一〇月のことである。「弘農を復し、沙苑に戦う（破る）に従う」とは『周書』の列伝に非常に多く見られる、決まり文句のようなものである。李虎のこの伝記には「弘農を復す」の句が無いのが逆に目を引く。

⑧賊帥梁企定の河州に拠りて乱をなすあり。太祖、本官を以て尚書左僕射を兼ね、隴右行台たりて、兵を総べ以てこれを撃つ。部将の烏軍長命、潜かに企定と相い連なり、陰かに不軌を図るも、太祖これを斬り、以て三軍に令

する。賊、聞きて大いに懼れ、敢えて戦わず、河北に遁走す。太祖、将に師を河に済らせんとするに、企定、衆を率いて降る。男女数万口を獲、三輔を実たすを以て、位を開府儀同三司に進め、余は故の如し。

梁仚定（中華書局標点本『周書』巻一の校勘記（一七頁）に従う）は宕昌羌の酋帥である。大統年間に梁仚定が河州（甘粛臨夏）近辺で乱をなしたとして記録があるのは大統元年の一回のみで、この時は趙貴が隴西行台、侯莫陳順が大都督となって、これを鎮圧した。梁仚定は藩を称し謝罪し、宇文泰はこれを容れた。大統四年（五三八）に梁仚定は南洮州（後に岷州に改称。甘粛岷県）刺史に転じると、西魏の官軍として他の羌族の反乱を鎮定したりもしたが、七年に叛乱をおこすと部下に殺された[23]。従って李虎が河州で梁仚定討伐をしたとなると、『冊府元亀』の記述が時系列に沿っているならば、大統四年のこととほぼ限定されるであろうし、そうでなかった場合でも大統元年から四年までの間ということになろうが、そのような記録は管見の限り見出せない。叛服を繰り返すのは周辺異民族の常ではあり、中国朝廷に降っていた時期にしても、中国朝廷による控制は中国側の史料上の記述よりもはるかに弱かったのが実態であったろう。それらを踏まえても、叛服のサイクルの短さもあり、現在の史料状況では、筆者としてはこの李虎による討伐の記述を認めるのは難しいのではないかと考えている。また、この隴右行台は、『周書』巻一六・史臣曰条にも李虎の肩書として見え（二七二頁）[24]、さらに『旧唐書』巻一・高祖紀に見える「後魏左僕射」にも繋がるものとして重要であるが、地域や官職名などで趙貴による討伐事例と重なる点が多いのも気になるところである。

⑨南岐州の兵楊盆生・馬僧等、衆を聚めて反し、梁の漢中、相い影響す。太祖、以て師を還し、便道してこれを撃つ。軍、大散し、人を遣して諭するに禍福を以てす。盆生、遣使して偽降するも、太祖、其の詐を懐くを察知す。因りて軍に令して曰く、「賊既に降る、士を休め馬を放ち、以て還〔期〕〔朝〕を俟つべし」と。使、反るや盆生大いに喜び、遂に備をなさず、兵を外営に放ち糧食を求む。太祖、因りてこれに趨き、天の将に暁せんとするや、城を囲む。已に合に外兵の還るをえざるべきに、城中大擾す。因りて壮士をして闉を排して入らしめば、敢えて

動ずる者無し。軍令厳粛にして、秋毫も犯さず。是に於いて、其の衆を安輯し、別人を留めて鎮守せしめ、盆生を俘し以て帰る。周文帝、これを嘉歎し、遣使して労問し、尋いで岐州刺史を授く。

この反乱も他に史料が無いものである。「師を還し」とあるので、前項⑧の梁仚定の反乱鎮圧の帰路となろう。南岐州は散関を南に抜けて漢中・四川へと通じる交通路上に位置する。「梁の漢中」とあるからには大統二年（五三六）以降のこととなるが、それ以上は絞れず、影響があったとされる南朝梁側の史料からも関連する記事を見出しえない。[25]楊盆生・馬僧についても不明である。

岐州刺史については、趙貴が大統元年から三年秋まで務め、その後王雄を挟んで、大統九年から王傑が務めている。[26]王雄の在任時期がはっきりしないので、李虎が入り込む隙間が無いとはいえない。

⑩莫折後熾の秦州を寇するに遇い、太祖又これを討つ。軍の賊境に臨むや、後熾懼れ、降りて帰し、其の精卒を収むること数千人。

莫折後熾については詳細が伝わらない。その活動が確認できるのは大統四年（五三八）に原州・涇州を寇掠したことのみで、この時に対応したことが確認できるのは行原州事李賢・行涇州事史寧・平涼郡守梁台である。[27]李賢に敗れた莫折後熾は単騎で遁走し、その後のことは伝わらない。秦州は原州・涇州に接するので、莫折後熾による寇掠の影響が及んでいた可能性は高い。ただし、「単騎遁走」と「降りて帰し、其の精卒数千人を収む」との懸隔は大きく、少なくとも同じ事件でのことではないと考えられる。

⑪会たま母の憂に丁《あ》い、哀毀すること礼を過ぎ、葬するに及び特に轀輬車を給う。太祖、因りて墓側に廬し、土を負ひ墳を成す。優詔して起ちて視事せしむ。

母とは李天錫の夫人で、上元元年（六七四）八月に光懿皇后を贈られた賈氏のことを指すであろう。没年は不明である。『唐六典』巻四・尚書礼部・祠部郎中・道観条の注によれば、八月九日に没したことになるが（一二七頁）、このような記録が果たして残っていたのかには疑問もある。西魏時期に轀輬車を追賜された人物としては斛斯椿が挙げられるが、[28]これは功臣本人に対してであり、父母に贈られた例は管見の限り無い。

⑫嘗て周文帝と北山の下に閲武す。時に人の豹の噬む所となるあるも、敢えて救う者無し。太祖、暇あらずして杖を持ち、趨往して豹を捉えこれを殺す。周文帝、大悦して曰く、公の名は虎、信《まこと》に虚ならざるなり。

諱の虎と豹をからめた、他愛のないエピソードである。時期は不詳。

⑬後に封を趙郡公に徙し、渭・秦二州刺史を歴す。復た叛胡を撃ちこれを平げ、封を隴西公に徙す。

趙郡公は李弼が大統三年（五三七）に封じられ、そのまま魏周交替に至るので、少なくとも「後に」という可能性は無い。趙郡といえば隴西と並ぶ名族李氏の本貫地であるので、趙郡ともなんらかの繋がりを持たせようという意図で書き加えられた可能性もあるだろう。隴西郡公については特に問題は見あたらない。

二つの州刺史はいずれも時期を確定できない。秦州刺史は大統元年から李弼・元順・万俟普・念賢・宜都王元式・常善・念賢・武都王元戊と拝受者が連なり、大統七年から一三年までは独孤信が隴右十州大都督・秦州刺史として鎮しているので、[29]その間李虎が入り込む隙間はほぼ無いとして良いだろう。一三年に独孤信が河陽に移鎮したと同時に宇文泰の甥の宇文導が秦州に入っている。また河陽移鎮後も独孤信の隴右大都督がしばらく継続しているようなので、[30]その場合、秦州刺史は独孤信の統制下にあった可能性が高い。渭州は隴西郡を含む地域である。文献史料上、西魏時期の刺史として確認されるのは、大統四年頃に在任していた長孫澄のみであるから、李虎が入り込む隙間は充分にある。ただし、渭州は都督秦州等諸軍事や前述した独孤信の隴右大都督の統制下にあった。

叛胡を平定したとあるのは、これだけでは他史料の記述と比定のしようがなく、不詳とせざるをえない。

⑭進みて太尉を拝し、右軍大都督・柱国大将軍・少師に遷る。

この部分は謝啓昆『西魏書』巻一八・李虎伝が若干内容を加えて記述しているので、併せて検討する。

十四年、太尉を拝し、右軍大都督・柱国大将軍・少師公に遷る。十六年、八柱国の一と為る。姓大野氏を賜る。恭帝元年五月、薨ず。子昞（四b）。

太尉拝受については、先稿で否定した。大統一四年（五四八）に官制改革によって太尉が廃止されたと考えられること、廃止されるまで李弼が太尉の地位にあったこと、太尉は三公の第一席であるが、李虎がその下位に位置した司徒・司空を拝した記録がなく、いきなり太尉を拝するとは考えがたいこと、などが理由である。李虎＝太尉の初見は『周書』巻一六・史臣曰条の末尾の八柱国・十二大将軍を述べた部分であり、これが以後の史料でも定着している。しかし、この太尉は元欣の太傅・李弼の太保と並べて、序列を動かしたことをカモフラージュするために持ち出されたものと推測される。

右軍大都督は、平時の職なのか、或いは行軍組織での職なのか、判別できない。

柱国大将軍拝受は動かし難いが、先稿では他の拝受者との関係から、その時期を大統一五年と推測した。いわゆる「八柱国」については、近年その実在に疑問が持たれている。(31)

大野氏を賜姓されたことは諸史料に共通しているが、その時期は定かではない。また、これが賜姓なのか、実際には復姓であったのかは、李氏の世系に関わる問題となる。

『冊府元亀』の記事にはどういうわけか死亡記事がなく、唐国公追贈まで話が飛ぶ。『西魏書』李虎伝は没年月を恭帝元年（五五四）五月とするが、『資治通鑑』は巻一六四・簡文帝大宝二年五月条に「魏隴西襄公李虎卒」（五〇六六頁）と記す。西魏の年号では大統一七年（五五一）である。『西魏書』が何に拠ったのかは定かではないが、編纂時期による史料の残存状況から、『資治通鑑』に分があるとして大過あるまい。ただ、両書とも五月で共通するが、先にも触れた『唐六典』巻四・尚書礼部・祠部郎中・道観条の注によれば九月一八日（一二七頁）とある（年は記載されず）。この『唐六典』が記す日付は、新旧唐書の本紀で確認できる高祖や太宗などでは一致しているので信頼性は高かろう。

しかしながら、同記事には李虎の祖父である献祖宣帝李熙までの没月日が記されてはいるのだが、筆者としては李虎の没年齢すら伝わらないのに、果たして李熙の代までの没月日の記録が残っていただろうかという疑問があり、李虎あたりが記録の有無のちょうど境目にあるという印象である。『資治通鑑』よりも『唐六典』の方が時期的に早い史料であるので重視されようが、現段階での断定は避けることとしたい。諡の「襄」は各史料に共通する。

⑮周の魏の禅を受くるや、佐命の功を録し第一に居し、唐国公を追封せらる。

唐国公を追贈されたのは、北周保定四年（五六四）九月丁巳のことで、徐国公を追贈された若干恵と同時である[32]。宗室宇文氏と西魏元氏を除く群臣という範疇では、保定二年七月に霍国公を追贈された賀抜岳についで二番目のことである。これらの追贈は、同時に子孫が襲爵している[33]。

第三節　その他の史料から

現在に伝わる李虎の事跡は、概ね前章で検討した『冊府元亀』の記事で網羅されているが、いくつか欠落している点があるので、補遺としてまとめておこう。

大統三年（五三七）から四年にかけての対東魏戦争の末期に、長安で起きた趙青雀の乱における李虎の行動が確認できる。李虎は念賢とともに後軍として出征するも、諸軍とともに引き返すこととなり、長安に戻ったところで趙青雀の乱に行き当たり、太尉王盟・僕射周恵達とともに皇太子を渭北に避難させたという（→⑯）。『周書』巻二・文帝紀下・大統四年八月条や、『資治通鑑』巻一五八の同月条、また『周書』巻二〇・王盟伝等に李虎の名が見える。この出来事に関する史料については先稿で検討し、『周書』では李虎と行動をともにした、李虎よりも高位の人物の肩書きが省略される傾向がある点を指摘した。

『大唐創業起居注』巻二・大業一三年九月条には、西魏・北周時期の華州（廃帝三年（五五四）正月、同州に改称）の様子が述べられており、そこに李虎が登場する。

壬申、進みて馮翊郡に屯す。旧宅を過ぎりて五廟に饗告するは、礼なり。初め、周斉戦争の始まるや、周太祖、数しば同州に往き、侍従達官も、随便に各おの田宅を給う。景皇帝、隋太祖と並に州治に家す。隋太祖の宅、州城の東南に在りて、西は大路に臨む。景皇帝の宅、州城の西北に居りて、灤水に面す。東西相い望むは、二里の間。数十年の中、両宅倶に受命の主を出だし、相い継ぎ代りて興る。時人の見るところ、開闢已来、未だこれ有らざるなり。（三五頁）（→⑰）

周太祖宇文泰は、大統四年頃から長安を離れて華州（陝西大茘）に出鎮し、幕僚や将帥の多くがこれに従った。李虎や隋太祖楊忠（楊堅の父）もまた、華州に田宅を支給されたのだった。なお、「周斉戦争」とあるが、彼等に田宅が支給されたのはまだ西魏・東魏の時期である。

最後に陵墓について触れよう。太祖景皇帝李虎の陵といえば陝西省三原県にある永康陵である。西魏時期に造られた墓に唐の建国にともなって陵園が増修されたものという認識から、唐代のものとして陝西省重点文物保護単位に指定されている。ところが、文献史料上では別の墓も確認できる。すなわち、乾隆『伏羌県志』巻二・地理・邱墓に、

西魏柱国李虎墓

後周唐国公李昞墓〔並に西南八十里に在り〕

今、故址湮没し、倶に考ずべからざるなり。（七b）（→⑱）

と李虎・李昞父子の墓があることが記載されているのである。さらに同巻七・人物には両者ともに挙げられ、「従祀郷賢」（八a～八b）と注されているから[34]、伏羌県（甘粛省甘谷）では李虎等は地元出身か、そうでなくとも深い関わりのある人物と認識されているのである。三原県の永康陵を西魏以来の李虎の墓としている理由は、唐初に新たに陵を

築いた、或いは他所から改葬したといった史料が無いからである。しかしながら、唐の建国と先祖への帝位追贈にともなって、もとの墓から皇祖として相応しい場所と規模を備えた陵墓に改葬したというのは大いにありうることである。その一方でこれら伏羌県の墓もまた、彼ら父子と隴西とを結び付けるために造営されたものであった可能性も低くない。いずれにしても、伏羌県の二人の墓は清代には既に位置が判らなくなっており、現段階で事実関係を確かめることは困難であろうから、ここでの断定は避けざるをえないが、この李虎の墓に関する史料は、今少し注目されてよいものと思われる。

結語

楊・劉氏の論稿のように、同一人物であるか否かの検討もせずに清水李虎＝唐公李虎とし、さらに「唐朝公式の先世記述は改竄されたもの」という魔法の言葉を振りかざすことで、両者が別人であることを証明できない状況を作り出すのは、ある意味で巧妙なやり方といえるかも知れないが、論理的には稚拙としかいえまい。多くの相違点があっても姓名が同じだから同一人物である、という稚拙な行論を可能にしたのは、文献史料、特に王朝の成立に直接関わる官撰史料にはなんらかの潤色・改竄が含まれているという意識であり、この意識自体は尊重されるべきものである。しかし、唐の李氏の先世記述のうち、隴西出身や西涼武昭王に繫がるという点だけを無批判に信頼し、清水李虎＝唐公李虎を行論の前提としたことには大きな問題がある。そして、その前提を生み出したのは、前近代中国を代表する王朝の一つである唐朝の帝室が、鮮卑などの北族系ではなく漢民族であって欲しいという願いではないかと筆者は推測する。

またそれとは別に、石刻史料への過度な信頼も感じる。墓誌などの石刻史料と文献史料が対立した際には石刻＝正・

文献＝誤であるという認識がある。石刻史料の史料的価値の高さを否定するわけではないが、墓誌銘等石刻史料にも石刻史料なりの潤色が必ずあるので、その内容・表現を鵜呑みにするのもやはり稚拙である。従ってバランスの取れた史料批判が必要なのである。(35)

『冊府元亀』の李虎に関する記述の特徴は、紀年が無いことである。前半の②〜⑦は政治的大事件にからむ事跡であるので、年月を確定し、その中に李虎を位置付けることはある程度は可能だが、後半はほとんどお手上げ状態となる。他の史料の記述も含めて、簡単な年譜を作成すると表29のようになる。政治的意味の小さい個人的なエピソードに過ぎない⑪⑫についてはともかく、⑧〜⑩、⑬が他の史料で時期を推測・決定することができないことの影響は大きい。その結果、沙苑の役以後の大統年間における李虎の事跡が、殆ど裏付けが取れない状態になるからである。正史・『資治通鑑』によってかろうじて大統四年（五三八）の事跡（⑯）が一つ補えるものの、その後、大統一五年の柱国大将軍拝受（⑭）までの約一〇年間は、いつ、何があったのかがまったく定められないのである。とりあえず⑧⑨に関しては、『冊府元亀』の記述が時系列に沿ったものとして仮に置いてあるのだが、⑯との前後関係は全く不明なのである。

李虎が最終的に柱国大将軍に至り、唐国公を追贈されたという流れは否定しがたいと考えられる。というのも、これらまでが潤色された結果だとすると、西魏から唐初にかけての史料の潤色・捏造の規模が飛躍的にふくれ上がるからである。しかるに、李虎が柱国大将軍に至るためには、大統四年以後も相応の功績をあげていなければならない。ところが、⑧に登場する梁仚定と⑩に登場する莫折後熾は、それぞれ正史等にも見られる人物ではあるものの、正史等で構成される状況と『冊府元亀』の記述との間には大きな齟齬があるため、出来事として額面通りに容認することはできない。⑨は⑧に続く出来事という段階で時期の確定ができず、⑬もまた内容の全てを額面通りには容認しがたい。つまり、『冊府元亀』の記述では、大統年間中盤以降における李虎の功績と政治的位置がかなりぼやかされてい

表29：李虎年譜

年／月	西暦	李虎の事跡と政治背景	
?		李虎、武川に生まれる。父天錫、母賈氏	①
永安2.1	529	北海王元顥、梁軍（主将：陳慶之）とともに入洛	
		李虎、賀抜岳配下で活躍し、晋寿県子・寧朔将軍・屯騎校尉	②
永安3.2	530	爾朱天光、西征	
.4		万俟醜奴、平定さる	
		李虎、賀抜岳配下で活躍し、東雍州刺史、ついで衛（?）将軍	③
.9		爾朱栄・元天穆、誅殺される	
中興2.閏3	532	爾朱天光、洛陽に戻り、韓陵で高歓と戦い、敗れる	
		賀抜岳、兼左僕射・隴右行台を拝し、後に関中大行台に至る	
		李虎、左廂大都督	③
永熙3.2	534	賀抜岳、侯莫陳悦に殺される	
		李虎、荊州に走り賀抜勝に入関を勧めるも容れられず	④
.4		宇文泰、侯莫陳悦を討ち、関西大行台を拝す	
.8		孝武帝、入関	
		李虎、これを潼関に迎え、驍騎将軍・儀同三司	⑤
.10		（東魏）孝静帝即位	
.11		李虎・李弼・趙貴、霊州に曹泥を討つため出兵	⑥
大統1.1	535	李虎、曹泥を鎮圧に活躍、長安県侯を拝するも兄子に譲る	
大統初		梁仚定、河州に寇し、趙貴、これを降す	
大統3.10	537	沙苑の役。李虎、参戦	⑦
		この頃、河州で梁仚定の乱（?）	
		李虎、これを討ち、開府儀同三司（?）	⑧
		ついで、南岐州で楊盆生・馬僧の乱（?）	
		李虎、これを討ち、岐州刺史（?）	⑨
大統4.8	538	長安で趙青雀の乱	
		李虎、王盟・周恵達等と皇太子を奉じて渭北に避難	⑯
		莫折後熾、秦州に寇し、史寧等平定す	
		李虎、これを降す（?）	⑩
		大統4頃以降、華州に田宅を賜る	⑰
		母薨じ、轀輬車を賜る	⑪
		北山での閲武に参加	⑫
		徙趙郡公、歴秦渭二州刺史、討叛胡、徙隴西郡公 　　以上3件、時期不詳	⑬
大統14.5	548	李虎、右軍大都督（?）・少師公	⑭
大統15	549	李虎、柱国大将軍	⑭
	550	東魏滅び北斉成立	
大統17.5	551	李虎、薨ず（或いは同年9月 or 恭帝元年5月） 　　葬地は三原 or 伏羌	
	557	西魏滅び北周成立	
保定4.9	564	李虎、唐国公を追封される	⑮

るのである。このような記述のされ方に、唐朝の意図が含まれていることは論を俟たない。その意図とはどのようなものであろうか。筆者は以下のように推測する。

唐朝の作り上げた李虎像は、西魏における「佐命の功第一」の勲臣であり、『周書』巻一六・史臣曰条の所謂「八柱国」を述べる段で、最初に名が挙げられる存在である。(36) しかしながら、先稿で示したように、序列で見れば李弼・独孤信・趙貴・于謹の下位にあった。李虎の戦功や官職の叙任記事をありのままに並べると、そのことが明らかになってしまうのであり、唐朝としてはこれを避ける必要があったのである。唐朝建国に重要な役割を果たした皇祖は賞揚しなければならないが、大規模な潤色はできない。その落とし所が、あるべき情報を適宜抜き取って事実関係をぼやかした記述に繋がったのである。大統四年（五三八）、趙青雀の乱に際して皇太子を渭北へ避難させたこと（⑯）が『冊府元亀』で省かれているのは不可解であるが、これを書き入れた場合、⑧梁仚定や⑩莫折後熾の記述との前後関係をはかる有力な材料となる。⑧や⑩の記述に問題があるのは前述の通りであり、或いは時期を確定しうる記事を減らそうとする意図があったのではないかと推測する。

先稿で積み残していた『冊府元亀』の李虎に関する記述の検討を、改めてまとめることとした契機は、楊・劉氏の論稿に大きな問題点が含まれていたのを目にしたことにある。その上で、李虎という人物と彼に関する（或いは、関するとされる）史料が、史料の潤色・捏造への対応や、石刻史料と文献史料の突き合わせかたを考える手掛かりを得るために好適な材料であると改めて判断したのである。その結果、楊・劉氏の論稿は、論証自体は受け容れがたいものではあるが、当該時代を研究する上で留意すべき点を示した点で意義のあることを述べた。また『冊府元亀』の李虎の記述については、唐朝の意向が色濃く反映された、研究利用上、非常に注意を要する史料であることが明確になったものの、李虎の事跡として新たに判明することは少なかった。しかしながら、現有の文献・石刻史料のみでは限界があろうとも、今後も陸続と公表される石刻史料の中には、関連する内容を含むものが出てくる可能性もあるだろう。

それらによって、李虎の事跡と唐朝による史料操作についての新しい知見が得られることを期待したい。

注

（1）例えば『唐会要』巻一五・廟議上に、

伏して以うに、太祖景皇帝、封を唐に受け、高祖太宗、創業受命す。有功の主、百世遷さず。（三八六頁）

とあり、このような表現が、唐代廟制の議論には頻出する。

（2）録文は張維『隴右金石録』巻一・五九b～六〇bなどに著録され、拓本写真は『隋唐五代墓誌銘匯編』北京巻附遼寧巻第一冊（天津：天津古籍出版社・一九九一年）・一八頁などに掲載される。その他の載録資料については、梶山智史「隋代墓誌所在総合目録」（『東アジア石刻研究』創刊号（二〇〇五年））を参照されたい。

（3）どこから改葬されたかは墓誌に記されず、最初の埋葬地は明らかではない。

（4）杜光簡「李虎墓誌銘跋」（『責善半月刊』二―一八（一九四一年））、岳維宗「清水李虎墓非唐公李虎墓弁」（『文博』一九九二―二）。

（5）唐の李氏の貫籍は『旧唐書』では隴西狄道であるが、『新唐書』には隴西成紀とされていることは挙げるべきであろう。

（6）樊英峰主編『乾陵文化研究』（二）（西安：三秦出版社（二〇〇五年））掲載。

（7）清水李虎墓誌に李虎以後の子孫の記述はなく、［　］内は楊・劉氏が両氏の構想の下に補ったものである。

（8）楊・劉論稿での記述は、李宝を起点としての「世代」と、「生きた時代＝年代」とが混乱していると思われる。

（9）李宝の一族は『新唐書』巻九五・高倹（士廉）伝に、

後魏太和中、四海の望族を定め、（李）宝等を以て冠と為す。（三八四二頁）

と名が挙がるほどの名族であり、また孝文帝に重用されたことで知られる李沖は李宝の子である。李沖は『魏書』巻五三に列伝があり、

然るに顕貴の門族、務めて六姻を益し、兄弟子姪、皆爵官有り、一家の歳禄、万匹有余。是れ其の親なる者、復た癡聾

と雖も、官次を超越せざる無し。（一一八七頁）

と伝えられる。『新唐書』七二上・宰相世系表二上、李氏姑臧房に世系表がある（二四四三〜二四六四頁）。

(10) 李宝の北魏時代の功績によって父李翻に官が追贈された可能性はあるが、本来的に臨時の組織であった行台（の長官）が贈られるとは考えがたい。

(11) 祖—孫の関係だとしても、生年が百年距たっているので、非現実的なことにはかわりない。

(12) 神田信夫・山根幸夫編『中国史籍解題事典』（燎原書店・一九八九年）・一二一頁、黄永年『唐史史料学』（上海：上海書店出版社・二〇〇二年）、二六〇〜二六四頁等参照。

(13) 残存する宋版（一九八九年に北京：中華書局が影印刊行）には巻一は含まれていない。

(14) 『魏書』巻八〇・賀抜勝附岳伝・一七八四頁。『周書』巻一四・賀抜岳伝では太傅とある（二二五頁）。

(15) 武川鎮軍閥の人的構成とその分析については谷川道雄『増補隋唐帝国形成史論』（筑摩書房・一九九八年）・補編第一章「武川鎮軍閥の形成」（一九八二年初出）参照。なお「左相大都督」は次注に引用した『資治通鑑』や『魏書』に散見する「左廂大都督」とするのがよいだろう。

(16) 『資治通鑑』巻一五六・梁武帝中大通六年二月条。

初め、（賀抜）岳、東雍州刺史李虎を以て左廂大都督と為す。岳、死すや、虎、荊州に奔り、賀抜勝を説き岳の衆を収めしむも、勝、従わず。虎、宇文泰の岳に代りて衆を統ぶるを聞き、乃ち荊州より還りて之に赴むかんとするも、閿郷に至り、丞相歓の別将の獲えて洛陽に送る所と為る。魏主、方に謀りて関中を取らんとし、虎を得て甚だ喜び、衛将軍に拝し、厚く之に賜い、泰に就かしむ。（四八四〇頁）

(17) 『資治通鑑』巻一五六・武帝中大通六年八月条・四八五二頁。

(18) 『周書』巻一七・怡峯伝・二八二〜二八三頁、同巻二五・李賢伝・四一五頁。

(19) 『資治通鑑』巻一五七・武帝大同元年正月条・四八六一頁。驃騎大将軍の官品については、『魏書』巻一一三・官氏志・太和二三年制の第二品の項に「諸将軍加大者」（二九九四頁）とあるのが該当しよう。

(20)『周書』巻一・文帝紀上・永熙三年一一月条に、

儀同李虎を遣わし李弼・趙貴等と曹泥を霊州に討たしむ。虎、河を引き之に灌ぐ。明年、泥降り、其の豪帥を咸陽に遷す。（一三頁）

とあり、他に『周書』では巻二〇・尉遅綱伝・三三九頁、巻二七・赫連達伝・四四〇頁、巻三四・趙善伝・五八八頁などに李虎の名が見える。『資治通鑑』では巻一五六・武帝中大通六年一一月条・四八五七頁、巻一五七・武帝大同元年正月条・四八六一頁に見える。

(21) 主将であった趙貴の列伝（『周書』巻一六）に李虎の名が見えないのは、唐朝の編纂意図によるものであろう。また、行政面で現地の統治体制を再建する責任を負ったのは北道行台を帯びた趙善である（同巻三四）。本書第一部第二章参照。

(22) 李虎と費也頭との関係について述べた論稿として、石見清裕『唐の北方問題と国際秩序』（汲古書院・一九九八年）、第Ⅰ部・第一章「唐の建国と匈奴の費也頭」・一七～六三頁（一九八二年初出）がある。

(23)『周書』巻四九・異域伝・宕昌羌条・八九三頁参照。

(24) 一般に『周書』巻一六・史臣曰条に羅列されるのは大統一六年当時の官職とされるが、西魏における行台の設置状況と当時の隴西の状況から鑑みて、李虎の隴右行台は大統一六年当時には存在していないと筆者は考えている。

(25) 本書第二部第一章参照。大統二年に漢中が梁に帰し、西魏・蕭梁間に通交が成立して後、侯景の乱によって梁が混乱状況に陥るまでの間、両国関係が緊迫したことを伝える史料は、管見の限り他に存在しない。国境に近い地域の勢力が所属している政権に背く場合、隣接する外国を頼ろうとするのは常のことであり、その動きがここでいう「影響」に当たると考えられる。ただし、本段落⑨が事実であったとしても、梁側の具体的な動きは記されず、李虎と楊盆生等との関係で完結しているので、梁に動く時間を与えないほど速やかに李虎が解決したというアピールにはなりえても、実際に西魏と梁との関係を測ることはできない。

(26) 呉廷燮『東西魏北斉周隋方鎮年表』西魏・岐州・六a。ただし、『周書』巻一六・趙貴伝の記事からは、趙貴は現地に赴任はせず、宇文泰の傍らか戦陣にいるかのどちらかであったと思われる。

（27）『周書』巻二五・李賢伝に、

　四年、莫折後熾、賊盗を連結し、所在に寇掠す。賢、郷兵を率い行涇州事史寧と之を討つ。（四一五頁）

とあり、他に同巻二七・梁台伝・四五二頁、同巻二八・史寧伝・四六六頁に関連記事がある。

（28）『北史』巻四九・斛斯椿伝・一七八七頁。

（29）『東西魏北斉周隋方鎮年表』西魏・秦州・一〇a〜一〇b。

（30）大統一六年に宇文泰が大軍を率いて東征した際に、独孤信が隴右の兵を率いて従軍している（『周書』巻一六・独孤信伝・二六六頁）。

（31）山下将司「唐初における『貞観氏族志』の編纂と「八柱国家」の誕生」（『史学雑誌』一一一―二（二〇〇二年））参照。

（32）『周書』巻五・武帝紀上・保定四年九月丁巳条・七〇頁。

（33）北周の国公については本書第一部第四章参照。

（34）乾隆『甘粛通志』巻二五・陵墓にも、

　魏隴西公李虎墓　伏羌県の西北八十里に在り。後周唐公李昞墓　伏羌県の西北八十里に在り。（四a）

とある。なお李昞の興寧陵は咸陽市渭城区にあり、やはり北周時期に造られた墓が唐初に帝陵として再整備されたものとされている。

（35）墓誌文の表現と実態との懸隔をまとめた一例として、本書次章を参照されたい。

（36）李虎を序列の先頭に置くために、将帥の羅列から宇文泰を外している。本書第一部第三章参照。

第二章　北周徒何綸墓誌銘と隋李椿墓誌銘
――西魏北周支配階層の出自に関する新史料――

緒　言

墓誌史料は、一次史料としての有効性を含みつつも、故人の経歴への修飾が過度に及ぶものが多く、公正さという観点では問題を含むことも少なくない。また、内容的には個々に独立したものであるために、既存の文献史料等から離れて単独で研究の対象としても、新しい研究を展開させたり、先行研究との有機的な関連を結ぶことはなかなかに困難である。とはいえ、唐王朝の強い意志のもとで編纂された正史諸書を土台として築かれてきた、南北朝後期から隋唐時代に掛けての研究では、同時代史料としての墓誌史料の価値は、やはり非常に高いといえる。そこで、例えば同系統のものを複数揃えて比較検討したり、さらに文献史料と内容を相互に突き合わせることによって、従来の研究に厚みを加え、或いは修正を施していくことが有効であると考えられる。

本章では北周の徒何綸と隋の李椿の兄弟の墓誌銘を取り上げる。彼等は、西魏から北周初にかけて活躍し、いわゆる「八柱国家」と称された李弼の息子であり、徒何綸が第五子、李椿が第七子である。彼等の長兄李曜の孫には、隋末に群雄として中原を席巻した李密がいる。[1]

兄弟で姓が異なるのは、西魏・北周時代に採られた賜姓・復姓政策による。西魏宇文泰政権は、その最初期である永熙三年（五三四）から、漢人には北族姓を賜与し（賜姓）、北族出身者には漢風の姓に改める以前の北族姓に戻させる（復姓）政策を進め、(2)これが北周の大象二年（五八〇）十二月に改姓者復旧の詔が下されるまで続けられた。李弼が名乗ることになったのが鮮卑の慕容部・段部に由来する徒何氏であった。(3)後述するように、徒何綸は賜姓・復姓政策が実施されていた建徳三年（五六四）に没したので、姓は徒何であり、李椿は政策廃止後の隋開皇一三年（五九四）に没したので、姓は李となっているのである。

この徒何という姓が、賜姓であったのか復姓であったのかについては議論が分かれる。一般的には、正史等文献史料の記述から、李弼は遼東襄平を本貫とした漢族で、徒何姓を賜与されたと見做されているが、その一方で、もともと徒何を姓とした北族で、北魏の時代に李と改め、西魏の時代になって復姓したのだという見解が近年になって提出された。(4)

かかる研究状況のもと、ここで両誌を取り上げる理由を冒頭の言に則して述べておこう。徒何綸・李椿兄弟は、李弼という当時の最高級将帥の子ということで、素姓が極めてはっきりしている。しかしながら、兄弟中では年少者であり、国公位を継ぐこともなく、飛び抜けた高位高官を与えられて政界の中枢で目立った活躍をしたことが確認されているわけでもなく、従来の文献史料から得られる情報は零細である。そのような中で、両者の墓誌は文献の記述を補う点に富み、兄弟間での状況の比較が可能であり、特に李椿誌は中堅クラスの官僚・将帥としての事跡が豊富に記述されており、史料的価値も高いといえる。

加えて両誌の、特に徒何綸誌の先世記事には、彼等の出自背景に関する旧来の説は勿論、新説においても未だ検討の対象となっていない、全く新しい内容が含まれている。北魏から隋唐時代史のテーマの一つに、政権構成員における胡漢の割合から、胡漢融合の様を再現しようとする試みがある。(5)徒何綸の出自は、いうまでもなく彼一人にとどまらず、李弼一族全体の出自に関わることであり、これらの研究成果に対しても大きな影響を及ぼすだろう。

図14：徒何綸・李椿関連略系図

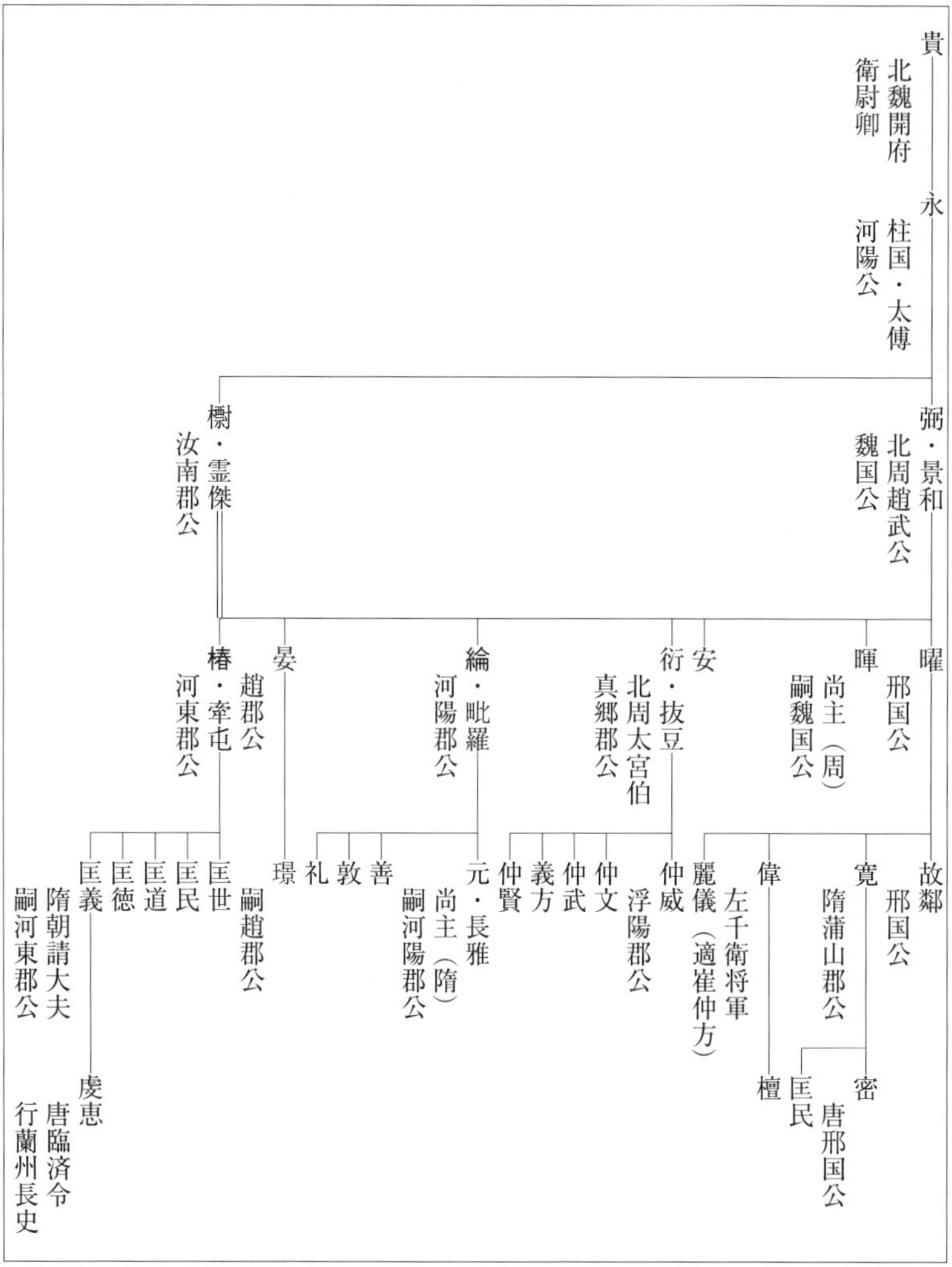

貴
北魏開府
衛尉卿
永
柱国・太傅
河陽公
弼・景和
北周趙武公
魏国公
檦・霊傑
汝南郡公
曜
邢国公
暉
尚主（周）
嗣魏国公
安
衍・抜豆
北周太宮伯
真郷郡公
綸・毗羅
河陽郡公
晏
趙郡公
椿・牽屯
河東郡公
故鄰
邢国公
寛
隋蒲山郡公
偉
麗儀（適崔仲方）
左千衛将軍
仲威
浮陽郡公
仲文
仲武
義方
仲賢
元・長雅
尚主（隋）
嗣河陽郡公
善
敦
礼
璟
匡世
嗣趙郡公
匡民
匡道
匡徳
匡義
隋朝請大夫
嗣河東郡公
密
唐邢国公
匡民
檀
虔恵
唐臨済令
行蘭州長史

まず兄弟それぞれの事跡を文献史料と突き合わせて確認・検討を加える。一般的に墓誌史料を扱う際には、文章の記載順序に則って、まず先世記事から出自一族を確認した上で、本人についての検討に入るものと思うが、本章では本人たちと父親の素姓が文献史料上で充分に明らかであるので、まずは議論の余地の少ない部分から確認していこうとするものである。しかる後に、李弼一族の先世・出自や西魏北周政権における位置付けなど、派生する問題に言及し、さらなる研究の可能性を探ってみたい。

それぞれの墓誌銘に当たる前に、ここで系図を示して彼等の位置を確認しておく。図14は『新唐書』巻七二上・宰相世系表・遼東李氏房（二五九三〜二五九六頁）より、北魏から唐初の世代までを抜き出し、これに正史等文献史料や本章で取り上げる二つの石刻史料等で補足したものである。(6) 北魏以前の系図に関しては、李弼の列伝や宰相世系表などである程度たどれるものの、前述したように捏造されたものという見解もある。この点については、両誌の先世記事を検討するのに合わせて、後ほど触れることとする。

第一節　徒何綸墓誌銘

まず、徒何綸（李綸）に関する文献史料を挙げる。『周書』巻一五・李弼伝に李弼の諸子が挙げられており、その中に、

衍の弟の綸、最も名を知られ、文武の才用有り。功臣の子たるを以て、少くして顕職に居り、吏部・内史下大夫を歴、並びに当官の誉を獲る。位は司会中大夫・開府儀同三司に至り、河陽郡公に封ぜらる。聘斉の使主と為る。早くに卒す。子の長雅、嗣ぐ。（二四二頁）

とある（以下、この記事を「綸本伝」とする）。文中の「聘斉の使主」については、『周書』巻五・武帝紀上・天和四年

春正月辛卯朔条に、

　廃朝す。斉の武成の薨ずるを以ての故なり。司会・河陽公李綸等を遣わし斉に会葬し、仍お焉に弔賻せしむ。

（七六頁）

とあって、これを裏付ける。『北史』巻六〇・李弼伝及び巻一〇・武帝紀にもそれぞれ同様の文があるものの、特に補う点はない。

　本墓誌銘は、劉合心・呼林貴「北周徒何綸志史地考」（以下「史地考」）[7]によって公表されたが、残念なことに釈文の信頼性は些かの疑問を抱かせる水準で、墓誌銘の図版も部分写真しか掲載されていなかった。しかしながら、その後、羅新・葉煒『新出魏晋南北朝墓誌疏証』（北京：中華書局・二〇〇五年、一〇〇）で若干確度の高い釈文が掲載され、さらに毛遠明編『漢魏六朝碑刻校注』（北京：線装書局・二〇〇八年、第一〇冊・一三八四）により確度の高い釈文と鮮明な拓本図版が掲載された。左記の釈文はこれらの成果を踏まえて作成したものである。なお、本墓誌銘と次の李椿墓誌銘の訓読文と若干の注釈は、章末に附した。

「史地考」に拠れば、本墓誌銘は二〇〇二年初に密売されていたのを、西安市公安局が押収したものであるという。従って、出土地・時期は不明であり、史料としての素姓は必ずしも良いとはいえない。墓誌銘の基本データは以下の通りである。

　墓誌蓋：「周故河陽公徒何墓誌」

　墓誌銘：五八・六×五八・三㎝、二九字×二九行、七九六字。

01周故使持節・驃騎大将軍・開府儀同三司・大都督・洛鳳興三州諸軍事・三州
02刺史・河陽郡開国公・徒何綸墓誌文

03君諱綸、字毗羅、梁城郡泉洪県人。繫本高陽、祖于柱史、声雄趙北、気蓋隴西。
04提漢卒而上蘭山、駆燕丹而度易水、為天下之模揩、流孝友於郷閭。旧史絪
05縕、於茲可略。曾祖貴、開府儀同三司。履道弘仁、秉心淵塞。祖永、鎮西将軍・涼
06州刺史・河陽郡公。醞藉閑雅、磊落英奇。父弼、太師・趙国武公。玉色金声、公才
07公望、文以附衆、武能威遠。君、高門重地、逸気沖天。且曰鳳毛、是称龍種。初封
08安寧県開国侯、食邑一千戸。除司門大夫。啓閇従時、鍵蒼斯授。転兼小吏部、
09遷正、雖叔仁連白、巨源密奏、海内傾心、未方茲日。除車騎大将軍・開府儀同
10三司・工部・納言、司会、治計部・司宗。建徳三年十二月十六日、薨于私第、春秋
11卌。初以魏大統十六年、賜姓為徒何氏、　詔贈洛鳳興三州諸軍事・三州刺
12史、使持節・驃騎大将軍・開府儀同三司・大都督・河陽郡開国公、並如故。礼也。
13君、生栄死哀、備陳徽典、出忠入孝、道冠彝章。詳其、年居誦日、早聞通理、歳在
14星終、便称穎脱、調高世表、韻抜常人。温潤韶弘、英摽秀挙、顕仁蔵用、博見洽
15聞。片言可以折獄、半辞可以送遠。豈直三軍文武、纔瞻悉識、四方客刺、一門
16遍談。入典枢機、詳平慎密、歴状清顕、遺美去思、簡而易従、約而難犯。堅貞不
17可干、峻厲无以奪。隠机省書、口占於百封、彎弧命中、妙窮於一葉。若乃帝王
18之術、盤盂之記、俶儻之栄、縦横之辞。筆散春華、文飛秋藻、雖苞羅精習、差有
19余姿。成誦在心、非留思慮。可謂風流名士、恂美具臣者焉。四年歳在乙未、正
20月丁巳朔廿八日甲申、葬于三原県濁谷原。九京遥望、空想謀身、一頃賜田、
21長埋領袖、嗚呼哀哉。乃為銘曰、

22繫自顓頊、源流伯陽。在秦則勇、居漢選良。蟬聯冠蓋、世挺珪璋。凉州推轂、留
23恵芬芳。太師論道、中朝令望。淵哉君子、惟徳為基。択言択行、聞礼聞詩。智愉
24懐橘、栄邁推梨。学優就仕、倹譲以之。高門有閲、厳開委積。王曰是禁、告予方
25客。式掌銓衡、淄澠靡僻。六工改制、時瞻水沢。寔允龍作、兼茲会計。尒有肆師、
26展犠序祭。美見後思、才称多芸。載飛接手、纍興射麗。芒芒墋黷、滔滔閲流。福
27兮已倚、生兮信浮。一従丹幕、長帰白楸。山台行夜、泉館方幽。月踰既及、日遠
28届庶。旌麾空引、容衛虚陳。早風開凍、転雲応春。閏寥原野、終悲悊人。
29□妻、広業郡君、宇文。世子元。次子善。次子敦。次子礼。

文章構造を略記すれば、01〜02：題／03〜07：先世記事／07〜12：誌主の事跡／13〜19：誌主の人柄／19〜21：埋葬記事／22〜28：銘／29：妻子について、となろう。

文章量に比して、具体的な官歴・事跡に関する記事はかなり少ない。新たに生没年があきらかとなり、「綸本伝」に見られなかった安寧県開国侯・工部・納言といった封爵・官職を加えることが可能となったものの、任官の時期などは一切特定するに至らない。逆に、誌文では北斉遣使については、全く触れられていない。年譜（表30）の任官順は、本伝・誌文の記載順序と、官命（＝官品）に基づいて仮に配置したものである。先世記事については後述することとして、以下に年譜と突き合わせて見ていこう。

没年（建徳三年・五七四）と享年（四〇）からの逆算により、生年は西暦五三五年となる。王朝分裂期であり、生年の西暦五三五年にどこの国の年号をあてるかは、本来であれば誌文を読んでからとなるのだろうが（西魏＝大統元年・東魏＝天平二年・梁＝大同元年）、結論を急ぐと、西魏の大統元年である。北周成立時には二三歳になっていた。

表30：徒何綸年譜

時　期	年令	事　　項	行
大統2（536）	1	生まれる。父は李弼	
		安寧県開国侯・食邑一千戸	07
恭帝3（556）	21		
周元年（557）	22		
		司門（下）大夫（正四命）	08
		兼小吏部下大夫（正四命）	08
		（小）内史下大夫（正四命）	伝
		車騎大将軍・開府儀同三司・工部・納言（？）	09
		司会中大夫（正五命）、治計部司宗	10
		河陽郡開国公	
天和4（569）	34	1月、北斉に派遣（当時司会中大夫）	紀
建徳3（575）	40	12月16日、薨于私第	10
4（576）		1月28日、葬于三原県濁谷原	19

「初封安寧県開国侯」（07行）の具体的な時期については、確認するすべはない。墓誌銘の文章表記の上では、（西）魏の時期という断りがないことから、北周成立以後のこととも考えられるが、「初」字があることから、西魏時代のことである可能性も捨てきれず、断定することは避けたい。[8] なお、県侯は正八命であり、安寧県は現在の河南省淮浜県期思附近である。

司門司は地官に属する。大夫と付くのは長官の下大夫のみで、正四命。[9] この司門（下）大夫が置かれたのが、西魏恭帝三年正月（五五六）に六官が建てられた時のことであるので、徒何綸の司門下大夫就任（08行）はそれ以後のこととなる。また、前述の通り、徒何綸の事跡記事については北周成立以後のことと考えられるので、徒何綸の司門下大夫は更に下って北周時代になってからのことと考えられる。[10]

その後、小吏部下大夫（夏官・正四命）を兼ね、次の「遷正」は司門下大夫をやめ、小吏部に専念したということであろう。さらに小内史下大夫（春官・正四命）を務めた。

車騎大将軍（九命）は通常、開府儀同三司とではなく、儀同三司と組み合わせて用いられたので、「除車騎大将軍・開府儀同三司・工部・納言」（09行）は、一度の叙任記事でなく、何度かにわたる叙任記事をまとめて記載している可能性が高い。なお、将軍号・勲官などの軍事的位階及び封爵と、官僚的位階との命階上での甚だしい格差は、北周官制の実態における大きな特徴である。工部（10行）は冬官に、納言（10行）天官にそれぞれ属し、中大夫なら正五命、下大夫なら正四命となる。ここでは中大夫・下大夫のいずれとも判じがたいが、ここまで下大夫クラスを務め続けてきて、次の司会が中大夫（天官・正五命）で、(11) かつ中大夫クラスの第一に位置することを考え合わせると、この工部・納言は中大夫であった可能性が高かろう。

司会中大夫（天官・正五命）を務めた時期、徒何綸は、計部（天官）・司宗（春官）の事務も兼務した（10行）。建徳三年（五七四）の暮れに没し（10行）、翌年正月、三原県濁谷原に埋葬された（19行）。「洛鳳興三州諸軍事・三州刺史、使持節・驃騎大将軍・開府儀同三司・大都督・河陽郡開国公」（11行）を贈られた。「幷如故（幷びに故の如し）」とあることから、ここには生前に拝受していた官職が複数含まれているということである。「如故」としたうち、誌文の上で生前に到達していないものは驃騎大将軍（九命）と河陽郡開国公（正九命）(12) である。使持節・大都督は車騎大将軍を拝する以前、かなり早期に与えられるのが一般的なので除外できる。驃騎大将軍については、誌文・本文ともに、生前に記述はないが、北周時代、開府儀同三司は驃騎大将軍と揃いで与えられるのが常であったことから、開府儀同三司を与えられた時点で、驃騎大将軍も拝していたとみて大過あるまい。封爵については、誌文では生前に安寧県開国侯のみしか記されていない。しかしながら「綸本伝」には河陽郡公は記載されており、また、誌文でも「幷如故」の直前にあることから、生前に河陽郡公に達していたとして問題なかろう。以上から、録文では刺史と使持節の間を境目とし、それ以前を新たな贈官と判断した。

誌文では、徒何姓を賜ったのが大統一六年（五五〇）とあり（11行）、『周書』李弼伝の「廃帝元年」（五五二。二四〇頁）と異なる。「史地考」は、西魏廃帝の即位を隠すために大統一六年と記載したと推測する。しかしながら、当時の碑誌を瞥見すると、廃帝元年について「魏前元年」・「魏元年」という表記が散見するので、(13) 必ずしも廃帝の存在はタブー視されていたとはいえない。

上記の徒何綸の官歴を見ると、在外の官職は見あたらず、常に中央官庁にあったようである。中央官僚として司会中大夫のすぐ上に位置するのは、六官それぞれの次官（小冢宰～小司空）である。早卒せずに、あと数年生き長らえて活躍していれば、到達していた可能性は高い。軍事的功績こそ確認できないものの、「綸本伝」の「最知名、有文武才用。」という評価は、それほど誇張されたものでもなかったといえよう。

第二節　李椿墓誌銘

まず、李椿に関する文献史料を挙げておこう。『周書』巻一五・李弼附弟檦伝に、

檦、子無し、弼の子の椿を以て嗣がしむ。先に檦の勲功を以て、魏平県子に封ぜらる。大象末、開府儀同三司・大将軍・右宮伯、河東郡公に改封せらる。（二四三頁）

とあるのが、ほとんど全てといって良い（以下、この記事を「椿本伝」とする）。『北史』にも同様の文があるものの、内容的に補完する点はない。これ以外には、『新唐書』宰相世系表に名が見えるのみである。従って、本章で取り上げた規模の墓誌銘が出ると、随分と事跡が補えるのである。

李椿誌に関する先行文献としては、桑紹華「西安東郊隋李椿夫婦墓清理簡報」（以下、「簡報」）[14]があるものの、李椿夫婦の合葬墓全体について記述がなされているため、墓誌銘の内容に関する記述はかなり不充分である。また、掲載された墓誌銘の画像は極めて不鮮明である。ただ、幸いなことに、鮮明な拓本写真が『隋唐五代墓誌匯編』に収められ[15]、また、録文が『全隋文補遺』[16]に収められ、その後も、羅新・葉煒『新出魏晋南北朝墓誌疏証』（一五二）や、周暁薇等編『隋代墓誌銘彙考』（北京：線装書局・二〇〇六年、一二九）にも収録されて、若干の考察が加えられた。後掲の

録文は、拓本写真をベースに、上記の成果を参照して作成したものである。

「簡報」によれば、基本データは左記の通りである。

出土：西安慶華廠廠区防空洞・一九八四年九月八日。

墓誌蓋：「大隋開府河東公墓誌」

墓誌銘：七〇×七一㎝、四〇字×四一行、一五七〇字。

01大隋驃騎将軍開府儀同三司河東郡開国公故李公墓誌銘
02公諱椿、字牽屯、隴西燉煌人也。昔刑書始創、皋陶作大理之官、道教初開、伯陽居柱下之職。或秦晋著績、
03或趙魏立功、猿臂之胤克隆、龍門之風不墜。曾祖貴、魏開府・平州刺史・衛尉卿。祖永、柱国・太傅・河陽公。並
04歿而不朽、穆叔有嗟、卒而遺愛、孔丘下泣。魏道云喪、周命惟新、推轂綰璽之誠、爪牙心膂之託。則有太師・
05太傅・太保・柱国大将軍・太尉・司徒・司空、趙武公弼、五反之栄、三顧之重、宗承降魏文之礼、常林感晋宣之
06拝。公即武公之第七子也。別継叔父大将軍汝南公檦之後。公精霊早著、風気夙成。七歳推観李之明、九
07齢擅対梅之慧。光彩照国、未尚魏后之珎。徳儀生庭、不遠荊山之璞。慎言敏行、雅合古人、斉物養生、闇同
08玄理。池魚園竹、孝性之所至、原鳥庭荊、友懐之所篤。至若紫嚢青帙之典、玉韜金匱之文、莫不究其奥情、
09窮其深旨。周元年、玉衡初転、金鏡肇開。乃睠緒余、爰錫土宇。公起家以勲冑子、封魏平県開国子、邑四百
10戸。保定二年、判司色下大夫、管轄胥徒、薄領繁湊、一官既効、万事皆理。俄除大都督、出鎮延州、彊虜畏威、
11縁辺仰化、奸豪於是屏迹、民史於是来蘇。周武帝特嘉其能、追入宿衛、授左侍上士、余官封如故。公言無
12可択、行必可師、以義感人、以誠簡帝。保定六年、帝深異之、除使持節・車騎大将軍・儀同三司・余封如故。鄧
13鷺之家門閥閲、初作儀同、謝玄之人才明朗、始沾車騎。公之婫此、綽有余栄。属蒲坂旧城、襟帯之処、子来

14不日、非公莫可。仍以其年詔使脩築朱楼翠観、浮彩大河、危堞崇墉、作固勝部。還、又詔築羌城、民無労怨。
15建徳四年、以大寧艱険、表裏戎居、帝思安静、推公作鎮。尓其板屋之地、俄見華風、窮髪之郷、翻為盛俗。久
16之、又追同州監領。曁吐谷渾放命蕃虜、肆兇方面、王赫斯怒、出車関右、迺従儲君、星言薄伐。公雄啚厝筭、
17抜萃絶倫、気冠行伍、身先士卒、摧献纍之士、破射鵰之人、醜類滌除、公有力矣。凱旋以功賞奴婢一十三
18口、絹布一百疋、粟麦一百石。五年、周武帝平斉、仍居偏将、詘指而陳成敗、借箸而画是非、所向無前、咸推
19第一。曩者、秦龍呑国、元藉起翦之功、晋馬浮江、終申祜預之栄、論公効績、与彼儔焉。仍留鎮相州、進爵為
20伯。宣政元年、序勲特封河東郡開国公、邑貳遷戸。大象元年、入為左少武伯下大夫。二年、累遷上儀同大
21将軍・左司武中大夫、十月、又転右宮伯中大夫。公志性鳴謙、劬労闈壼、聞車而知蘧瑗、聴履而識鄭崇。奉
22璋峨峨、執珪済済、得人之美、不其然乎。俄以木徳既衰、邦家殄瘁。皇上、龍潜納麓、豹変登庸、九州父老、
23咸憘三童之令、四海文才、皆就八紘之綱。於是彝倫有序、栄命宜昇。其年十二月、除使持節・開府儀同大
24将軍、余封如故。　大隋建極、海内清蕩、以漳滏経離、風塵始滅、眷言撫壓、是属勲賢。開皇二年、勅領東
25土相州十二州兵。公不事不為、有文有武、恩以接下、清以奉上。揚善唱悪、昭徳塞違。既奨射御之能、兼敦
26礼教之事。閭閻仰為慈父、行路号曰多奇。十年、授驃騎将軍、余官封領如旧。十二年、公以久居蕃部、思謁
27帝闍、　詔許入朝、高車旋軫。賈誼之見漢后、語徳未慙、呉質之対魏皇、論交莫尚。以開皇十三年正月廿
28七日遘疾、薨于京師之永吉里第。春秋五十。越以　大隋開皇十〔三〕年歳次癸丑十二月丙寅〔朔〕六日辛未、厝
29於孝義里地。惟公世挺国華、家伝朝棟、連衡許史、簉跡袁楊、志識雄明、神情閑曠。以名為貌、用仁為里、威
30儀恬惔、万頃之波瀾、道行芬芳、九畹之蘭蕙。平叔之面、与粉不殊、夷甫之手、与玉無別。従殷入周、自楚帰
31漢。軒軺交映、青紫垂陰、可謂克荷貽孫、始終賓実者也。既而瓊瑰入夢、辰巳居年、傅兌有霊、管輅無寿。西
32園風月、徒自凄清、東閤賓僚、俄成蕭索。嗚呼。嗣子匡世、匡民、匡道、匡徳、匡義等並立身以仁、終身以孝、盧

33墳永嘆、陟岵長哀。既感許孜之松、還変王裒之柏。故吏姫素等、恐丁公無伝、卒如陳寿之言、郭生有道、須
34屈蔡邕之筆。乃託旧賓、為銘云尒。
35真人舒気、仙士浮舟。英霊奕葉、軒冕聿脩。十卿万石、七貴五侯。賈室虎聚、王門鳳遊。惟公挺秀、実貽良冶。
36玉潤金声、河流漢写。器苞武略、才兼文雄。贖士脱驂、迎賓置馬。承家継世、出内勲績。紫閣屢陪、丹墀頻歴。
37折衝辺鄙、調和戎狄。黄閤遂開、朱門乃闢。斉秦各帝、楚漢争衡。塵飛城濮、瓦落長平。将軍坐樹、主簿披荊。
38拝爵建土、書功立銘。日月重光、乾坤合徳。逢雲遇雨、攀鱗附翼。上将昇壇、高驤述職。蓮垂劍影、桃開綬色。擁
39旄虎澗、秉節龍山。威恩被矣、民俗粛然。関城静圻、権候無烟。一方咸戴、天子称賢。蔵舟易徙、流晷難駐。薛
40台已傾、徐墳無遇。杳壇寂寞、竹林烟霧。麾下罕存、故人時賻。栄華如昨、身世俄已。丹旐路窮、白楊風起。遄
41遄岸谷、驟変朝市。千載佳城、万年君子。

文章構造を略記すれば、01：題／02～06：先世記事／06～32：誌主の事跡／32～34：造銘の経緯／35～41：銘、となる。

「椿本伝」と較べて、墓誌銘は圧倒的な情報量を含んでいる。誌文から李椿の事跡を抜き出して簡単な年譜にまとめると、**表31**のようになる。先世記事については後述することとし、年譜と照らし合わせつつ、本人の事跡・官歴に絞って確認していこう。

まず生年は、没年（開皇一三年・五九三）と享年（五〇）からの逆算で、西暦五四四年、つまり、西魏の大統一〇年となる。「椿本伝」の「檦無子、以弼子椿嗣。」という記述は、誌文でも確認でき（06行）、李弼の第七子であることは、『新唐書』宰相世系表とも一致する。

「椿本伝」に続いて見える「封魏平県子」は、誌文により周元年（五五七）のことと確認できる（09行）。時に一四

歳であった。起家とありながらも、封爵・邑数しか記載されておらず、実際に官には就いていなかったのかもしれない。なお、魏平県は朔方郡に属し、現在の陝西省子長県附近にあたる。

「椿本伝」ではここから大象末年まで記述が飛ぶことになるが、墓誌銘は充実している。具体的な官職としては、保定二年（五六二）の判司色下大夫（工部・正四命）が最初で（10行）、一九歳のことである。「判」は高級官吏が下級の官職を兼務する場合に用いられるが、この場合、李椿に司色下大夫よりも上位の本官があったとは考えがたく、県子の正六命を基準としたか、単に「仮に」といった意味で用いられたかのいずれかと考えられる。なお、羅新・葉煒『疏証』は、この司色を司邑を誤ったものであろうとする。その可能性も充分に考えられることを銘記しておく。

延州出鎮（10行）については、『周書』巻一五・李弼附檦伝に、

武成の初め、また豆盧寧の稽胡を征するに従い、大いに獲て還る。爵を汝南郡公に進む。出でて総管延綏丹三州諸軍事・延州刺史と為る。四年、鎮に卒す。（二四三頁）

とあるように、義父李檦が武成初年（五五九）以後に延州総管・延州刺史として出鎮しており、この幕下に加わったものと考えられる。直前に「除大都督」とあって、李椿が都督延州諸軍事（＝延州総管）にでもなったかのように思わせる記述ではあるが、李椿の実績ではまだ総管や州刺史にも届くはずもない。この大都督は八命と命階の上では大冢宰等六卿（正七命）よりも高位ではあるが、戎秩の中では低位に位置する（本書第一部第四章・表12）。「出鎮」という語が、必ずしも防衛の責任者として派遣されているとは限らないことを確認しておきたい。なお、延州は現在の延安である。ちなみに李檦の没年「四年」は、武成が二年までしかないことから、その次の保定四年（五六四）のことであり、李檦が没したことによって、李椿も長安に帰ってきたと見做すと、以下の記事とうまく繋がることになる。

長安に戻った李椿は、武帝の宿衛に入り、左侍上士（天官・正三命）を授かる（11行）。命階としては、司色下大夫よりも下位である。

表31：李椿年譜

時　期	年令	事　　項	行
大統10（544）	1	生まれる。父は李弼	
		叔父李檦の後嗣となる	06
周元年（557）	14	起家、魏平県子（正六命）	09
保定２（562）	19	判司色下大夫	10
〜４	〜21	大都督（八命）となり義父李檦の延州出鎮に従う	10
４〜５	21〜	左侍上士（正三命）	11
天和１（566）	23	使持節・車騎大将軍・儀同三司（九命）	12
（＝保定６）		蒲坂出鎮	13
		朱楼・翠観を修築	14
		７月、武都に築城	14
建徳４（575）	32	大寧出鎮（天和４（569)か？）	15
		同州監領	16
建徳５（576）	33	皇太子の吐谷渾征伐に参加	16
		10月〜、平斉戦役に従軍	18
６（577）	34	魏平県伯（正七命）	19
宣政１（578）	35	河東郡公（正九命）（本伝では大象末）	20
大象１（579）	36	左小武伯下大夫（正四命）	20
２（580）	37	上儀同大将軍・左司武中大夫（正五命）	20
		（司武上大夫ならば正六命）	
		10月、右宮伯中大夫（正五命）	21
		12月、使持節・開府儀同大将軍（九命）	23
開皇２（582）	39	相州十二州兵を領す	24
10（590）	47	驃騎将軍（正四品）	26
12（592）	49	入朝	27
13（593）	50	１月27日、永吉里に薨ず　春秋五十	28
		12月６日、孝義里に埋葬される	28

保定六年（五六六）に使持節・車騎大将軍・儀同三司に昇る（12行）。ただし、保定六年は正月五日に天和と改元されるため、年譜では天和元年としてある。その年のうちに、蒲坂（黄河と渭水の合流地点の北約二五㎞に位置する重要な黄河の渡渉地点）に出鎮したと思ったら、（恐らくは京師の）朱楼・翠観の修築を命じられ、さらに、羌城を築くともある（13〜14行）。いささか、詰め込みすぎのようにも感じられる。これらのうち、羌城については『周書』巻五・武帝紀上・天和元年七月戊寅の条に、

武功・郿・斜谷・武都・留谷・津坑の諸城を築き、

以て軍人を置く。（七三頁）

とあるなかの、羌水沿いにあった武都の建設に携わったのではなかろうか。

建徳四年（五七五）、戎居・板屋の地、大寧に出鎮する（15行）。具体的な職名は不明である。大寧は南流する黄河の東岸、北斉との戦闘がしばしば繰りひろげられた汾州にあり、天和六年（五七一）には宇文盛によって城が築かれている。[17] この建徳四年は、或いは天和四年の誤りではないかという点については後述する。

李椿は久しく大寧に鎮してから、同州監領となった（16行）。同州（陝西省大茘県）は周知の通り、北周最大の軍事拠点である。監領の実態は不明である。

ついで、儲君＝皇太子（宇文贇、後の宣帝）の吐谷渾征伐に従軍し、一応の功績を立てる（16～18行）。『周書』巻六・武帝紀下・建徳五年二月辛酉条に、

皇太子贇を遣わして西土を巡撫し、仍お吐谷渾を討たしめ、戎事節度は並びに宜しく機に随い専決すべし。（九四頁）

とあるのがこれに該当しよう。李椿が大寧に出たのが建徳四年で、翌建徳五年に吐谷渾征伐に参加したのであれば、その間、同州に戻った時に「久しく」という形容がなされるのは不自然である。先に、李椿の大寧出鎮が天和四年ではないか、と記した所以である。

建徳五年（五七六）冬、北周は北斉を攻撃して并州晋陽を陥れ、翌六年正月には鄴を陥れて、北斉を滅ぼした。誌文では改めて（建徳）五年と書き起こしているが、前段の記事と同年ということになる。李椿はこの戦役にも従軍し、相州（鄴）の守備に留まり、爵を県伯に昇らせた（18～20行）。

宣政元年（五七八）、特に河東郡開国公に封じられる（20行）。誌文中では前年の「魏平県伯」以来の封爵記述で、ここからの進爵であれば県侯・県公の二階を一気に越えたということになるのが、「特に」という表現に繋がってい

る。ところで、ここに至るまで郡公位に達していなかったということは、義父李欙が没して後に、その封爵汝南郡公を襲いでいなかったということである。「椿本伝」が「進封」ではなく「改封」としているのは、汝南郡公から河東郡公に改封されたという認識に立ってのものであろうから、誌文との違いは大きい。

翌大象元年（五七九）に京師に戻り、左（少）〔小〕武伯下大夫（夏官・正四命）に就いた。更に翌大象二年（五八〇）、上儀同大将軍（九命）・左司武中大夫（夏官?・正五命）、ついで一〇月に右宮伯中大夫（天官・正五命）と転じた（20〜21行）。

「木徳既に衰え」といよいよ北周が傾くと、「、、皇上龍潜」と隋の楊堅が登場し（22行）、空格が用いられるようになる。(18) 北周と隋とでの使い分けがはっきりとなされている。同年一二月に使持節・開府儀同大将軍（九命）に昇る（23行）のが、北周での最終官歴である。

「大隋建極」で隋が成立する（24行）。翌開皇二年（五八二）、李椿は東土相州一二州の兵を領したとあるが、ここから一二州全体の軍権を委ねられたとまでいってよいかは、甚だ疑問である。

ここから八年あまりの空白があり、開皇一〇年（五九〇）、驃騎将軍（正四品上）を授かる（26行）。誌題にある官職である。一つ前の将軍号であった北周末年の開府儀同大将軍（九命）は、隋の成立により名称を開府儀同三司に復され、官品は正四品上に落とされ、散実官の系列に入れられた。これは官品的には散号官の驃騎将軍と同等である。これで改めて驃騎将軍を授かったということは、隋初の官制改革によって、官品上、一度降格している可能性があり(19)、八年間の事跡の空白はそれを隠すためではないかとも考えられる。

開皇一二年（五九二）正月二七日、久方振りに京師に戻ることとなり（26〜27行）、翌一三年、京師の永吉里(20)の邸第において、五〇歳で没した（27〜28行）。同年、一二月六日、孝義里に埋葬された（28〜29行）。誌文の「開皇十年歳次己丑」は、干支から見ても明らかに「十三年」の誤りである。最後に、文献史料上には見えない、嗣子臣世以下、臣民、匡道、匡徳、匡義等の諸子が確認できる。

孝義里は、夫婦墓が発掘された西安慶華廠廠区ではなく、李椿が仮に埋葬された場所であり、京師（城）内であったろうと「簡報」は述べる。(21) ちなみに孝義里という地名は、『太平広記』巻三六一・牛成条に「京城東南五十里」とあるのを見出すこともできる。(22)

後年、夫人劉氏とともに藍田県童人郷（＝西安慶華廠廠区）に合葬された際には、新たに墓誌銘が製作されることなく、旧来の本墓誌銘がそのまま持ち込まれたようである。

李椿の官歴を見てみると、地方で軍務に就いていた時期が長く、徒何綸がほぼ中央に居続けたと考えられるのとは対照的である。それぞれの適性に見合った官途に就いていたのであろう。誌文に記載された延州への出鎮や相州での軍務などの李椿の事跡を、その当時の官品や他史料との突き合わせで得られる状況と較べると、かなりの誇張が含まれていることが容易に看取される。

第三節　先世記事について

徒何綸・李椿両者の事跡に続いて、先世記事について若干の検討を加える。この李弼・李密等の一族の家系に関する最もまとまった史料は、いうまでもなく『新唐書』宰相世系表であり、その記述は『三国志』巻八・公孫度伝、『晋書』巻四四・李胤伝、『魏書』巻七一・李元護伝等によって、ある程度の裏付けは取れる。しかしながら、これら文献史料によって構成・補足された系図でも、後燕時期とされる李根・李宣から北魏時期の李貴・李永にかけて、果たして繋がるのか疑問があるという指摘は、布目潮渢氏の研究によって夙になされている。(23) さらに問題となるのは、その本貫地についてである。既述の如く、文献史料上には遼東襄平・隴西成紀といった記述があるなかで、山下将司氏は布目氏の成果を承け、系図上の断絶を再確認した上で、家系偽造のパターン化、東方鮮卑諸部の総称としての徒何という性質等の視点から、徒何姓は賜姓ではなく復姓だったのであり、彼らの先世は徒何鮮卑（慕容部）であるとされている(24)。

本章で取り上げた二つの墓誌銘には、従来見られなかった材料が含まれている。これによって必ずしも本章の段階で結論めいたことまで示せるわけではないが、前掲の先行研究の成果にさらに新たな進展をもたらしてくれると考えられるので、検討を加えてみたい。とりあえず近い世代からということで、両者の父の李弼から遡っていこう。

1　李　弼

李弼は『周書』・『北史』に列伝も立てられており、いまさらその存在について検討を加える必要はあるまい。そこで、ここでは両誌の李弼に関する記述について、二つの指摘をしておこう。一つは両墓誌での趙国公という封爵について、もう一つは李椿誌における太師から司空までの官についてである。

李椿誌は、李弼の封爵を趙国公としている。しかしながら『周書』李弼伝より関連記事を抜き出せば、

> 孝閔帝の践阼するや、太師に除され、封を趙国公に進む。（中略）元年十月、位に薨じ、（中略）諡は武と曰う。尋いで魏国公に追封せられ、太祖の廟庭に配食せらる。（二四一頁）

とあり、李弼は北周初年（五五七）に趙国公に進み、同年に薨じて後に魏国公を追封されている。つまり、李椿誌は魏国公について欠落しているのである。その一方で、李椿の夫人である劉氏の墓誌銘には「太師・魏武公」とある(25)。これらから、「簡報」は李弼への魏国公の追封は、開皇一三年（五九四・李椿の没年）以後、大業七年（六一一・劉氏の没年）以前であると指摘している。さらに、北周時代製作の徒何綸誌にも「趙国武公」とあり、「簡報」の説を補強するかの如くであるが、この説は採りがたい。『周書』巻一五・李弼附暉伝(26)には、

孝閔帝の践阼するや、荊州刺史に除さる。尋いで趙国公を襲爵し、魏国公に改む。保定中（後略）（二四一頁）。

とあり、李弼の次子李暉は、李弼が薨じたのを承けて趙国公を嗣ぎ、ついで李弼に魏国公が追封されると、李暉もそれに合わせて趙国公から魏国公に改封されているのである。

また、前引李弼伝の最後にある「配食太祖廟庭」とは、李弼が宇文泰の廟に配享されたことをいっており、これは明帝二年（五五八）一二月のことである。(27) 従って、李弼伝の記載順序に従えば、李弼への魏国公追封は明帝二年一二月以前のことと限定できよう。

このように『周書』李弼伝と子李暉伝の記事を積み重ねて再構成できる状況からは、李弼への魏国公追封時期は、必ずしも一点にしぼることはできないものの、李弼の死後ごく間もないうちに行われたと見做すほかなく、単発的な墓誌の記述よりは、有利であると考えられる。

それでは、両墓誌が魏国公と書さなかった理由は、と問われると、確たることは述べられないのであるが、試みに挙げるならば、李弼への魏国公追封が、謚などよりも遅れてなされたことに理由があるのではなかろうか。つまり、李弼が薨じ、朝廷から贈官や「武」を謚されるなど、一連の葬礼が営まれた段階で、一般には李弼の存在は趙国武公として記憶されたのではなかろうか、ということである。また一方で、「簡報」の説に沿うのであれば、隋代に入ると李弼の子孫たちには魏・邢国公位を失うなど政治的地位の低下がみられ、そのような中で前王朝の元勲である李弼に改めて国公位が追改封されたことになる。その場合、隋代になって李弼に国公位が追改封された理由を説明する必要があると筆者は考えるが、「簡報」では考証されず、筆者としても思い当たる節はない。以上から、「簡報」の説は、墓誌銘を一次史料として重要視し過ぎることによって、誤りをきたしたものであると筆者は考えるのである。

もう一点、李椿誌に記された李弼の官歴に関して、その真偽についてではなく、記述のされ方について指摘しておきたい。太師・太傅・太保・柱国大将軍・太尉・司徒・司空・趙武公と極めて華々しいもので、それぞれの官にいつ就任したかも、列伝から左記の通りに確認できる。

太師・趙国公　北周孝閔帝元年（五五七）
太傅・大司徒　西魏恭帝三年（五五六）
太保・柱国　西魏大統一四年（五四八）
太尉　西魏大統九年（五四三）
司空　西魏大統五年（五三九）

北魏や隋唐の官制では、太師・太傅・太保は三師上公、太尉・司徒・司空は三公である。そこで誌文では、李弼は三師・三公の全てを歴任したと読めることになる。ところが、李弼の大司徒は三公のそれではなく、西魏末年から施行された『周礼』にもとづく六官制の地官府の長官であり、その他の太尉・司空とは枠組みが異なる。李椿誌では特にこの点に触れることなく、墓誌銘が書かれた隋代の官制と価値観に沿って、並べ換えられて記述されているのである。史料を扱う際には、その内容自体の吟味とともに、記述された時代のバイアスがかかっていることにも注意しなければならず、それは墓誌銘でもかわらないことである。

2　李永と李貴

続いて両誌で記載される李貴までを確認しよう。対照する文献史料として、『周書』李弼伝（『北史』略同）と『新唐書』宰相世系表があり、人物評などを除いて官職等に絞ると、各史料の記述は以下の通りである。

・曾祖貴、開府儀同三司。祖永、鎮西将軍・涼州刺史・河陽郡公。（徒何綸誌）
・曾祖貴、魏開府・平州刺史・衛尉卿。祖永、柱国・太傅・河陽公。（李椿誌）
・六世祖根、慕容垂黄門侍郎。祖貴醜（魏）、平州刺史。父永、太中大夫、贈涼州刺史。（『周書』李弼伝）

・貴：後魏征東将軍・汝南公。永：太中大夫。（『新唐書』宰相世系表）

右に挙げた史料群の他に、まったく別系統の内容を有する唐・韓昱（太行山人）撰『壺関録』（『説郛』巻三五所収）がある。『壺関録』は隋末の群雄李密に関する史料で、『資治通鑑考異』にも何ヶ所か引かれている。その先世に関する内容を系図で示すと左記のようになる。

屠何獯（後魏東城令　劉宋安固令）――道平（朝議郎）――遇仙（翬令・後魏征戎将軍）――曜（周太保・蒲山公）――弼（范陽侯）――寛（上柱国魏国公）――密

『壺関録』の内容が正史等文献史料とは全く異なることは一見して看取され、本章で取り上げた二つの墓誌銘にあらわれる李永・李貴も登場しないため、突き合わせて見ていくことはできない。『壺関録』については、湯開建氏(28)と梁太済氏(29)の論稿があり、世系部分に関しては前者が「正史よりも詳しいのでこちらが正しい」、後者が「李曜と李弼の順序を誤るなど捏造であることは明らか」と相反する見解が示されている。しかしながら、必ずしもその記事を逐一考証しているわけではないので、機会を改めて取り上げることとしたい。

李永と李貴に戻ると、梁氏が『壺関録』の先世記事内容を否定した上で、正史等の記事でも李永以前は全て捏造であろうと述べた(30)のがもっとも極端な意見としてあるが、北周時期の段階で元勲李弼の父・祖父まででっちあげるとも考えがたく、この両誌によって、李永・李貴までは存在が確認されたとして良いだろう。

李永の官職については、太中大夫・鎮西将軍・涼州刺史等が並ぶ中で、李椿誌に太傅・柱国とあって、他と較べて飛び抜けて高いが、いうまでもなくこれらは贈官である。『周書』巻一五・于謹伝や同巻一九・宇文貴伝等にもあるように、北周初期に功臣の先祖に対して柱国大将軍や三公位が贈られている(31)。これらと比較しても、李弼伝に同様の記事が無かったことのほうが不自然だったのであり、この点からいっても、李椿誌の李永に関する記述は信用がおけるといってよかろう。なお、宗室以外の群臣たちの父兄への贈官としては、管見の限り太師は見出せないため、李永の太傅は最高級の待遇であったといえる。

さらに李永が生前どういった官職に就いていたか、となると峻別は困難であるが、『周書』李弼伝で「太中大夫、贈涼州刺史」と区別されているのが、或いは妥当な線であるのかもしれない。

李貴については、開府儀同三司・平州刺史が複数挙がっているが、それぞれが独立した史料ではなく、それ以前の史料に基づいているわけであるから、多数決というわけにはいかない。これらが生前の官職であるのか、死後の贈官であるのか、現在の残存資料で峻別することは不可能であろう。

3　貫籍の問題

前述の如く、李貴以前については、『新唐書』宰相世系表の記述は裏付けが取れず、本章で取り上げた両誌でも具体的な記述がないため、家系の復元・個人の特定といった視点は措かざるをえない。一方、本貫地については、両誌それぞれが従来の文献史料とは異なる地名を挙げており、検討に値すると考えられるので、以下に見ていきたい。

従来の文献史料から得られる地名は遼東襄平と隴西成紀（及び『壺関録』の遼西）であり、(32) 一般には、もともと遼東襄平出身で、「本貫の関隴化」政策によって本貫を隴西成紀に徙したと解される。ところが、徒何綸誌には梁城郡泉洪県とあり、李椿誌には隴西燉煌（以下、敦煌と表記）(33) とあって兄弟で異なり、さらに従来の遼東襄平・隴西成紀のいずれでもないのである。まず、両誌の李氏の歴史について概観してみよう。

梁城郡泉洪県と称する徒何綸誌には、

系は高陽に本づき、柱史を祖とし、声は趙北に雄《おお》しく、気は隴西を蓋う。漢卒を提げて蘭山に上り、燕丹を駆り

て易水を度る。天下の摸揩と為り、孝友を郷閭に流す。（03～04行）

とあり、ここから拾える李氏関連の個人名は高陽（＝顓頊）と柱史（＝老子）で、李氏の先世としてはよくある記述である。ただ並ぶ地名は幅広く、隴西とあるものの、趙北や易水などもあって一点に収斂せず、結局遼東襄平にも隴西成紀にも結び付けられていない。そして、梁城郡泉洪県という組合せは、管見の限り史料から確認することはできず、前掲「史地考」もそのタイトルに反して棚上げしたままである。

一方の、隴西敦煌と称する李椿誌には、

昔、刑書の始めて創らるるに、皐陶、大理の官と作り、道教の初めて開かるるに、伯陽、柱下の職に居る。或いは秦晋に績を著わし、或いは趙魏に功を立て、猿臂の胤、克隆し、龍門の風、墜ちず。（02～03行）

とあり、ここに登場するのは皐陶・伯陽（＝老子）、そして前漢の李広（猿臂）と後漢の李膺（龍門）である[34]。春秋戦国時代の秦・晋・趙・魏で誰が活躍したかは特に挙げる意味は無かろう。方々で活躍した人物がいたということではなく、特定の挙げるべき人物が存在しないということである。

敦煌の李氏については、『新唐書』宗室世系表に敦煌房に関する僅かな記述があり、西涼武昭王李暠の曾孫、李茂がその始祖とされる[35]。従って隴西李氏の一支系統と見做せ、その祖ともいうべき李広が挙げられるのは相応しいといえる。しかし、李膺は潁川襄城の人であり[36]、かなり適当に有名人を挙げたという印象は拭えない。

「簡報」から本貫地に関する記述の大要を抜き書きすれば、

李弼の貫籍は、『北史』が隴西成紀、『周書』が遼東襄平、「李椿誌」が隴西敦煌で親子で異なる。北朝時代は随意に本貫地を替えられたようである。『周書』の遼東襄平が本籍である。宇文泰は山東郡望を関中へ移動させて、東方への思いを断たせたのだ、と陳寅恪（『唐代政治史述論稿』）も述べている。

と述べるに留まり、敦煌の意味については触れていない。確かに、本貫地を徙す例はいくらでも見られるが、その場合でも、ルーツを明示し、乱を避けたとか任地に家を構えたなどと、その理由を明らかにすることが多い。しかし、李椿誌にはそういったことを記述するだけの余裕がありながら、書かれていない。李椿が敦煌に赴任したというような、李椿と敦煌とを結びつける内容も読み取ることができないのである。

以上からいえることは、たとえ彼らの本貫地が遼東や隴西、或いは敦煌であったとしても、名門とされるような李氏の流れを汲んでいるとは考えがたいということである。北周・隋代に製作された両誌から、遼東襄平へのこだわりを読み取ることは不可能であり、指折りの名族である隴西成紀の李氏出身たろうとする形跡も見出すことはできない。従って、少なくとも唐初以降に編纂された正史に見える遼東襄平や隴西成紀という地名は、漢人名族に繋げようとする試行錯誤の過程で持ち出されてきたものとして大過あるまい。そして、仮にこの李椿誌の隴西敦煌が正しい場合でも、正史李弼伝等に見える、慕容燕に仕えたとされる李根は遼東襄平を意識して挙げられたのであろうから(37)、そこから李貴・李永に繋げることはできないし、現状では宰相世系表の李氏敦煌房との接点も確認できない。つまり、李椿等の先世は李貴より以前には一切遡れない、というのが一つの結論となる。

一方、既述の通り、先に没している兄の徒何綸の誌には梁城郡泉洪県とあって、それ以前については何ら語らない。そこで今一度、梁城郡泉洪県について追求してみたい。

まず梁城郡を検索してみれば、『魏書』巻一〇六上・地形志上・恒州（治所は平城）の内に見出すことができる（二四九七頁）。しかしながら、この地は徒何綸の存命中、北周の領域に入ってはいない。本貫地が自国の勢力範囲外であること自体は別段問題にならないのだが、この梁城郡が「天平二年置」とあって、すなわち東魏孝静帝の時期に設置されたとなると話は違ってくる。これを採るとなると、（かつての）敵対勢力がおいた郡・県を認めている記述になるのであり、従って俄には認めがたい。さらに、その梁城郡に泉洪県が有るかといえば、「領県二。参合・裋鴻」とあって、ひとまずは空振りである(38)。

しかしながら、『水経注疏』巻一三・濛水篇に「（如渾）水出涼城旋鴻県」（一一三五頁）とある。如渾水は平城を経て濛水（桑乾河）に注ぐ河川であり、涼城郡は前述の東魏が置いた梁城郡と同じ土地である。[39] そして、「洪」と「鴻」にはともに大きいの意があり、「洪水」を「鴻水」と記す事例は史書に幅広く見られる。また、いささか時代は下がるが、『広韻』では、「梁」と「涼」はそれぞれ下平声陽第十・呂張切十八にあって同音、「洪」と「鴻」はそれぞれ上平声東第一・戸公切二十二にあって同音である。「泉」と「旋」は下平声仙第二・疾縁切七と同似宣切十七にあって、比較的近い音といって良いだろう。[40] すなわち、梁城郡泉洪県とは、『水経注』にいう涼城旋鴻県のことであり、また『魏書』地形志の梁城郡裋鴻県であろうと、筆者は推測するのである。

この推測が正しかった場合、李椿誌の隴西敦煌は、本貫地記事としての信憑性をほぼ失う。代々隴西敦煌出身でありながら、徒何綸の代になって自国（北周）の勢力範囲外に本貫地を徙すとは考えがたいからである。まして隴西や遼東の名門にルーツがあったのであれば、墓誌銘でそのことに触れずに本貫地を梁城郡と記すことはあるまい。

その一方で、この地を推す理由として、北魏の王都時代の平城には、方々から多数の徙民がなされていたことが挙げられる。特に徒何が関わる事例は二回あって、『魏書』巻二・太祖紀・天興元年（三九八）・春正月辛酉条の道武帝が後燕を攻めた際の記事のなかに、

辛酉、車駕、中山より発し、望都堯山に至る。山東六州の民吏及び徒何・高麗雑夷三十六万、百工の伎巧十万余口を徙し、以て京師を充たす。（三一〜三二頁）

とあり、もう一点、後燕滅亡後のこととして、同巻三・太宗紀・泰常三年（四一八）・夏四月己巳条に、

冀・定・幽三州の徒何を京師に徙す。（五八頁）

とあるのがそれである。さらに『魏書』巻一一〇・食貨志に、

既に中山を定め、分ちて吏民及び徒何種の人・工伎巧十万余家を徙し以て京都を充たし、各おの耕牛を給し、口

を計り田を受《さず》く。（二八四九〜二八五〇頁）

とあるように、牧畜を事としていた北族は京師平城に徙民されるも、そのまま都市住民に変貌したのではなく、近郊で農耕に従事することとなったことから[41]、京師に隣接する梁城郡泉洪県にも、かつて鮮卑慕容部に従属していた徒何が多く住んでいた可能性が極めて高いといえるだろう[42]。

李弼一族が北族徒何出身であるとされた山下氏の所説は[43]、系図の検討では、他史料で裏付けが取れない段階で偽造されたものと断じる点に、些か性急さが感じられ、また東方鮮卑諸部の総称としての徒何と李弼一族を結び付ける点に、繋がりの弱さが感じられたが、本章での筆者の検討は、山下氏の所説に傍証を加えるものとなろう。

結語

本章では、徒何綸・李椿兄弟の墓誌銘を紹介し、彼等の事跡を従来の文献史料と対照してまとめ、「史地考」・「簡報」で提示されていた解釈や問題点も含めて、記述内容に対して若干の検討・考察を加え、私見を述べた。その中で特に重要な論点は、徒何綸誌の本貫地記事の検討から、従来漢族と見做されてきた彼等兄弟一族が、北族（鮮卑慕容部）出身である公算が強まったことである。無論、この一族が代々梁城郡に居住していた無名の李氏であった可能性も否定できないし、或いは北魏天興元年（三九八）の徙民であれば、慕容部・徒何等に付き従った人々であったとしても、漢族であった可能性もある。従って、現段階で結論とまですることはできないだろうが、それでも、従来の文献史料に見られる遼東襄平・隴西成紀といった記事に、信憑性は認められないとしてよかろう。

そうなると、「本姓屠何」・「遼西」・「胡人」と記した『壺関録』の先世記事は、再検討の必要がでてくるだろう。加えて、徒何姓が漢族の李姓と関連が強いことは、唐神龍二年の「大唐故李府君墓誌銘」[44]に、

君諱□、字長雄、隴西狄道人也。本（性）〔姓〕徒何氏。

とあることからも窺える。この李長雄と、李弼一族との接点は見出せていないが、徒何姓に関する史料は極めて零細であるので、機会を改めて、これらの史料も併せて検討の俎上に載せることとしたい。

また、北周時期の段階で梁城郡泉洪県という本貫地を記しているということは、西魏・北周政権によるいわゆる「本貫の関隴化」政策に則っていないということである。李弼一族が隋唐時代にかけて、どのように本貫地を変えていったのかについても、まだ検討の余地があるだろう。

本章で取り上げた二つの墓誌銘から導き出される事象は多岐にわたるものの、関連する史料は少なく、容易には結論に至らない。今後のさらなる検討が必要であろう。そして、当該時代に限らず、正史等文献史料に基づく理解が、新出土史料によって書き改められていくことが、今後も続くことは間違いない。特に胡漢融合という視点では、胡の存在がより大きくなっていくことが予想される。

注

（1）『周書』巻一五・李弼伝では四番目に名が挙がる（二四二頁）。本章では『新唐書』巻七二上・宰相世系表・遼東李氏房（二五九五頁）に従っておく。

（2）賜姓・復姓に関する研究は古くから見られるが、ここでは新しいものとして山下将司「西魏・恭帝元年の「賜姓」政策の再検討」（『早稲田大学大学院文学研究科紀要』四五―四（二〇〇〇年））、小林安斗「北朝末宇文氏政権と賜姓の関係」（『千葉大学社会文化科学研究』六（二〇〇二年））、佐川英治「孝武西遷と国姓賜与」（『岡山大学文学部紀要』三八（二〇〇二年））を挙げておく。

（3）徒何姓は鮮卑慕容部が遼東から遼西昌黎の徒何に徙ったことに由来する。北魏拓跋部は、東方にあった鮮卑諸部を徒何と総称した。なお、『周書』巻一五・李弼伝は「徒河」に作り、その他の史料でも「何」と「河」が混在する。本章では墓誌銘に従い、表記を「何」で統一する。

（4）山下将司「西魏・北周における本貫の関隴化について」（『早稲田大学教育学部学術研究　地理学・歴史学社会科学編』四九（二〇〇一年））。

（5）呂春盛『関隴集団的権力結構演変——西魏北周政治史研究』（台北：稲郷出版社・二〇〇二年）、吉岡真「北朝・隋唐支配層の推移」（『岩波講座・世界歴史』第九巻・中華の分裂と再生（岩波書店・一九九九年））。

（6）補訂した点は以下の通り。本章で取り上げた二つの墓誌銘により徒何綸・李椿の諸子を補う。李則政（＝李椿の曾孫）の墓誌銘である「大周故李府君墓誌銘」（王仁波等主編『隋唐五代墓誌匯編』（天津：天津古籍出版社・一九九一～二年）陝西一—七六等に載録）により、李椿の子孫を補う。徒何綸の子の長雅が世系表では長と雅の二人に分けられているのを、『周書』李弼伝、『隋書』巻五四・李衍・附弟子長雅伝の記事に従って長雅とする。この長雅を墓誌銘中の「世子元」に比定する。『周書』李弼伝では李貴が李貴醜となっているのを、中華書局標点本が「醜」は「魏」の誤りと校勘したのに従って改める。ただし、諱が「貴」、字が「貴醜」という可能性も捨てられない。李麗儀（＝李曜女）の墓誌銘である「范陽公故妻李氏誌銘」（章末〔補記〕参照）により、李曜の長子李故鄰、女李麗儀を補う。

（7）劉合心・呼林貴「北周徒何綸志史地考」（『文博』二〇〇二—二）。

（8）後述するように弟の李椿が北周成立とともに、当時一四歳で魏平県子に封じられている。この李椿の年齢が、高級将帥子弟の一般的な初封時期とするならば、徒何綸は西魏時代に既に安寧県侯に封じられているはずである。しかしながら、北周成立の際には、新君主・新王朝と群臣との関係を再確認するために、さながら御祝儀相場的に昇進や賜爵が大々的に行われており、李椿の魏平県子封建がこれによるものだとすると、徒何綸も北周成立と同時に封建された可能性もある。高級将帥の子弟達の一般的な初封時期を検討する必要があるだろう。

（9）以下、北周時代の官名・官命（品）等は、王仲犖『北周六典』（北京：中華書局・一九七九年）に基づく。また、「命」による階位は品階に代わるもので、西魏廃帝三年（五五四）正月から実施されている。九命～一命が一品～九品に相当する。

(10) 恭帝三年（五五六）正月、六官が建てられた際に、侯莫陳凱が司門下大夫に就任しており、翌年の北周孝閔帝の践阼にともなって工部中大夫に異動している。『周書』巻一六・侯莫陳崇附弟凱伝・二七一頁。

(11) 王仲犖『北周六典』の整理によれば、司会には下大夫が確認されていない。

(12) 北魏時代、封爵に「開国」とあるものは実封と規定されたが、本章の二誌とそれぞれの本伝と較べても判るように、北魏末年には形骸化しており、虚封と化していたようである。

(13) 『庾子山集』巻一三・「周大将軍司馬裔神道碑」・七九六頁、同巻一四・「周隴右総管長史贈太子少保豆盧公神道碑」・九二六頁等。

(14) 桑紹華「西安東郊隋李椿夫婦墓清理簡報」（『考古与文物』一九八六―三）。

(15) 『隋唐五代墓誌匯編』陝西三―三。

(16) 韓理洲輯校編年『全隋文補遺』（西安：三秦出版社・二〇〇四年）・一五〇～一五二頁。

(17) 『周書』巻二九・宇文盛伝・四九三頁。また、『周書』巻三一・韋孝寛伝には、

　　汾州の北、離石以南、悉く是れ生胡、居人を抄掠し、河路を阻断す。（五三九頁）

とあり、胡族集団が活動するさまを伝える。

(18) 孝文帝の時代に北魏は土徳から水徳に改めた（川本芳昭『魏晋南北朝時代の民族問題』（汲古書院・一九九八年）第一篇・第二章「五胡十六国・北朝時代における「正統」王朝について」（一九九七年初出）参照）。西魏は北魏と同一の魏王朝であるのでそのまま水徳であり、北周は魏の水徳を承ける木徳の王朝である。王莽以来主流となった劉歆の五徳終始説ではいにしえの周は木徳であり、北魏が衰退、分裂して水徳の魏の次の王朝が意識された際に、木徳の王朝である周が想起され、『周礼』の受容が加速したという可能性も考えられる。ちなみに、五代の後周もまた木徳の王朝である。

(19) 表12に見られるように、北周時代には九命以上（従一品以上に相当）に多くの軍号が設定されており、北周時代の軍職と文職との官命（品）の不均衡を是正するために、軍号の官品上における格下げは必須であった。従って、軍号面での降格は李椿に限ったことではなく、一般に見られたことである。

(20) 永吉里（坊）の具体的な位置は不明。現在のところ隋唐両京の坊名を最も多く収録している楊鴻年『隋唐両京坊里譜』（上海：上海古籍出版社、一九九九年）も拾っていない。
(21) 出土地の西安慶華廠廠区は、夫人劉氏の墓誌銘「隋故開府儀同三司驃騎将軍河東公李府君妻劉氏墓誌」の埋葬地の記述から藍田県童人郷の地となる。劉氏の墓誌銘は、「簡報」に鮮明な拓本写真が掲載され、『隋唐五代墓誌匯編』陝西三―九にも収められる。録文は「簡報」と『全隋文補遺』二四五頁にある。
(22) 『太平広記』巻三六一・牛成条・二八六九頁。愛宕元『唐代地域社会史研究』（同朋舎出版・一九九七年）華北篇・第一章「両京郷里村考」（一九八一年初出）、二五頁参照。
(23) 布目潮渢『隋唐史研究』（東洋史研究会・一九六八年）上篇第二章「李密の叛乱」・五五～五九頁（一九六五年初出）参照。
(24) 前掲註（4）山下論文参照。
(25) 「劉氏墓誌銘」は李椿を「開府儀同三司・河東公李府君」、李弼を「太師・魏武公」、李永を「太傅・柱国大将軍・河陽公」と記す。
(26) 李弼の長子李曜・次子李暉について、『周書』・『隋書』李密伝は李耀・李輝と表記する。本章では便宜上、李曜・李暉に統一してあるが、これは李曜・李暉と表記している史料の方が多い（『北史』・新旧『唐書』・李密墓誌銘「唐上柱国邢国公李君之墓銘」（『隋唐五代墓誌匯編』河南一―一八等に載録））という消極的な理由による。
(27) 『周書』巻四・明帝紀・二年一二月辛巳条に、
　功臣の琅邪貞献公賀抜勝等十三人を以て太祖の廟庭に配享す。（五六頁）
とある。ここに名が挙がっているのは賀抜勝一人で、李弼の名は見えないが、前年に薨じていた李弼がこの一三名に含まれることはまず確実である。
(28) 湯開建「唐韓笠《壺関録》之史料価値」（『曁南学報』（哲学社会科学）一九九二―三）。
(29) 梁太済「《壺関録》漫説」（『唐宋歴史文献研究叢稿』（上海：上海古籍出版社・二〇〇四年・一九九三年初出））。
(30) 前掲注（29）梁太済論文、二一〇頁。

（31）本書第一部第四章・表17参照。
（32）遼東襄平とするもの……『周書』巻一五・李弼伝、『隋書』巻五四・李衍伝、『旧唐書』巻五三・李密伝、『新唐書』巻七二上・宰相世系表、同巻八四・李密伝。隴西成紀とするもの……『北史』巻六〇・李弼伝、李密墓誌銘、李則政墓誌銘。
（33）隴山の西という括りに含めるには、敦煌は西に過ぎるようにも感じられるが、同様の表記は李椿墓誌銘以外にも見られ、例えば「大唐故董夫人墓誌銘」（『隋唐五代墓誌匯編』陝西三―五四）に「隴西・焞煌」とあるのが確認できる。後述するように、敦煌李氏が隴西李氏の流れを汲むことも踏まえているのだろう。
（34）「猿（猨）臂」は『史記』巻一〇九・李将軍・李広伝・二八七二頁、「龍門」は『後漢書』巻六七・党錮・李膺伝・二一九五頁に基づく。
（35）『新唐書』巻七〇上・宗室世系表・序・一九五七頁。同宰相世系表・隴西李氏の末にも「隴西李氏定著四房、其一曰武陽、二曰姑臧、三曰燉煌、四曰丹陽」（二四七三頁）とあるものの、唐代に宰相を輩出しなかったため、系図は示されていない。
（36）『後漢書』巻六七・党錮・李膺伝・二一九一頁。
（37）『魏書』巻七一・李元護伝に、遼東襄平出身で後燕の慕容宝に仕えた李根が見える（一五八五頁）。
（38）「史地考」が本貫地について述べることができなかったのは、この段階で検討が行き詰まってしまったからであろう。
（39）旋鴻県内の旋鴻池は、平城の北方五〇㎞ほどに位置し、王都平城からの行幸先でもあった。
（40）余廼永『新校互註宋本広韻』（上海：上海辞書出版社・二〇〇〇年）、「梁」一七一頁、「涼」一七二頁、「洪」「鴻」三〇頁、「泉」一四〇頁、「旋」一四一頁。
（41）前田正名『平城の歴史地理学的研究』（風間書房・一九七九年）第二章・第三節「四世紀後半期より五世紀末にいたる平城・桑乾河流域の住民構造」参照。
（42）梁城郡泉洪県が京師平城を中心とする「畿内」に含まれるのか、その一つ外側の「郊甸」に含まれるのかは不分明であるが、いずれにしても多数の徙民が置かれ、農耕・牧畜に従事していた点で変わりはない。勝畑冬実「北魏の郊甸と「畿上塞囲」」（『東方学』九〇（一九九五年））参照。

(43)　前掲注(4)、山下論文参照。

(44)　『隋唐五代墓誌匯編』陝西三―一二六等に載録。ちなみに、誌主李長雄の曾祖李和は魏驃騎大将軍とあり、『周書』巻二九に列伝のある李和が、誌主と同じく隴西狄道の人とある。しかしながら、後者は北周時期に柱国大将軍に昇り、隋初に薨じて司徒等を贈られている。先世記事にはより高位のものが記されるであろうから、別人であると判断される。

〔補記〕　本章の初稿刊行後になって、李弼の孫娘にあたる李麗儀の墓誌銘の明瞭な拓本写真と録文を見ることができるようになった。その結果得られた知見を全面的に本章に取り込むには、大幅な書き換えの必要が生じるため、ここに補記することにする。

李麗儀の父は李弼の長子李曜で、崔仲方(『隋書』巻六〇に立伝)に嫁いだ。墓誌銘自体は河北省文物研究所・平山県博物館「河北平山県西岳村隋唐崔氏墓」(『考古』二〇〇一―二)で存在が公表されていたが、録文が掲載されず、拓本写真も明瞭とはいいがたかった。その後、羅新・葉煒『新出魏晋南北朝墓誌疏証』(北京:中華書局・二〇〇五年)と周暁薇等編『隋代墓誌銘彙考』(北京:線装書局・二〇〇六年)に録文と簡単な検討が掲載され、特に後者には明瞭な拓本写真が掲載された結果、検討の対象とすることができるようになった。本人に関する記述には乏しいが、先世、一族に関する記述には本章の検討を補う内容を含んでいるので、補記としてここで簡単に述べておく。

先世記事として「其先趙国人也。寓居于平城之桑乾」とある。桑乾郡は平城の南に位置し、徒何綸の梁城泉洪県(涼城旋鴻県)とは平城を挟んで相対する位置関係になるが、ともに恒州内に含まれる。「趙国の人」とはあるものの、人物として登場するのは柱史(=老子)、広武(=李左車)のみで、名門趙郡李氏の流れに繋げようとする記述は特に見られない。以上の内容は概ね本章での検討を補強するものといってよいだろう。誌文に登場する個人の名や肩書きについては、注目すべき点や他の史料群と相違点もあるのでいくつか挙げておこう。

◎李麗儀の曾祖父(李弼の父)李永が李延となっている。

◎父李曜の封爵が邢国公ではなく蒲山(郡)公となっている。

◎李麗儀の長兄として従来史料に見えなかった李故鄰が挙げられ、官は大丞相府（従事）中郎、封爵が邢国公とされている。前項と合わせて考えるに、李曜が邢国公であったことは否定しがたく、李故鄰がこれを嗣いだと見るべきで、李曜の封爵が蒲山郡公とあるのは、記述の混乱によるものであろう。大丞相府従事中郎は北周末楊堅の大丞相府の属官であると推定される。年齢的には西魏末宇文泰の大丞相府に参画した可能性も完全には否定できないが、おそらく西魏末年でも李故鄰の年齢は十代前後であると思われるので、従事中郎では職位が高すぎるし、北周代に嗣いだ邢国公と、西魏末のごく若年の時期の官が並記されるのも不自然に過ぎる。

◎李麗儀の母の劉氏とは侯莫陳氏のことであり、侯莫陳順・崇等の妹である。

附　墓誌銘の訓読及び注釈

※文脈を把握しやすくするため、適宜改行している。考証を進める上で必要な先祖の事跡や地名、官職名などの事項については、本文中で言及している。

徒何綸墓誌銘訓読

周故使持節・驃騎大将軍・開府儀同三司・大都督・洛鳳興三州諸軍事・三州刺史・河陽郡開国公・徒何綸墓誌文

君、諱は綸、字は毗羅、梁城郡泉洪県の人なり。繋は高陽を本とし、祖は柱史に于いてし、声は趙北に雄しく、気は隴西を蓋う。漢卒を提げて蘭山に上り、燕丹を駆りて易水を度る。(1)天下の模揩と為り、孝友を郷閭に流す。旧史に絪緼とし、茲に于いて略すべし。曾祖貴、開府儀同三司。道を履みて弘仁、心を秉りて淵塞。祖永、鎮西将軍・涼州刺史・河陽郡公。醞藉にして閑雅、磊落にして英奇。父弼、太師・趙国武公。玉の色、金の声、公の才、公の望、文は以て衆を附し、武は能く遠きを威かす。

君、高門重地、気を逸ち天を沖く。且つ鳳毛と曰い、是れ龍種と称す。初め安寧県開国侯に封ぜられ、食邑は一千戸。司門大夫に除さる。啓閇、時に従い、鍵蒼斯く授く。兼小吏部に転じ、正に遷り、叔仁の連白し、巨源の密奏すると雖も、海内の心を傾けること、未だ茲の日に方《なら》ばず。(2) 車騎大将軍・開府儀同三司・工部・納言、司会、治計部・司宗に除さる。建徳三年十二月十六日、私第に薨ず。春秋卌。初め魏大統十六年を以て姓を賜わり徒何氏と為り、詔もて洛鳳興三州諸軍事・三州刺史を贈られ、使持節・驃騎大将軍・開府儀同三司・大都督・河陽郡開国公は並びに故の如し。礼なり。

君、生きて栄え死して哀れ、徽典を備陳し、出でて忠、入りて孝、道は彝章に冠たり。其れを詳らかにせば、年、誦日に居りて、早に通理を聞き、歳、星終に在りて、便ち穎脱を称され、調は世表に高く、韻は常人を抜く。温潤にして韶弘、英摽にして秀挙、仁を顕し用を蔵《おさ》め、博く見、洽く聞く。片言は以て折獄すべく、半辞は以て送遠すべし。豈に直だ三軍の文武、纔《わず》かに瞻《み》て悉く識り、四方の客刺、一門遍く談ずるのみならんや。入りて枢機を典じ、詳しく慎密を平じ、歴状清顕にして、美を遺して思いを去る。簡にして従い易く、約にして犯し難し。堅貞干《おか》すべからず、峻厲以て奪う无し。机を隠して書を省《み》、百封に口占し、弧を彎じて命中し、一葉に妙窮す。乃ち帝王の術、盤盂の記、俶儻の栄、縦横の辞の若し。筆、春華に散じ、文、秋藻に飛び、精習を苞羅すると雖も、差して余姿有り。誦を成すは心に在りて、思慮に留めるに非ず。風流の名士、恂美の具臣と謂うべき者なり。四年、歳は乙未に在り、正月丁巳朔、廿八日甲申、三原県濁谷原に葬る。(3) 九京遙かに望み、空しく謀身を想い、一頃の賜田、長く領袖を埋む。嗚呼、哀しき哉。乃ち銘を為りて曰く、

繫は顓頊よりし、源は伯陽より流る。秦に在りては則ち勇、漢に居りては選良。冠蓋を蟬聯し、世よ珪璋を挺《ぬ》く。涼州推轂し、留《ひさ》しく芬芳に懐《したが》う。(4) 太師、道を論じ、中朝の令望なり。(5) 淵なるかな君子、惟だ徳もて基と為す。言を択び行いを択び、礼を聞き詩を聞く。智は懐橘を愉しみ、栄は推梨に邁《す》ぐ。(6) 学優れて仕に就き、倹譲、之を以て

す。門を高くして閌有り、開を厳しくして委積す(7)。王、是れ禁と曰い、予《わ》が方の客に告ぐ。銓衡を式掌し、淄澠　僻《かたよ》る靡し(8)。六工、制を改め、時に水沢を瞻る(9)。寔に龍作に允《あた》り、茲の会計を兼ねる(10)。尓く肆師有りて、犠を展べ祭を序《の》ぶ(11)。美は後思を見、才は多芸を称す。鳶飛びて手に接し、麋興きて麗を射る。芒芒たる壄黷、滔滔たる閲流。福は已に倚り、生は信に浮く。一たび丹幕に従い、長く白楸に帰す。山台、夜を行き、泉館方めて幽《くら》し。月踰えて既に及び、日遠く庶に届《いた》る。旌麾空しく引き、容衛虚しく陳ぶ。早風、凍を開き、転雲、春に応ず。闃寥たる原野、終に悊人を悲しむ。

□妻、広業郡君、宇文。世子元。次子善。次子敦。次子礼。

注

(1) 提漢卒而上蘭山：霍去病が隴西の皋蘭山で匈奴を討った。駆燕丹而度易水：戦国燕の荊軻。易水が前文の趙北に対応する。

(2) 叔仁：東晋の王藴の字。巨源：西晋の山濤の字。

(3) 濁谷原：三原県を西北から東南にかけて流れる濁谷河（『長安志』巻二〇・三原県条（八二a））によって形成された原と推測する。

(4) 涼州：祖李貴の涼州刺史を指す。

(5) 太師：父李弼のこと。

(6) 懐橘・推梨：それぞれ後漢の陸績と孔融の兄弟仲がよいことの故事。

(7) 高門：司門大夫に対応する。

(8) 銓衡：吏部に対応する。淄澠：山東の二つの河川。事物を弁別する例に用いられる。

(9) 六工：工部に対応する。

(10) 龍作：納言に対応する。

（11）肆師：司宗に対応する。

李椿墓誌銘訓読

大隋、驃騎将軍・開府儀同三司・河東郡開国公、故李公の墓誌銘

公、諱は椿、字は牽屯、隴西・燉煌の人なり。昔、刑書の始めて創らるるに、皋陶、大理の官となり、道教の初めて開かるるに、伯陽、柱下の職に居す。或いは秦・晋に績を著わし、或いは趙・魏に功を立て、猿臂の胤、克隆し、龍門の風、墜ちず。曾祖貴、魏の開府・平州刺史・衛尉卿。祖永、柱国・太傅・河陽公。並に歿して朽ちざれば、穆叔の嗟《なげ》く有り、卒して遺愛せば、孔丘の泣を下す(1)。魏道、云《ここ》に喪び、周命、惟新するは、推轂・綰璽の誠、爪牙・心膂の託なれば、則ち太師・太傅・太保・柱国大将軍・太尉・司徒・司空、趙武公弼あり。五反の栄、三顧の重、宗承、魏文の礼を降し、常林、晋宣の拝を感ず(2)。公、即ち武公の第七子なり。別して叔父大将軍・汝南公樹の後を継ぐ。

公、精霊は早く著われ、風気は夙に成る。七歳にして観李の明を推し、九齢にして対梅の慧を擅ままにす(3)。光彩、国を照らせば、未だ魏后の珎を尚ばず。徳儀、庭に生じて、荊山の璞に遠からず(4)。言を慎しみ行を敏《さと》くするは、雅《もと》より古人に合し、物を斉しくし生を養するは、玄理と闇同す。池魚・園竹は孝性の至るところ、原鳥・庭荊は友懐の篤きところ。紫嚢・青帙の典、玉韜・金匱の文の若きに至りては、その奥情を究め、その深旨を窮めざるなし。

周元年、玉衡初めて転じ、金鏡肇めて開らく。乃ち緒余を睠《かえり》み、爰《すなわ》ち土宇を錫《たまわ》る。

公、起家するに勲貴の子たるを以てし、魏平県開国子に封ぜられ、邑は四百戸。保定二年、司色下大夫を判じ、胥徒を管轄し、薄く領して繁く湊まり、一官既に効《なら》えば、万事皆な理む。俄かに大都督に除され、延州に出鎮す。彊虜、威を畏れ、縁辺、仰化す。奸豪ここにおいて屏迹し、民史ここにおいて来蘇す。周武帝、特に其の能を嘉し、追って宿衛に入らしめ、左侍上士を授け、余の官封は故の如し。公、言は択ぶべく無く、行いは必ず師とすべし。義を以て

人を感じ、誠を以て帝を箴《いさ》む。保定六年、帝、深くこれを異とし、使持節・車騎大将軍・儀同三司に除し、余の封は故の如し。鄧鷺の家門は閥閲にして、初めて儀同となり、謝玄の人才は明朗にして、始めて車騎を沾《うかが》う(5)。公の此に娓《およ》ぶに、綽として余栄有り。蒲坂旧城の襟帯の処に属し、子来すること日ならざるは、公に非ざれば可なる莫し。仍お其の年を以て、詔して朱楼・翠観・浮彩の大河を脩築せしめ、危堞・崇墉の作りの固きこと部に勝る。還りて、又た詔して羌城を築かしむるも、民に労怨無し。建徳四年、大寧の艱険にして、表裏に戎居せるを以て、帝、安静せしめんと思い、公を推して作鎮せしむ。尓《しか》るに其れ、板屋の地は俄かに華風を見、窮髪の郷は翻りて盛俗と為る。これ久しくして、又た追って同州監領となる。吐谷渾の蕃虜に放命し、肆に方面を兇するに曁び、王、赫斯として怒り、車を関右に出す。迺《すなわ》ち儲君に従い、星言し薄伐す。公、雄啚・厝筭は抜萃・絶倫、気は行伍に冠し、身は士卒に先ずる。献馘の士を摧《くだ》き、射鵰の人を破る(6)。醜類の滌《てき》除さるるに、公、有力なり。凱旋するや、功を以て、奴婢一十三口、絹布一百疋、粟麦一百石を賞《たまわ》る。五年、周武帝、斉を平ぐ。仍お偏将に居し、詘指して成敗を陳べ、借箸して是非を画す。向かう所、前無く、咸な第一に推す。嚢者《さきに》、秦龍、国を呑むは、元より起・翦の功に藉《よ》り、晋馬、江に浮くは、終に祜・預の栄を申ぬ(7)。公の効績を論ずるに、彼と儔《なら》ぶ。仍お留りて相州に鎮し、爵を進めて伯と為る。宣政元年、勲を序し特に河東郡開国公に封じられ、邑は貮遷戸。大象元年、入りて左少武伯下大夫と為る。二年、上儀同大将軍・左司武中大夫に累遷し、十月、又た右宮伯中大夫に転ず。

公、志性は鳴謙、劬労は闡壼、車を聞かば遽瑗を知り、履を聴かば鄭崇を識る(8)。璋を奉じて峨峨、珪を執りて済済、人を得るの美、それ然らざらんや。俄かに木徳の既に衰ろえるを以て、邦家、殄瘁《てんすい》す。皇上、龍潜して納麓し、豹変し登庸す。九州の父老、咸な三章の令を憘び、四海の文才、皆な八紘の綱に就く。ここに於いて彝倫、序有り、栄命、宜しく昇すべし。その年十二月、使持節・開府儀同大将軍に除され、余の封は故の如し。

大隋建極し、海内は清蕩、漳滏、離れるを経、風塵始めて滅するを以て、眷言して撫圧するは、是れ勲賢に属す(9)。

開皇二年、勅もて東土相州十二州の兵を領す。公、為さざるに事えず、文あり武あり、恩は以て下に接し、清は以て上に奉ず。善を揚げ悪を唱え、徳を昭らかにし違を塞ぐ。既に射御の能を奨め、兼ねて礼教の事に敦し。閭閻、仰ぎて慈父と為し、行路、号して多奇と曰う。十年、驃騎将軍を授かり、余の官封領は旧の如し。十二年、公、久しく蕃部に居するを以て、帝閽に謁せんと思い、詔して入朝を許され、高車、旋軫す。賈誼の漢后に見えて、徳を語りて未だ慙じず、呉質の魏皇に対して、交を論じて尚ぶ莫し(10)。開皇十三年正月廿七日を以て遘疾し、京師の永吉里の第に薨ず。春秋五十。越えて大隋開皇十〔三〕年歳次癸丑十二月丙寅〔朔〕六日辛未を以て、孝義里の地に厝《お》く。

惟うに公、世よ国華を挺し、家は朝棟を伝えるは、許・史に連衡し、袁・楊に箎跡す(11)。志識は雄明、神情は閑曠、名を以て貌と為し、仁を用て里と為す。威儀の恬惔たるは、万頃の波瀾、道行の芬芳たるは、九畹の蘭蕙(12)。平叔の面、粉と殊にせず、夷甫の手、玉と別無し(13)。殷従り周に入り、楚自り漢に帰す。軒軺、交ごも映じ、青紫、陰を垂れ、克く孫を貽《のこ》すを荷い、始終、実に賓《したが》うと謂うべき者なり。既に而して瓊瑰、夢に入り、辰巳、年に居し、傅兌、霊有り、管輅、寿無し(14)。西園の風月、徒らに自ら凄清し、東閤の賓僚、俄かに蕭索を成す。嗚呼。嗣子匡世、匡民、匡道、匡徳、匡義等。並びて立身するに仁を以てし、終身するに孝を以てする。墳に廬しては永嘆し、岵《こ》に陟《のぼ》りては長哀す。既に許孜の松を感じ、還りて王裒の柏を変ず(15)。故吏の姫素等、丁公の伝無く、卒して陳寿の言の如くし、郭生は有道なるも、須《つい》に蔡邕の筆に屈するを恐る(16)。乃ち旧賓に託し、銘を為りて云うのみ。

真人、気を舒《の》べ、仙士、舟を浮かぶ。英霊、奕葉し、軒冕、聿脩す。十卿は万石、七貴は五侯。賈室に虎聚まり、王門に鳳遊ぶ(17)。惟うに公の挺秀は、実に良冶を貽す。玉潤・金声、河に流れ漢に写る。器は武略を苞み、才は文雄を兼ぬ。士を贖して脱驂し、賓を迎えて馬を置く(18)。家を承け世を継ぎ、勲績を出内す。紫閣、屢しば陪《かさ》なり、丹墀、頻りに歴す。辺鄙に折衝して、戎狄を調和す。黄閣遂に開き、朱門乃ち闢く。斉・秦各おの帝たり、楚・漢争衡す。塵、城濮に飛び、瓦、長平に落つ(19)。将軍、樹に坐し、主簿、荊を抜《ひら》く(20)。爵を拝し土を建て、功を書して銘を立つ。日月、光を重ね、乾坤、徳を合す、雲に逢い雨に遇い、鱗に攀《たよ》り翼に附す。上将、壇に昇り、高驤して職を述ぶ。蓮に剣影を垂れ、桃に綬色を開く。旌を虎澗に擁し、節を龍山に秉る。(21)威恩被むりて、民俗粛然とす。城を開き圻《き》を静め、候を権《か》りて烟無し。一方咸な戴きて、天子、賢を称す。蔵舟、徙り易く、流晷、駐まり難し。薛台、已に傾き、徐墳、遇する無し。(22)杏壇、寂寞とし、竹林、霧に煙る。麾下存すること罕《まれ》にして、故人、時に賵《おく》る。栄華、昨の如くして、身世俄かに已む。丹墀、路に窮まり、白楊、風に起つ。遄遄《せんせん》たる岸谷、驟《にわか》に朝市に変ず。千載の佳城、万年の君子たり。

注

(1) 穆叔：叔孫穆子＝叔孫豹。魯の大夫。遺愛：鄭の子産の故事。
(2) 五反：湯王と伊尹。三顧：劉備と諸葛亮。宗承：『三国志』巻一〇・荀攸伝所引『漢末名士録』（三二二頁）に見える人物か。常林：三国魏、温の人。司馬懿が同郷の先輩に拝礼した故事。
(3) 観李の明：西晋の王戎が幼少時に道端の李を取らなかった故事。
(4) 魏后の珎：戦国魏、恵王の珠。荊山の璞：賢良な人の喩え。
(5) 鄧騭：後漢の人。『後漢書』巻一六。謝玄：東晋の人。『晋書』巻七九。
(6) 献橐の士・射鵰の人：ともに狩猟を生業とする夷狄を指す。
(7) 起・翦：白起と王翦。祜・預：羊祜と杜預。
(8) 蘧瑗：春秋衛の蘧伯玉。霊公時期の大夫。鄭崇：前漢哀帝時期の尚書僕射。『漢書』巻七七。
(9) 漳滏：漳水と滏水。ともに鄴の近郊を流れる。
(10) 賈誼：前漢の人。『漢書』巻四八。呉質：三国魏の人。建安七子の一人。
(11) 許・史：ともに前漢・宣帝時期の外戚。袁・楊：ともに後漢で累代大臣を輩出した家柄。

(12) 九畹の蘭蕙：屈原の故事。

(13) 平叔：三国魏・何晏の字。『三国志』巻九・曹真伝に附伝。夷甫：西晋・王衍の字。『晋書』巻四三。

(14) 傅兌：殷・武丁の臣の傅説か。管輅：三国魏の人。『三国志』巻二九。

(15) 許孜・王裒：ともに西晋の人で『晋書』巻八八・孝友に伝有り。

(16) 丁公：三国魏の丁儀。陳寿『三国志』に伝が立てられなかった。郭生：後漢の郭太。『後漢書』巻六八。墓誌銘を蔡邕が撰した。

(17) 賈室虎聚：「賈氏三虎」『後漢書』巻六七・賈彪伝。王門鳳遊：「王家門中、優者則龍鳳」『南斉書』巻三三・王僧虔伝。

(18) 脱驂：孔子がかつて泊まった宿屋の主人の葬式にそえ馬を贈った故事。

(19) 城濮：春秋衛の地。晋と楚が戦った。長平：戦国趙の邑。秦の白起が趙の降卒を埋めた地。

(20) 樹座・披荊：後漢の馮異。『後漢書』巻一七。

(21) 虎澗・龍山：左思「魏都賦」より。鄴で活躍したことを示す。

(22) 薛台：『春秋』荘公三一年の「築台于薛」か。

第三章　〔補論〕隋末李密の東都受官に関する一試論

緒　言

隋煬帝の大業一四年、或いは恭帝の義寧二年（いずれにしても六一八）の三月、江都にて煬帝を弑逆した宇文化及は秦王浩を擁立し、一〇余万の衆を率い、長安を目指して北帰の途についた。同五月に煬帝の凶問に接し、帝位に即いた東都洛陽の越王侗（恭帝・皇泰主）は、(1) それまで洛口に拠った群雄李密と激しく交戦していたが、六月、宇文化及軍が接近することを甚だ懼れ、使者蓋琮を李密のもとに派遣し講和を持ち掛けた。李密は大いに喜んでこの申し出を受け、あらためて越王侗に宇文化及を討つことでこれまでの罪を贖いたいと、降服を乞う表をたてまつり、越王侗はこれに応えて太尉・尚書令・東南道大行台・行軍元帥・魏国公の官職・封爵を授け、宇文化及平定後に入朝輔政せよとの詔書を李密に与えた。

隋末に勃発した諸反乱の中にあって、李密が率いた叛乱はその規模や周囲に及ぼした影響の大きさもさることながら、李密が門閥層の出身でありながらいわゆる農民反乱を率いたという階級闘争的側面から注目され、ことに中国において既に豊富な研究の蓄積がある。(2) その中で、この李密の東都受官は、それまでの対隋朝闘争路線から方向を転換したもので、李密勢力の母体となった瓦崗軍の創始者翟譲の殺害や、王世充に敗れて後の唐朝への投降と並んで、

「農民革命勢力を隋朝・封建勢力に売り渡した」といった論調で、李密を非難する材料としてしばしば用いられてきた。「売り渡し」説の代表的なものとして王丹岑氏は、李密の東都への投降は、決して形勢の逼迫から出たものではなく、彼の基本的な政治目標であり、このような反革命的投機分子が農民革命を率いたのであるから、瓦崗軍が売り渡され、破壊されたのは運命付けられたことであったと述べた。(3) 一方で、李密を卓越した農民起義領袖であるとした方若生氏は、宇文化及の接近にともない、宇文化及と東都洛陽とに挟撃される状況になることに脅威を感じた李密が、両面作戦を避けるために東都との妥協を願い、これが李密と宇文化及を咬み合わせて漁夫の利を狙うという東都側の戦略と合致したのだとした。(4) また同時期、漆俠氏も李密における宇文化及の脅威を強調するかたちでこれに続いた。(5)

このように一九五〇年代以来、東都受官問題の解釈は李密評価のあり方によって大きく二つに分裂していたが、王丹岑氏の所説は、「李密＝反革命投機分子」という評価が先にあって、事態の解釈を規定したきらいが強く、一方、方若生氏の所説は、（その李密評価についてはともかく）概ね史料から事実関係を構成して得られるごく一般的な解釈であり、その後提出された諸説も事態の解釈としては、この「両面作戦回避のための妥協」説から出るものではない。例えば陳瑞徳氏は、李密は封号を受けても軍権は返上せず、軍を解散してもいないことから、瓦崗軍は東都の管制下にはおかれておらず、本件は両面作戦を避けるための妥協であって投降ではないとし、(6) また、曹作之氏も李密が東都に投降できない理由として、①瓦崗軍は東都に対して優勢を確立しており、宇文化及の存在も致命的なものではない。②李密が形式的に東都に降った後も、東都が瓦崗軍を併呑してはいない、優勢なものが劣勢なものに投降するであろうか。などの四項目を挙げて、(7) それぞれ妥協説を補強するにとどまったごとくである。

八〇年代以降、いわゆる農民戦争・階級闘争史観の前近代史への適用は後退し、群雄争覇・統一戦争から皇帝へという一般的な権力闘争視点からの分析に回帰した。李密についても階級異分子・陰謀家等の評価は概ね姿を消して、隋に代わる新王朝の建設という目標についても非難の対象とはならなくなった。しかし、以上見たようにこの東都受官は相変わらず当時の状況下において生き残るための妥協の産物としてのみ見做され、近年出版された李密の伝記もそれを踏襲している(8)。

布目潮渢氏による李密研究は、日本における恐らく唯一のものであり(9)、こと李密の事跡の整理については他の追随を許さぬ周到なものであって、本章も拠るところが極めて大きい。しかしながら、本件については手堅く事態の推移をまとめた上で、戦略上やむをえないことと妥協説と同様の立場に立ち、

当時の群雄はいずれも煬帝の打倒を叫んだものの、その目指す所は文帝の開皇の治世への復帰であったが、英雄李密とてもその枠を出るものではなかったのであろうか。教養ある李密もこんな所に限界があったとはまことに意外である(10)。

と、東都受官を群雄としての李密の限界として論じる。しかし、その場合李密が東都受官によって何を目指したのかが甚だ不明瞭とならざるをえないし、布目氏も展望を示されてはいない。直接的な史料記述にのみ基づく解釈の限界とでもいえようか。

ところで、李密は宇文化及を撃退して後、東都に入朝しようとしたが、クーデタによって東都政権を掌握した王世充によって阻まれている。この東都受官を戦略上の妥協と見るならば、李密が宇文化及の脅威を解消して後、あらためて東都に入朝する必要があるだろうか。対宇文化及戦のダメージを回復して後、反隋闘争路線にたち戻って東都攻撃を再開してもよいのではなかろうか。この東都への入朝の試みは、妥協説に対する反証となりうるだろう。また、この時河南に会した李密・東都越王侗政権・宇文化及の三者のなかで、理念上最も敵対関係にある、換言すれば共闘する事ができない関係にあるのは、後ろの二者である。それは宇文化及が煬帝を弑逆した張本人であり、東都政権は煬帝の後継者として正当性を主張する政権だからである。東都政権にとっては宇文化及こそ不倶戴天の仇敵とせざるをえない存在であったのであるから、李密としてはこの時傍観者となって、両者を相戦わせるという戦略も取りえた

のではなかろうか。それを敢えてこれまでの反隋闘争路線を転換してまで東都からの受官を選択したからには、相応の理由がある筈である。

また、些細な心理描写に拘わるが、『資治通鑑』巻一八六・高祖武徳元年九月条に、

初め、李密、既に翟譲を殺し、頗る自ら驕矜し、士衆を恤れまず。（五八〇八頁）

とあり、また『大唐創業起居注』巻二・大業一三年七月己巳条に、

密、煬帝の来たらず、翟譲の已に死し、坐して敖倉に対するを以て、便ち自矜の志有り。書を作して帝（唐高祖）に与え、天下を以て己が任と為し、屢しば大言有り。（二四頁）

とあるように、翟譲謀殺後の李密には、驕りたかぶる傾向が見られるようになったとも伝えられる。それは群雄の指導者としての自信のあらわれとも表裏をなすであろうが、そのような李密が当面の危機回避のために妥協したとはいえ、後述するように「大いに喜んで」隋朝に投降するであろうか。

たしかに、敵対勢力に挟まれての両面作戦は好ましいものではないし、筆者としてもこの東都受官の場合、当面の妥協という側面がかなりの比重を占めていたとすることに異存はない。しかし、上記のように不自然な点も少なからず指摘しうるのである。であれば、かかる動きに「これまで着々として抱負を実現してきた李密」(11)の教養と戦略に基づいた積極的行動と解しうる要因を見出すことはできないだろうか。本章は、当時李密が置かれていた情況、及びその周辺の諸勢力の情勢に再検討を加えることで、李密の東都受官という事件、さらには隋末の乱に対する新たな視角を与えようと試みるものである。

第一節　情　勢

まずは、皇泰元年・武徳元年（六一八）六月までの概況を、洛口の李密・東都の越王侗と王世充・長安の代王侑と李淵・江都の煬帝と宇文化及の各勢力ごとに確認することにする。

李密が所属していた瓦崗軍は、大業一三年（義寧元年・六一七）二月に興洛倉（洛口・河南省鞏県）を占拠し、洛口の周囲四〇里に築城して根拠地とし、李密もまた推されて瓦崗軍の主となり、「魏公」と称し、「永平」と建元した。[12]「魏」は曾祖父李弼の追封爵に由来するものであり、祖父李曜の封爵たる「邢」を用いなかったことに注目される。[13]この「洛口政権[14]」の成立により、瓦崗軍は群盗集団から群雄勢力に脱皮したとしてよいだろう。洛口政権は興洛倉の糧食を経済的基盤として兵力を集め、多数の兵力を運用して隋朝の軍事力を退け[15]、一方で同年一一月には李密はかつての瓦崗軍の指導者翟譲を殺して指揮系統を一元化した。翌大業一四年（皇泰元年は五月より）正月の段階までには、反隋勢力の中核として多くの群雄・群盗や郡県がこれに帰した。その勢威は、『旧唐書』巻七一・魏徴伝所載の「与（徐）世勣書」に、

魏公、叛徒より起ち、奮臂大呼せば、四方響応し、万里に風馳せ、雲合霧聚し、衆は数十万、威の被る所、将に天下に半ばせんとす。（二五四六頁）

とあり、『旧唐書』巻五三・李密伝にも、

東のかた海・岱に至り、南のかた江・淮に至り、郡県、使を遣わして密に帰せざる莫し。竇建徳・朱粲・楊士林・孟海公・徐円朗・盧祖尚・周法明等、並びに使に随い表を密に通じて勧進す。是に於いて密の下の官属も咸な密に尊号に即かんと勧むるも、密曰く、「東都未だ平がず、此を議するべからず」と。（二二一〇頁）

とあるなど、甚だ盛んで、周囲の大勢力も洛口政権を反隋闘争の中心と認めていたことは明らかである。下行文書には「行軍元帥魏公府」と称したが[16]、これは軍事組織であり、未だ百官を置く「国」の組織とはなっていないことも銘記すべきであろう。竇建徳・朱粲等は当時既にそれぞれ河北・江淮で王・帝を名乗っており、彼等から盟主に推され

ていた李密の立場は、実質的には「公」位におさまるものではないといえるが[17]、李密はこの段階では尊号を称することを拒否している。皇泰元年（六一八）六月の段階では、河南に残る隋朝勢力は東都洛陽を残すのみとなっていた。

ついで、東都洛陽の状況をみることにする。東都の主人は煬帝の孫の越王侗である。瓦崗軍・洛口政権との戦闘では、江都の煬帝により王世充が派遣されるまでは負け続けの状態であった。大業一三年九月に王世充が軍事の指揮を執るようになってからは、互いに勝敗がある状況に改善されたが、それでも全体的な劣勢はおおうべくもなく、翌大業一四年正月の段階では、既に城塞から打って出ることもできなくなっている。同年三月に江都で煬帝が弑逆され、その報が東都に伝わって越王侗が皇帝即位し、「皇泰」と改元したのが同年五月戊辰（二四日）のことである。この段階での東都政権の中枢には、段達・王世充・元文都等の「七貴」があった[18]。

太原から長安に攻め込んだ唐公李淵の動きはどうであったろうか。大業一三年七月に晋陽を進発した李淵軍は、一一月に長安を占領した。李淵は代王侑を皇帝即位させ、煬帝を太上皇とし、改元して「義寧」とし、自らは仮黄鉞・使持節・大都督内外諸軍事・尚書令・大丞相・唐王となった。そして翌義寧二年五月甲子（二〇日）、煬帝弑逆の報が長安に伝わったのを機に、代王侑から禅譲を受けて帝位に即いた。国号は勿論「唐」、改元して「武徳」としている。これは江都により近い東都の越王侗の即位よりも四日早い。

最後に江都の情勢はどうか。宇文化及等による大業一四年三月の煬帝の弑逆は、前記の東都洛陽・長安の例をはじめとして、情報が各地に伝わるごとに大きな動きを生み出している[19]。宇文化及は煬帝の後継としてその甥の秦王浩を擁立して皇帝とし、自らは大丞相と称した。そして三月中に新皇帝と蕭皇太后（煬帝の皇后）、一〇余万の兵を擁して長安に向けて進発。宇文化及と司馬徳戡との内部抗争や遠路の行軍によって士気を低下させつつも、四月には河南東郡に至り、李密軍の一角と戦闘が始まっている。李密は東都と宇文化及軍に挟まれる形になったわけである。

この宇文化及の北上が、東都政権に李密との接近を促すことになる[20]。『資治通鑑』巻一八五・高祖武徳元年六月乙

西（一二日）条に、

東都、宇文化及の西来するを聞き、上下震懼す。蓋琮なる者有りて、上疏して李密を説き之と勢を合せて化及を拒まんと請う。元文都、盧楚等に謂いて曰く、「今、讎恥未だ雪がずして兵力足らず、若し密の罪を赦し化及を撃たしむれば、両賊自ら闘い、吾、徐ろに其の弊を承けん。化及の既に破れれば、密の兵も亦た疲れ、又た其の将士、吾が官賞を利とし、易く離間すべく、幷せて密も亦た擒うべきなり」と。楚等、皆以為えらく然りと。即ち琮を以て通直散騎常侍と為し、勅書を齎し密に賜わしむ。（五七九五～五七九六頁）

とある。元文都の言葉にあるように、これは李密をもちいて宇文化及を滅ぼさせ、その上で疲弊した李密の将兵に東都政権が賞を与えることによって李密から切り放そうという、漁夫の利を狙う計略である。これに対して使者を迎えた李密は、『資治通鑑』同辛丑条（二八日）に、

時に密、東都と相い持すこと日び久しく、又た東のかた化及を拒み、常に東都の其の後を議するを畏れ、蓋琮の至るを見、大いに喜び、遂に上表して降るを乞い、化及を討滅し以て贖罪せんと請い、獲る所の雄武郎将于洪建を送り、元帥府記室参軍李倹・上開府徐師誉等を遣わして入見せしむ。（五七九八頁）

とあるように、「大いに喜」んでこの計略に乗り、『資治通鑑』にさらに続けて、

元文都等、密の降るを以て誠実と為し、盛んに賓館を宣仁門の東に飾る。皇泰主、倹等を引見し、（中略）密を太尉・尚書令・東南道大行台行軍元帥・魏国公に冊拝し、先ず化及を平らげ、然る後に入朝輔政せしむ。（五七九八頁）

とあるように、太尉・尚書令・東南道大行台・行軍元帥・魏国公という、最高級の官爵を与えられたのである。

第二節　李密と隋室

東都への投降を李密の限界と見るならば、李密が否定したのは煬帝個人ということになるわけだが、隋朝そのものを否定していたと理解する場合、その根拠としてもっとも分かりやすいのは、「永平」建元であろう。これは現王朝の否定という点で説明を要しない。ついで、李密の記室であった祖君彦の撰になるいわゆる「為李密檄洛州文」[21]は煬帝の罪状一〇ヶ条を連ねており、そこから煬帝のみならず隋朝全体への対決姿勢を読み取ることは容易である。同じく祖君彦の撰になる李密から李淵への書を『資治通鑑』巻一八四・恭帝義寧元年七月条より引けば、

兄とは派流異なると雖も、根系本より同じ。自ら唯だ虚薄なれば、四海の英雄の為に共に盟主に推さん。望む所は左提右挈し、力を戮わせ心を同じくし、子嬰を咸陽に執え、商辛を牧野に殪さん。豈に盛んならざらんや。

（五七四二～五七四三頁）

とあり、子嬰は代王侑もしくは越王侗[22]、商辛は煬帝を意味しており、王朝の交代を目指すことが述べられているといってよい。

さらに滎陽太守・鄅王慶への対処をみてみよう。鄅王慶は河間王弘の子で、河間王弘は文帝楊堅の従祖弟にあたる。この父子の伝は『隋書』巻四三にあって事の顚末を伝えるが、より簡潔にまとめられている『資治通鑑』巻一八四・恭帝義寧元年十一月己巳条から引こう。

河南諸郡、尽く李密に附すも、唯だ滎陽太守鄅王慶・梁郡太守楊汪尚のみ隋の為に守る。密、書を以て慶を招き、為に利害を陳ね、且つ曰く、「王の家世、本より山東に住まい、本姓は郭氏、乃ち楊族に非ず。芝焚かれ蕙歎ず。事、此と同じからず」と。初め、慶の祖父元孫、早くに孤となり、母の郭氏に随い舅族に養わる。武元帝の周文

に従い関中に起兵するに及び、元孫、鄴に在り、高氏の誅する所と為るを恐れ、姓郭氏を冒す。故に密の云うは然り。慶、書を得て惶恐し、即ち郡を以て密に降り、姓を郭氏に復す。（五七六五～五七六六頁）

鄖王慶の祖父、楊元孫は母郭氏のもとで養われていたが、武元帝、乃ち楊忠が宇文泰麾下で西魏の武将として活躍した際には東魏・北斉の都、鄴に住まっており、誅殺されることを恐れて郭氏を名のったのである。従って、本姓はまぎれもなく楊氏であり、李密が鄖王慶に送った書中の「本姓は郭氏、乃ち楊族に非ず」のくだりは殆ど言掛かりにも等しいものである。[23] それでは、何故李密がこのような文言を用いたのか。それは鄖王慶が滎陽太守として「頗る治績有り」[24]と称され、河南で最後まで李密に抗した人物であり、李密としても有能な人材として任用せんと欲したからである。このような言辞を弄してまで姓楊氏を替えさせたということは、宗室の人物とは相容れないという態度の現れとみなしてよかろう。鄖王慶については偶然言掛かりの要素があったのだ、というよりも、「先代皇帝の従祖弟の子」という、既に宗室本流に近いとはいい難い人物に対してすら、このような処置をとったことを重視すべきである。この例からも、李密が否定の対象としたのが煬帝個人に留まらず、その対象が隋朝全体に及んでいたと見てよいだろう。

また、これは李密本人の意識ではないが、『隋書』巻七〇・李密伝に、翟譲がその武将、王儒信から李密を排除せんことを勧められた際の記述として、

翟譲部する所の王儒信の勧むるに、「大冢宰と為り、衆務を総統し、以て密の権を奪わん」と。（一六二九頁）

とあり、ここに見える大冢宰の官号が注目したい。大冢宰は周知の通り『周礼』に拠った北周代の官職で、それを例に出したことは、瓦崗軍内に隋朝そのものを否定する空気があったと考えられるのではなかろうか。

第三節　尊号拒否問題

では、李密が否定したはずの隋朝からの受官を選んだのは何故であろうか。結論から言えば、筆者はそれを、越王侗を魏公から帝位へ登るための踏み台にするためであったのではないかと考える。ただし、それを述べる前に李密の尊号に対する対応について述べておかねばならない。

先にも触れたが、東都からの受官以前、竇建徳・朱粲等周辺の群雄勢力や李密の官属たちが李密に尊号を称することを勧進したものの、李密はこれを拒否している(25)。その理由は「東都、未だ平がず」であって、あくまでもその時点での拒否である。そして、東都洛陽が平ぐということは、必ずしも隋朝勢力を殲滅し、洛陽を占領して群雄争覇への根拠地とするということに限らないことは、後述する。

李密の尊号に対する姿勢は、大業九年（六一三）に起きた楊玄感の乱の際にも見てとれる。周知の通り、楊玄感の反乱に際して李密はその謀主を務めたが、その反乱のさなか、楊玄感に帰した前民部尚書・左武衛大将軍の李子雄が楊玄感に尊号を称することを勧め、楊玄感は李密に判断を求めたことがあった。李密の回答は、『隋書』巻七〇・李密伝に、

昔、陳勝、自ら王を称さんと欲し、張耳、諫めて外され、魏武、将に九錫を求めんとし、荀彧、止めて疎まれる。今者、密、正言せんと欲するも、還た二子を追蹤するを恐れ、阿諛し意に順がうも、又た密の本図に非ず。何となれば、兵の起ちて已来、復た頻りに捷つと雖も、郡県に至りては、未だ従う者有らず。東都の守禦、尚お強く、天下の救兵、益ます至り、公、当に身《みづか》ら士衆に先んじ、早く関中を定むべし。廼ち急ぎ自ら尊崇せんと欲し、何ぞ広からざるを示さんや。（一六二五～一六二六頁）

とあるように、尊号を称することに反対するものであった。ここでも注目すべきは、李密が例に挙げた二者が自ら王たろうとしたことと、そして反対の理由に「時期尚早」というニュアンスが込められていることである。楊玄感としては、『隋書』李密伝にあるように、

玄感、既に東都に至り、皆な捷ち、自ら「天下響応し、功は朝夕に在り」と謂う。（一六二五頁）

と感じていたが、李密としては「復た頻りに捷つと雖も、郡県に至りては、未だ従う者有らず」ということが重要なのであった。つまり李密は、楊玄感が尊号を称することに対して反対したのではなく、楊玄感が現時点で自ら早々と尊号を称することに反対したのである。李密としては、帝・王とは請われてなるものであり、尊号を称するには、何より実績とそれがもたらす周囲からの絶大な支持が必要であり、そして現皇帝からの禅譲（帝位）・冊封（王位）という形式が揃うことが望ましいのである。[26]

この後、多くの反乱群雄勢力が安易に帝王号を称していったなかで、李密本人は尊号に関しては極めて慎重な態度をとり続けた。帝王号という看板を整えることで得ることができる支持もあったには違いないが、[27]多くの勢力が尊号を称した中で、李密は「頗る自ら驕矜」するようになってもそれらを意に介さなかった。それは、尊号を称さないことによって、結果的には隋朝との折り合いを付けやすくなった側面もあろうが、李密・洛口政権の現実の実力・影響力に対する自負と、何より魏晋以来の形式を重んずる知識人としての教養とによるものであったのだろう。[28]

しかしながら、皇泰元年（六一八）六月に至って李密は東都からの授官を希望し、魏公の地位から一歩踏み出すことを決意する。当然そこには決心を迫る要因があったわけで、筆者はそれを同年（＝武徳元年）五月の長安における李淵の皇帝即位であると考える。そこで、何故李密として李淵の即位だけは無視しえなかったのかを以下に検証していこう。

第四節　李淵の即位

理由の第一として、李淵が即位した場所が隋の都である長安であったことが挙げられる。前王朝の都を受け継ぐという宣言の効果もさることながら、地政学的な観点からしても、統一王朝を目指す上で、当時の長安・洛陽の優位は明らかであった。そして、李密が楊玄感の反乱の時以来望んでいたものこそは「関中」の政権なのである。

理由の第二として、李淵が他の群雄勢力の首領たちと異なり、門閥貴族層の出身であったということが挙げられる。平たくいえば、家柄・毛並みがよいということである。周知のように、李密と李淵は遡ればともにいわゆる西魏の八柱国の出身であり、門閥貴族層の一員であった。隋代に入ってこそ、国公位を失うなど李密の家系に門閥貴族層内での地位の低下が認められるが、李密の曾祖父李弼は、いわゆる八柱国のうち、軍指揮官として活躍した六名の中でも筆頭格に位置した人物であり、一方の李淵の祖父李虎は下位にあった。(29) 李弼の追封爵たる魏国公を李密が自称したことからも、李密の門閥意識の根源が何処にあったかは明白である。同階層意識は、競争時にはより強いライバル意識をもたせるものである。さらに、李淵は李密のように反乱に失敗して支配階層から脱落したようなこともなく、支配階層における人心収攬に際しての有利さは、比ぶべくもない差がついていた。(30)

理由の第三として、李淵が、当然ながら正に「李氏」であることが挙げられる。『隋書』巻三七・李穆附渾伝に、

　後、帝の遼東を討つや、方士安伽陀、自ら図讖を暁《さと》ると言う有り、帝に謂いて曰く、「当に李氏の応に天子と為るべき有るべし」と。尽く海内の凡そ姓李なる者を誅するを勧む。（一一二〇頁）

とあるのをはじめ、文帝楊堅の頃より李氏が楊氏に取って代わるというさまざまな風説が広く流布していたことは周知のとおりである。実際に隋初の大門閥李穆の子の李渾は、この風説を背景とした疑念によって文帝に殺されており、

当時風説は世論の反映として注目・警戒の的であった。『旧唐書』巻五五・李軌伝にも、

時に薛挙、金城に作乱し、軌と同郡の曹珍・関謹・梁碩・李贇・安修仁等、謀りて曰く、「薛挙残暴、必ず来りて侵擾するも、郡官庸怯なれば、以て之を禦ぐ無からん。今宜しく心を同じくし力を戮わせ、保ちて河右に拠り、以て天下の事を観ん。豈に手を人に束ねて、妻子もて分散すべけんや」と。乃ち共に兵を挙げんと謀るも、皆な相い譲り、肯えて主と為るもの莫し。曹珍曰く、「常《かつ》て聞くに図讖に『李氏、当に王となるべし』と云うと。今、軌の謀中に在るは、豈に天命に非ざらんや」と。遂に之に拝賀し、推して以て主と為す。（二二四八〜二二四九頁）

とあり、武威で挙兵を共謀した者たちの中で、李姓であることを理由に李軌がその主とされたのも、顕著な例であろう。その影響力は支配階層を越えて、社会全体にも広がっていた。『資治通鑑』巻一八三・煬帝大業一二年一〇月条に、

李密、雍州より亡命し、諸帥の間を往来し、説くに天下を取るの策を以てするも、始め皆信じず。之を久しくして、稍や以て然りと為し、相い謂いて曰く、「斯の人、公卿の子弟にして志気は是の若し。今、人人皆「楊氏、将に滅びんとし、李氏、将に興らんとす」と云う。吾れ「王者は死せず」と聞く。斯の人、再三済《すく》いを獲れば、豈に其の人に非ざらんや」と。是に由りて漸く密を敬う。（五七〇八頁）

とあるように、李密自身、楊玄感の反乱の後、この風説によって群盗勢力の糾合に成功し得たのは明らかである。なお、この時彼の「公卿子弟」という立場も有利な条件であったことは、当時の群盗勢力の支配階層に対する意識を考える上で重要であろう。ともあれ、当時「李氏」であることだけでも、階層の上下を問わず、人心収攬に際して有利な状況を生じさせていたことは間違いのないところである。

そして、第四の理由として、他の群雄に例が無いほど、李淵即位の儀礼的形式が整っていることが挙げられる。何より、自称ではなく皇帝（代王侑）から譲られているのである。たしかに代王侑の即位自体は李淵が勝手に行ったこ

とで、太上皇とされた煬帝はなんら関与しておらず、李淵への禅譲にしても代王侑の意志に基づいたものではなく、それは誰の目にも明らかではあった。しかしながら「知識人」李密として、儀礼的形式は絶対条件とまではいわぬまでも、無視し得ない点があったと考えられる。

隋末における李密と李淵の交渉は、大業一三年（六一七）七月の李淵の晋陽進発の頃より始まる。李淵が李密を書を以て招いたところ、李密は自ら盟主たらんとする意欲を示した返書を送り、情況を洞察した李淵は譲歩の姿勢をみせ、李密は西方への憂いが無くなったとして李淵に対する警戒を解いたという経緯があった。農民反乱を母体とする諸勢力や郡県のみならず、門閥層出身の李淵からも盟主に推されたことで、李密も大いに自信を深めたことであろう。しかし結果は、李淵はその戦略通り関中・長安を手中にし、代王侑から帝位を譲らせるに至ったのである。李密としてはいわば出し抜かれた敗北感のようなものがあって、個人的な感情の面でも黙過しえない点があっただろう。

以上のような条件の下での李淵の即位は、人心が李淵に向かうことを誘引し、それは反作用として李密の勢力を削ることになる。従って、李密がこれに対抗するには、自らも李淵と形式において同等の立場、つまり帝位に即くことが望ましく、そしてその際には李淵が用いた代王侑に匹敵する正統性の根拠が必要なのである。代王侑は元徳太子であり、恐らくは第三子ではあるのだが、嫡出子である。(31)これに対抗できる者として浮上するのが、同じく元徳太子の子であり、正妃の子ではないものの第二子である東都の越王侗なのである。宇文化及は煬帝の弑逆と同時に多くの皇族を殺害し、皇泰元年・武徳元年の四月の段階で生存していた文帝楊堅の子孫は、以上挙げた二人の他は既に秦王浩を残すのみで、(32)越王侗に比べて血縁的に格が落ちるのみならず、宇文化及によって皇帝に立てられてその陣営にいるのである。たとえ宇文化及を滅ぼして後に秦王浩を擁しえたとしても、秦王浩は弑逆者によって立てられた皇帝であるから、どうしても名分・形式的にも越王侗よりは劣る。(33)越王侗擁立とその譲りを受けることこそは、残されていた正統性の唯一の選択肢であったのである。

結　語

ここで再び李密の尊号に対する姿勢が思い起こされる。李密は自他が尊号を称すること自体を否定してはいない。かつて楊玄感の反乱の際に李密が示した三策のうちの「上策」には、煬帝率いる高句麗征討軍の退路を断てば、「其の衆自ら降り、戦わずして擒う」(34)とあり、これには煬帝の身柄の確保が含まれていると考えられる。また、『新唐書』巻八四・李密伝に大業一三年九月頃のこととして、

斉の方士徐鴻客、上書して密に勧むるに、士気に因り江都に趨り、帝を挟み以て天下に令せんと。密、其の言を異とし、幣を具えて之を邀えしむるも、已に亡去す。（三六八二頁）

とある。方士徐鴻客が李密に対して、江都に赴き煬帝の身柄を確保して天下に号令せよと勧めたところ、李密はこれを妙案として採用し、実際に煬帝を迎え入れるために徐鴻客を使者として派遣したものの、徐鴻客は贈り物を持ち逃げして去ったという。この時期は煬帝の罪一〇ヶ条を連ねた檄文をばらまいた後であったが、それでも戦乱の張本であった煬帝すら、まだ群雄争覇戦における大義名分、また傀儡としての使い道があると李密は判断していたのである。

従って、この時期に東都を平ぐということには、越王侗の身柄を確保するという意図が含まれたに違いない。そして、越王侗から官を受ける頃には、既に李密は周囲の群雄勢力から勧進されるほどに勢力を拡大しており、あらためて隋室の権威を掲げずとも、李密の名で群雄争覇戦への展望が切り開ける情況となっていた。以上から、李密にとって越王侗は戦乱を勝ち抜くための大義名分ではなく、帝位の正統性という形式を整えるための踏み台であったと考えられるのである。

反隋闘争が激しさを増せば、魏晋以来の形式に従って隋朝より平和裡に禅譲されることは困難になった。しかし、

図15：隋室（楊氏）略系図

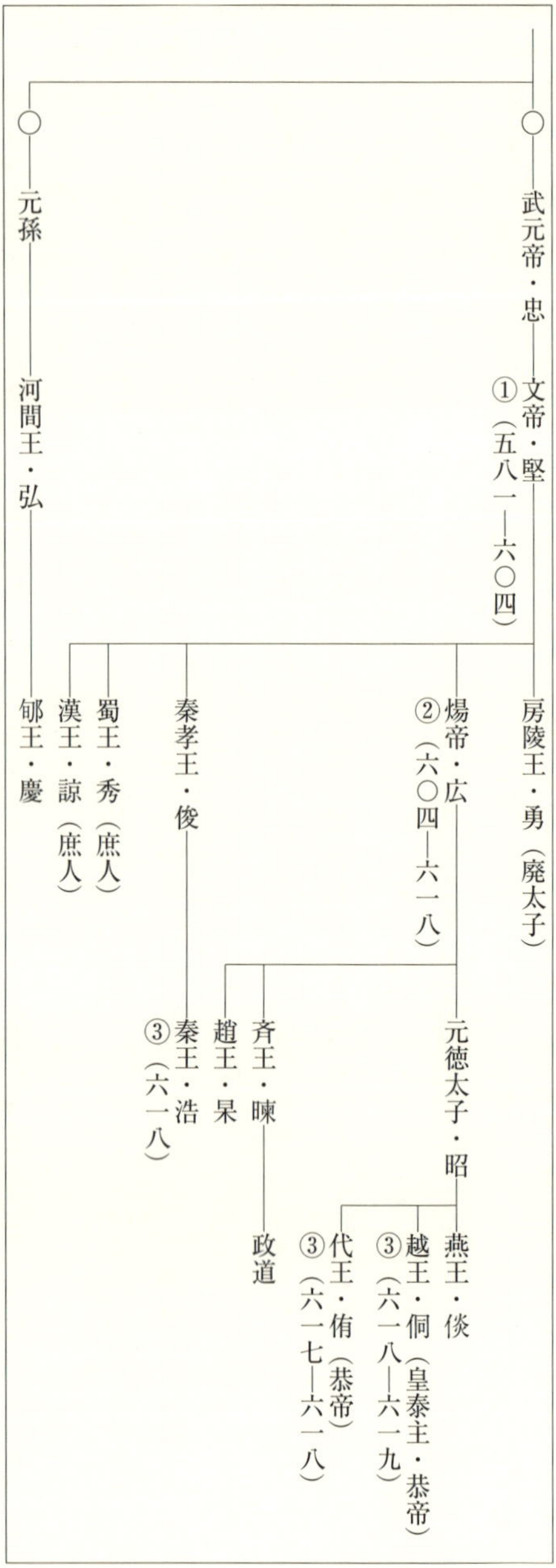

必ずしも隋朝の臣として禅譲を受ける形式にとらわれず、煬帝とその子孫を秦の始皇帝と子嬰とに重ねる構図に従って、力押しで隋朝に敗北を宣言させれば、名目はあとからついてきたであろう。体裁に拘るのであれば、改姓させた郇王慶を復姓させ、便宜的にこれを立てることも選択肢の一つとなり得るし、秦王浩も選択肢の一つとなり得たに違いない。知識人でありながら幾多の修羅場をくぐり抜けてきた李密であれば、その程度の柔軟性は持ち合わせていただろう。しかし、宇文化及と対峙するさなか、一度は警戒しながらも書のやりとりの末、自身の優位を妄信してその警戒を解いてしまった存在であった李淵が、名も実もある形で皇帝位に登りつめ、着々と体制を整えつつあるとの報に接した李密の心中はいかばかりであったろうか。これには李密としても競争意識を揺さぶられ、心中穏やかならざ

るものがあったに違いない。そこへ禅譲に向けての最高の駒となりうる越王侗・東都政権の側から手をさしのべてきたのである。戦況を優勢に進めていた李密の側から投降を願うことは現実には難しかったが、相手がそのきっかけを与えてくれたことが明らかであれば、形式的で一時的な投降は、帝位へ登るための手段としては些細な問題であった。李密が「大いに喜」んで東都政権の受官を受け容れた背景には、従来いわれてきた両面作戦回避のための戦略的妥協という側面も確かにあったであろうが、より重要な要因として上述のような政治的打算があったと考えられるのである。

注

（1）越王侗と代王侑の兄弟は諡号がともに恭帝であるが、一般に恭帝といえば後者を指し、前者については年号から皇泰主などとも表記される。ただし、本章では混乱を避けるため皇帝即位後についても越王侗・代王侑の表記で通す。

（2）隋末農民反乱、その中でも李密・瓦崗軍に関する論稿は極めて多数に登るため、本章では特に李密の東都受官問題について検討しているものを挙げるにとどめた。李密評価問題に関して、文革以後については氣賀澤保規「最近の農民戦争史研究の動向――隋末唐初期を中心にして――」（唐代史研究会編『中国歴史学界の新動向』唐代史研究会報告第Ⅳ集・刀水書房・一九八二年）、羅春雄「八十年代隋唐農民戦争研究述略」（『中国史研究動態』一九九〇―六）が参照できる。

（3）王丹岑『中国農民革命史話』（上海：国際文化服務社・一九五二年）、一三三頁。

（4）方若生「論李密在歴史上的作用」（『歴史教学』一九五四―二）。

（5）漆俠『隋末農民起義』（上海：華東人民出版社・一九五四年）、七九～八〇頁。

（6）陳瑞徳「応当重新評価李密――李密的一生及其功過」（『中国歴史博物館館刊』二（一九八〇年））。

（7）曹作之「瓦崗軍的失敗原因」（『北京師院学報』（社会科学）一九八六―二）。

（8）鹿彦華『李密』（中国歴代知嚢人物叢書）（北京：解放軍出版社・一九九七年）。

（9）布目潮渢『隋唐史研究――唐朝政権の形成――』（東洋史研究会・一九六八年）上篇・第二章「李密の叛乱」（一九六五年初出）。
（10）前掲注（9）布目氏著書、八八頁。
（11）前掲注（9）布目氏著書、八八頁。
（12）『新唐書』巻八四・李密伝・三六八〇頁。ただし、混乱を避けるため本章では「永平」の年号は用いない。
（13）李密の先世記事については、①『周書』巻一五・②『北史』巻六〇の李弼伝、③『隋書』巻五四・李衍伝及び同巻七〇・李密伝、④『旧唐書』巻五三・⑤『新唐書』巻八四の李密伝、⑥『新唐書』巻七二上・宰相世系表・遼東李氏の条、⑦河南省濬県出土「唐上柱国邢国公李君墓銘」（王仁波等主編『隋唐五代墓誌匯編』（天津：天津古籍出版社・一九九一～一九九二年）河南一八等に載録。『文苑英華』巻九四八・魏徴撰「唐邢国公李密墓誌」との異同については、任思義「《李密墓誌銘》及其歴史価値」（『中原文物』一九八六―一）がある）等で異同があり、その焦点は概ね貫籍（遼東襄平或いは隴西成紀）と李密の祖父、李曜（耀）の封爵（邢国公或いは魏国公）に求められる。ここで問題となる李曜の封爵については、①②③⑤⑥が邢国公を採り、④⑦が魏国公を採る。昨今重視される石刻史料⑦は魏国公を採るものの、①②において李曜が魏国公、つまり李弼の嗣子たり得なかった説明がなされていることから、本章では邢国公を採る。また、貫籍の問題については前章参照。
（14）黄恵賢「李密洛口政権興衰述評」（『江漢論壇』一九八五―六）に見える語。黄氏は李密を「支配階級より農民起義軍に侵入した陰謀家」とする立場を堅持する。
（15）董進泉「隋末倉儲与李密瓦崗軍」（『復旦学報』（社会科学）一九八二―六）は、隋朝が蓄えた糧食が、却って反乱軍の経済的基盤になったことを述べる。なお、洛口倉に蓄えられていた糧食は二四〇〇万石で、これは隋朝の一年間の総租税収入にほぼ等しいという。
（16）『旧唐書』巻五三・李密伝・二二二一頁。
（17）例えば李贄『蔵書』巻七・世紀は、隋楊堅・魏公李密・夏主竇建徳・唐太宗皇帝の順に配列する。
（18）『隋書』巻五九・越王侗伝・一四三八～一四三九頁。

（19）大業一三年一〇月より梁王を自称していた蕭銑の皇帝即位は、『資治通鑑』では巻一八五・高祖武徳元年四月条の末に見え（五七八九頁）、これも恐らくは煬帝弑逆の報を得ての行動であろう。煬帝弑逆の報に接して、それまで隋朝の旌旗を掲げ続けていた郡県の多くが群雄勢力に降っている。

（20）本件が東都政権の側からの働きかけによることを無視するのは、李密の行動を批判した諸論文に共通する傾向である。

（21）『旧唐書』巻五三・李密伝・二二二一〜二二二八頁。

（22）正史諸本や諸史料は子嬰は代王侑（＝恭帝）に当たるとの説明を附するが、これは代王侑が秦の咸陽と同じく隋の都であった長安にいたことと、最終的な勝者であった唐・李淵が代王侑から禅譲されたことによる後付けである。代王侑こそが隋朝の後継者であると李密が見做す必然性は全くなく、本質的には秦滅亡時の故事を引いたまでで、子嬰に当てるのは煬帝の子孫なら誰でもよいのである。

（23）李密が郇王慶に送った書は魏徴の撰で、より原典に近いものが『文苑英華』巻六四六・檄に「為李密檄滎陽守郇王慶文」名で載せられる。問題の個所は以下のようにある。

夫れ微子、紂の長兄、親にして寔に重たり。項伯、籍の季父、戚にして乃ち疎に非ず。然れども其れ朝歌を去りて周に処り、西楚に背きて漢に帰す。豈に宗祊に眷恋し、骨肉に留連せざらん。但だ宝鼎の遷移を識り、神器の先改を知るが為のみ。河の決すれば壅ぐべからず、樹の顚れれば維《つな》ぐべからず。所謂、玄覧の通人、明鑒の君子なる者なり。而るに王の先代、山東に家住し、本姓は郭氏、乃ち楊族に非ず。只だ宿《さき》に隋朝に与し、頗る勲旧有り、遂に磐石を沾すに預かり、遂に葭莩に在るを得るが為のみ。婁敬の漢高に与するは、殊に血胤に非ず。呂布の董卓に於いては、良《まこと》に天親に異なれり。芝焚かれ蕙歎ず。事、此と同じからず。（八b）

（24）『隋書』巻四三・河間王弘附慶伝・一二一二頁。

（25）『資治通鑑』は巻一八五・武徳元年正月乙丑条に記載する（五七七四頁）。

（26）煬帝弑逆後に幼帝を立てた宇文化及にも、形式遵守の意識が読み取れ、これは後に越王侗を廃して鄭を建てた王世充にも共通する。

(27) 帝王号ではないが、『大唐創業起居注』巻一・六月己卯条に、
裴寂等、請うらくは、位を大将軍に進め、以て府号を隆め、古今に乖かず、威名を権藉せんと。(一一頁)
とあり、裴寂等が李淵に大将軍を称するように請うたのも、高い地位を称することで、参集した者たちの士気を高めたり、周囲からの支持を得ようとする狙いがあるという点で、同様の文脈で理解されよう。

(28) 李密の学識・教養については、前掲注(9)布目氏著書、第二章・第三節「李密の学問と仕官」に詳しい。人材発掘の名人であった楊素がその識度を認め、その上で子楊玄感のために温存したことでも充分に測ることができるだろう。

(29) 本書第一部第三章参照。

(30) 求心力という面では、南朝梁の血統に連なり、長江流域で勢力を伸ばした蕭銑の存在も注意を要する。

(31) 『隋書』巻三・煬帝紀上・大業二年八月辛卯条に、
皇孫倓を封じて燕王と為し、侗を越王と為し、侑を代王と為す。(六六頁)
とあり、『隋書』巻五九・元徳太子伝に、
有子三人、韋妃、恭皇帝を生み、大劉良娣、燕王倓を生み、小劉良娣、越王侗を生む。(一四三七頁)
とあり、前者が長幼の順を、後者が嫡庶の別を示す。宮崎市定「隋代史雑考」第四章「隋恭帝兄弟考」(『アジア史研究』第五(同朋舎・一九七八年)(一九五九年初出))。なお、代王侑を兄、越王侗を弟とする認識もあるようだが、その根源の一つとして『新唐書』巻七一下・宰相世系表一下・二二四八〜二二四九頁が挙げられよう。

(32) もう一人、斉王暕の遺腹子の楊政(正)道がいるが、李密にその存在が伝わっていたとは考え難いため、ここでは考慮しない。楊政道については、石見清裕『唐の北方問題と国際秩序』(汲古書院・一九九八年)第Ⅰ部第三章「突厥の楊正道擁立と第一帝国の解体」(一九八四年初出)を参照。

(33) 南朝梁の末期に、事実上武帝を弑逆した侯景によって立てられた簡文帝が、皇太子からの即位にも拘わらず何等の求心力も持ち得なかったことが想起されよう。

(34) 『隋書』巻七〇・李密伝・一六二五頁。

総　括

本書では西魏・北周史を研究する上で踏まえておくべきいくつかの基礎的な項目について考察した。稿を閉じるにあたり、あらためて以下に考察の結果をまとめ、現段階での到達点を示すこととしたい。

西魏・北周と続く政権は、北魏の分裂から生じ、隋唐帝国へと連なっていく政権である。その連続性は、主として統治階層を構成した人々の世代を重ねた同一性に拠っている。すなわち、西魏の実権者にして、北周の実質的創始者である宇文泰のもとには、隋の楊氏、唐の李氏の父祖がその武将としてあり、彼らは互いに姻戚関係を結んで、強固な人間関係を構成していたごとくである。このような背景から、本書では無機的にとらえられることが多い制度に関する考察でも、人物を重視する姿勢をとることが多くなった。

政権の性格を検証するにあたって、その構成員を出自背景等で分類し、その構成比率などから、なにがしかの傾向を読み取るという手法がある。その際、各構成員が位置した立場、官位にはそれぞれ重要性に差があるため、それを捨象したままでは分析結果に問題を残す。従って、構成員に対して出自背景等の属性を付与することとともに、彼らが政権のどのような位置にあったかを見るための受け皿（主として文武の官制）をあらかじめ規定することの双方の作業が必要である。西魏・北周史の研究では、前者についてはかなりの進展が見られていたが、それに比べて後者の官制構造の把握に関しては、それが政治史・制度史や人物史など幅広い分野の研究を結び付ける根幹でありながらも、不充分なまま取り残されていた。そこで、第一部として、政治制度、特に官制に関わる点について考察した。

第一章では、従来諸説あって未解決であった宇文泰の官歴について再検討を加え、西魏政権の中枢にあった機構として、廃帝年間までは大丞相府と大行台が重要であり、その間、都督中外府は重要ではないという結論に至った。従来の諸説が混乱にいたった要因は、史料そのものの不備もさることながら、大行台という組織に対する誤解であったと考えられる。大行台については次章でも言及するが、この両衙門は宇文泰子飼いの幕僚を収容する機構として、政権としての意思決定から政策の立案、軍事行政まで幅広い分野で指導的立場を占めた。両者に大きな性格の違いは見出しがたい。また、従来の研究では、政権内での位置をはかる位階の物差しとしては、柱国大将軍などの将軍号のみが用いられてきたが、この文官系統に属する両衙門をとりあげることで、文官としての序列を見ることも可能であろうし、文武を併せた別の分析も可能となるであろう。例えば、いわゆる八柱国として一括りにされる面々でも、丞相府や大行台に名を連ねることのあった趙貴や于謹と、なかった李弼・李虎等とでは、個々人の能力・素養にもよるであろうが、政権内での立ち位置や宇文泰との関係に差違があったと見ることができる。

第二章では、宇文泰の大行台も含めて、西魏の行台制度全般を検討した。行台は軍事行動に伴って組織されることが多いため、軍事的組織と見做されがちであるが、本来的には臨時の尚書省であり、行政機構として考えるべきであることを強調したい。無論、中央の尚書省に五兵や兵部の曹があるように、行台も軍事と無関係ではなく、管轄地域内や行軍組織の軍政を統轄したが、軍令には関わっていない。都督某州諸軍事府とは上下の関係にあるのではなく、両者は役割分担の関係にあり、両者を一人の人間が併せ持つことによって、軍閥化を助長するほどの強大な権力となるのである。北魏末から東魏・北斉では数州を跨ぐ広域地方行政機構として常置・一般化していったが、西魏では長期にわたって存続した事例はごく例外的で、本来の臨時の機構へと回帰した。地方に出た個人に大きな権限を集中して委譲することを避けたものと考えられる。また、対東魏前線地域の在地勢力に行台を授けて自勢力に取り込むことを図ったのは、行台制度の新しい展開ではあったが、長続きはしなかった。
宇文泰の大行台は、「西魏の行政権の実質はここにあった」と見做されてきた。政策決定などに深く関与した点ではこの認識は正しいが、そのような役割でいえば丞相府もまた同様の存在であった。その他の機能としては、宇文泰は大行台を通じて、その所在地における行政を管轄したが、大行台の名によって領域内全土に行政命令が出されることは無く、その属僚達にも令文などに規定された定常的な業務はなかった。通常の行政業務は中央の尚書省によって執りおこなわれ、大行台との間で役割分担がなされていたと考えられるが、その厳密な境界については史料を欠く。今後の課題としたい。

第三章では、いわゆる「八柱国」とその史料について検討した。柱国大将軍は西魏・北周を象徴するといってよい官号である。その基本史料である『周書』巻一六（『北史』巻六〇）・史臣曰条は、初期府兵制の研究でも基本史料であったが、どういうわけか史料批判を経ずに用いられてきた。本章で検討したとおり、当時の官制を見直すと、大統一四年（五四八）に最高級官職である二大・三公が六卿に置き換えられており、また柱国大将軍と大将軍が散官化されていることが判明する。当時の最高級将軍号である柱国大将軍と大将軍は、将帥の出世の階梯を示す物差しとして従来の研究で無批判に活用されてきたが、大統一四年の前後で性格が変わっていることを踏まえなければならないのである。そして、八柱国の先頭に記される李虎に附される官職に、当時既に廃されていた太尉が見えるなど不自然な点が少なくない。これは、奉勅撰史料である『周書』の編纂事情によって実状と異なる記述がなされているのであり、すなわち、皇祖を人後に置くわけにいかない唐朝の立場が反映されているのである。

第四章では、柱国大将軍と国公という官・封爵を位階の物差しとして用いて、統治集団内における人物の動きや、政治の状況との関連などを検討した。前章で述べた通り、柱国大将軍が散官として官制に定着したのは西魏の後半のことで、封爵の階梯に国公が設置されたのは、北周初年のことであり、ともに功臣たちにより高い栄誉を与えるために設けられた官位であった。この両者はそれぞれ多少の変容はあったものの、隋唐を経て明代まで存続した。新規に設定された制度は、その当時の状況をストレートに反映する。従来、将軍号のみを用いての分析は既になされていたが、もう一つ封爵という武官系以外の物差しを併用することで、より多角的な分析を試みたものである。その結果、従来頻繁に用いられてきた「八柱国十二大将軍」という階層化は、それに近い状況は確認されたものの例外も多く、およそ絶対的なものであったとはいえず、少なくとも北周時代にかかる括りが成立していたとはいいがたいことが明らかとなった。「八柱国十二大将軍」という語は、西魏・北周政権の概要を説明するのにはとても便利ではあり、なおある程度の有効性が認められはするものの、今後は断りなく用いることを躊躇せざるを得ないだろう。

以上、主に西魏時期の官制・政権構造について、極めて重要でありながら、従来等閑視されてきたいくつかの点について、基礎的な考察をおこなった。周知の通り、北周時期は前後の時代と全く異なる、『周礼』に全面的に依拠した官制を敷いた。西魏時期は、北魏官制から北周官制への過渡期であり、その移行は一度にではなく、漸次なされた。従って、各種の分析をするにあたって当時の官制を参照する際には、時期による制度の変化を把握していなければならないのである。当第一部の、特に前三章は西魏・北周政権の根幹に関わる問題であり、政治史・制度史や人物を研究する際にも、踏まえておかねばならない事項であるといえよう。

第二部では、分裂時に存立した政権の最大の課題である、対外関係・戦争についてとりあげ、西魏の対梁関係の展開を検討した。西魏政権にとって最重要の政治課題が、対東魏戦争であったことは論を俟たない。ともに「魏」という国号を掲げた二つの政権は、互いを相容れない敵とせざるをえず、激しい戦闘をくり返した。しかしながら、双方ともに決定力を欠き、華北における東西二つの魏による対立の構図は、互いが存続する限り変わることはなく、東魏が北斉になって以後も、もう一方が西魏であるうちは通交を探る動きも見られなかった。状況が単純であるだけに、改めて整理・確認する必要性が薄いわけである。

西魏と周辺勢力との関係でより検討するに値するのは、対梁関係の展開である。当時の国際関係の基軸となった華北東西の対立のパワーバランスに変化をもたらしたのは、西北の一角のみを占めていた西魏が、西南・四川の地を領したことである。彼の地はもともと梁の疆域であり、東魏・北斉によって、河南地域からも締めだされつつあった西魏が、いかにして南進して、四川という大きな地域を獲得し得たのか。侯景に蹂躙され、大黒柱の武帝を失って瓦解していく梁と、西魏との関係は非常に錯綜し、状況を把握するための整理を必要とした。

第一・二章では、西魏前期の対梁関係について検討した。西魏・梁関係は西魏成立初年に起きた漢中をめぐる抗争が起点となった。西魏政権成立以前から宇文泰率いる関西軍閥は、中原の勢力とわたりあっていくために南方へ進出する展望を抱いていた。ところが大統元年（五三五）に、逆に梁の進攻を受けて漢中地域を失ってしまった。西魏宇文泰政権はすかさずこれを奪回するべく軍を派遣したもののあえなく敗れ去り、和睦へと方針を転換する。西魏からの遣使と戦闘とが重なるなどして紆餘曲折があったが、最終的には趙剛の活躍によって両国間に通交が成立した。ほどなくして、先年東魏に敗れて梁に亡命していた賀抜勝や独孤信といった将帥が西魏に帰参する。特に賀抜勝は宇文泰以前に関西軍閥を率いていた賀抜岳の兄で、帰参するや太師を拝するなど、西魏政権全体への影響力も大きい武川鎮出身の有力者であった。賀抜勝は在梁中の武帝に対する恩義を表に出しつづけた。これによって、西魏は南進への興味を封印させざるをえず、梁に対しては荊州に東南道行台を設置して、対梁交渉を委ねた。大統一〇年（五四四）に賀抜岳が薨じる頃、対東魏戦争は行き詰まりをみせており、おもむろに南方に対する工作や軍備が表面化するのである。

大統初めの通交成立以来、大統一四年頃までの間、史料上で西魏・梁間に使者の往来が確認できないことは確かである。だからといって、長い境を接する勢力が十年以上もの間、関係が断絶していたとは考えがたい。さらにこの時期には東魏を中心として梁・柔然・吐谷渾までも含めた強固な西魏包囲網が布かれ、西魏は対南朝外交になすすべがなかったといった見解もあるが、それらの勢力が協力して西魏と戦った事例もなく、かかる状況の把握が有効であったとは認められない。

第三～六章で、南進期（大統一五年（五四九）～恭帝二年（五五五））の状況を詳述した。侯景の乱によって武帝が崩御すると、地方に出鎮していた梁の諸王は対侯景戦の主導権争いを始める。これをリードしたのは荊州（江陵）にいた湘東王繹であった。当時雍州（襄陽）にいた岳陽王詧は、もとより湘東王繹と不仲で、この主導権争いがエスカレートする中で兵を交えるまでになり、遂に西魏に附庸し救援を願い出るにいたる。これを受けた西魏は将軍楊忠を派遣し、漢水の東岸地域を席巻する。西魏の南進が開始されたのである。西魏軍の勢いを懼れた湘東王繹は、侯景討伐を優先させ、西魏に対して和を請う。その結果、西魏と湘東王繹との間に不平等の盟約が成立する。

大統一七年（五五一）になって、侯景と本格的に戦うこととなった湘東王繹は、西魏に助力を求め、引き換えに漢川を割譲した。西魏は達奚武・王雄等を派遣して、梁州刺史蕭循ら現地の抵抗を排除してこれを制圧した。

廃帝元年（五五二）、どうにか侯景を滅ぼした湘東王繹は帝位（元帝）に即くが、今度は益州にあった弟の武陵王紀と戦うこととなった。武帝後の梁を誰が継ぐかという主導権争いの延長である。武陵王紀が大軍をひきいて長江を下ると、元帝はやはり西魏に救援を求める。西魏は尉遲迥を派遣し、空虚となっていた益州を占領することに成功する。ただし、この時、西魏の朝議は派兵反対が優勢であり、また、派遣された尉遲迥軍の兵力は二万二〇〇〇で、空虚と化していたとはいえ、四川全域を占領、統治するには不足であるので、この時の派兵が最初から益州占領までを想定していた可能性は低いだろう。なお、同時期に宇文泰は自ら軍を率いて姑臧に進出してきた吐谷渾を討っている。この吐谷渾の動きは、益州を空にして元帝と戦う武陵王紀の、対西魏防衛戦略の一環であると推測される。

武陵王紀を討つことに成功し、名実ともに梁の主となった元帝は、西魏に対する態度を豹変させ、北斉により接近する動きを示す。恭帝元年（五五四）、これを受けた西魏は柱国大将軍于謹を主将とする軍を江陵に派遣し、元帝を討ち滅ぼす。翌年に梁王としていた蕭詧を襄陽から江陵に移して帝位に即け（いわゆる後梁政権）、襄陽は西魏に割譲された。

第三～六章での検討で明らかになったのは、分裂抗争する梁の諸勢力が西魏の軍事力を活用することで生き残りを図る姿であった。梁武帝の死後、分裂・自壊していく梁の各勢力の中で、岳陽王詧は第三勢力（西魏）に降ることによって自身の勢力のみの存続をはかり、敵対勢力（湘東王繹）と戦う方針を採った。また湘東王繹は侯景という第一の仇敵を倒すために、第三勢力（西魏）と従属的な盟約を結んだ。侯景との戦闘で危機を感じては、漢川を切り棄てることで後方の安全を確保し、侯景を討ち果たして後、武陵王紀の東下にあたっては、四川を梁から切り離すことで、自己の勢力を維持する方針を取った。仮に大統初年の通交成立以後も、梁にとって西魏の存在がはっきりとした敵国であったならば、梁の諸王たちもその存在を警戒して分裂抗争に走ることを思い留まったり、ここまで繰り返し協力を求めるようなことはなかったのではないかとも想像される。

その結果として、実を得たのが西魏であった。西魏の南進は、東魏～北斉という大敵を向こうにまわしている時期に、比較的に友好的な梁の崩壊という絶好の機会を得てのものではあったことは間違いない。また同時期、北斉も侯景の乱の影響で混乱した淮南地方や、突厥の伸長と柔然の衰退による北辺での混乱に対応することに忙しく、西方への注意が削がれていたことも西魏には幸いした。しかし、その内実としては「待ってました」とばかりに攻め込んだものではなく、附庸・同盟勢力からの要請を受けるまでは、能動的・積極的に軍事力を動かすことはしなかった。唯一の積極的な出兵が、切り札ともいえる柱国大将軍を主将に据えて、元帝を江陵に討った際のものであった。これは、要請を受けるような状況が生じない限り、滅多なことでは動けなかったということの裏返しでもある。この時期、西魏は梁に対しては分裂した諸勢力を分裂させたままに制御下に置いて、敵対者を絞り込んで増やさないことに主眼を置き、その中で附庸・同盟国からの数少ない要請に対しては、東魏・北斉という最大の敵への対策から、かなり受動的・消極的な姿勢で、つまりは冒険に至らない範囲で応じ、その結果最大の成果を得たものであったといえる。

第七章では、西魏・北周政権における四川の重要性を裏付けるために、四川がいかにして経営されたかを、その中心となった益州総管の人事を軸に検討した。益州総管には宇文泰の諸子が順次派遣されており、同様に宗室から出鎮者が選ばれた秦州とならんで、益州が最重要の後背地であったことを示している。総管就任者は概ね若年であるので、総管府は実質的には長史・司馬よって運営されており、また総管の在任期間も長期間には及ばない。これは、成年となって実務能力を備えた人物が長期間在任することによって、現地との繫がりが強まり、軍閥と化する可能性を排除するためであろう。また、管内で叛乱を鎮圧したり、益州から出征した軍事指揮官には、柱国大将軍クラスの人員が見られないことも特徴的である。四川には宿将を置かない、という宇文泰の意向は守られたのである。このような四川の状況は、北斉を滅ぼすことに成功して後に変わる。総管として宗室外の人物が派遣されたのは、四川の後背地としての重要性が低下したことを明瞭にあらわしている。

第三部では、人物に関する研究を載せた。いずれも一個人で完結するものではなく、隋唐時代への影響が大きく、従来の認識のされ方を書き換える内容を含んでいる。

第一章で取り上げたのは、唐王朝の皇祖李虎である。本書第一部第三章で触れたように、諸正史上では記述に乏しいものの、『冊府元亀』にまとまった記述があるので、これに対して史料批判を試みた。それに先立って、近年提出された論文、楊希義・劉向陽「従《李虎墓誌》看李唐皇室対其氏族与先世事迹的杜撰」を検討した。楊・劉氏は一九三五年に甘粛省清水県から出土した李虎墓誌を唐皇祖李虎のものであるとし、各種文献史料に残る李虎に関する唐朝の公式記録は全て捏造されたものだとする。しかしながら、墓誌と文献史料との突き合わせや先世記事にあらわれる人物の比定などの論証はあらかた成功しておらず、誤りであると断定できる。かかる誤りを導いた要因は、前近代中国を代表する王朝の一つである唐朝の帝室が、鮮卑などの北族系ではなく漢民族であって欲しい、という中国人研究者の願いであろうと考えられるが、これは憶測の域を出ない。

『冊府元亀』に載せられる李虎の伝記の特徴は、紀年が無いことである。特に大統年間のあたる記事は、他の文献史料と突き合わせても事実関係の裏付けが取れず、俄には鵜呑みにすることができないものが多い。これは、皇祖を人後に置くわけにいかないという、唐朝の都合が採らせた記述方針であり、李弼や独孤信よりも下位にいたことを隠すための配慮に基づくものであったと考えられる。一般的に史料には様々なバイアスが掛かっているが、執筆者・編纂者の立場を把握することで、書き換えのパターンを読み取り、ある程度は実相に近づくことができる。『冊府元亀』所載の李虎伝は、それを理解するのに良いテキストであるといえる。

第二章では、徒何綸・李椿の兄弟について、主に墓誌銘を用いて検討した。彼らは、いわゆる八柱国のうち、宇文泰と宗室元氏以外の群臣たちのなかでは筆頭格に昇りつめた李弼の子たちである。西魏以来の賜（復）姓制度の影響で、北周時期に没した兄は徒何姓を名乗っており、隋代になって没した弟は李姓を名乗っている。両者とも文献史料でその存在を確認できるが、その史料は零細で、墓誌銘によってその事跡が補われた。ただし、石刻史料にもまた石刻史料なりの記述の潤色が多く見られ、一概に文献史料に比べて石刻史料の記述を重要視することは危険である。本章での検討で最も重要な指摘は、徒何綸墓誌銘に本籍地として見える「梁城郡泉洪県」が『水経注』に見える「涼城旋鴻県」（平城の北五〇㎞ほどに位置する）であり、彼らは北魏の道武帝や太武帝の時代に東方から徙民されてきた、鮮卑慕容部に従属していた徒何の子孫である可能性が高いとしたことである。従来、文献史料に基づいて漢人と見做されてきた李弼とその一族が、鮮卑系であったとなると、西魏・北周政権における胡漢の比率に少なからぬ変動が生じる。また、正史等文献史料に基づく理解が、新出土史料によって書き改められていくことが、今後も続くことは間違いない。特に胡漢融合という視点では、胡の存在がより大きくなっていくことが予想される。

第三章では、補論として前章の李氏一族の子孫である李密に関する考察を附した。李密は隋末の叛乱で有力な群雄の一人となったが、抗争のさなか、それまで激しい戦闘を繰りひろげてきた東都洛陽の隋朝勢力に投降して官職を受けた。従来この投降受官劇は、東都洛陽と、江都で煬帝を弑逆し河南に北上してきた宇文化及軍とに挟撃されることを回避するための、戦略的妥協であると理解されてきた。しかしながら本章で洛陽政権と宇文化及の関係、李密の尊号に対する意識、長安での李淵の動静などを総合的に考慮した結果、この李密の行動には、東都に残っていた皇族の越王侗を擁し、さらには帝位への踏み台にするという積極的動機があったものと結論づけた。検討の端々で、本書で述べてきた西魏・北周以来の制度や人間関係の影響が見られ、その連続性が実感される。

第一部で検討した官制や政権構造は、政権の構成員の位置を知るための受け皿でもあった。この受け皿に人物を放り込んで、その分布などから当時の支配階層の状況を分析するに当たっては、その民族的出自の割合を見ることが重要な視点として挙げられる。しかしながら、第三部で検討したように、従来漢族とされてきた李弼がどうやら鮮卑慕容部系の出身である可能性が高くなったように、今後、検証を進めていくにつれて、従来「漢」と見做されてきた人物が一人、また一人と「胡」出身と見做されるようになっていくと思われる。このような事情から、第一部第一章・第二章で丞相府・大行台の属僚たちの表をまとめた際や、第四章で個人の分析を試みた際にも、一通りの検証を済ませていない現段階では、拙速を避けるために胡漢の比率云々については触れなかった。この点に関しては今後の課題としたい。

図16：北周（宇文氏）系図

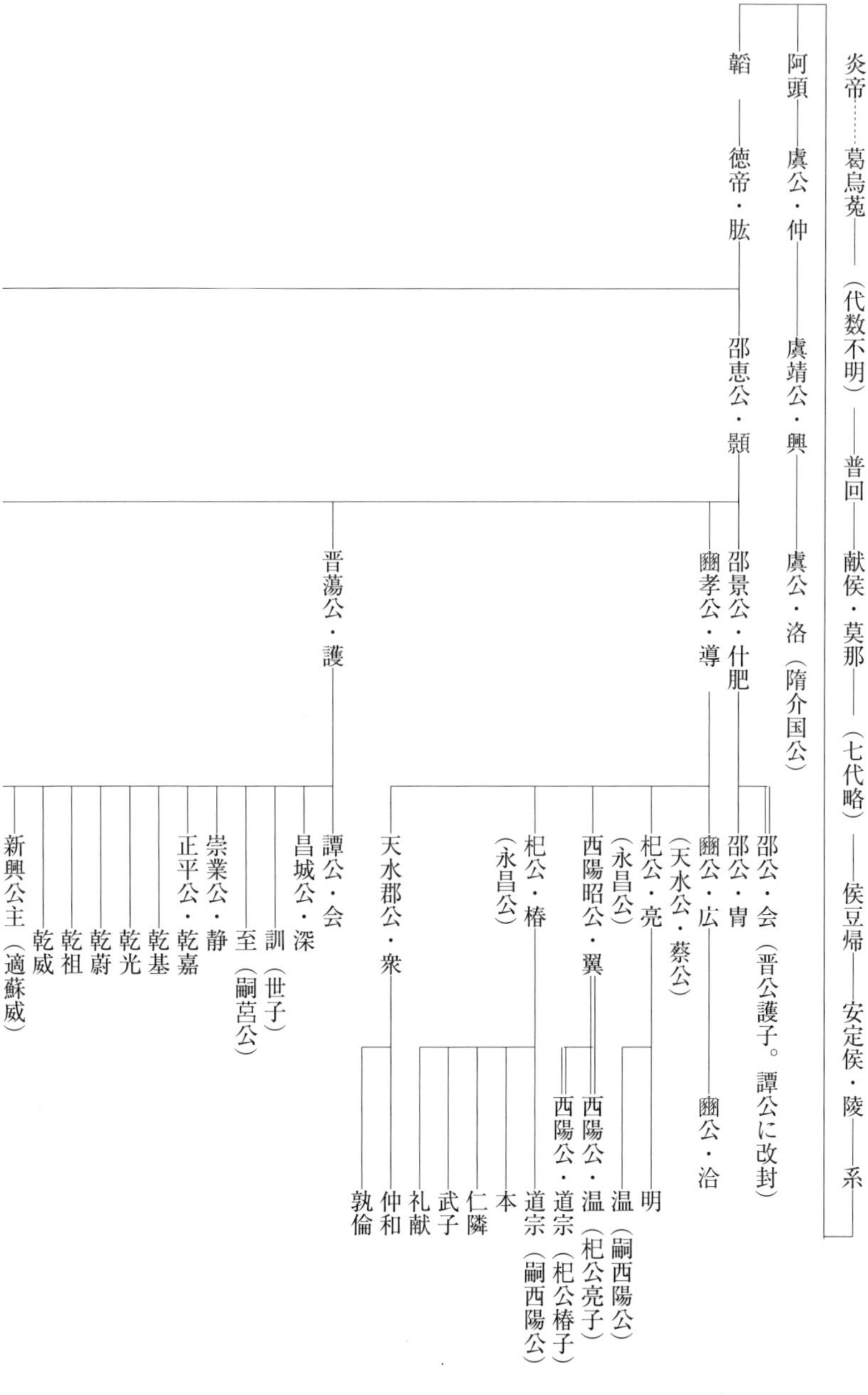
炎帝
葛烏菟
（代数不明）
普回
献侯・莫那
（七代略）
侯豆帰
安定侯・陵
系
阿頭
虞公・仲
虞靖公・興
虞公・洛（隋介国公）
韜
徳帝・肱
邵恵公・顥
邵景公・什肥
邵公・会（晋公護子。譚公に改封）
邵公・冑
豳孝公・導
豳公・広（天水公・蔡公）
豳公・洽
杞公・亮（永昌公）
明
温（嗣西陽公）
西陽昭公・翼
西陽公・温（杞公亮子）
西陽公・道宗（杞公椿子）
杞公・椿（永昌公）
道宗（嗣西陽公）
本
仁隣
武子
礼献
天水郡公・衆
仲和
孰倫
晋蕩公・護
譚公・会
昌城公・深
訓（世子）
至（嗣莒公）
崇業公・静
正平公・乾嘉
乾基
乾光
乾蔚
乾祖
乾威
新興公主（適蘇威）

- 季女（適于顗）
- 女（適叱列伏亀）
- 杞簡公・連
  - 杞烈公・元宝
    - 杞公・亮（豳公導子）
    - 杞公・椿（豳公導子）
- 莒荘公・洛生
  - 莒穆公・菩提
    - 莒公・至（晋公護子）
    - 莒公・賓（衛王直子）
    - 莒公・貢（斉王憲子）
- 昌楽大長公主（適尉遅俟兜）
- 建安長公主（適賀蘭初真）
- 文帝・泰（太祖）
  - 明帝・毓 ②（五五七—五六〇）（世宗）（寧都公）
    - 畢剌王・賢
      - 弘義
      - 恭道
      - 樹嬢
    - 酆王・貞
      - 済陰公・徳文
    - 実（嗣宋王）
    - 女（適賀蘭師）
    - 河南公主（適尉遅敬）
  - 宋献公・震（武邑公）
    - 宋王・実（明帝毓子）
  - 孝閔帝・覚 ①（五五七）（略陽公）
    - 紀厲王・康
      - 紀王・湜
  - 武帝・邕 ③（五六〇—五七八）（高祖）（輔城公・魯公）
    - 宣帝・贇 ④（五七八—五八〇）
      - 静帝・衍（闡）⑤（五八〇—五八一）
      - 鄴王・衎
      - 郢王・術
      - 娥英（適李敏）
    - 漢王・贊
      - 淮陽公・道徳
      - 道智
      - 道義
    - 秦王・贄
      - 忠誠公・靖智
      - 靖仁

曹王・允
道王・充
蔡王・兌
荊王・元
女（適于象賢）
清都公主（適閻毗）
義陽公主（嫁禽昌伯）
女（生天和五年六月）

斉煬王・憲（安城公）
- 貴（世子）
- 河間郡王・質
- 中垻公・賓
- 広都公・貢（嗣莒公）
- 安城公・乾禧
- 龍涸公・乾洽

衛剌王・直（秦郡公）
- 賀
- 賓（嗣莒公）
- 塞
- 響
- 賈
- 秘
- 津
- 乾理
- 乾璪
- 乾悰

趙僭王・招（正平公）
- 徳広公・員
- 永康王・貫
- 越擕公・乾鈗
- 乾鈴
- 乾鏗
- 千金公主（適突厥他鉢可汗）

譙忠孝王・倹
- 譙王・乾惲

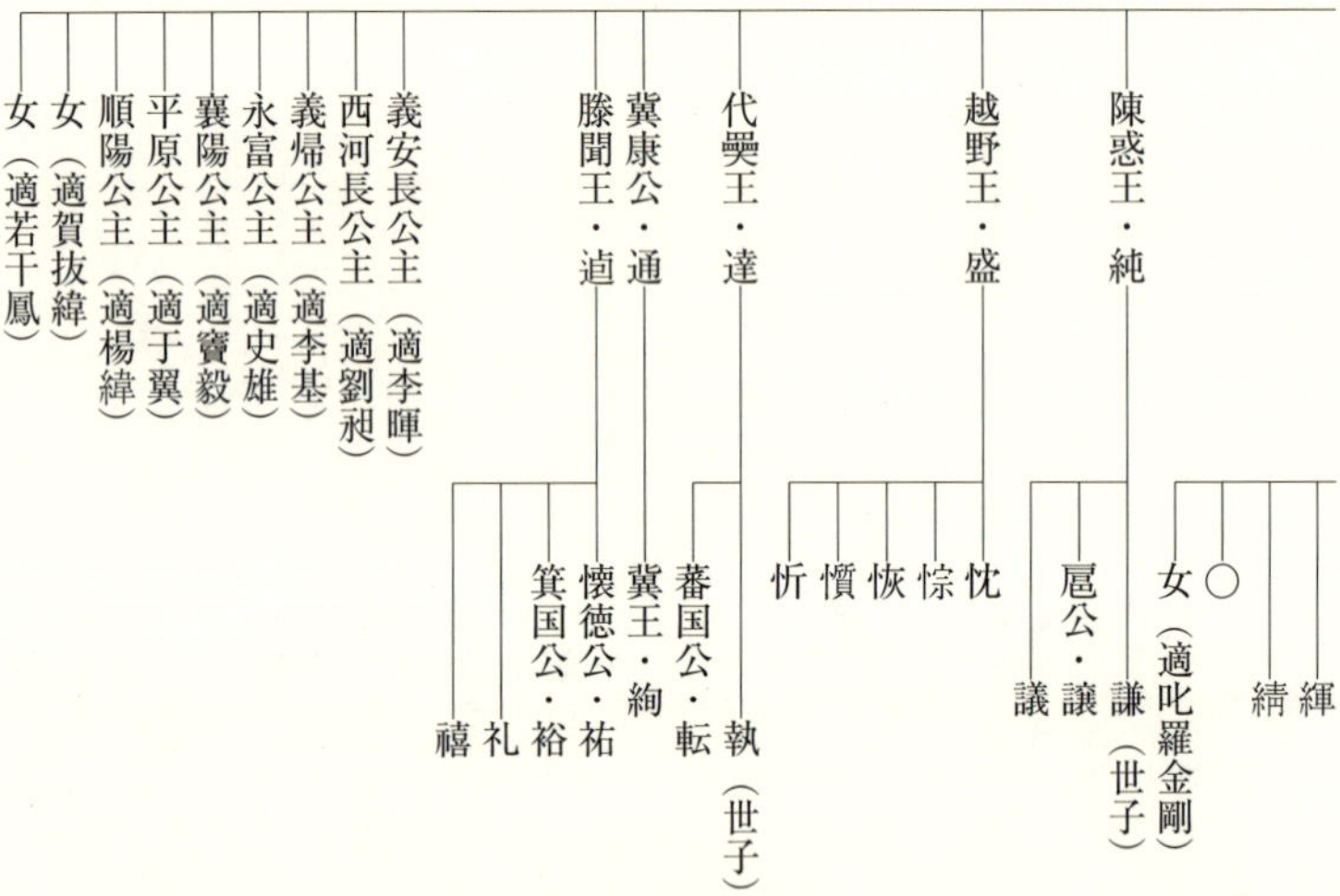

※『周書』が封爵の継嗣関係を重視して記述しているのに対応するため、実父以外の封爵を嗣いだ人物は、実父の下と継嗣先の双方に記載している。

引用史料使用版本一覧

二十四史及び『資治通鑑』……中華書局標点本

◎史　書

劉向『戦国策』……上海：上海古籍出版社・一九八五年
劉安『淮南子』……劉文典『淮南鴻烈集解』北京：中華書局・一九八九年
袁宏『後漢紀』……『両漢紀』北京：中華書局・二〇〇二年
許嵩『建康実録』……張忱石点校・北京：中華書局・一九八六年
温大雅『大唐創業起居注』……上海：上海古籍出版社・一九八三年
韓昱（太行山人）『壺関録』……『説郛』所収
道宣『続高僧伝』……大正新修大蔵経本
林宝『元和姓纂』……岑仲勉校記『元和姓纂四校記』北京：中華書局・一九九四年
陳彭年等『広韻』……余廼永『新校互註宋本広韻』上海：上海辞書出版社・二〇〇〇年
李贄『蔵書』……北京：中華書局・一九五九年
郭允蹈『蜀鑑』……嘉靖三四年刊本（成都：巴蜀書社影印・一九八四年）
謝啓昆『西魏書』……樹経堂刻本・乾隆年間
銭大昕『廿二史考異』……陳文和主編『嘉定銭大昕全集』南京：江蘇古籍出版社・一九九七年
趙翼『廿二史劄記』……王樹民校證『廿二史劄記校證（訂補本）』北京：中華書局・一九八四年

◎制　書

杜佑『通典』……北京：中華書局標点本・一九八八年
唐玄宗等『大唐六典』……『唐六典』北京：中華書局・一九九二年
王涇『大唐郊祀録』……適園叢書本
王溥『唐会要』……上海：上海古籍出版社標点本・一九九一年
馬端臨『文献通考』……乾隆武英殿刻本（十通本）
鄭樵『通志』……乾隆武英殿刻本（十通本）
李東陽等　正徳『大明会典』……東京大学付属図書館所蔵本（汲古書院影印・一九八九年）

◎類　書

王欽若等『冊府元亀』……明崇禎刊本（北京：中華書局影印・一九六〇年）
李昉等『太平御覧』……南宋蜀刊本（上海：商務印書館影印・一九三五年）

◎地　理　書

酈道元『水経注疏』……段熙仲点校・陳橋駅復校・南京：江蘇古籍出版社・一九八九年
李吉甫『元和郡県図志』……賀次君点校・北京：中華書局標点本・一九八三年
楽史『太平寰宇記』……北京：中華書局標点本・二〇〇七年
顧祖禹『読史方輿紀要』……北京：中華書局標点本・二〇〇五年

◎地　方　志

宋敏求『長安志』……康海序嘉靖刊本

曹学佺『蜀中広記』……文淵閣四庫全書本
李国麒等　乾隆『興安府志』……乾隆五三年刊本
張賡謨等　乾隆『広元県志』……乾隆二二年刊本
王行倹等　乾隆『南鄭県志』……乾隆五九年刊本
文棨等　同治『直隷緜州志』……同治一〇年重鐫本
濮瑗等　咸豊『簡州志』……咸豊三年刊本
周銑等　乾隆『伏羌県志』……乾隆三五年刊本
許容等　乾隆『甘粛通志』……乾隆元年刊本

◎史　表

万斯同『魏将相大臣年表』……『二十五史補編』（上海：開明書店・一九三六年）
万斯同『西魏将相大臣年表』……『二十五史補編』（上海：開明書店・一九三六年）
呉廷燮『東西魏北斉周隋方鎮年表』……遼海書社排印本

◎金　石　書

王昶『金石萃編』……掃葉山房石印本・民国一〇年（西安：陝西美術出版社影印）
陸増祥『八瓊室金石補正』……希古楼刻本・民国一四年（石刻史料新編）
劉喜海『金石苑』……道光二十八年序刊本（石刻史料新編）
汪鋆『十二硯斎金石過眼録』……定遠方氏刊本・光緒元年（石刻史料新編）
王象之『輿地碑記目』……叢書集成初編本
張維『隴右金石録』……民国三二年刊本

武樹善『陝西金石志』……民国二三年排印刊本

◎詩文集

李昉等『文苑英華』……北京図書館蔵宋本残本（北京：中華書局影印・一九六六年）

庾信『庾子山集』……倪璠注『庾子山集注』北京：中華書局・一九八〇年

◎小　説

李昉等『太平広記』……北京：中華書局・一九六一年

あとがき

本書は二〇〇八年に中央大学に提出した博士論文に若干の加筆・修正を施したものである。博士論文自体も、大部分は雑誌や書籍に掲載していただいた拙稿をもとに編成したもので、公刊されたものとしての初出は以下の通りである。

第一部

第一章　「西魏宇文泰政権の官制構造について」（『東洋史研究』第六九巻第四号・二〇一一年）

第二章　「西魏行台考」（『東洋学報』第九〇巻第四号・二〇〇九年、及び「西魏宇文泰の大行台について」（中央大学東洋史学研究室編『池田雄一教授古稀記念アジア史論叢』（白東史学会・二〇〇八年））

第三章　「西魏八柱国の序列について――唐初編纂奉勅撰正史に於ける唐皇祖の記述様態の一事例――」（『史学雑誌』第一〇八編第八号・一九九九年）

第四章　「柱国と国公――西魏北周における官位制度改革の一齣――」（『九州大学東洋史論集』第三四号・二〇〇六年）

第二部

第一章　「西魏・蕭梁通交の成立――大統初年漢中をめぐる抗争の顚末――」（白東史学会編『中央大学東洋史学専攻創設五十周年記念アジア史論叢』／『中央大学アジア史研究』第二六号（刀水書房・二〇〇二年））

第二章　「賀抜勝の経歴と活動――西魏前半期の対梁外交と関連して――」（『東方学』第一〇三輯・二〇〇二年）

第三章 未公刊
第四章「西魏の漢川進出と梁の内訌」(中央大学『大学院研究年報』第二八号・文学研究科篇・一九九九年)
第五章「西魏の四川進攻と梁の帝位闘争」(中央大学『大学院研究年報』第二九号・文学研究科篇・二〇〇〇年)
第六章 未公刊
第七章「西魏・北周の四川支配の確立とその経営」(中央大学『人文研紀要』第六五号)

第三部
第一章「李虎の事跡とその史料」(『中央大学人文研紀要』第六一号・二〇〇七年)
第二章「北周徒何綸墓誌銘と隋李椿墓誌銘――西魏北周支配階層の出自に関する新史料――」(『中央大学人文研紀要』第五五号・二〇〇五年)
第三章「隋末李密の東都受官に関する一試論」(中央大学東洋史学研究室編『菊池英夫教授山崎利男教授古稀記念アジア史論叢』/『中央大学アジア史研究』第二四号(刀水書房・二〇〇〇年))

史料の引用については、初出時は多くが句読点を付した原文のみを掲出していたが、本書では訓読文と引用元のページを掲出することとした。また字体の新旧については、基本的に常用漢字で統一した。

博士号を授与されて以来、既に短くない時を経てしまった。ここ一〇年余りの間に東洋史学分野における博士号取得へのハードルは著しく下がり、筆者にしてもその「恩恵」に与ったことは紛れもないが、それについては比較的容易に開き直ることができた。しかしながら、出版するとなるとまた話は別であった。本書には大学院博士課程に進学して間もない、右も左もわからぬ時期に執筆した未熟な論稿が少なからず含まれていること、また全体を覆う大きなテーマとそれに対する結論を有するものではなく、当該時代を分析するために踏まえておくべき基礎的な事項を確認したものの域を出ないことなどから、一書として公刊するに堪える内容を備えているか全く確信が持てずにいたためである。

それでも、折に触れては小手先の修訂を施していたところ、何人かの方から出版を勧められた。勧めていただけるからには学界に対していくばくかの価値をもつ部分もあろうし、修訂するうちに論文としての穴も僅かながらでも減らすことができたはずだと、ネガティブな面には目を瞑ることにして、出版することを決意するに至った次第である。あとは手にとっていただけた諸賢にご批正を賜ることを請うのみである。なお、加筆・修正した点もあるため、今後引用などをされる場合には、原載論文に拠らず、本書に拠っていただきたい。

最後に、中央大学大学院博士課程一年まで指導教授となって下さった菊池英夫先生、二年以後の指導教授であり、博士論文の主査を務めて下さった妹尾達彦先生、専攻内で平素からご指導・ご鞭撻を賜った山崎利男先生、池田雄一先生、川越泰博先生、新免康先生、松田俊道先生、そしてご多忙の中、中央大学外から博士論文の副査を務めて下さった国学院大学の金子修一先生と、日本学術振興会特別研究員に採用された際に格別のご高配を賜った九州大学の川本芳昭先生に深く感謝申し上げる。本書の校正では、後輩の西村陽子氏の協力を得たことも明記しておく。また、学術書出版が厳しさを増す折に、本書の出版を引き受けて下さった汲古書院社長石坂叡志氏、編集部の大江英夫氏、柴田聡子氏にも深く感謝申し上げる。

二〇一三年四月

前島佳孝

索　引

歴史人物索引

さ行

た行

研究者索引

著者紹介

前島　佳孝（まえじま　よしたか）

1971年　東京都に生まれる

2002年　中央大学大学院博士後期課程単位取得退学

2008年　博士（史学）修得

現　在　中央大学非常勤講師

汲古叢書110

西魏・北周政権史の研究

平成二十五年八月六日　発行

著　者　前　島　佳　孝

発行者　石　坂　叡　志

整版印刷　富士リプロ㈱

発行所　汲　古　書　院

〒102-0072　東京都千代田区飯田橋二-五-四

電　話　〇三（三二六五）九七六四

FAX　〇三（三二二二）一八四五

ISBN978 - 4 - 7629 - 6009 - 3　C3322

100	隋唐長安城の都市社会誌	妹尾　達彦著	未　刊
101	宋代政治構造研究	平田　茂樹著	13000円
102	青春群像－辛亥革命から五四運動へ－	小野　信爾著	13000円
103	近代中国の宗教・結社と権力	孫　　江著	12000円
104	唐令の基礎的研究	中村　裕一著	15000円
105	清朝前期のチベット仏教政策	池尻　陽子著	8000円
106	金田から南京へ－太平天国初期史研究－	菊池　秀明著	10000円
107	六朝政治社會史研究	中村　圭爾著	12000円
108	秦帝國の形成と地域	鶴間　和幸著	13000円
109	唐宋変革期の国家と社会	栗原　益男著	近　刊
110	西魏・北周政権史の研究	前島　佳孝著	12000円

（表示価格は2013年８月現在の本体価格）

67	宋代官僚社会史研究	衣川　強著	11000円
68	六朝江南地域史研究	中村　圭爾著	15000円
69	中国古代国家形成史論	太田　幸男著	11000円
70	宋代開封の研究	久保田和男著	10000円
71	四川省と近代中国	今井　駿著	17000円
72	近代中国の革命と秘密結社	孫　江著	15000円
73	近代中国と西洋国際社会	鈴木　智夫著	7000円
74	中国古代国家の形成と青銅兵器	下田　誠著	7500円
75	漢代の地方官吏と地域社会	髙村　武幸著	13000円
76	齊地の思想文化の展開と古代中國の形成	谷中　信一著	13500円
77	近代中国の中央と地方	金子　肇著	11000円
78	中国古代の律令と社会	池田　雄一著	15000円
79	中華世界の国家と民衆　上巻	小林　一美著	12000円
80	中華世界の国家と民衆　下巻	小林　一美著	12000円
81	近代満洲の開発と移民	荒武　達朗著	10000円
82	清代中国南部の社会変容と太平天国	菊池　秀明著	9000円
83	宋代中國科擧社會の研究	近藤　一成著	12000円
84	漢代国家統治の構造と展開	小嶋　茂稔著	10000円
85	中国古代国家と社会システム	藤田　勝久著	13000円
86	清朝支配と貨幣政策	上田　裕之著	11000円
87	清初対モンゴル政策史の研究	楠木　賢道著	8000円
88	秦漢律令研究	廣瀬　薫雄著	11000円
89	宋元郷村社会史論	伊藤　正彦著	10000円
90	清末のキリスト教と国際関係	佐藤　公彦著	12000円
91	中國古代の財政と國家	渡辺信一郎著	14000円
92	中国古代貨幣経済史研究	柿沼　陽平著	13000円
93	戦争と華僑	菊池　一隆著	12000円
94	宋代の水利政策と地域社会	小野　泰著	9000円
95	清代経済政策史の研究	黨　武彦著	11000円
96	春秋戦国時代青銅貨幣の生成と展開	江村　治樹著	15000円
97	孫文・辛亥革命と日本人	久保田文次著	20000円
98	明清食糧騒擾研究	堀地　明著	11000円
99	明清中国の経済構造	足立　啓二著	13000円

34　周代国制の研究	松井　嘉徳著	9000円
35　清代財政史研究	山本　進著	7000円
36　明代郷村の紛争と秩序	中島　楽章著	10000円
37　明清時代華南地域史研究	松田　吉郎著	15000円
38　明清官僚制の研究	和田　正広著	22000円
39　唐末五代変革期の政治と経済	堀　敏一著	12000円
40　唐史論攷－氏族制と均田制－	池田　温著	未刊
41　清末日中関係史の研究	菅野　正著	8000円
42　宋代中国の法制と社会	高橋　芳郎著	8000円
43　中華民国期農村土地行政史の研究	笹川　裕史著	8000円
44　五四運動在日本	小野　信爾著	8000円
45　清代徽州地域社会史研究	熊　遠報著	8500円
46　明治前期日中学術交流の研究	陳　捷著	16000円
47　明代軍政史研究	奥山　憲夫著	8000円
48　隋唐王言の研究	中村　裕一著	10000円
49　建国大学の研究	山根　幸夫著	品切
50　魏晋南北朝官僚制研究	窪添　慶文著	14000円
51　「対支文化事業」の研究	阿部　洋著	22000円
52　華中農村経済と近代化	弁納　才一著	9000円
53　元代知識人と地域社会	森田　憲司著	9000円
54　王権の確立と授受	大原　良通著	品切
55　北京遷都の研究	新宮　学著	品切
56　唐令逸文の研究	中村　裕一著	17000円
57　近代中国の地方自治と明治日本	黄　東蘭著	11000円
58　徽州商人の研究	臼井佐知子著	10000円
59　清代中日学術交流の研究	王　宝平著	11000円
60　漢代儒教の史的研究	福井　重雅著	12000円
61　大業雑記の研究	中村　裕一著	14000円
62　中国古代国家と郡県社会	藤田　勝久著	12000円
63　近代中国の農村経済と地主制	小島　淑男著	7000円
64　東アジア世界の形成－中国と周辺国家	堀　敏一著	7000円
65　蒙地奉上－「満州国」の土地政策－	広川　佐保著	8000円
66　西域出土文物の基礎的研究	張　娜麗著	10000円

汲古叢書

1	秦漢財政収入の研究	山田　勝芳著	本体 16505円
2	宋代税政史研究	島居　一康著	12621円
3	中国近代製糸業史の研究	曾田　三郎著	12621円
4	明清華北定期市の研究	山根　幸夫著	7282円
5	明清史論集	中山　八郎著	12621円
6	明朝専制支配の史的構造	檀上　寛著	13592円
7	唐代両税法研究	船越　泰次著	12621円
8	中国小説史研究－水滸伝を中心として－	中鉢　雅量著	品　切
9	唐宋変革期農業社会史研究	大澤　正昭著	8500円
10	中国古代の家と集落	堀　敏一著	品　切
11	元代江南政治社会史研究	植松　正著	13000円
12	明代建文朝史の研究	川越　泰博著	13000円
13	司馬遷の研究	佐藤　武敏著	12000円
14	唐の北方問題と国際秩序	石見　清裕著	品　切
15	宋代兵制史の研究	小岩井弘光著	10000円
16	魏晋南北朝時代の民族問題	川本　芳昭著	品　切
17	秦漢税役体系の研究	重近　啓樹著	8000円
18	清代農業商業化の研究	田尻　利著	9000円
19	明代異国情報の研究	川越　泰博著	5000円
20	明清江南市鎮社会史研究	川勝　守著	15000円
21	漢魏晋史の研究	多田　狷介著	品　切
22	春秋戦国秦漢時代出土文字資料の研究	江村　治樹著	品　切
23	明王朝中央統治機構の研究	阪倉　篤秀著	7000円
24	漢帝国の成立と劉邦集団	李　開元著	9000円
25	宋元仏教文化史研究	竺沙　雅章著	品　切
26	アヘン貿易論争－イギリスと中国－	新村　容子著	品　切
27	明末の流賊反乱と地域社会	吉尾　寛著	10000円
28	宋代の皇帝権力と士大夫政治	王　瑞来著	12000円
29	明代北辺防衛体制の研究	松本　隆晴著	6500円
30	中国工業合作運動史の研究	菊池　一隆著	15000円
31	漢代都市機構の研究	佐原　康夫著	13000円
32	中国近代江南の地主制研究	夏井　春喜著	20000円
33	中国古代の聚落と地方行政	池田　雄一著	15000円